[英]彼得·格林 著  王志超 译

PETER GREEN

# 希波战争

## The GRECO-PERSIAN WARS

广东旅游出版社
中国·广州

# 目 录

| | |
|---|---|
| 缩写表 | iii |
| 1996年重印版序 | v |
| 前言和致谢 | xxiii |
| 第一章　大流士与西方 | 1 |
| 第二章　马拉松战役的遗产 | 57 |
| 第三章　等待蛮族人 | 101 |
| 第四章　自由的基石 | 147 |
| 第五章　木　墙 | 205 |
| 第六章　伯罗奔尼撒的大门 | 271 |
| 第七章　最后的敌人 | 323 |
| 注　释 | 391 |
| 参考书目 | 409 |
| 补充参考书目 | 420 |
| 出版后记 | 435 |

# 缩写表

| | |
|---|---|
| AASH | *Acta Antiqua Academiae Scientiarum Hungaricae,* Budapest [Akadémiai Kiadó] |
| Aesch. | Aeschylus |
| | *Pers.* = *The Persians* |
| AHR | American Historical Review |
| AJA | American Journal of Archaeology |
| AJPh | American Journal of Philology |
| ALUB | *Annales littéraires de l'Université de Besançon* [section classique] |
| Anc. World | *The Ancient World* |
| ANSP | *Annali della Scuola Normale Superiore di Pisa. Classe di Lettere e Filosofia* |
| Ath. Pol. | Aristotle's *Athenaion Politeia,* or *Constitution of Athens* |
| AUB | *Annales Universitatis Budapestinensis de Rolando Eötvös nominatae.* Sectio Classica |
| BICS | Bulletin of the Institute of Classical Studies, London |
| Bull. Corr. Hell. | *Bulletin de correspondance hellénique* |
| Burn, PG | A. R. Burn, *Persia and the Greeks* |
| CAH | *Cambridge Ancient History* |
| Chron. d'Ég. | *Chronique d'Égypte* |
| CJ | Classical Journal |
| Class. Ant. | *Classical Antiquity* [formerly *CSCA*, q.v.] |
| CPh | Classical Philology |
| CQ | Classical Quarterly |
| CR | Classical Review |
| CRHA | *Centre de recherches d'histoire ancienne* |
| CSCA | *California Studies in Classical Antiquity* |
| CW | Classical Weekly |
| DHA | *Dialogues d'Histoire Ancienne* |
| Diod. | Diodorus Siculus, *The Universal History* |
| Diss. Abs. | Dissertation Abstracts |
| GRByS | Greek, Roman and Byzantine Studies |
| Grundy, GPW | G. B. Grundy, *The Great Persian War and its Preliminaries* |
| Hdt. | Herodotus |
| Hignett, XIG | C. Hignett, *Xerxes' Invasion of Greece* |

| | |
|---|---|
| HWComm | W. W. How and J. Wells, *A Commentary on Herodotus* |
| IJNA | *International Journal of Nautical Archaeology and Underwater Exploration* |
| *Iran. Ant.* | *Iranica Antiqua* |
| JCS | *Journal of Classical Studies* [Kyoto University, Japan] |
| JHS | Journal of Hellenic Studies |
| Macan | R. W. Macan, *Herodotus, the Seventh, Eighth and Ninth Books* |
| *Mus. Helv.* | *Museum Helveticum* |
| Nepos | Cornelius Nepos |
| | *Arist.* = *Life* of Aristeides |
| | *Them.* = *Life* of Themistocles |
| Paus. | Pausanias, *Description of Greece* |
| PCPhS | *Proceedings of the Cambridge Philological Society* |
| Pind. | Pindar |
| | *Pyth.* = *Pythian Odes* |
| Plut. | Plutarch of Chaeronea |
| | *Arist.* = *Life* of Aristeides |
| | *Camill.* = *Life* of Camillus |
| | MH = *De Herodoti Malignitate* |
| | *Moral.* = *Moralia* |
| | *Pelop.* = *Life* of Pelopidas |
| | *Them.* = *Life* of Themistocles |
| PP | *Parola del Passato* |
| RBPh | *Revue Belge de Philologie et al Histoire* |
| REA | Revue des Etudes Anciennes |
| REG | *Revue des Études grecques* |
| *Rev. Hist.* | *Revue Historique* |
| RFIC | Rivista di filologia e di Istruzione Classica |
| RIL | *Rendiconti dell' Istituto Lombardo.* Classe di Lettere, Scienzi morali e storiche |
| *Riv. Stud. Class.* | *Rivista di Studi Classici* |
| TAPhA | Transactions and Proceedings of the American Philological Association |
| Thuc. | Thucydides |
| Xen. | Xenophon |
| | *Anab.* = *Anabasis* |
| | *Hell.* = *Hellenica* |
| ZPE | *Zeitschrift für Papyrologie und Epigraphik* |

## 1996年重印版序

在我写的所有的书中，本书在我心里与长期居住在希腊的身体和情感体验的联系最为密切，也最为愉悦。我的亚历山大传记的写作始于马其顿，但是后来前往了东方；我关于萨福的小说《阿芙洛狄忒的欢笑》(*The Laughter of Aphrodite*)的写作从未真正脱离莱斯沃斯岛的魔幻氛围。但是，希波战争史的写作在我心中将永远与对雅典、法勒隆、比雷埃夫斯、埃吉纳、萨拉米斯、马拉松、温泉关、普拉提亚、德尔斐、基塞龙山、科林斯、坦佩峡谷、卡里德罗莫斯的山间小路、科林斯地峡，以及伯罗奔尼撒的探索联系在一起，大部分都是徒步探索。我曾经在马拉松战役和萨拉米斯战役的原址上讲授这两场战役，自己感到很愉快，学生们也是如此（我希望如此）；他们肯定很享受去马拉松的郊游，我和罗宾·伯恩（Robin Burn，他在战役如何发生的问题上与我观点迥异）在郊游中持续辩论——希望也能对学生们有益——从斯科尼亚（Schoinià）海滩到索罗斯（Soros）争论了一路。在早春花开时节或者9月末的金秋时节（希腊人称之为"圣德米特里乌斯的小夏"），我进入阿提卡进行地理探索，并因艾伦·伯格霍尔德（Alan Boegehold）、C. W. J. 艾略特（C. W. J. Eliot）和吉恩·范德普尔（Gene Vanderpool）等这些知识渊博的朋友们的相伴而收获更丰。凯文·安德鲁斯（Kevin Andrews）总是在他那栋位于卢奇安街顶端的又大又破的老房子（早已被拆除，为注定要修建的高楼大厦腾了地方）里谈论希腊古代和现代的政治（大部分情况下，这两者无法区分）。我在研读埃斯库罗斯、品达、荷马和希罗多德的时候，也穿插着阅读卡瓦菲斯（Cavafy）、塞菲里斯（Seferis）、埃里蒂斯（Elytis）、西凯里阿诺斯（Sikelianòs）等现代希腊作家的作品。过去与现在以一种里佐斯（Ritsos，这位诗人我那时尚未发现）曾用非常独特和有力的语句描述过的方式结合在一起。

当我开始研究希腊诸邦与波斯帝国的对抗的时候，上述这些影响就不可避免会发挥作用。回头看25年前，我发现《萨拉米斯之年》(*The Year of Salamis*，本书第一版的书名）很大程度上是一本实地考察出来的书，充满了阳光和大海、石灰岩风景、筋疲力尽后的汗水，同时充盈心中的还有至关重要的希腊山川河流，它们遍布各地，亘古未变。但是，它也涉及另外一些因素。在我做研究并将其写下来的时候，希腊正从上校独裁统治的第三年进入第四年：飞腾凤凰的符号遍地都是，大部分人都觉得很难看出它要结束的迹象。我通常主张——后来事实证明非常有预见性——我们应该祈祷出现经济衰退，除此之外，没有什么东西能更迅速和更有效地直接伤害到僭主（*tyrannos*，毕竟，他的成功依赖大发福利）统治的根基。这个观点受到很多古典学家的嘲笑，他们觉得经济论据既显得可疑（马克思主义的证据？）又不可救药地粗俗；但是，它完全适用于我对庇西特拉图僭政的解释。

我认为，出于很显然的原因，我们中的很多人都更倾向于接受一个基本上出自希罗多德的看法，即这是一场由法治下的自由（*eleutheria, isonomia*）激烈反抗东方专制主义的斗争。实际上，自1970年以来，对这一主题之态度发生的主要变化就是希腊人涌现出了"蛮族他者"（the Barbarian Other）的修辞和宣传工具，其主要目标是实现自我定义。[1] 关于波斯帝国的世界，我们现在了解的比过去更多（尽管那些知识对理解希波战争没有多少影响），而长期的文化多元主义灌输也迫使我们谨慎对待希腊人肇始于埃斯库罗斯的《波斯人》、兴盛于希罗多德的《历史》的"反蛮族"宣传。然而，即使如此，希罗多德仍然喜欢像夸赞希腊人那样夸赞波斯人或埃及人（因为这个习惯，他被普鲁塔克在一篇著名的恶毒文章中严厉批评过：参见 Bowen），而且就波斯与西方交往的大多数事件而言，他也几乎是我们唯一的证人。更进一步说，即便涉及那些可以用波斯材料（大部分是碑铭）来验证他的记载的场合，他也表现出了可靠的准确性，实际上，有时候他的记载符合波斯的官方记录（Martorelli; Lewis *ap.* Burn 1984, 599; Dandamaev 1985）。

的确，过去25年里，对任何一个想要撰写希波战争史（或者像我一样，打算修订更早之前的叙事）的历史学家来说，最有价值的工作可能主要位于两个领域中：一般意义上的波斯帝国研究和希罗多德作品的注疏。即使人们关于"事件"的叙述基本不受近来大量的伊朗研究作品（例如，由 Heleena Sancisi-Weerdenburg 组织的《波斯帝国史》[*Achaemenid History*] 系列工作坊或者 Briant-Herrenschmidt 举办的《波斯帝国的贡赋》[*Le tribut dans l'empire perse*] 学术会议的出版物）[2] 的影响，但这些作品关于波斯帝国社会、宗教、帝国管理、财政政策、总体经济状况的揭示，也会给人们认识过去不确定或者潜在的模糊动机提供很多启发。爱奥尼亚叛乱就提供了一个很好的例子。现在，大流士的财政政策及其向欧洲的扩张给爱奥尼亚人带来的经济压力变得更清楚了，大流士抢走了他们利润丰厚的市场（Murray, 477-80）。我们也更加了解爱奥尼亚人与波斯贵族之间的复杂关系与互相同情（Austin, 289-306; Murray, ibid.），这一点更有意思，这在爱琴海历史上起着关键的作用，但是一直没有人描述过。任何曾经在冷战期间抓捕间谍的人都很容易想到，"投靠波斯"这种行为要比原来以为的更暧昧也更微妙（Arnush; Gillis; Graf 1979 and 1984; Holladay; Jouanna; Wolski 1971 and 1973）。

在希罗多德研究领域，最重要的成就是一套蔚为大观的意大利语作品——文本考订、平行翻译、充分的资料和评注、丰富的参考文献、每一卷原著都对应着一大卷研究作品——由米兰的蒙达多里（Mondadori of Milan）[3]出版。阿戈斯蒂诺·马萨拉吉亚（Agostino Masaracchia）评注的第8卷和第9卷首先分别在1977年和1978年出版（1990年，第8卷出了第二版）。之后，大卫·阿舍里（David Asheri）评注的第1卷在1988年出版，第2—5卷也不定期地间隔出版（1989—1994年）。（克里斯多斯·锡达斯［Christos Xydas］用现代希腊语评注的第5卷也在1991年出版。）对希波战争史的研究者们来说，不幸的是，最为重要的第6卷（Nenci）和第7卷（Lombardo）仍未出版。在英语世界，没有可以与之媲美的作品，最新的希罗多德评注仍然还是豪和威尔斯（How and Wells）的作品（1912年）。的确，正如A. W. 戈姆（A. W. Gomme）很久以前曾指出的那样（Boedeker 1987, 5），"与大多数作家相比，希罗多德更多是用来阅读的，而不是谈资"。[4]难道这就是沃特斯（Waters）抱怨的原因吗？10年前，他曾在一部试图改变这种局面但并不完全成功的作品的开头（Waters 1985, Foreword）说过，"在过去两代人的时间里，关于希罗多德没有出版过一部令人满意的作品"（我认为，时间比他说的还要长得多），"就是那种可以让普通读者看懂并能帮助他们理解和欣赏《历史》蕴含的广博内容和巨大成就的作品"。

可以肯定的是，尽管关于希罗多德的学术生产从未衰竭过，成果却多半是关于特别细节的。细节，细节：尽管并未做到总览全局，自从这本书开始写作以来，我还是断断续续了解到大量关于希罗多德和几乎遍及希波战争每一个层面的作品。现在，我（Boedeker, 185 ff.）非常警惕地注意着古典作品的潜台词，尤其是研究叛变的斯巴达国王的时候。我总是怀疑，在很大程度上，为雅典提供关于帝国主义扩张的一种令人不适的真实教训至少是《历史》的第二功能，这种想法现在得到了加强（Raaflaub, 221 ff.）。但是，当我最后写完本书之后，我看不出我的基本结论有多大变化。或许，我还应该再多花些时间来思考，肯定要审视更多的文献。但是，就重大问题来说，我还没有发现有任何新材料或新文章足以颠覆现有的看法。

举一个很明显和很重要的例子：到1970年，时人提出的很多观点（Lewis 1961特别有说服力，尤其是关于很能说明问题的拟古体文字）使我明白了一个问题，所谓的《地米斯托克利法令》（Themistocles Decree）仍然保存着该法令在公元前480年6月颁布时的核心内容，尽管公元前3世纪的文本已经编辑、遗漏、修订和更新了很多次要内容。[5] 但是，很多学者还是想要论证，《地米斯托克利法令》只是精心伪造的赝品而已，以激发雅典人的爱国热情，时间要么是公元前357—前355年的同盟战争（Social War），要么是抵抗马其顿的腓力的战争，要么是公元前323/322年抵抗安提帕特（Antipater）的拉米亚战争（Lamian War）期间。

为宣传目的而制作如此详细的一份古物文献就已经很不大可能了（而且是在急需陆上防御之地呼吁发起海战），更别说人们普遍忽略了造假者如此做的技术和原因。有人指出，人们假定希罗多德与《地米斯托克利法令》之间存在的分歧就是作伪的证据，上述疏忽就更加明显了。事实上，这恰恰是最有说服力的相反证据：造假者最不愿意做的事情（尤其是作为没有想象力的人——这是沉溺于造假的最重要的一个原因）就是与他们主要的信息源不一致而引发怀疑。[6]

关于法令真伪的持久争论使一个问题越来越明晰，那就是坚定的信念已经代替了逻辑（这种现象在学术中属于常见，超过人们倾向于认为的频率）。或许，这就是近年来没有多少文章讨论这个问题的原因。在1971年之后（这一年还出现了另一种主张法令乃公元前4世纪反马其顿宣传的观点，这次的提出者是普莱斯提亚尼［Prestianni］），出现了非常沉默的10年，只有罗伯特森（Robertson, 1976）提出一个打击面很宽的观点，即断定雅典第二次海上同盟是最大的造假者，从公元前375年到前368年，他们不仅伪造了《地米斯托克利法令》，也另外伪造了《普拉提亚誓言和盟约》(Oath and Covenant of Plataea)、《节庆法令》(Festival Decree)、《卡里阿斯和约》(Peace of Callias)、《埃弗比团誓言》(Ephebic Oath) 以及伯里克利的《公民大会法令》(Congress Decree)。伪造这么多法令是想带来什么样的影响呢？为何造假者宁愿发明不存在的东西也不愿提起过去真实存在的法令呢？人们从未正面面对过这样的问题。到了1982年，罗伯特森至少（终于）承认了这个显而易见的事实（1982, 30）："在公元前380年左右，就像在公元前4世纪的任何一年，在聆听简短的法令时，听众不可能有耐心辨别其中非常古旧的关于雅典海上霸权的细节。"但是，他并未放弃自己的观点，而只是跑到另一个世界去寻找对古物有耐心的听众，将托勒密王朝的菲拉德尔福斯（Ptolemy Philadelphos）推了出来，但是，尽管后者拥有海上霸权，但作为亚历山大的资深将军之子，不太可能去仿造200多年前雅典做出的战时部署。拉曾比（J. F. Lazenby）承认这个问题永远不可能解决，但还是在1933年写道（102 n. 4）："在我看来，这实质上证明法令不是真实的。"果真如此吗？就这个问题而言（尽管我们在基本年代顺序上有分歧），我发现哈蒙德（Hammond）关于法令真实性的论证非常有说服力，他对造假者的心理有比较切合实际的理解。[7]

我觉得，搜寻对《萨拉米斯之年》一书的学术评论，看看他们如何评价我在更年轻、更鲁莽、更不职业的时候的作品，这是培养谦逊之态度而急需的一课。这是一种有趣的体验，而且并不总是符合我的期待。[8] 尽管可能也觉得我的作品很好读，爱德华·威尔（Edouard Will，这是一位作品得到我最高敬意的历史学家）仍然建议读者"从一开始就放弃阅读所有卖弄学问的地方"，我一直记得这个警告，因为卖弄学问不仅意味着"迂腐"（我敢肯定这是威尔的原意），而且也意味着"无教养的行为""粗野的行为"。在讨好般地说已经烦透了战略战术内容之后，威尔继续——他不是唯一一个这么做的人——批评我把小说创作才能错误地用在了职业历史写作上面，一是将我笔下的人物浪漫化（即，使他们变得过于真实），二是我显露了一个历史小说家对空白的厌恶之感，这更为重要。然而，他的最大不满在于我"使希波战争过度孤立于它更为深远的背景：整个事件的宏大原因并未得到深究"。

对我而言，与对希罗多德一样，这个"宏大原因"（le grand pourquoi）是写作此书的主要原因之一，[9] 他的批评直击要害。我认为，我已经指出了波斯帝国向欧洲扩张的西进政策带来的危险（尤其是它意味着征收重税）；从希腊大陆吹来的民主改革之风对僭主们的颠覆；安纳托利亚希腊人在商业上的受损；由此醒悟的爱奥尼亚领袖们（他们此前与他们的波斯领主合作了30多年）互相配合发动的叛乱；在撒尔迪斯被焚毁之后逐渐加深的敌意（涉及挽回面子和占地盘的问题）；马拉松战役使雅典人产生的一种自豪和倔强之情；薛西斯在国内容易受到野心勃勃的亲戚和朝臣推翻的脆弱性；[10] 最后，喜好派系斗争和争吵的希腊诸城邦可以超越他们的投靠波斯行为、自私自利、内耗不断和永远以邻为壑的倾向，时间长到可以抵挡一支规模大到令人害怕，但在后勤和指挥结构层面也存在严重问题的军队的进攻。我只能承诺下一次会更着重地强调这些因素以及其他因素。

当然，某些批评者会为了一句"金句"而不惜一切（在弗兰克·弗罗斯特［Frank Frost］的例子中，他有好几个）。在第37页，我引用了普鲁塔克记载的一则非常形象的故事：地米斯托克利的父亲尼奥克利斯（Neocles）在与他年少的儿子在法勒隆海滩上散步的时候，指着一艘老旧三列桨战船已经朽坏的舰体对后者说："看吧，我的孩子，当领袖不再有用的时候，雅典民众就是这样对待他们的。"这个故事纵然不是事实，也非常符合人物的性格。弗兰克的评论（我们从那之后变成了好朋友）是这样："如果读者想起民主政体才刚刚建立了十来年的时候，他肯定会非常钦佩尼奥克利斯惊人的预见性。"但是，民主是何时成为永远堕落的希腊政治之不可缺少的成分的呢？这等于假设我关于这种政治的研究是基于"普鲁塔克、马克思（！）与汤因比（！！）的结合"。我怀疑，之所以把马克思也包括进来，主要是因为我对雅典土地贵族（加上那些更为富裕的农民，他们在骑兵队中服役）与社会下层之间的激烈冲突的分析，后者在战船上划桨，并成为雅典新崛起的海上霸权的支柱。弗兰克认为这种冲突不存在。如果他读了我引用的柏拉图《法律篇》中的一段话（第55页），就很难还会这么想。[11]

不可避免会有不少需要改正的错漏。尽管我很清楚地知道，在比雷埃夫斯发展起来之前，法勒隆才是雅典的海军基地，我仍然莽撞地让地米斯托克利至少是在开始建设港口之前一年（公元前494年）频繁地光顾比雷埃夫斯的海滨酒馆。公元前510年的帖撒利并未与斯巴达结盟（第22页）。讲希皮阿斯的"流亡政府"（第23页）也有误导性（尽管波斯认可希皮阿斯为雅典的合法统治者）。珊提帕斯（Xanthippus）是公元前480/479年的将军（strategos），没有确凿的证据可以证明他在公元前489/488年担任过这一职位。卡里克塞诺斯（Callixeinos）作为一个只能从陶片（ostraka，从雅典卫城发现的陶片说他是"叛国者"，他似乎是阿尔克迈翁家族的成员，而且得票数量仅次于地米斯托克利）[12]中得知的神秘人物，很难说他在公元前483/482年就一定是被流放了，尽管这种可能性相当大。希腊重装步兵的皮质胸甲很可能没有青铜圈。新发现的陶片推翻了我对地米斯托克利的老师姆涅西菲洛斯（Mnesiphilus，第400—401页，注释4）的怀疑，证明他是真实存在的，而且就居住在地米斯托克利的德莫（Lazenby, 157 with n. 12）。我不那么确信三列桨战船在经过一艘船的时候能割断它的木桨。在普拉提亚集结的城邦是24个而不是20个（第355页），后面一页的一个不巧容易引起误解的短语导致一位学者（而且可能其他读者也会）错误地以为我将希腊人的总司令波桑尼阿斯当作了斯巴达国王，而不是他的叔叔李奥尼达斯之子普莱斯塔科斯（Pleistarchus）的摄政。

总的来说，我同意弗罗斯特和布里斯科（Briscoe）的评价，即我过于简化了马拉松战役到薛西斯入侵期间雅典政治斗争的复杂性，尤其是涉及那10年间的陶片放逐的受害者的时候。这些人中的一大部分实际上是阿尔克迈翁家族的成员，但他们不一定都是地米斯托克利的追随者（尽管我仍然认为这种可能性极大）。[13] 就像刘易斯（*ap.* Burn 1984, 603-5; cf. Lewis 1974）一样，我不得不遗憾地承认，根据在凯拉米克斯（Kerameikos）发现（1965—1968年）的9000多块陶片，"进行历史重建是不太可能的"，或者至少是不安全的。这些陶片大约有半数（4647块）写着希波克拉底之子麦加克利斯（Megacles），1696块写着地米斯托克利，490块写着客蒙（公元前489年为父亲米太雅德支付罚金时，他只是个男孩）。这三人在同一批陶片中连在了一起，刘易斯倾向于将它们归到公元前5世纪70年代（尽管他不像之前那样确信这些陶片出自同一批贮藏了）。在我看来，正如人们原先认为的那样（客蒙的出现并未排除这种可能性），麦加克利斯与地米斯托克利的对抗似乎很有可能发生在公元前486年。正如刘易斯所言，如果这个更早的定年无误，就能推翻巴迪安（Badian）关于地米斯托克利在公元前482年之前无足轻重的说法；但是，我从不相信这一点。珊提帕斯的放逐特别令人困惑：亚里士多德（*AP* 22.6）声称他是那些年陶片放逐的第一个牺牲品，并不是因为他是"僭主之友"，而只是因为他"似乎名声太大了"；但是，他娶了阿尔克迈翁家族的女人肯定也是一个因素吧（Ostwald, 342）？这个问题的暧昧不清不禁会令人想起维希法国和（我早先已经提过的）冷战间谍的镜中世界。

这使我想起了更重要的一些问题，本书以及更晚近出版的《从亚历山大到阿克兴》（*Alexander to Actium*）的评论者们（Weiler, Will, Frost, and Meyer）均认为，总是从古代世界和现代世界寻找相似事件来进行比较是一种很糟糕的历史研究方法，无论如何都是对读者的一种误导。有若干非常合乎逻辑的这么做的理由并不能让学者们信服，尤其是这样的一个事实：如果我们是在为包括非专业读者在内的受众们写作，完全没有可参照的事件或现象就会显得非常沉闷（无论对读者或对作者，都是如此）。因而，即使这些现代著名的同类事件与之并不完全一样，但它们仍然可以使背景知识不足的读者们对书中描写的事件有一个大致的印象。有理性的人永远都不会认为这些古今比较会丝毫不差（以本书将要叙述的内容为例，现代军事术语的使用会在一定程度上使读者认为，普拉提亚的重装步兵的作用与第二次世界大战期间的陆军旅类似）。另一方面，正如从希罗多德开始的一干史学家都非常清楚的那样，人性本身有一种重复自己的糟糕习性（是悲剧，或是闹剧），我在寻找这类具有相似性的事件时，与修昔底德在说"检视所有的人类事务，总是以几乎同样或者类似的方式发生"时一样，[14] 认为这种做法对撰史并没有坏处。我从自己对希腊化时代的研究也体会到，这样的类比可以给我们带来很大的教益。[15]

同等重要的是史料批判之事。正如我们所见，威尔认为（说得没错，我认为这也适用于大部分历史学家，就和纸草学家一样）

我厌恶留白，这并不是说我总是认为这些空白可以得到填补。弗兰克·弗罗斯特说清楚了这种指责背后的原则：

> 对于撰写希波战争史的学者，我们总是期待他会详细解释自己打算如何处理史料的问题。我们可能不同意奥布斯特（Obst）、普里切特（Pritchett）或者希格内特（Hignett）的说法，但是至少我们知道他们打算如何对待希罗多德的记载以及如何对待那些补充了希罗多德的记载或者与其矛盾的材料。在这里，关于史料，未置一词……例如，有时，格林会把一个故事当成毫无疑问的事实来讲（他引用了普鲁塔克关于地米斯托克利与尼奥克利斯遇到朽坏的三列桨战船的故事）……当面对大量互相矛盾的史料的时候，格林还是一再不加注释或解释地想方设法糅合并使用它们。（Frost, 264）

首先解释最简单的一个问题：缺乏详细注释并不是别无选择，而是不想让假想中的"普通读者"感到厌烦而有意为之。如果我就像后来修订亚历山大传记所做的那样，坚持不多加注释，我就可以（我在回顾之时有点儿怀疑这一点了）很好地实现自己想要的结果。对本书最终效果而言，这是一个很好的思考，但考虑到围绕该主题产生的争议，我自信我所引证的文献至少会像《从亚历山大到阿克兴》一样多。

弗罗斯特的批评意味着预先说明评估史料价值的原则就是最基本的要求。我再次忽略了这一要求，因为我并不打算将本书写成学术性文本，而且我关于史料批判的认识也一直有别于正统观点，在1970年，我并不想让这本书变成学术争论的角斗场。但是，今天，我会更乐于清楚阐述我的立场。我想，我原先所接受的文本批判训练并不是没有用处，当我转向历史研究的时候，我发现过去学过的东西非常适合于评估史料的价值。我的核心观念可以用豪斯曼（A. E. Housman）的一段很有名的文字来表达：

> 打开一本古典作品的现代校订本，翻到前言，你几乎肯定能看到这样一些用拉丁文或德文或英文撰写的文字："只要可能，我的原则是采信 a，只有读起来明显错误的地方，才会求助于 b 或 c 或 d。" a 既可能是 b、c、d 的来源，也可能不是。如果是的话，无论如何都不应该求助于 b 或 c 或 d。如果不是，他的原则就是非理性的；因为它等于是假设，只要 a 的抄写员有犯错的地方，a 就不可信。[16]

正如豪斯曼随后解释的那样，我们唯一需要引用"更好的"抄本的场合是在两种同样说得通的理解之间进行取舍的时候（"以一种与摔断双腿躺在担架上面的人同样的灰暗心情"）："我们不会奢望它总是正确地引导我们，我们知道它经常会导致我们犯错；但是我们也知道，其他抄本完全可能更经常地导致我们犯错。"

在撰史之中应用这些经验会非常有趣，尤其是本书的写作。将"抄本"二字换成"作者"，就会很容易地发现豪斯曼指出的主要谬误正在野蛮生长。在关于史料的第一章里，拉曾比写道："拒绝那些与希罗多德不一致的二手史料似乎总是对的。"（pp. 15-6）但是，希罗多德作为主要原始史料的事实并不能支持这种单凭经验的处理原则。更糟糕的是，拉曾比认为，由于更晚的史料经常讲述一些令人难以置信的故事（这没错，但希罗多德亦然），因此，我们就应该在它们的证词看似可信的时候也排斥之："如果普鲁塔克相信公元前5世纪的雅典人用人做祭品，那我们为何要相信他讲述的萨拉米斯黎明刮风的故事呢？"他声称自己依据"理性法则"来写作，但这完全是在颠覆理性。我们知道，关于希波战争，还存在另外一些早期史料；实际上，我们根本不知道这些文献是如何传下来的，或者哪些真实记载随着大批想象性的渣滓一起被成功保存了下来。换句话说，这些深受鄙视的"晚期史料"就像亚历山大传奇故事一样，在很明显充塞着各种类型的修辞垃圾的同时，也可能包含着一些有价值的材料，我们不应该掉进认为它们所记载的一切必然是假的的谬误（再次想到豪斯曼）之中。在某个具体的例子中，我们都必须运用我们的理性和史学判断来去伪存真（或者从荒唐的记载中发掘出貌似可信的东西，这是更为常见的情况）：没有普遍适用的捷径。

这个问题又因为一种常见的学术现象而更加复杂：人们都有通过怀疑来证明自己的批判能力的需要，在某些情况下，他们似乎会使用自己深邃而炽热的喜好，去破除史料本身的"神话"，这已经远超理性之外。《地米斯托克利法令》受到很多次这样的攻击，而简直形成悖论的是，作为"第一手史料"的希罗多德本人也得到了这样的遭遇。阿尔玛约尔（Armayor）[17]花费了大量的时间和精力试图证明（很大程度上是因为与现实不符[18]），这位公认的伟大旅行家实际上根本就没有去过埃及和黑海，而只是从各种可疑的文学材料里收集证据而已；与此同时，费林（Fehling）则走得更远，指控希罗多德系统化撒谎，大规模发明所谓的"史料"，并将这些"史料"所描述之事视作一文不值的瞎编。[19]没人认为希罗多德的记载里没有错误和矛盾，但是，正如穆雷（Murray）在批评费林时所说的，"若要假定这是有意的欺骗……而不是操作上的失误，那就要回答一个问题，希罗多德被指控滥用的那套模子是谁发明的？这意味着在希罗多德之前还有一个原始的希罗多德"。[20]

这些都是极端的案例，尤其是费林，近乎病态。但是，他们暗含的这种态度，哪怕只是其温和形态，部分导致了我被怀疑糅合了若干种明显存在矛盾的史料（《地米斯托克利法令》提供了一个很好的例子）。批评家希望我能按照原则排斥证据，尤其是较晚的证据。但是，如果采取严格依据内在可能性选择史料的方法，并放弃仅凭经验就加以排斥的简单法则，确实可以让更多的史料被接纳，而且如果乍看之下相互不一致的证词在经过仔细检查之后可以被调和，那么这对于艰苦的历史还原工作是一件好事。

之前提到的反对运用（尽管不是专门但主要针对的是《萨拉米斯之年》一书）现代军事术语的人是拉曾比，他写了一本书来讲述希波战争，自从我的书出版以来，令我震惊的是，他的书是唯一以一本书的篇幅来研究希波战争的作品。[21] 如果想到这样一个事实，即希腊人在希波战争中的胜利一般都被说成是欧洲历史发展的转折点（这种观点的鼓吹者现在并不怎么论述说，倘若事情不是这样的话，那么清真寺和宣礼塔将会统治欧洲，但是你能感觉到他们没说出来的话是这个意思），那么，这种忽视就更加令人费解。亚历山大的征服标志着希腊历史发展的另一个里程碑，想一想写他的书有多少。而且，《保卫希腊：公元前490—前479年》(*The Defence of Greece 490–479 B.C.*) 一书基本属于军事史，无论是从它的标题来看，还是从作者的出版说明来看，[22] 都是如此。没有人认真尝试去解决威尔所说的"宏大原因"。经济很少进入拉曾比教授的写作视野之内。[23] 反之，我们看到一个极有争议的观点，该观点在前两章提出并贯穿全书，即希腊人无论在海上还是陆地上都不懂战略或者战术，他们缺乏超过最简单的战斗和"街头殴斗"水平的陆战或海战意识，指挥官是根据社会声望而不是军事经验来获得任命的。[24] 这么做有一个不错的回报：希罗多德在人们心目中的幼稚得到了辩解和解释，他只是负责报道他看到和听到的事情，幼稚的不是他，而是他笔下的那些人物（Lazenby, 14）。使这个结论显得更加突兀的是，波斯人因为精通所有那些可怜的希腊人被认为比较幼稚或无经验的事务——情报搜集、外交战、精心谋划、军事工程、围城装备、陆地战争，而收获了高度赞扬（Lazenby, 29-32）。

因此，当我们读到波斯人"在前来进攻希腊本土的希腊人之前"（Lazenby, 32）曾经有多么成功之时，感到特别吃惊。拉曾比有意强调这个悖论（人们感到，对他而言，这个问题在智识上有点儿麻烦[25]），即这些未经训练的蠢人们想尽办法去招惹组织如此优良的一架战争机器，更别提德尔斐还做出安全的预测。但是，拉曾比的观点完全不对：无论他们的战备工作做得有多粗糙，视战斗为家常便饭的希腊人无论是在陆地上还是在海上，都拥有更高的作战水平和应变能力，这是拉曾比不愿相信的一点。马拉松战役的胜利是一个杰出战例；科林斯人在萨拉米斯的诱敌行动是另一个战例；就这两个战例来说，拉曾比或者贬低希腊人，或者故意忽视现代的相关研究，想尽办法避免承认希腊人拥有复杂的战略谋划。[26] 毕竟，需要很高协同能力的重装步兵方阵自从公元前700年之后就出现了，而诸如"穿刺"（*diekplous*, Hdt.8.9）这样的海上战术在希波战争期间就开始得到了运用。[27]

因此，出于各种原因，我非常乐于看到《萨拉米斯之年》再版，尤其是考虑到在此期间没有任何可以与该书相提并论的作品出版，只有拉曾比严格说来属于军事研究的著作。这并非否认《保卫希腊：公元前490—前479年》是一本在很多方面有用和有启发性的书，尤其是全书在细节处理方面的一丝不苟。拉曾比在年代顺序的处理以及对军队和战船数量的考证方面贡献很大，未来的作者（包括我本人在内）忽视他的成果就会自讨苦吃；他提出了一个有意思的观点，地米斯托克利是认真考虑投靠波斯人（p. 169），我发现这种说法既有趣又值得探讨。[28]但是，也有无数值得进一步探讨的问题：有一些很简单（例如，薛西斯防波堤的修建时间：战役之前还是之后？肯定是二者兼有——提前开始，后来又重复利用），[29]有一些极为复杂（例如，拉曾比声称波斯人完全可以绕开萨拉米斯，我不能同意）。[30]我期待讨论这些问题。[31]可以肯定的是，正是这本书使我明确了给自己的书出第二版的决定。但是，我怀疑，除了最终为我的叙述提供了全面的文献支持，这些变化几乎完全取决于细节或新发现的证据。[32]

然而，还有一项疏漏，我现在必须说明一下。在另外一篇非常和蔼的评论里，威利·艾略特（Willie Eliot）指出（p. 87），尽管我已经对本领域更早的学者们表示了谢意，却没有对我最大的恩主——希罗多德本人表示应有的尊敬。这肯定不是我的本意。对我来说，就整套古典文献而言，希罗多德的作品是我最喜爱的文本之一，我读的次数最多，也最为尊敬：一个相伴终生的指南式历史学家，与修昔底德相比，他显得更为容易接近，而且我也相信他是更好的历史学家，不仅与修氏一样"具有永恒的历史地位",也从不耻于为读者制造欢乐。或许,关于我对希罗多德的态度,最好的证据就是,我退休生活的大部分时间都将会用在为这位睿智、敏锐、宽容、世界主义的、在很多方面都可谓最现代的古代作家做翻译、编辑和写作一部新的评注作品上面,我热切期待着这项工作的成果。

彼得·格林
奥斯汀,得克萨斯
1995 年 9 月 1 日

## 前言和致谢

当出版商邀请我写一本《萨拉米斯之年》的时候，无论是他们，还是我，可能都想不到最后会写成一本希波战争通史。但是，从某种程度上说，这是不可避免的结果。不先研究马拉松战役，不可能理解萨拉米斯战役或普拉提亚战役，而不了解公元前6世纪希腊和波斯的历史，也不可能理解马拉松战役。尽管如此，雅典执政官纪年的公元前480/479年——温泉关战役、阿尔特米西乌姆战役、萨拉米斯战役的发生之年——占据了本书的绝大部分内容，但是我们应该记得，薛西斯在入侵之前准备了很长时间，而普拉提亚战役和米卡莱战役均发生在这一年结束之后。如果在欧洲历史上真的有一个转折点，它就在这风雷激荡、重头戏连连的一年里；在这一年，借用一句在那时很流行的话来说，全希腊都站在了剃刀边缘。没有理由不再研究一次波斯大王的远征，尤其考虑到它在现代历史学家们之中仍在持续引发着很激烈的争论。

在这一领域耕耘的重要学者有很多，我非常感谢他们对我的帮助。古德文（Goodwin）、格伦迪（Grundy）、霍韦特（Hauvette）、豪（How）、克洛玛尔（Kromayer）、拉巴尔贝（Labarbe）、麦坎（Macan）、芒罗（Munro）、普里切特、威尔斯（这只是一小部分），这些专家的论著从各个方面都使追随他们研究进程的人的任务变得简单多了。近来出版的两本书，伯恩（A. G. Burn）的《波斯与希腊人》（*Persia and Greeks*）和希格内特的《薛西斯对希腊的侵略》(Xerxes' Invasion of Greece)都对希波战争进行了全面研究，这两本书在我自己的整个调研过程中从始到终跟着我一起旅行；没有它们其中的任何一本，本书的质量都会大打折扣，写作上也会更艰难。伯恩先生的晓畅易懂，对战略和地形细节的精通与希格内特先生敏锐的（而且经常有令人印象深刻的轻蔑意味）批判眼光——更别说他令人羡慕地熟悉这一主题在过去半个世纪出版的所有学术性文献——形成了完美互补。若要衡量这两本仍在继续启发和刺激着读者们的书对我的教益，最好就是看看我不同意他们的发现（实际上，这是经常发生的，他们之间也经常不一致）的地方。一个特别重要的例子就是《特洛伊曾法令》(Troezen Decree)的真伪问题。当伯恩和希格内特出版他们的著作之时（分别是在1962年和1963年），关于这块新发现铭文（参见下文第135页以下）的争议仍处在白热化状态。到了现在，我想，尘埃落定，可以给出一个相对理性和持中的评价了。我原计划要专门写一篇附录，谈一谈从该法令与希罗多德之间的分歧中产生的历史问题。然而，关于该铭文的研究已经产生了多得惊人的文献，需要应用一下奥卡姆的剃刀原则（Ockham's Razor）——如无必要，勿增实体（*essentia non sunt multiplicanda praeter necessitatem*）——现在看来，如果我想就这个棘手问题写一点儿有用的东西，最好放到正文里。否则的话，我也不能在詹姆森（Jameson）、贝尔夫（Berve）、梅里特（Meritt）、刘易斯、沙赫梅尔（Schachermeyr）、特罗伊（Treu）、卡唐戴拉（Cataudella）、福尔那拉（Fornara）等人的大量论著中再添加一点儿有意义的东西。

对于这样一本书的写作，长住希腊也给我带来了非常特殊的优势和洞察力。在今天,如果有人宣称关于现代希腊政治的知识无助于我们理解古代希腊历史,那他就太大胆了。首先,身处历史发生的原地,地理上的亲近感无处不在,过去不断地闯入现在,就像雅典沥青路上到处凸起的大块岩石一样,打击着我们人类的自负。通过一年四季的亲自勘查,我对本书提到的大部分地点和全部重要战场都了如指掌。我在萨拉米斯的所有港湾和入口都航行过,也独自走过温泉关和普拉提亚山上的羊肠小路。对我来说,马拉松不会仅仅是一个抽象的历史标签或地形图,也是周末休息时游泳和野餐的地方。一旦写到这些地方,我就能立即在脑海中看见它们;熟悉可能不会培养出熟视无睹,但确实会抑制浪漫的(或者学术性的)想象力。作为一种可怕的警示,人们还能记得,芒罗和伯里(Bury)如何根据他们的研究竟然很可笑地让希腊舰队停靠在萨拉米斯的一些非常崎岖不平的岩石上面。[1]

我很感激尤金·范德普尔(Eugene Vanderpool)教授的大量帮助和建议,尤其是在几次长距离徒步考察阿提卡山区地形期间。设立在雅典的美国古典研究院执委会和英国考古学院,允许我自由使用它们藏书颇丰的图书馆,为我的研究工作提供了梦寐以求的条件,我必须再次对它们表达最热烈的谢意。两所学院的图书馆员,菲利皮德斯夫人(Mrs Philippides)和拉布内特夫人(Mrs Rabnett)总是给予我超出她们工作职责的帮助和建议。美国古典研究院的约瑟夫·肖先生(Mr Joseph Shaw)以无比的慷慨之情让我使用了尚未出版的普拉提亚和温泉关调查资料,如果没有这些资料,要隔空构建出两个地区足够详细的地图是一项异常艰难的任务,像普拉提亚的地图,实际上不可能构建得出来(关于温泉关的地图,我也自由地参考了皮埃尔·麦卡伊〔Pierre

MacKay］的优秀调查成果，该成果发表在《美国考古杂志》［*American Journal of Archaeology*］上面）。在雅典教课时，我也从与我的学生们的讨论中获益良多，尤其要感谢伊丽莎白·柯内布莉小姐（Miss Elizabeth Knebli），她花费了不少精力为我获取一些罕见论文的图片版。我还要对乔治和伊斯墨涅·菲拉科托普洛斯（George and Ismene Phylactopoulos）表示诚挚谢意，他们帮助我解决了至关重要的交通问题。艾略特教授阅读了本书更早和非常不同于现在的部分草稿，但他不为本书最终版本表达的观点负责任。伯恩先生（Mr A. R. Burn）也不为此负责，尽管他阅读了我的整部打印稿，帮我改掉了很多错误，我亏欠他的要加倍计算。然而，我亏欠最多的是我的出版商，他们的远见和慷慨使我有可能全身心地投入到本书和另外几本已经构思很长时间的书的创作之中，没有他们的支持，这些书永远不可能与读者们见面。

彼得·格林
墨提姆那
**1969 年 8 月**

第一章

**大流士与西方**

希腊与波斯之间的这场大规模冲突——或者，更准确地说，是位于希腊本土的一众蕞尔小邦与正处于巅峰时期且使出全力的波斯帝国之间的冲突——始终是欧洲历史中最引人关注的事件之一。正如埃斯库罗斯和希罗多德清楚看到的那样（尽管受到了民族优越感和宣传意识的遮蔽），这场冲突就是一场意识形态之争，也是我们所知道的最早的此类争端。一方是高高在上的专制君主波斯大王，另一方则是志愿参战、训练不足却充满自豪感的独立公民。在希罗多德的笔下，薛西斯的士兵是被鞭子赶上战场的；在他的作品中，波斯人一方反复出现鞭打、毁肢和酷刑这样的主题，这值得研究。反观希腊人，他们参战是因为胜利与他们自身的利益息息相关：他们的战斗是为了保护来之不易而且仍然岌岌可危的自由。

埃斯库罗斯的《波斯人》(*The Persians*)创作于萨拉米斯战役结束八年之后，而作者本人是战役亲历者。这部作品的重点与其说是在刻画波斯人的形象——不可避免地充满夸张荒诞的描述，没有任何希腊人真正理解过阿契美尼德王朝的伦理规范——还不如说是埃斯库罗斯向我们展示的使希腊人充满活力的精神和理想。王太后阿托莎是大流士的遗孀，她向王室顾问询问了关于雅典的种种问题，最终提出了关于雅典的权力结构的问题（像她这样的国王遗孀肯定会提出这样的问题）。她满以为除了必然会有的不同，雅典的权力结构与苏萨宫廷不会有什么两样。

"他们由谁人统治？"她问，"军队由谁人控制？"答复肯定会引来狂热的雅典听众的阵阵掌声："他们说他们不是任何人的奴隶或附庸。"在阿托莎看来，这意味着糟糕的无政府状态，而处于非常时期的雅典民众似乎在证实着这样的看法。"那么，"她问道，"他们又怎能抵抗外敌入侵呢？"——必然会出现的一句回问。"就是这样，"顾问告诉她，"他们竟然摧毁了大流士那支气势磅礴的大军。"

就像大多数雅典爱国者一样，埃斯库罗斯可能夸大了马拉松战役在军事上的意义，但就这场战役对雅典人心理上的影响而言，他的描述并不为过。出乎所有人的预料，大卫（David）击败了歌利亚（Goliath）。波斯的战争机器虽然是世界级的——自从亚述帝国崩溃之后，就再未出现过如此强大的军队——但并非天下无敌：这个教训再清楚不过了。在马拉松战役结束十年之后，当希腊面临着一次规模大到使此前的马拉松登陆战就像是小规模边境冲突的入侵之时，关于胜利的记忆仍然能激励着雅典、斯巴达及其盟友们继续战斗。只要稍微理性思考一下，这样的顽抗就完全是疯狂之举。那些认为自己是目光长远的现实主义者的人——包括德尔斐神庙的祭司、希腊北部城邦和爱琴海诸岛的几乎所有领袖——就像1940年的法国维希政客们那样，都认为抵抗毫无希望，而合作才是应对波斯威胁的合理答案。从逻辑上来看，他们的看法非常正确。但是，人类精神最终并不是靠逻辑理性——地米斯托克利和丘吉尔都很清楚地看到了这一点——战胜可怕命运而赢得伟大胜利的。光凭理性，远远不够。

约公元前6世纪中叶，正当波斯征服者居鲁士席卷爱奥尼亚的前夜，米利都的福西里德（Phocylides of Miletus）写道："一个有序生活在高地上的小城邦要强于一个愚蠢的尼尼微。"尽管爱奥尼亚陷落了，而米利都与入侵者签订了协议——爱奥尼亚诸城里仅有的一个，但从长远来看，福西里德的话是完全正确的。当我们研究希波战争时，这是我们不应该忘记的绝对真理。近年来，由于东方学者和考古学家的杰出工作，我们对阿契美尼德王朝治下波斯的认识已经超出了已有认知。今天，我们必须带着更深的洞察力和更少的先入偏见去评价大流士、薛西斯和他们的文明，头脑开放如希罗多德这样的探询者可能也无法避免这样的偏见。我们的图景不应再是希腊见证人的那种排外的诋毁：我们现在应该警惕的是一种不分青红皂白的过度热情。

那些天生倾向于权威主义的人可能会喜欢阿契美尼德帝国，而正是他们喜欢它的理由使希腊人坚持反对它：一元化（并不总能保持效率）的政府管理、神权专制主义、缺乏政治反对派（只有偶尔爆发的血腥宫廷政变）、总督们对行省的散漫管理（只要他们的臣民不制造麻烦而且定期缴税）。阿诺德·汤因比（Arnold Toynbee）甚至曾说，假如希腊人输掉希波战争，对他们会更好：强制推行的统一与和平很可能会使他们不再将精力分散在无休无止的荒唐混战（和注定失败的地方本位主义）上，从而就不会等到将来被一股脑纳入奥古斯都的"罗马和平"（Pax Romana）。

这种观点没有意识到的是，政治与思想自由以及宪政国家——无论单独来看是多么低效和腐败——的全部概念都取决于一件事：无论出于何种动机，希腊人决定起来抵抗东方式的王权专制主义，并获得了辉煌的胜利。现代欧洲并没有从阿契美尼德王朝继承什么遗产。我们可以羡慕他们那威风凛凛但令人感到压抑的建筑，并带着某种敬畏感凝视——从匍匐在地的视角看——波斯波利斯的觐见大厅（apadana）及其炫目的浮雕。可是，对我们而言，制造这些东西的文明却像阿兹特克文明一样陌生，原因也相差无几。阿契美尼德王朝统治的波斯没有产生伟大的文学和哲学作品：它对人类的一项永恒贡献就是琐罗亚斯德教（Zoroastrianism），这也很能说明问题。与犹太基类似，它的文化基本处于静止状态，主要致力于维持现有的神权统治，敌视任何形式的创造和创新。\*

与这种一元化制度相比，希腊人的成就显得更为突出，简直就是无法解释的奇迹。民主政制在梭伦时代之后的城邦中诞生，并在希波战争以及随后的五十年内发展至顶峰，有时候，我们会认为这是理所当然之事。事实远非如此。自由的科学研究、自由的政治辩论、一年一任的行政官员、由多数票决定的决策制度——所有这些事物都迥然相异于希腊人不得不交往的任何一个主流文明的全部思维模式。无论如何产生，无论出于何种自私动机或者其他有争议的动机，只要考虑到这样的背景，他们的成就就会显得更加杰出。

很难让这一关键时刻承载过多的意义，特别是考虑到接下来的故事细节远非鼓舞人心。有一个希腊丘吉尔，就有一打的希腊

---

\* 这种态度是所有近东文明的特征，甚至连埃及也是如此（尽管埃及拥有更惊人的艺术成就）。神权专制无差别地应用于近东地区；有一个法老——埃赫那吞（Akhnaton）——试图改造这样的制度，但他在这场对抗中享受胜利的时间并不比背教者尤利安（Julian the Apostate）更长。

拉瓦尔（Laval）*。每一次战争，我们都能看到怯懦、自私以及各邦之间和那些城邦内部各派之间所发生的叛国投敌、首鼠两端和政治恶斗。敌对性宣传和蓄意性抹黑司空见惯，甚至连希罗多德都无法避免这种嫌疑。即便是最辉煌和最广为人知的行动，在近距离的观察之下，也经常会显露出其背后的复杂动机。然而，正如品达（底比斯人，而非雅典人）所说，当"雅典人的子孙为自由奠定了完美的基石"的时候，没有任何东西能玷污那项惊人成就的光辉。

人们经常这样说："波斯帝国是在一代人的时间里通过一系列征服创建起来的，只有亚历山大和穆罕默德死后第一代阿拉伯人的征服才能比肩这样的速度。"它也以完整的领土被同一个王族统治了200多年，这超过了亚历山大帝国和严格意义上的伊斯兰帝国。在公元前6世纪中期，近东地区被若干小型帝国所占据：阿斯提亚吉（Astyages）在埃克巴坦那统治的米底，还有巴比伦尼亚、克洛伊索斯（Croesus）统治的吕底亚。在这时，帕尔萨的居民还是内陆部落民，他们都是强悍的战士，但在他们自己的势力范围之外，没人听说过他们，他们也很可能没有权势。**然而，仅仅25年后，这片弹丸之地（今天的法尔斯，以当代的设拉子为中心）就控制了一个甚至超过鼎盛时期的亚述的庞大帝国：到那时为止，波斯帝国是古代世界曾经存在过的最大规模的单一行政复

---

\* 二战期间的一个法国卖国者。——译者注
\*\* Herzfeld（见参考文献）近来提出观点：帕尔萨人向东部的大规模扩张已是既成事实。他的推测很有趣（实际上，Kambujiwa 听起来像印度名字），但并没有说服力。

合体。说到底，这项成就应该归功于一个人。

公元前559年，冈比西斯之子居鲁士（这是希罗多德的希腊语转译，更准确的名字是Kambujiwa之子Kurash）继承了安善的王位，这是位于苏萨东北方向的一个米底附庸国。居鲁士王族肇始于阿契美尼斯，他们在帕尔萨及周边地区的统治已经有些年代；但是，居鲁士本人是一个野心勃勃的人，也被上天赐予了实现这些野心的军事政治才能。他将帕尔萨各部统一在了自己的领导之下，创建了一个新的阿契美尼德王族都城，即帕萨尔加德；他与那波尼都签署了非常有利的盟约，后者在巴比伦已经篡夺了尼布甲尼撒的王位。完成了这些准备之后，他就发动了推翻阿斯提亚吉的叛乱，后者就像很多虚弱的国王一样，既暴虐又不受欢迎。

阿斯提亚吉派去攻打居鲁士的第一支部队集体投降了波斯人——这次投降主要受他们的将领哈尔帕哥斯（Harpagus）的教唆，因为阿斯提亚吉此前曾用一种最为残酷的方式处死了他的儿子。然后，米底国王只好亲自上阵。他的部队在帕萨尔加德城外倒戈，将他交给了居鲁士。这是公元前550年。居鲁士乘胜攻占了米底都城埃克巴坦那，该城给他带来了无可计数的战利品。从现在开始，米底失去了独立，实际上成为新兴的波斯帝国的第一个总督辖区（satrapy）。为了获得进一步扩张的安全基地，居鲁士并未对米底采取惩戒措施，出于各种考虑和目的，他给予了米底人与波斯人平等的地位。后来还有很多米底贵族在居鲁士及其后继者麾下出任高级文武官员，哈尔帕哥斯只是最早的一位；讽刺的是，当我们泛泛地谈到"波斯人"的时候，希罗多德和其他希腊作家却总是将他们称作"米底人"。

通过征服阿斯提亚吉，居鲁士也相应地对米底的所有附属卫星国提出了统治要求：美索不达米亚、叙利亚、亚美尼亚、卡帕多西亚，这些都是过去的亚述帝国的一些残余部分。当然，他在这些地区与那波尼都发生了直接冲突，后者梦想至少要恢复一部分古巴比伦帝国的光辉。但是，居鲁士绝对不愿意将美索不达米亚和叙利亚让给潜在的敌人，相反，他的终极目标是吞并巴比伦本身。当然，也有过一些围绕尸体盘旋的秃鹫——包括吕底亚的克洛伊索斯，他在公元前547年渡过哈律斯河向东方进军，希冀能够获得一些边远省份。他的这次行动得到了德尔斐神谕的鼓励，后者用典型的含混说法向他透露，如果他渡过哈律斯河，将会摧毁一个大帝国。他照做了；但是，最后毁灭的却是他自己。由于害怕居鲁士军队和骆驼队的气味，他的战马纷纷逃跑。公元前546年，经过两星期的围攻之后，吕底亚都城陷落，克洛伊索斯很可能用自焚的方式自杀，以保全自己最后的尊严。关于他的结局，有各种各样的传说——例如阿波罗通过显现神迹，将他从火焰中救了出来——这看起来更像是事件发生之后，德尔斐祭司们为了自我开脱而编造出来的宣传之语。

居鲁士自己仅仅冷酷而简洁地记载道："他向吕底亚进军。他杀死了它的国王（？）。他劫掠了它。他在这里安置了驻军。"这种过程将会以略微不同的形式在很多地方重复发生。从公元前546年到前539年，居鲁士全面扫荡了希腊爱奥尼亚和达达尼尔海峡的沿海城市：只有半开化的卢库人（吕西亚人）象征性地抵抗了一下他那似乎不可战胜的军队。在同一时期，他也征服了整个伊朗高原，并越过里海，渗透到远至撒马尔罕和药杀河（今天的锡尔河，从天山山脉流入咸海）。最后，他吞并了巴比伦。那波尼都曾经不够明智地与克洛伊索斯私下订立过同盟，但是这是否对他的最终命运产生了影响还有待商榷。当他的宫廷转移到阿拉伯半岛之后，他的儿子伯沙撒留下来统治巴比伦。作为一名古代宗教的业余爱好者，那波尼都故意冒犯了马尔都克（Bel-Marduk）神庙祭司集团的强大势力：他的首都开始出现了不满情绪和叛变阴谋。几乎不需要什么犹太先知来为伯沙撒解释墙上之字的含义\*。公元前 539 年 10 月 29 日，在没有受到任何抵抗的情况下，居鲁士仪式性地进入了巴比伦城，他的儿子冈比西斯在第二年被任命为该城总督。

现在，居鲁士成了近东地区有史以来最庞大帝国的无可争议的主人。而且，他还是一位最狡猾和最富有经验的征服者。他认识到宽容和仁慈绝不是软弱的标志，而是可以带来丰厚红利的资本：通过聪明的安抚性宣传可以做到更多的事情，胜于残酷的屠杀行为。在巴比伦，没有出现大屠杀或驱逐，而当地神灵也得到了慎重的对待——作为这种行为的回报，居鲁士很自然地宣称他已经得到了当地神灵的支持。"当我和蔼地进入巴比伦的时候，"他宣布道，"马尔都克，伟大的上主，使高贵的巴比伦人支持了我，我则认真地支持和保护了他的崇奉仪式。我的大军平静地进入巴比伦。在苏美尔和阿卡德全境，我都禁止军队欺凌当地人民。"然而，对现代读者来说，居鲁士最著名的宽容行为可能是他颁布了重建耶路撒冷圣殿的法令（公元前 537 年）。只要有可能，他就会相信安抚少数群体的好处。这么做成本很低，却会带来丰厚的红利。

---

\* 《旧约》中记载，在伯沙撒败亡的前夜，他的宫殿墙上有手指在写字，无人能解释这些字。但以理为他解释了这些字预示着他的灭亡。——编者注

在生命余下的八年里，居鲁士将大部分精力都用于组织他所赢得的这个庞大而不平衡的帝国。他将其帝国划分为约20个行省，每个行省都委派一名总督，其波斯语头衔——khshathrapavan，意为"王国保护人"——被希腊人转写为satrapes，从而为我们带来一个同源词"satrap"（总督）。在这些总督辖区中，有两个涉及了希腊人：首先是以撒尔迪斯为首府的吕底亚，涵盖了爱奥尼亚沿岸的希腊人；其次是弗里吉亚，覆盖了达达尼尔海峡、马尔马拉海（普罗庞蒂斯）和黑海南岸。这些总督拥有巨大的权力，特别是在庞大的东方行省。他们不仅将所有的行政权力集中在自己手里，而且也是军事首脑。这种权力集中有其便捷之处，但也有明显的危险——尤其是一些有野心的总督实力过强，不满足于总督的职位，并尝试篡位。为了避免这样的危险，各省的最高文职官员、高级财政官和驻军司令官都由波斯大王直接任命，并直接对他负责。更为阴险的是巡回监察官或中央代表，被称为"大王之眼"，每年都会向大王提交汇报帝国各省状况的秘密报告。

居鲁士在新都城帕萨尔加德待了很长时间，他在那里建造了一座巨大的王宫——单是它的会议厅就长达187英尺——和一座带围墙的公园，公园大门的两侧是亚述式的带翼公牛。在大门上面，他刻下了夸耀性的三语铭文："我是居鲁士，国王，阿契美尼德人。"帕萨尔加德海拔约有6000英尺，是一块寒冷的内陆高原地区：希罗多德《历史》的结尾描述了波斯贵族提议将首都迁往更温暖地区的场面。然而，这个提议直接被居鲁士否决，他的贵族们同意选择"居住于崎岖之地并统治而不是耕作于富饶平原却受奴役"。居鲁士也在这里建造了他的坟墓，或许他预感到了即将发生的事情：当他在公元前530年开始东征锡尔河以东的野蛮部落并在战斗中被杀的时候，王宫工程尚未完工。他的功业——单就事实本身来说，已经足够惊人——不久就变成了英雄神话，希腊作家对此的贡献甚至超过了波斯人。色诺芬的《居鲁士的教育》（Cyropaedia）是一篇杰出的历史虚构作品，它说明了这种神化到公元前4世纪已经达到何等程度。

公元前530年9月，居鲁士之子冈比西斯平稳顺利地继承了王位，之前他曾任巴比伦总督，有所历练。我们的史料对他的描绘充满敌意，这使人们开始怀疑希罗多德，几乎可以肯定它过于夸张了。无论是他征服的埃及人，还是我们即将看到的他的最终继任者大流士，都没有理由在回顾历史时赞美他。现代研究表明，传说中他在入侵埃及之后，在一阵精神错乱中实施的那些暴行大部分是埃及祭司编造出来的，因为后者被剥夺了丰厚的神庙津贴。事实上，冈比西斯似乎非常用心，正如库里肯（Culican）所说，他"采用了埃及国王的头衔，也在埃及诸神之前表现出了谦卑之意"。很明显，他在埃及也执行了居鲁士在其他地区成功推行过的政策。但是，就算冈比西斯不是传统文献中所描绘的那种暴虐嗜酒的偏执狂，他也是一个心肠如铁且比他父亲少了很多家长式温情的暴君，因此树敌无数。除了埃及（他短暂统治的大部分时间都在埃及度过），他还获得了昔兰尼、塞浦路斯和最重要的腓尼基城邦的服从。波斯就此得到了它一直以来都非常缺乏的东西：一支强有力的海军。

大约在公元前522年3月，当冈比西斯仍在国外的时候，米底爆发了叛乱，领导者是一位自称国王弟弟的人。冈比西斯急忙离开了埃及，但却在走到叙利亚的时候，非常可疑地死了。这场叛乱被叙斯塔斯佩斯之子大流士领导的一伙人镇压，他属于阿契美尼德家族的旁系分支，此前事实上曾在埃及为冈比西斯做过参谋官。后来，大流士在自我吹捧的贝希斯敦铭文中宣称，冒名篡位者不属于阿契美尼德家族，而是一位名叫高墨达（Gaumata）的玛哥斯僧。现代学者相信后者完全可能就是冈比西斯的弟弟，这场对抗的真正意蕴是米底人与波斯人的王位之争。大流士的事后回顾之说辞在很多地方都极为可疑。一个假冒者是如何将帝国中心的那些行省团结起来的？他又如何设法骗过了他那个并非亲生的母亲？而且，如果大流士的成就是为波斯赶走一位令人痛恨的篡位者，那这个任务也太过于艰难了。屠杀玛哥斯僧集团只不过引发了更多的叛乱：一年之内，大流士打了19场大规模战役，并且都取胜了。但是，到了公元前521年7月，主要战事已经结束，到前520年之前，尽管还不是太稳固，大流士已经控制了之前居鲁士统治的几乎全部领土。

这些事件彻底改变了近东地区之后数百年里的势力均衡，奇怪的是，它们却没有给希腊本土的城邦留下多少印象。关于希腊与波斯之间的关系，最诡异也最重要的事实之一，就是难以想象的互相忽视，这种忽视包含着每个文明在看待其他文明时都会有的那种轻蔑之情。即便是像希罗多德这样对波斯充满同情的人，实际上也丝毫不了解波斯贵族的理想，尽管它在很多方面都类似于荷马笔下的英雄们所拥护的理想。伯恩的描述极好：

> 波斯鼎盛时期的贵族……被他们的宗教鼓励成为一个富有男子气概、热爱荣誉、身体健壮和勇猛无畏的人；他们热衷于狩猎、促进和保护农桑之事；他们鄙视商贸，不愿欠

债,因为"它会使人撒谎";他们讲究仪表风度,甚至到了拘谨的地步。

埃斯库罗斯的读者看到的波斯人与此完全不同。琐罗亚斯德传播的教义是全体人类都必须努力在世上建立神的正义秩序,这种教义对任何时代的帝国主义者来说都非常有吸引力,而大流士尤其为之吸引。从一开始,他就很鄙视希腊人,不亚于希腊人对他的鄙视,但并未持续很久。结果,按照正常估计,本应该是一场小型边境冲突的战事,却最终变成了大规模的战争,这场东方与西方的冲突从根基上动摇了大流士和薛西斯的帝国。

从希罗多德讲述的一个有趣的故事中,可以看到这种相互忽略的程度。居鲁士根据分而治之的策略,确认了克洛伊索斯先前与米利都签署的条约,其他爱奥尼亚城市担心出现最坏的结果,就向斯巴达求援。斯巴达新近已经崛起为伯罗奔尼撒乃至全希腊的军事强国。通过两场漫长和令人痛苦的战争,他们已经——至少是暂时地——摧毁了发动叛乱的美塞尼亚农奴们的抵抗精神。斯巴达领导之下的伯罗奔尼撒城邦同盟已经建立了起来。如果有希腊国家可以拯救爱奥尼亚,肯定就是这个崇尚铁血的军事强权。但是,斯巴达是否愿意救援是另外一码事。国内常年存在的叛乱威胁使他们极不情愿将斯巴达军队派到边境地带:事实证明,当前的危机也不例外。爱奥尼亚的发言者穿着紫色(一个心理学上的失误,会给斯巴达人带来不好的感觉)衣服,发表了一篇很长但实际上非常平淡的演说。斯巴达人拒绝给予爱奥尼亚任何军事援助。

尽管如此,斯巴达人仍然派了一艘五十桨战船横渡爱琴海,去看看事态的进展。此外,"战船上最有名望的人……被派往撒尔迪斯,代表斯巴达人警告居鲁士,不要触碰任何希腊的城邦,否则他们是绝不会袖手旁观的"。(就像现在一样,孤立主义为自大狂提供了极好的温床。)虽然听到了这样不知天高地厚的话,居鲁士很可能并不怎么惊慌,他问斯巴达人是什么样的民族,居然敢对他如此无礼。在得到回答之后,他对斯巴达传令官做出了回复;无论真伪,这个回复都很好地讲出了希腊人与波斯人在性情上的根本性差别。他说:"我从未害怕过这样的一些人:他们在城市的中央设置一块地方,大家集合到这个地方互相发誓,却又互相欺骗。"希罗多德继续解释说,这是因为希腊人拥有市场,而波斯人没有。事实上,波斯人仍然基本上是一个领地贵族社会,而希腊早在一个多世纪前就已经走出了这个阶段:这是这两个文化最深层次的社会经济差别(宗教是另外一个问题)。

作为一名领有土地的贵族,居鲁士鄙视与希腊人有关的绝大部分事物,首先是他们对商业贸易的着迷,以及与之相伴的观点自由交流。对波斯人来说,大王即国家,其程度甚至超出了波旁王朝君主所理解的范围,而这一点在阿契美尼德家族所有铭文的样式上都得到了展现。国王形象呈现出放射的太阳光线,照亮了位于他的半影中的几位皇亲国戚和高级大臣;在外围是一片黑暗,匍匐着一群没有面目的农民。这种风格无论在政治上还是宗教上都会令希腊人感到厌恶。希腊语词语 *agora*(市场)原来的意思就是"集会场所",两者之间并没有明显区别。更为先进的希腊城邦很久之前就已经摆脱了世袭贵族国王及其僭主继承者的统治,并正在探索走向民主政府的道路。(雅典是一个出乎人们意料的例外,在梭伦谨慎而又保守的改革之后,出现了以庇西特拉图为首的贵族独裁统治。)具有讽刺意味的是,居鲁士严厉斥责了这些在政体上与波斯封建制度有大量共同点的人*:很多顽固的多里安贵族会鼓掌赞扬他的这种情感。

征服爱奥尼亚教会了波斯官员与希腊人打交道的一些有益经验——同时使它们所造成的实际危险得以最小化。没过多久,居鲁士和他的军官们都认识到,当在战场上一对一搏斗的时候,希腊重装步兵和海军陆战兵都是非常强大的部队:从现在开始,希腊人开始以高价充当波斯人的雇佣兵。但同样明显的是(通过爱奥尼亚人的糟糕防御来判断),希腊城邦政体对任何类型的协同行动来说都算是最糟糕的基础,无论在行政方面还是在军事方面,都是如此:在这里,铁板一块的阿契美尼德王朝的指挥结构更占优势。每一个希腊城邦里都总是有着激烈的党争,他们会被贿赂和利用,互相斗争。希腊传达神谕的祭司就像希腊的政客一样,被证明远非清廉。经验是最好的老师:居鲁士轻松而又从容地逐个吞并了爱奥尼亚城市,在各城中扶植了与波斯合作的希腊僭主——要说"卖国贼"可能太重了——代表当地的总督来管理城市。自由贸易得到支持,原本由吕底亚人授予的商业特许权大部分都保持原样。一小部分人(多数是自由思考的知识分子,例如毕达哥拉斯或色诺芬尼)选择了移民而不是苟活于波斯的宗主统治之下;其余人则留下来以一种更为现实主义的方式来应对这样的局势,想方设法使自己从这样的局势中获取丰厚利益,并取得了一些成功。

自从大流士于公元前 522 年上台之后,爱奥尼亚商人与波

---

\* 作者指斯巴达人。——译者注

斯大王之间的这种密切关系就开始变得越来越紧张。同一年，萨摩斯强大的僭主波吕克拉底（Polycrates）被吕底亚总督奥洛埃忒斯（Oroetes）诱往大陆并遭处决。虽然奥洛埃忒斯后来也被大流士处死，波斯人还是在萨摩斯谨慎地扶植了一位傀儡统治者。横渡爱琴海的第一块跳板已经被攻占，其他岛屿也会很快如此。在发动了一次侦察性的预备性远征之后，大流士率领一支大军借助于用船搭成的桥通过了博斯普鲁斯海峡，然后向北进军到达多瑙河，渡过多瑙河就侵入了斯基泰人的北方草原。虽然这次远征很难说算得上成功，但从现在开始（公元前513年）越来越清楚的是，波斯开始展望欧洲。大流士的将军麦加巴祖斯（Megabazus）一座接一座地攻占了色雷斯的城市。马其顿国王阿明塔斯（Amyntas）献出了水和土，表示臣服。继任麦加巴祖斯担任"沿海民族大将军"（Captain-General of the men along the sea）的奥塔涅斯（Otanes）征服了发动叛乱的拜占庭和卡尔息冬，这两座重要的港口城市位于黑海流入马尔马拉海的入口处。

现在，波斯已经控制了穿越海峡的所有海上枢纽。希腊本土的粮食供应首次遇到了实实在在的威胁。大流士还迅速重新占领了埃及，也拥有了其广阔的麦田。如果他再控制住达达尼尔海峡，通往黑海和南俄草原的通道也会被切断。具体来说，至少在雅典，近50年来都一直面临着人口增长的压力。早在公元前594年，从阿提卡出口粮食可能就属于非法行为——阿提卡始终是一片比较贫瘠的地区。很快，雅典的粮食消耗量就远远超过了产量。到公元前6世纪末，雅典所需粮食的三分之二必须从国外进口，而且这个比例随着时光流逝会越来越高。最大的两个粮食市场是在埃及和南俄罗斯，大流士现在控制了这两个地区的入口。另外，他还得到了无限供给的黄金，克里米亚的粮食巨头经常坚持用黄金支付。因而，大流士可以在开放市场上给出超过其他竞争者的价格，并将粮食价格推高到希腊人无力购买的水平。从这时开始，蛮族人的威胁就像一个令人恐惧的黑影，持续笼罩着希腊世界。

实际危险的程度显然很大程度上取决于波斯大王的个人性情和政策。在这方面，大流士不太令人乐观。种种迹象都表明，他打算将波斯领土扩张到欧洲，只是人们无法预知他计划扩张到多远的地方。希罗多德记载，一支波斯海军情报团受命调查海岸和港口，不仅包括希腊本土，也包括南意大利。从一开始，大流士就证明他是一位强有力的行政管理者，并对商业拥有浓厚的兴趣：波斯贵族半是钦佩半是讥讽地将他称为"小贩"，这不是没有原因的。他挖掘出了现代苏伊士运河的前身，宽150英尺，深度足以通过大型商船。与此同时，他派遣一位希腊船长，卡里安达的斯库拉克斯（Scylax）去探索取道波斯湾前往印度的航线。这两个举动体现出一双紧盯有利可图的贸易地区的精明之眼。他重组了总督辖区，改善了行省交通，建立了高效的行政机构，还将巴比伦法典改作己用。他也毫不谦虚地谈到了自己的成就。"我爱正确的东西，"他宣称，"我憎恨错误的东西。"不太可能有人会反驳他。

首先，大流士启动了大规模的财政改革，这些改革的好处被人们高估了。颁布标准的度量衡是非常有远见的一项政策，官方金银币的发行同样如此。但是，波斯大王对信用、贡金和帝国内部资本流动的态度就无助于提高他在经济上的名声了。用可支付的贵金属计算，来自帝国税收的总收入曾被估算为14560塔兰特（优卑亚制），这个数字——1塔兰特是57.5磅重——相当庞大："大约相当于2000万美元，但购买力数倍于今天"，奥姆斯泰德

**波斯总督辖区**

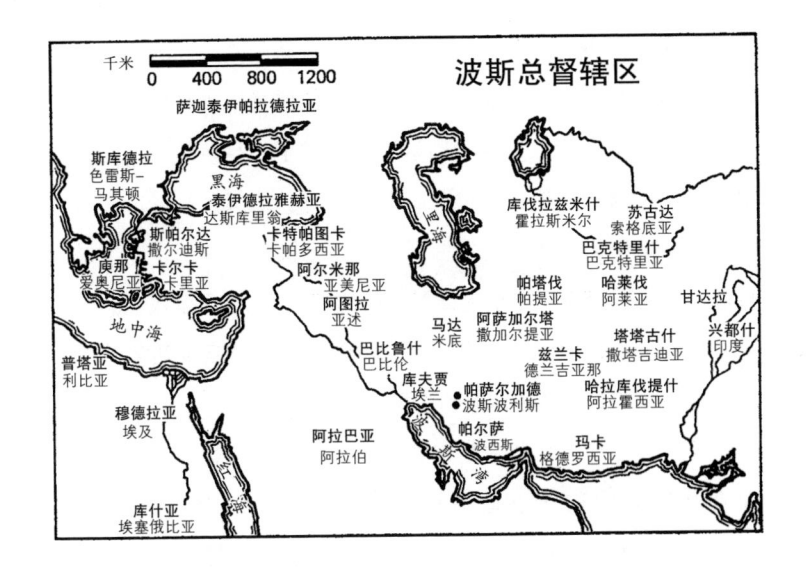

（Olmstead）说。不过，这些金银没有多少被铸成钱币，也没有回到流通领域。绝大部分金银都被熔化和铸成块锭，储藏在苏萨的地窖里，从而使苏萨成为古代的诺克斯堡\*。大流士似乎既不知道，也不在意这种政策会逐渐使帝国的金银枯竭，并毫无疑问会带来一些不可避免的后果：慢性通胀、不断上升的价格，然后，就是波斯农业在不能支付债务和无法赎回抵押品的动荡中接近崩溃。他的信用思想仅限于铸币，他也不明白以储备金形式存在的保证金为何不应该由君主垄断。

在现代社会，诸如此类的任何计划都会被认为是蠢到极点的经济政策，但是，大流士和他的继任者却坚定不移地执行着这样的政策。在古代世界，人们不懂得如何做长期财政规划。波斯大王看到的是他可以在购买心仪的商品（诸如雇佣兵或粮食）时开

---

\* 美国陆军的一个基地，美国国家金库所在地。——译者注

出超越所有竞争者的价格，可以花钱建造新的宫殿，总之，就是要保持可以救急的支付能力，足够处理任何可以预见的危机。他对金银的近乎垄断也为经济勒索行为提供了充足余地，希腊人很快就会明白这点，他们付出了高昂的代价。他似乎从未考虑这个问题，即地中海的贵金属资源最后可能会被他全部榨干；如果一只鹅不能再下金蛋（出于论证需要的比喻），总是可以找到另外一只来代替。如果大流士这么想，这可能就是他决定横渡爱琴海向西方进一步扩张波斯帝国统治的又一个原因。

波斯大王的短视和贪婪在爱奥尼亚造成了灾难性后果。如果大流士不曾受制于神权政治的那种宏大幻觉，他肯定能认识到，这些富裕的商业城市只有在他使它们觉得值得的情况下才会与他合作。反之，他却对它们征收了重税，无情剥夺了它们与黑海地区的贸易权利，并拒绝改变它们的政府制度——尽管自由希腊世界已经抛弃了僭主统治的整个概念，更不用说傀儡僭主的统治。而且，大约从公元前535年之后，迦太基和伊特鲁里亚就禁止希腊船只再进入西地中海。事实上，爱奥尼亚已经开始感觉到了勒索造成的拮据。从"亚洲希腊人"以及卡里亚、吕西亚和潘菲利亚地区征收的贡金总额达到400塔兰特或240万德拉克马，这相当于公元前5世纪的雅典人从他们的整个海上帝国攫取的贡金总额。当众所周知的南意大利富裕城市叙巴里斯被它的邻居和竞争对手克罗同摧毁的时候（公元前511—前510年），米利都人为之削发和痛哭：他们哀悼的不仅是失去的朋友，也有失去的丰厚利润。不久之后，爱奥尼亚人对大流士新政策的愤怒情绪发展至叛乱的倾向。在公元前513年，米利都的希斯提亚欧斯（Histiaeus）和其他希腊领袖们曾在大流士的斯基泰远征行动中为他架设了多瑙河浮桥。到了公元前499年，故事就完全变成了另外一番模样。

令人感到奇怪的是，事态的不利发展却没有引起多少希腊本土城邦的注意，它们就像往常一样忙于处理地方事务，对其他一切都无暇顾及。波吕克拉底的遭遇、波斯现在控制着一支庞大的腓尼基舰队、色雷斯和达达尼尔海峡的城市被大流士的将军们击垮——这是极为不祥之兆，然而直到很久以后，很少有人愿意承认这一点。波斯的动向至多不过是为他们的国内政治斗争提供了新的维度。

在斯巴达，国王克莱奥门尼警惕地注视着宿敌阿尔戈斯，对图谋推翻庇西特拉图僭主政府的雅典流亡者集团也只是给予谨慎支持。庇西特拉图本人亡故于公元前528/527年，其两子中的一位继承了权力，并在公元前514年被刺，而另一位幸存的儿子希皮阿斯（Hippias）变成了一个惊恐万状的残忍暴君。在那些被他驱逐从而避免了更糟糕结局的流亡者中，包括一个非常有名而且善于投机取巧的贵族家族，即阿尔克迈翁家族，该家族在雅典政治生活中的中心地位一直保持到了下个世纪（伯里克利［Pericles］和亚西比德［Alcibiades］都与该家族有血缘关系）。就像伊丽莎白一世时期的塞西尔家族（the Cecils），阿尔克迈翁家族只对两种东西感兴趣，那就是财富和政治权力，他们冷酷地追逐着这些东西。如果他们在接管雅典政府的同时，也能赢得帮助雅典人摆脱令人憎恨的僭主政府的荣誉，那就更好了。对他们来说，流亡不是新鲜事，他们尽量利用着流亡生活，获得了德尔斐神庙的支持，德尔斐的祭司在斯巴达人求取的每一条神谕的前面都加上了"解放雅典"的劝告。

克莱奥门尼不会对阿尔克迈翁家族及其领袖克里斯提尼（Cleisthenes）抱有什么幻想；但是，至少，他们想要的都是一样的东西，即便是出于不同的原因。正如时不时表现出来的那样，克莱奥门尼并不支持希腊人抵御波斯侵略。这意味着斯巴达的外交政策极其缺乏两种特性，即利他主义和远见卓识。事实上，在这时，斯巴达的一些最亲密的盟友——帖撒利、埃吉纳、德尔斐、彼奥提亚——从一开始就同情波斯，后来就变身为全心全意的"合作者"（collabos）。更有甚者，当爱奥尼亚最终发动叛乱并呼吁家乡支援的时候，斯巴达就像往常一样保持了中立，宁愿派遣军队全力攻打阿尔戈斯。没有比这更自私和更短视的行为了，从这里看不出任何泛希腊的爱国精神。克莱奥门尼想赶走庇西特拉图家族，不是因为众所周知的后者与波斯之间的联系，更不是因为任何像反对僭主制这样的意识形态因素，而是因为一个强大的雅典可能会在商业和军事上对伯罗奔尼撒造成威胁。

阿尔克迈翁家族首先尝试接收内斗的失意者。他们占据了阿提卡北部帕尼萨山的一座要塞，有一部分在雅典的朋友赶来加入了他们的队伍。然而，如果他们希望广大同胞会把他们当作解放者来欢迎，他们恐怕会失望。大部分人肯定都会认为（谁又能怪这些人呢？）政权从一个以武力夺权的贵族集团转移到另一个相似集团手上对自己没多少好处。这次入侵最终失败。一年之后（公元前511年），克莱奥门尼被说服，派遣了一支规模不大的海上特遣队进入法勒隆\*。希皮阿斯预先获知了他们的进军路线，雇佣了一支帖撒利骑兵打跑了斯巴达人，后者几乎刚下船就遭受了严重损失。

---

\* 雅典的一个海港。——译者注

雅典敌对派系利用外国军队援助来打击对方的景象肯定使当地农民产生了某种厌恶之情。另一方面，克莱奥门尼国王肯定对这次惨败耿耿于怀，公元前510年，他又取道科林斯地峡发动了一次全面入侵。希皮阿斯躲在卫城里，防御工事严密，粮食充足；但是，他欠缺了一点运气，他的家人在边界附近被俘，他不得不投降。获得了安全保证之后，他就离开雅典去了他在达达尼尔海峡附近的西格翁庄园，不久就在那里建立了流亡政府。由于斯巴达人被认为是来"解放"雅典的，他们既不能遴选顺服自己的执政团体，也不能在当地无限期地驻扎占领军，这是一个非常现代的两难困境。他们退走之日，就是野蛮的权力斗争开始之时。

克里斯提尼是在斯巴达军队的保护下结束了流亡生活的，因此，斯巴达军队一旦撤走，通过法律途径恢复权力就非常麻烦和微妙。由提桑德之子伊萨哥拉斯（Isagoras）领导的保守派奋力——刚开始获得了相当大的成功——阻止阿尔克迈翁家族掌权。他们的战斗始于检查选民登记册，使克里斯提尼的大量"新移民"支持者以刁钻的法律理由被褫夺了公民权。但是，他们很快就明白，从长期来看，更好的做法是获得平民的选票而不是激怒他们。一项法律得以通过，废止了在法庭上对雅典公民使用酷刑的做法，之后又颁布了其他类似法案，通过两年的努力，伊萨哥拉斯越来越掌控了局势。在这时，没有任何迹象表明选民们欢迎克里斯提尼以一个伟大的民主改革家的姿态归来，理由也很充分，因为这时他的脑子里尚未有任何此类想法。

然而，公元前508年，伊萨哥拉斯（顺带说一句，他是克莱奥门尼的好友）被选为首席执政官。克里斯提尼曾担任过这一职务，因此被禁止再次任职。他必须采取点儿特别行动，于是他决定孤注一掷，借用希罗多德一句模棱两可的话，他"把人民拉到他这一派来"。这可能意味着选举权的范围大为扩张。简单来说，克里斯提尼贿赂了公民团体来支持他，打算让他们通过集体投票来选他领导政府，交换条件则是他让他们第一次在政府管理中享有真正的利益。这项提案迅速在公民大会中通过；就这样，通过一种有点怪异的分娩过程（*accouchement*），雅典民主最终艰难地诞生了。事实证明，这个孩子吵闹、强健，但在他可以走路之前却麻烦不断；这是件好事，否则，他很难存活下来。

伊萨哥拉斯无法再控制选他担任执政官的那些人，眼看大厦将倾，他只好再次求助于斯巴达。斯巴达军队开进了雅典，克里斯提尼和阿尔克迈翁家族遭到驱逐。他们不声不响地离开，因为他们等得起。斯巴达人将700个雅典家族都列入黑名单（有名的或有激进倾向嫌疑的那些家族），试图建立一个由听话的保守派组成的傀儡委员会。在这个节骨眼上，刚刚民主化的雅典人决定结束这种局面。一次突发的暴动获得了出人意料的成功。伊萨哥拉斯、斯巴达人以及他们的支持者发现自己被困在了卫城。最终，斯巴达人被允许离开，他们偷偷带走了伊萨哥拉斯；余下人等投降，他们在民众法庭上接受审判，民众法庭通过将他们判处死刑而宣示了它的民主团结。在支持者的欢呼声中，克里斯提尼以胜利者的姿态返回了家乡。这一次，不再有反对派。另一方面，他肯定也履行了某些政治诺言，否则雅典会迅速陷入党争的混乱局面。

克里斯提尼做了更多的事情。一旦权力在手，他证明自己是一个目光远大的行政官员（包括对阿提卡部落制度的彻底改革），他的各项改革措施重塑了接下来几个世纪的雅典政治生活。他究竟在多大程度上是一位真诚的理想主义者存在着巨大争议，更不用说他对立法长期效果的设想。他的目标肯定是要粉碎雅典的那些豪门贵族对政权的控制；同时，他还要用各种手段来保持自身的权力。他对平民（demos）的态度很质朴也很传统：他已经奖励了他们的支持，那么，就像任何一位贵族护主一样，他现在期待着他们的感激。只用了数十年，这批平民就完全改变了雅典的命运，我相信，这是克里斯提尼没有预见到，也不是他想要的局面。然而，在近东政治生活的语境中，他把这些改革进行到底这一事实就已经足够非同寻常了；由此导致的后果就是雅典民众发现他们的集体认同和力量是如此强大。希罗多德清楚地看到了这一点：

> 雅典的实力就这样强大起来了。权利的平等，不是在一个例子，而是在许多例子上证明本身是一件绝好的事情。因为当雅典人是在僭主的统治下的时候，雅典人在战争中并不比他们的任何邻人高明，可是一旦他们摆脱了僭主的桎梏，他们就远远地超越了他们的邻人。（5.78）

希罗多德借流亡的斯巴达国王德玛拉图斯（Demaratus）之口说出的辩护之辞中有一种对比，很有趣，后者现在是薛西斯的谋士：

> 在单对单作战的时候，他们比任何人都不差，在集合到一起作战的时候，他们就是世界上无敌的战士了。他们虽然是自由的，但是他们并不是在任何事情上都自由的。他们

受着法律的统治，他们对法律的畏惧甚于你的臣民对你的畏惧。我可以拿出证据来证明他们的确是这样：凡是法律命令他们做的，他们就做，而法律的命令却永远是一样的，那就是，不管当前有多么多敌人，他们都绝对不能逃跑，而是要留在自己的队伍里，战胜或是战死。（7.104.5）

这些意识形态方面（或民族神话）的对比非常微妙，给了人们很多思考空间。自由在堕落为无政府状态之前能走多远，或者权威在变成专制主义之前又可以走多远呢？只要关心公元前5世纪另外50年的历史，任何人都会发现这两个问题的答案都不乐观：希罗多德明智地在他选择的那个地方结束了他的《历史》。雅典可能还会继续取得更为炫目的成就，但它永远也无法再拥有之前的那种轻松愉快的氛围和奉献精神了。在紧接着由克里斯提尼改革催生出来的汹涌自信中，一个粗暴地欺压自由雅典人的斯巴达国王已经被驱逐，尽管他拼尽了全力。没过多少年，这种新精神就使雅典不得不面对并战胜一支强大的侵略军，至少在人数上，这支军队的规模超过了雅典能征召的任何军队。最终，雅典以地方利益为本位的政治确实也在赢得希波战争的过程中（起码在心理上）起到了关键作用。

公元前5世纪的宣传试图将这个新生的民主制雅典描述为一个从一开始就坚定反波斯的国家。事实上，克里斯提尼政府立即向大流士的弟弟，撒尔迪斯的总督阿塔弗尼斯（Artaphernes）派遣了使团，目标是获得波斯大王的承认和盟约。他们在这个问题上没有多少选择，希皮阿斯正在西格翁声索自己的权力。当克里斯提尼的使团前来求见阿塔弗尼斯的时候，后者表现得足够配合，但他打击了雅典人的自命不凡。首先，他询问雅典人是谁，居住在何处；然后，他要求使节们献出土和水，以示归顺。这使使节们在回国之后遭到了严厉斥责——尽管没人指望大流士会以更优惠的条件给予雅典支持，而且整起事件都强烈表明政府保全了面子。

另一方面，单单对雅典人出使大流士之事的怀疑就足以引发斯巴达人的严重警惕。斯巴达的两位国王，克莱奥门尼和德玛拉图斯集结了一支伯罗奔尼撒军队，从科林斯地峡出征：他们宣称的目标是要在雅典重建一个由伊萨哥拉斯领导的安全的保守派政府。（据说，克莱奥门尼与伊萨哥拉斯的妻子有染，但这听起来更像是典型的阿尔克迈翁家族的诽谤。）雅典人准备应对又一次危机的到来，但奇怪的是，这次危机并没有变成现实。接近厄琉西斯的时候，科林斯盟友改变了心意，转头回家。克莱奥门尼与德玛拉图斯爆发了争吵，整支远征军解体：这个结局似乎颇为诡异，好像有一些雅典人在最后一刻给他们送去了巨额贿金。三四年之后（公元前504年），这个完全独立的雅典政府使斯巴达人如此焦虑，以致他们实际上暗示要支持被放逐的庇西特拉图家族的希皮阿斯返回雅典。他们这种只顾自己的政策大转向超出了伯罗奔尼撒盟友们的接受能力，后者立即否决了这项提议。斯巴达人过去坚定地宣传自己的反僭主立场，而现在人们也期望他们能坚持他们所宣扬的这个原则。克莱奥门尼对雅典之所求无非也就是一个平和而顺从的政府，或者任何此类可以控制的政府；结果，他所得到的是激烈的道德抨击，被迫公开引退。

斯巴达的困境在约公元前500年时得到了部分解决，就在那时，一直幸灾乐祸保持中立的大流士决定承认希皮阿斯的流亡政府。敌人的敌人就是朋友：至少就目前而言，雅典和斯巴达就算不是处于同一阵营，但都是站在波斯的对立面。一年之后，爱奥尼亚长期以来酝酿的不满情绪终于爆发，演变成了一场暴烈的叛乱。归顺大流士的希腊"僭主"有一部分被以私刑处死，而另外一部分则在一夜之间就泰然自若地变成了叛乱将领。在公元前499—前498年的冬天，他们的领袖，即米利都的阿里斯塔哥拉斯（Aristagoras）造访了雅典和斯巴达，试图鼓动它们支持他的叛乱。回应称不上热烈。克莱奥门尼拒绝出兵：他的孤立主义思想使他的目光超不出阿尔戈斯。在这个关键时刻的不干涉，不单纯表现出了纯粹的自私，也使叛乱注定失败。如果拥有来自希腊本土的海军支援，爱奥尼亚至少可以守住它的三大海军基地——莱斯沃斯、希俄斯和萨摩斯。它们的联合舰队甚至会有足够的实力彻底阻止大流士侵略欧洲。

在雅典，阿里斯塔哥拉斯的表现略好。在逃过了斯巴达入侵之后，雅典人和阿塔弗尼斯一样坚决。他们无论如何都不会让希皮阿斯回来的。用这样的方式违抗波斯大王，他们正在面临巨大的危险，他们也知道这一点。首先，爱奥尼亚的叛乱看起来像是神的赠礼：偷大羊或偷小羊都一样，反正会被判绞刑。阿里斯塔哥拉斯在雅典公民大会的演说是典型的反波斯宣传，到了将近两个世纪之后的亚历山大时代，这种宣传仍然很有力。他说：波斯人都是极端低能的士兵；这个国家满是战利品；整场战争将轻易获胜。他的听众的反应非常复杂。一些人希望派出全部舰队，想要全身心投入。其他人想要以斯巴达为榜样，保持中立。最后，一支小舰队被派往爱奥尼亚，但是仅是20艘战船：或许这就是他们可以集结的所有战船，但更有可能的是出现了最致命的现象——民主性的妥协。"派出去的这些船只,"希罗多德说,"就成了后来希腊人和异邦人的纠纷的开始。"

到了现在,应该很清楚的是,纠纷早在很久之前就开始了;但是雅典在第一次远征军中扮演的角色肯定促成了它。希腊联合舰队驶向以弗所,从这里出发,叛乱者们的陆军向撒尔迪斯进军。他们迅速地攻占了城市,但卫城仍然在坚守。然而,他们劫掠城市的希望破灭了。城内的大部分房屋都是用芦苇建成的,即便是那些用砖建成的房屋,房顶也是芦苇秆。一位士兵将一幢房屋点着,整座城市就像火绒一样燃烧了起来。波斯大军气势汹汹地打了过来,爱奥尼亚人慌忙撤退。波斯人在以弗所的海岸边追上并击败了他们,使他们遭到了惨痛损失。雅典人目睹了战事进展,也急忙将舰队撤回了雅典,并拒绝进一步参与这场叛乱。但是,为时已晚。对波斯大王来说,撒尔迪斯被焚毁是奇耻大辱,他不能忘记,也无法原谅。

> 据说他刚一听到这话并不把爱奥尼亚人放在心上,因为他确信他们所有人都不能因叛变行动而免于惩罚,而只是问雅典人是什么样的人。当人们告诉他之后,他便要人们把弓给他拿来,他放一支箭在弓上并把它射到天上去,在把这支箭射到上空去的时候他祈求说:"哦,宙斯,容许我向雅典人复仇吧!"自是而后,每到他用饭的时候,他都要他的一个仆人在他的面前说三次:"主公,不要忘掉雅典人啊!"
> (5.105)

大流士对叛乱结果的自信与乐观并非没有道理。爱奥尼亚人开始获得一些小胜之后，庞大的波斯战争机器开始运作起来。到公元前495年，大部分抵抗都已被镇压。公元前494年，在米利都对面海湾中的拉德岛附近发生的一场海战中，拥有353艘战船的爱奥尼亚舰队遭遇了惨败。米利都陷落之后受到了蹂躏。男人大部分被杀，妇女儿童则被变卖为奴。城市南部区域全部被夷为平地。这时，大流士可以说他已经报了撒尔迪斯被焚毁之仇，但这只不过是他更多的报复行动的序幕。次年春天，波斯舰队结束了扫荡行动。希俄斯、莱斯沃斯、特尼多斯和色雷斯的刻索尼塞相继沦陷。位于达达尼尔海峡东岸的城市也再次被波斯攻占，其中包括爱奥尼亚人曾经短暂控制过的拜占庭和卡尔息冬。从各城镇大火中散发出来的烟雾席卷了整个海峡。难民逃向四面八方——他们中的很多人都去了西西里岛和意大利。少男少女们被送到了波斯宫廷做宦官和后妃。爱奥尼亚叛乱结束了，由此，入侵希腊本土成为无法避免的后果。

在这次灾难中，最令人感兴趣的受害者是一位高深莫测的雅典贵族米太雅德（Miltiades）。大约在公元前555年，他的叔父被庇西特拉图——雅典僭主，希皮阿斯之父——派去统治色雷斯的刻索尼塞半岛，该半岛构成了达达尼尔海峡的欧洲一侧。他在这里建立了一种家族政权，其仁慈但独裁的统治很像沙捞越的布鲁克王朝（White Rajah），该政权的功能显然是为了保护雅典在达达尼尔海峡附近地区的利益。米太雅德本人在公元前514年左右成为家族领袖。我至少可以说，他的立场非常模棱两可，在他统治期间的任何一个时间点，他到底是偏向波斯、希皮阿斯、爱奥尼亚人，还是雅典政府，几乎无法判断。在公元前514—

前513年，他宣称，当大流士的波斯大军在斯基泰地区被截断之后，他要求毁掉多瑙河上的浮桥。但是，浮桥保存了下来，重要的是，米太雅德也幸存了下来。公元前511年，他在被斯基泰人赶出刻索尼塞半岛之后，就想方设法要在爱奥尼亚叛乱期间恢复自己的权力，然而叛乱失败，他只能变成避难者。波斯大王出价悬赏他的项上人头，但他惊险地逃过了波斯舰队的追捕。他那在后面战船上的儿子就没有如此幸运——至少从希腊人的立场看是这样，因为他得到了波斯人的仁慈对待，最终"投靠了波斯人"。

顺理成章地，米太雅德前往雅典，他的到来（公元前493年夏）肯定在雅典政界引起了一些尴尬。他属于雅典最显赫的家族之一，即菲莱家族，因此，必须小心对待。另一方面，在雅典的新式民主派眼里，他是那种最令人厌恶的人——僭主。更糟糕的是，他在刻索尼塞半岛的职务来自庇西特拉图和希皮阿斯的任命。然而，他的支持者可以争辩说，在这样的关键时刻，他关于波斯的渊博知识对雅典有着不可估量的价值。一些人说，此人劣迹斑斑，控告他。另外一些人则说，我们现在需要的是指挥官，任命他做将军吧。没有人比新任的首席执政官更密切地观察了这场争论或更谨慎地权衡了利弊。来自弗莱里德莫的尼奥克利斯之子地米斯托克利，在31岁的时候——刚刚超过最低任职年龄——被选为雅典最高行政长官。

奇怪的是，我们对地米斯托克利的早期经历几乎一无所知。希罗多德在写到公元前480年的萨拉米斯战役爆发前才提到他，"这时有一个不久之前才显露头角而成为一流人物的雅典人，他的名字叫作地米斯托克利，人们称他为尼奥克利斯的儿子"。哈利卡纳苏斯的狄奥尼修斯（6.34）提到他曾担任执政官一职，\*而我们从普鲁塔克（*Arist.* 5.3）那里也了解到他曾经在马拉松战斗过，尽管很可能只是普通一兵，但表现优异。我们很可能要指责为希罗多德提供资料的贵族——尤其是阿尔克迈翁家族——故意隐瞒地米斯托克利的早期经历，以及希罗多德本人在整部《历史》中对地米斯托克利的蓄意诋毁。他对希波战争的记载过于精彩和有名，任何人都难以忘记；但是，至少，只要碰到合适的机会，他就会表现出倾向性。希罗多德从不放过任何机会去强调地米斯托克利是多么自私、多么贪婪、多么不正直的一个人。就像所有的优秀宣传一样，这幅画面包含了很多真实的东西；幸运的是，我们拥有修昔底德的权威总结来给出更大度和更可靠的评价。

地米斯托克利出生于公元前525年或前524年。他的母亲是外邦人（色雷斯人、卡里亚人或阿卡那尼亚人，记载并不一致），但他的父亲尼奥克利斯则来自一个显赫的贵族家庭，即吕科米德家族。那种认为尼奥克利斯只是一位没有家庭背景的新贵（*novus homo*）的抹黑传统可能只是根据随意的词源追溯——他的名字意思是"新近出名的"——形成的，也有可能他真的来自某个已经

---

\* 事实上，当代有些学者认为地米斯托克利是公元前483年的首席执政官，去世于公元前449年。在此期间，不仅有相隔10年的波斯对希腊的两次大规模入侵（公元前490年和前480年），而且还有雅典人对塞浦路斯和埃及的两次大规模远征（公元前459年和前449年）。传统上认为地米斯托克利活了65岁，他的去世与雅典对塞浦路斯和埃及的远征有关系。他担任执政官的年龄据记载是30岁或31岁。一位试图梳理这些事实的古代作家可能将他生命中的所有大事的时间都弄错了10年。但是，这就意味着狄奥尼修斯犯了一个非常明显的错误（考虑到他的材料来源，这不太可能），或者意味着有另外一个地米斯托克利担任了公元前493年的执政官，这难道不是过于巧合了吗？而且，这仍然无益于我们了解地米斯托克利的早期经历。

与吕科米德家族联姻的富有暴发户家庭。流言中肯定有一定的真实成分，因为地米斯托克利——从他的肖像判断——看起来一点儿也不像一个饲养马匹的雅典绅士，而且正如下文所展示，他很少表现得像一个绅士。我们听到的所有关于他的轶事都描绘出了同一种形象。它们为我们描绘出一个朴素、直率、务实但在战略和政治斗争上拥有惊人天赋的人。他野心勃勃，对文化艺术不感兴趣，而且与他的贵族政敌们相比，他更为熟悉商业贸易事务，而这些贵族政敌认为商贸活动配不上他们的身份。

奥斯提亚胸像[1]刻画出一位非常引人注目的人物，而且很切合我们其他史料所传达的神韵。一批著名学者和艺术史家现在都坚持认为这座胸像源自一件创作于地米斯托克利晚年——约公元前460年——的原始肖像，我也认同这样的看法。直到近来，人们还公认，直到下个世纪，还没有什么现代意义上的"逼真"的肖像存在。现在，这种看法正在经受着相当大的修正，这在很大程度上是由地米斯托克利胸像引起的。大圆脑袋和朴素立面反映的是早期的立体概念，下面则是像拳击手一般的粗壮脖子；显得坚毅而又敏感的嘴巴在垂下来的胡子下面展露出带着一丝嘲弄的微笑；坚硬而卷曲的头发紧紧贴着头皮——上述所有特征都刻画出同样的性格。在这里，我们拥有了一幅天生领袖的肖像，正如吉塞拉·里希特（Gisela Richter）所说："一个目光远大、无所畏惧但刚愎自用的人，他是危急时刻的救世主，但却无法应对和平时代。"他那宽阔的额头和斗犬般的下巴说明他身上肯定不会有任何教条化或程式化的东西，这些面部特征必然意味着一种丘吉尔似的作风。实际上，在所有现代政治家当中，丘吉尔是一个政治生涯上在很多方面都与地米斯托克利相似的人，用巧合似乎很难解释这件事。两人都有一种不受欢迎的天赋——当他们那些更聪明的同代人错了的时候，他们可以做出正确的选择。两人也都有一种令人眼花缭乱却颇受猜忌的表演才能，正是这种才能可以拯救国家于危亡。两人都是在他们所战胜的危机结束之际立即选举失败，被迫下台。在地米斯托克利的领导之下，雅典人也度过了他们最精彩的岁月。

像当时所有人一样，地米斯托克利肯定也警惕地注意到了波斯大王对欧洲土地不断增长的兴趣。然而，与大多数贵族群体成员（即便在民主政体下，这些人仍然会经常被选举出来担任高级官职）不同，\* 他对这意味着什么有着更清晰的看法。大流士不仅打算最终征服欧洲的希腊人，而且也打算预先通过第五纵队\*\*的渗透来削弱希腊城邦，更糟糕的是，他还打算对最易被经济压力破坏的地方直接施加经济压力。在公元前494—前493年的爱奥尼亚叛乱失败之后，波斯大王看起来很可能会阻击雅典人和爱奥尼亚人在黑海运粮通道上的运输船队。自从公元前514/513年的斯基泰远征之后，这种可能性就一定让雅典普通民众越来越恐慌。公元前493年之后，这种危机就变成赤裸裸的事实了。如果是入侵，人们可以拿着刀剑长矛去迎战。饥荒则完全是另外一回事。很明显，未来将会得到民众支持的政客就是能确保雅典人的日常食品供应的那个人。

但是，哪里能找到粮食呢？在这里，考古材料可以帮助我

---

\* 无论他们的政治观点如何，那些在雅典行使权力的人们——至少在公元前425年之前——经常来自大约6个互相通婚的家族。从这种意义上来说，地米斯托克利是个局外人。

\*\* 指希腊内奸。——译者注

们。我们知道，雅典最大规模的单项进口商品是小麦。我们还知道，雅典的主要出口商品是精制陶器。在一个著名的小麦种植区，完全可以认为当地出土的雅典陶片就代表着雅典人用陶器支付进口粮食。在某一特定地层中的陶片越多，雅典在那一阶段进口的粮食就越多。在希波战争爆发之前不久，在埃及、色雷斯、南俄罗斯、塞浦路斯和东地中海——全部是波斯控制区——的雅典陶片数量下降到了很低的水平。这恰恰是我们从大流士的限制政策中可以预见的结果。不过，当我们的目光转向地中海西部的时候，事情就是另外一番光景。在西西里岛、意大利南部和亚得里亚海北部（波河流域），雅典陶片数量出现了极大增长，在公元前450年到前430年间达到了最高值。这些地区都是古代世界著名的小麦产区：毫无疑问，雅典人在这里找到了替代性市场。事实上，到公元前490年，雅典商人已经与地中海西部建立起了更大规模的贸易关系，超越了他们过去在离家更近的地方曾经达到的水平。

在爱奥尼亚叛乱结束后，这条粮食供应线不再只是一条政府放任不管的经济线路，它很快也具有了政治上的重要性。现在它是雅典的生命线，其状况不能完全掌握在商人手中。某位富有远见的政治家无疑已经看到，从现在开始，至少在波斯的威胁被消除之前，与地中海西部的贸易必须被作为政府的一项公共事务来对待，而不能仅仅由私人来负责。就算我们没有看到可以证明地米斯托克利对西西里岛和大希腊（Magna Graecia）\*地区拥有强烈

---

\* 指亚平宁半岛南部希腊殖民城邦聚集的地区。——译者注

兴趣的材料,*也几乎可以毫不迟疑地将那位政治家认定为他。我们能想象出他与朋友们在比雷埃夫斯的小酒馆里畅谈的情景,这些都是矜持的贵族们不屑于去的地方。在这里,商船船长将与来自西西里的掮客们进行漫长而谨慎的盘问,小心翼翼地行贿,交易将在觥筹交错中被安排好。在此期间,与其说他是一名政客,还不如说他是一位忙碌的进出口代理商。然而,他完成的工作却在希波战争期间拯救了雅典,毫不亚于他在萨拉米斯取得的更著名的胜利。

就这样,这位雄心勃勃的青年商人政客渐渐走进了公众的视野。他叫得出每一位公民的名字——这是职业政客的典型手腕。他脸上总是挂着微笑,与在大街上遇到的每一个人握手;他从不错失每一次接触有用之人或与之交谈的机会。借用一种有表现力的现代说法,他很懂得如何经营自己的个人形象。他说服了一位有名的音乐家在他的家里演奏,主要是为了吸引人们前来拜访。

---

* Hdt. 8.62.2 记载地米斯托克利威胁要率领雅典平民移居到塔兰托湾的西里斯("那里属于我们已经很久了,神谕说我们必须在那里寻找一块殖民地");参见本书第232页,尤其是注释。他给两个女儿分别起名叙巴里斯和意大利娅(Plut. *Them.* 32.2)。当他踏上流亡之路的时候,他的打算是通过科西拉去西西里僭主希耶罗的宫廷(*ibid.* 24.4,引自 Stesimbrotus)。他与科西拉之间的联系也能提供一些启示。当他被召去为科西拉与科林斯的争端仲裁的时候,他做出了有利于科西拉的判决(*ibid.* 24.1),结果,科西拉人后来就认可他为城邦的恩人。他对科西拉事务的关心似乎已经持续了很长时间。根据不太可靠、时间较晚但完全倾向于地米斯托克利的科尔涅琉斯·涅波斯(*Them.* 2.1-3)的记载,"他的政治生涯的第一步"是解决科西拉出现的麻烦和奥特兰托海峡的海盗,这两个问题都严重影响到了雅典与地中海西部的交往。当代学者们倾向于认为:当涅波斯在这里写"科西拉"的时候,他实际上指的是"埃吉纳";关于通过武断的文本考订来解决棘手历史问题的做法,参见下文第405页的注释13。

除了这些活动，他还是一名私人律师：在一个如此好讼的社会里，任何一位优秀的法庭代理人都会收入不菲。这种职业也是进入政坛的流行方式（和现在一样）。地米斯托克利不仅学会了说服性的演说，这一点后来对他在政坛上站稳脚跟起到了重要作用，也使他从他替之脱罪的那些有影响力的客户中交到了一些有用的朋友。

尼奥克利斯知道从政的危险，并试图告诫他的儿子放弃这种危险的野心。他说，做一个商人或经营一块地产肯定会更安全。有一天，他和地米斯托克利正在法勒隆的海滩上散步，在比雷埃夫斯港建成之前，这片海滩是雅典战船下水和上岸的地方。尼奥克利斯注意到了被丢弃在海滩上的几艘已经腐烂了的三列桨战船的残骸。"看吧，我的孩子，"他说，"当领袖不再有用的时候，雅典民众就是这样对待他们的。"后来，地米斯托克利应该很容易想起这些话，但现在他还是青年，雄心满怀，听不进这些经验之谈。哪个急躁的改革者又曾经听进去过呢？另外，他的雄心壮志也到了实现的时候。对贵族顽固分子来说，他可能是一剂毒药，但是平民们在他身上发现了一些可靠、朴实和让人放心的品质。随着爱奥尼亚的沦陷，波斯大王的复仇怒火马上就要烧到阿提卡，他们需要一位强有力的领袖。或许——这句话肯定也出现在了雅典政客圈里——这位跃跃欲试的来自弗莱里德莫的青年能应付这种局面？所以，在公元前493年春天，地米斯托克利被选为雅典首席执政官；不久，当波斯威胁日益严重之时，他的心里出现了比与地中海西部的贸易更为紧迫的事情。

哪怕雅典人团结起来，抵抗波斯大王也是一项非常艰难的任务；但是，在雅典，团结仍然不可求。一个强大的压力集团——

包括阿尔克迈翁家族的那些善于投机者——只想与波斯人暗通款曲。与所有时代的那些卑鄙的通敌者一样（维希法国的政客们是一个很合适的现代例子），阿尔克迈翁家族视自己为目光远大的现实主义者。或许，如果雅典人同意接回希皮阿斯，雅典就可能避免被波斯军队占领的耻辱，但这也是他们所能盼望的最好结果。他们认为大流士君临希腊是不可避免的。想要对抗波斯的战争机器纯粹是找死。然而，面对这样的冷静思虑，那些平凡、正直、憨直的人——既包括那些根本没有聪明到能够预先知道他们会被打败的农夫和工匠，也包括那些仍然将荣誉置于利益计算之上的人——却不为所动。这些人形成了一个非常奇特的阵线，他们也（无疑是在地米斯托克利的鼓动下）大力宣传着这样的立场。

在公元前493年的早春时节，剧作家普律尼科斯（Phrynichus）上演了一部名为《米利都的陷落》(*The Capture of Miletus*)的作品，该剧生动地描绘了爱奥尼亚叛乱的失败。（在雅典，将最近发生的历史事件而不是神话搬上剧场舞台演出，这可能是首次。）效果非常显著：普律尼科斯看到他的观众流下了悲伤的泪水，表露出了爱国的热情。雅典的亲波斯派迅速做出反应，通过求助于审查机构，使该剧被禁演。普律尼科斯本人被处以1000德拉克马的罚金，这几乎相当于一个普通劳动者三年的薪水。然而，向大流士屈服的想法无论显得多么合理，已经迅速失去了民意基础。证据就是地米斯托克利本人在春季的当选，他的选票就来自主张对波斯强硬的阵营。到夏至的时候，带着一种时不我待的心情，米太雅德回到了雅典。地米斯托克利与他只在一个问题上有共同语言，那就是战斗的决心，但目前有这一点就足够。米太雅德与大流士和希皮阿斯都有过接触。因为他最近20年来一直居住在刻索尼塞半岛或其附近的地方,在此期间,他已经成了一名经验丰富的战地指挥官——很明显,这正是雅典在公元前493年时所需要的人。如果真的与波斯发生冲突,谁能应付这样的战事?那些针对他的控告都立即被撤下(很可能是由地米斯托克利亲自出面撤下的),没过多久——希罗多德说,"通过民众投票"——他就被选举为所属部落的将军。有时候,平民们做出的选择比他们知道的更好。

与此同时,波斯大王正在筹备入侵希腊的消息也传来了。显然,不能再耽搁了,保卫雅典的工作必须立即着手准备。地米斯托克利提出——正如我们在下文所见,他的看法并未随着时间流逝而有丝毫改变——最佳的方案是放弃雅典城,在比雷埃夫斯修筑防御工事,然后把一切都押在一支强大的海军上。不出所料,这种政策遭到了整个贵族保守集团的反对。无论从战略角度考虑有多么无可指摘,放弃雅典和阿提卡必然都会侵犯大地主的利益,也会伤害那些持有传统荣誉观的人,这些人认为他们有责任保卫火塘、家园和祖先们的祭坛。地米斯托克利面对的是偏见和传统的全部压力。除非遇到最为紧急的状况,没有人会支持这样的动议,尤其是考虑到它的直接后果是阿提卡所有农田和房屋会被毁的时候。而且,地米斯托克利的主要支持者来自很受鄙视的"水手群氓"(sailor rabble);当他的海军计划最终得以通过的时候——在雅典历史上最严重的危机中——人们说"他已经夺走雅典人的长矛和盾牌,逼迫他们屈身坐在长凳上划桨"。在公元前493—前492年,他的海军发展计划被否决了,但是,公民大会仍然投票赞成修筑比雷埃夫斯的要塞,并支持其发展成为雅典的新港口。将港口扩大三倍的工程立即启动,后来花了16年仍未竣工。单说要塞本身，就是一项极大的工程，由方石砌成的坚固城墙上面可以并排通过两辆马车。地米斯托克利的目标是将比雷埃夫斯建成一座坚固的要塞，只凭少量驻军便可固守，这样就能使更多的强健战士得以解放出来，加入舰队。到了伯里克利时代，比雷埃夫斯不仅是雅典的主要军械库，也是爱琴海最大的商业港口。

不久，形势就更加明朗了，看来雅典需要全力以赴地准备防御作战。在公元前492年春天，大流士派他的女婿马尔多纽斯（Mardonius）率领一支庞大的海陆军出征：必须报撒尔迪斯被焚毁之仇。马尔多纽斯是一位精明能干、雄心勃勃的年轻人。他也非常清楚，爱奥尼亚叛乱的主要原因之一就是波斯人通过希腊僭主进行统治。在部队渡过达达尼尔海峡之前，他废黜了爱奥尼亚的那些已经恢复权力的傀儡独裁者，然后用一系列傀儡民主政府做了替代品。这是一种非常巧妙的手法，既平息了希腊的舆论，又不用付出任何代价。因为他是这样的专断，名义上的政府形式区别毫无意义，对他来说，最后都是一样的。另一方面，他也不想在到达希腊以后，后方再爆发一场叛乱。命运女神露出了嘲讽的笑容，给予他反手一击，打击了他的自信。在马其顿边界地带，他的营地遭到了一个迄今为止从未听说过的长发色雷斯人部落的袭击，他本人也受了伤。大约同时，波斯舰队也在环绕阿托斯山航行的时候遇到了大风暴：很多船只被吹到了岸上而损坏。马尔多纽斯只好识趣地将剩余的部队撤了回来，返回了波斯。回到波斯以后，他暂时被解除了指挥权。

第二年（公元前491年）春天，大流士决定试探一下希腊各邦的士气。当他的船坞加班加点地建造新战船和运马船的时候，他派遣使者遍访爱琴海诸岛和希腊本土，要求它们献出象征屈服的水和土。雅典和斯巴达拒绝了他的要求。用希罗多德的话来说，"在雅典，他们［波斯使者］像普通罪犯那样被扔进了深坑，而在斯巴达，他们被推入了井里，还被告知：如果他们想为大王索要水和土，就从里面找吧"。但是，包括埃吉纳在内的所有岛屿，还有希腊本土上的很多城邦，尤其是北部城邦，都不声不响地屈服了。色雷斯人被要求推倒自己的城墙。他们照做了。从帖撒利到达达尼尔海峡的爱琴海北部地区都落入了大流士的掌控之下，他觉得进攻的时机已经成熟。公元前490年初，一支新的海军和陆军集结于塔尔苏斯附近，紧靠塞浦路斯岛对面的奇里乞亚海岸，然后启航，向西前往爱奥尼亚。大流士用他的侄子阿塔弗尼斯和一位名叫达提斯（Datis）的米底贵族取代了马尔多纽斯。"他们得到的命令，"希罗多德说道，"是征服雅典和埃勒特里亚［曾参与了爱奥尼亚叛乱的一座优卑亚城邦］，将它们的公民变成奴隶，然后将奴隶带到大王面前。"流亡中的希皮阿斯也在波斯的战船上面，他满心希望——尽管现在他已年近80岁——能够杀回雅典重做僭主。

波斯舰队从爱奥尼亚向西横渡爱琴海，穿过了基克拉泽斯群岛。这样可以避免第二次在阿托斯山附近遭遇船难。纳克索斯岛虽然十年前得以幸免，但这次被波斯人攻陷，并遭到蹂躏。提洛岛的居民听到消息之后逃走了。达提斯深知宣传的效果，他给希腊人吃了一颗定心丸：他说他永远不会伤害阿波罗和阿尔忒弥斯降生的岛屿。他还在阿波罗的祭坛中大肆烧香，以作为敬献（这种宗教宽容政策收到了很好的效果——实际上，德尔斐神谕所随后就变成了波斯的宣传工具)。他离开没多久,提洛岛就发生了一场大地震,这件事可能减损了他想要的效果——人们说,这启示着未来的灾祸——但他的姿态无疑已经得到广泛的传播。波斯舰队一个岛屿接着一个岛屿地向前推进,一路征发部队,抓捕儿童做人质。在优卑亚岛最南端的卡律斯托斯,他们遇到了断然的拒绝,于是,他们就开始围攻该城,纵火焚烧周边乡村的庄稼。达提斯和阿塔弗尼斯本来就拥有一支至少有2.5万人的战斗部队,到现在为止,包括桨手和被强制征来的士兵,他们的总人数超过了8万人。为了运输这些部队,他们征用了大约400艘商船和最少有200艘三列桨战船的护航舰队。[2] 可以理解,卡律斯托斯人屈服了。

埃勒特里亚则是四分五裂,一片混乱。一部分人想出城迎战波斯人。一部分人想将城市丢给波斯人,跑到山上去,然后(像他们的现代后裔一样)通过游击队活动来袭扰敌人。还有一部分人正在偷偷摸摸地向达提斯出卖城市,以得到波斯的黄金。4000名雅典殖民者从邻近的卡尔基斯赶来援助形势危急的埃勒特里亚。该城的一位领袖告知他们正在发生的事,并建议他们趁着形势尚好时离开。他们退到雅典,在那里,作为重装步兵的他们很快受到了极大的欢迎。埃勒特里亚坚持抵抗了一个星期,之后就被内部的叛徒出卖了。按照大流士的命令,波斯人焚毁了城中所有的神庙,以报撒尔迪斯被焚毁之仇。希罗多德说,数日之后"波斯舰队就杀向阿提卡,船上的每一个波斯人都兴高采烈,他们相信自己很快就能对雅典施以同样的报复"。希罗多德的话语中带着一种可以理解的嘲讽之意。波斯人的下一个目的地是马拉松平原,位于雅典东北方大约24英里远的地方,就在埃勒特里亚的对岸。

建议波斯人从马拉松登陆的人正是老迈的希皮阿斯。达提斯需要空间来使用骑兵，而马拉松的地形正合适——该地是位于山岭与大海之间的长条状平原，而且取道伊梅托斯山与彭特利库斯山之间的通道可以轻松抵达雅典。平原东北角是一片沼泽，而树丛和灌木丛则星星点点地分布在平原上。更有利的是，这里还有一片非常适合战船和马匹登陆的优质沙滩（今天这里沿线分布着沙丘和日本金松）。侵略者的舰队在海湾东北角位于沼泽与狭长的狗尾岬（Cynosura）之间的海滩停靠。在此处，达提斯面向陆地的一侧拥有天然屏障，也有从海上撤退的优良路线，还有可以喂马的优质草场。波斯大营可能设在特里科林托斯，与现在一样，那里有一口极好的山泉可以提供充足的饮水。从两侧，只有通过沿着海岸和斯塔罗科拉基山的背风处的两条狭窄通道才能接近这个位置（参见第 44 页的地图）。达提斯和阿塔弗尼斯在拂晓时分登陆之后，立即夺取了通往北部的拉姆诺斯的道路。骑兵巡逻队搜索着平原各处。波斯人的阵地占据着极为有利的地势。

彭特利库斯山的山顶上冒出了火光，告诉雅典人敌军已经登陆。一位跑得很快的人受命带着这一消息前往斯巴达。雅典危在旦夕，急需更多军队的支援。这个人名叫菲迪皮德斯（Pheidippides），他在天色未明的时候从雅典出发，第二天晚上抵达斯巴达，跑了大约 140 英里的烂路。（他后来发誓自己在路边见到了潘神。如果我们愿意，我们可以将此解释为他由于过度劳累和缺乏睡眠而产生了幻觉。）斯巴达人很同情雅典，但遗憾的是，他们到月圆之后才能出兵，也就是 8 月 11 日到 12 日以后。否则就会破坏一项很可能与向阿波罗献祭的卡尼亚节有关的宗教禁忌。现在是 8 月 5 日。[3] 再过 10 天就不能指望增援了。毫无疑问，斯巴达人的虔诚是真诚的，他们是老派的传统主义者：若没有非常有力的证据支持的话，我们没有权利去指控他们为了达到政治目的而伪善地利用宗教理由。然而，不可否认，这种禁忌与他们的实际计划相吻合的频率有多高，是令人好奇的。他们在边境集结了一支远征军，准备按照月亮或战争局势的指示行动。与此同时，斯巴达政府使自己避免了做出承诺。

埃勒特里亚陷落的消息传开后，雅典公民大会中展开了一系列的激烈辩论。一部分人主张团结起来筑垒坚守。而另一部分人，特别是米太雅德，坚持应该出动公民兵迎战。大军围城将会切断他们与斯巴达援军的联系（著名的长墙尚未修建），会增加城内出现叛变分子的风险。在这个节骨眼，除了阴谋分子自己，没有人

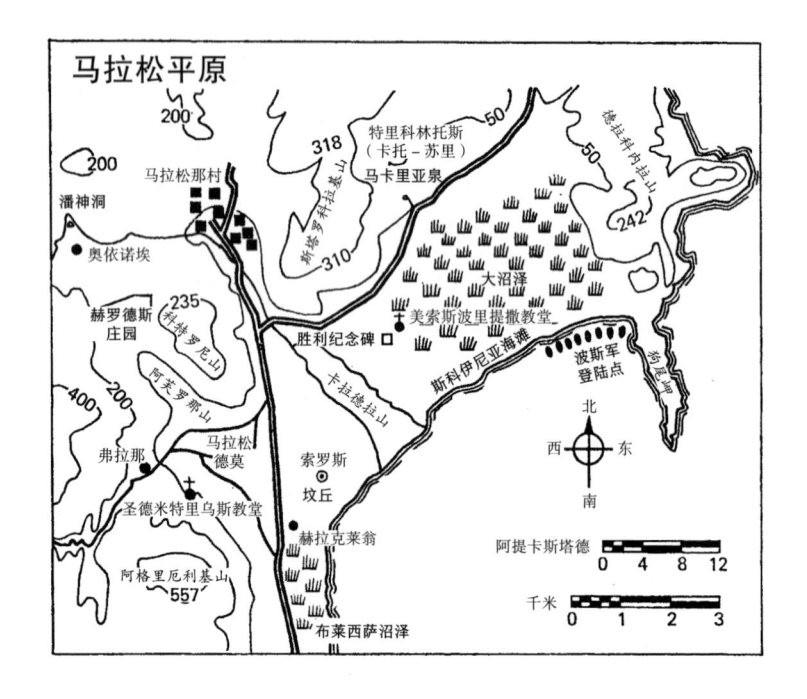

能辨别谁可能会与希皮阿斯和波斯人有牵连；但是，雅典存在一个人数众多的亲波斯政治集团却是一个众所周知的事实，主战的那些人忽视这一点是很危险的。当波斯人在马拉松登陆的消息传到雅典后，米太雅德的政策赢得了胜利。他清楚地指出，他们唯一的希望——尤其是面对骑兵部队的时候——用现代术语来说就在于"保卫滩头阵地"：也就是说，要阻止敌军成扇形展开和进入内陆。公民大会批准了一个著名的决议："带上辎重，出击"。据说米太雅德是这一决议的提案人，很有可能就是如此。

这样，阿提卡的约1万名重装步兵就沿着最快的道路前往马拉松了；他们沿着海岸\*前进，穿过伊梅托斯山与彭特利库斯山之间的通道，驴子为他们驮着口粮，奴隶为他们扛着护身铠甲。他们的总司令军事执政官（*polemarchos*）是阿菲德纳的卡利马科斯，而米太雅德虽然几乎可以肯定就是为他们赢得战役的战略与战术计划的制定者，并因此赢得了英名，此时却只是十位

---

\* 我们有很多理由不接受哈蒙德提出的替代性路线，即通过山路从刻非西亚（Kephissià）走到弗拉那（Vraná）（*Hist. Greece* p. 216 with n. 2; repeated in JHS 88 [1968] 36-7, with n. 107）。最明显的原因是这样一种路线将会使沿岸道路——能使骑兵轻易通过的唯一一条通往雅典的道路——彻底暴露出来，这是达提斯和阿塔弗尼斯绝对不会错过的好机会。米太雅德急进马拉松正是为了预防或阻止来自这条道路的攻击。完全忽视沿岸的道路，在山里转圈圈（骑兵无法活动），无法实现这样的目标。任何一个脑子清醒的指挥官都不会先夺走雅典的防御武器，然后再像傻瓜一样使自己的门户洞开，尤其是在他领兵沿着道路返回的时候。当米太雅德的重装步兵仍然在沿着弗拉那上面的小路蹒跚前进的时候，山上的波斯警戒部队和达提斯的部队可能已经进入雅典了。关于其他批评性的反对意见，参见 Burn, PG, pp. 242-3, with n. 14。

部落将军之一；他的同僚中包括被称为"公正者"的阿里斯蒂德（Aristeides）——地米斯托克利的主要政敌。马拉松平原的南口位于阿格里厄利基山与大海之间，雅典人抵达之后，就紧挨着一处已被献给赫拉克勒斯的小树林占据阵地，此处离布莱西萨沼泽不远。[4]这样，通过在这里列阵，他们就堵住了波斯人进军雅典的通道。作为防御达提斯的骑兵的手段，他们砍倒了很多树木，将其成排地横在平原上面，树枝朝向敌人。就在此时，出乎他们的意料，一支大约在600到1000人之间的普拉提亚军队赶来增援。普拉提亚是彼奥提亚的一座小城，位于阿提卡的北面，是雅典的老盟友。该城所有可用的人都决定要来帮助雅典抵抗"蛮族"。

然而，一连数日（8月7日至11日），什么都没有发生：两支军队相隔两三英里远，相对而坐，没有挪动一步。实际上，双方都有极好的理由来玩这样的静坐战。雅典人既没有弓箭手也没有骑兵，不想在开放的平原上交战，在这样的平地上，达提斯的部队将会给他们造成严重杀伤。而且，他们仍然希望斯巴达的援兵可以及时赶来。4天之后就是月圆，斯巴达军队就会前来支援他们。雅典人静待坚持的时间越长，他们获胜的机会就越大。

对波斯人来说，同样也有不愿立即发动进攻的心理动机。如果说雅典人不敢面对波斯骑兵，达提斯和阿塔弗尼斯也不愿驱赶他们的弱小步兵去攻打已经列阵完毕的希腊重装步兵。更重要的是，他们通过希皮阿斯与雅典城内的一群人已经建立了联系，后者承诺向波斯侵略者打开城门。几乎可以肯定的是，阿尔克迈翁家族是这群墙头草一样的机会主义者的领导者。当一切准备就绪的时候，这些共谋者就会在彭特利库斯山上用盾牌反光发信号。这个信号到底是什么意思？几乎没有什么确凿的证据：下面的事实重建主要基于一些较晚的和非常可疑的史料。

如果盾牌反光意味着叛徒已经做好打开雅典城门的准备，波斯人的反应肯定是直接向雅典城进军。我们可以预测，波斯人将会派遣主力舰队开往苏尼翁海角，然后在法勒隆湾登陆。骑兵部队或者至少是其中的大部分将会加入这支攻击部队，充当攻打雅典的矛头。雅典城门将被从里面打开。当然，与此同时，雅典的公民兵仍旧在马拉松与阿塔弗尼斯的牵制部队对峙着。（如果他们试图撤退，后方马上就会在混乱中受到波斯人的攻击，从而不得不在极为不利的状况下投入战斗。）一旦雅典城陷落，达提斯的部队就会沿着雅典军队走过的沿海道路前进，从而彻底切断他们的退路。卡利马科斯将会在群山与大海之间的狭窄地域面对数量远多于己方的敌人，陷入腹背受敌的绝境。直到这个陷阱出现之前，位于马拉松的波斯部队大可按兵不动，除非雅典人发动攻击或试图撤退。

一天又一天过去了，既没有斯巴达军队到达的迹象，山顶上也没出现盾牌的反光。希罗多德说，就下一步行动举行的投票，雅典的部落将军们陷入了5∶6的僵局。一方认为，面对这样的强敌和如此艰难的战斗，雅典人没有获胜的可能。他们的人数处于严重的劣势；他们没有骑兵和弓箭手，而波斯人有大量骑兵和弓箭手；他们唯一可以做的就是撤回雅典固守。米太雅德和他的朋友们在以决定出兵马拉松结束的辩论中已经驳斥过这样的观点。如果将军们就该问题再进行一次辩论，显然，米太雅德还会有同样多的支持者。更重要的是，在这样的对峙中，撤退意味着自杀。不需要多少劝说，卡利马科斯知道他该站到哪一边。他很可能有了预感；可能他已经从间谍或者逃兵那里对达提斯的计划有所知晓。*

达提斯和阿塔弗尼斯肯定知晓有关斯巴达援兵及其延误的所谓原因的一切。等到月圆之后，再继续等待就非常危险了。但是，到了8月11日，他们仍然没有看到雅典城内的亲波斯党传来的信号。波斯的将军们必须做决定了；看起来他们似乎下定决心要碰碰运气，不顾一切地继续按照既定计划行事。按照该计划，达提斯将在8月11—12日晚间在夜幕的掩护下起航前往法勒隆湾，他将带走骑兵部队的主力：并非全部，因为阿塔弗尼斯的牵制部队至少也象征性地需要一些骑兵。从安全角度来考虑，这支部队必须在人数上压倒雅典人，同时还不能削弱承担攻击任务的部队：1.5万人似乎是一个相对可信的数字。即便如此，无论是达提斯，还是阿塔弗尼斯，都认为他们的敌人不会在缺少骑兵和弓箭手的情况下冒险发动进攻：当雅典人真的发动进攻之后，波斯人的第一反应是这些可怜的家伙肯定是发了疯。

波斯人本希望能够从雅典方的背叛中获利，但实际上是雅典人从波斯方的背叛中获了利。在阿塔弗尼斯的部队里服役的一些爱奥尼亚侦察兵发现达提斯的特遣部队已经不在了，就在黎明前偷偷来到雅典人的阵地，带来后来变成著名谚语的那句"骑兵不在了"的情报。（这算是叛变行为还是泛希腊的爱国主义行为？这种行为在希腊史上屡见不鲜，因此很难分清二者的界线。）米太雅德一听到该消息，立即就认识到这是雅典人可能赢得胜利的唯一机会。即便有很强的顺风襄助，达提斯的舰队要到达法勒隆也

---

\* 雅典的10位部落将军轮流成为"当日大将军"或者权力仅次于军事执政官的副元帅。作为一种姿态，支持米太雅德的4位将军将他们的投票权都交给了他——这是民主制度让步于高级专业技能的极佳范例。

至少需要八九个小时，更有可能是12个小时。在傍晚之前，他不可能派出他的步兵和骑兵。阿塔弗尼斯现在尽管还有弓箭手部队，但只有很少的骑兵。出于安全起见，他还在距离雅典阵地不超过1英里远的地方重新部署了他的部队。如果雅典人能够让他出战并击败他的话，他们就有可能及时返回雅典去对付达提斯。即便如此，这场战斗也将是——正如威灵顿公爵（Duke of Wellington）在另一场战役中说过的——一场极其险恶的赌局。战后的疲惫之师几乎很难在不到七八个小时的时间里行军24英里\*。最迟在上午9点之前，他们就必须上路。卡利马科斯同意米太雅德的意见，作为雅典军的总司令，他决定冒险一战。此时约为凌晨5点半。

现在，雅典军队开始排列成战斗队形。卡利马科斯亲自指挥右翼，他将自己所属部落的方阵都部署在这一边。左翼是普拉提亚人。莱昂提斯（Leontid）部落和安提俄基斯（Antiochid）部落的方阵位于中央，而余下的雅典部落方阵则部署在他们的两侧。最艰苦的战斗发生于中央。（地米斯托克利来自莱昂提斯部落，阿里斯蒂德来自安提俄基斯部落，因此，他们二人均处在战斗最激烈的地方。）现在，如果卡利马科斯就像往常一样将他的部队排成8排纵深，波斯人就会轻而易举地迂回包围他们。他们的正面有1250名步兵，如果人与人之间保持1码的距离，并不算很宽，一旦雅典人离开自己的阵地，来到开阔的平原上，他们就将会变得加倍脆弱。（自公元前490年以来，海岸线已经后退了很多，但即

---

\* 并不是人们通常认为的26英里。之所以会有这样的错误，主要是因为人们计算的不是雅典与真正的战场而是与现代的马拉松那村（Marathóna）的距离。

便在那时，这块平原的宽度也足以构成巨大的危险。）因此，卡利马科斯与米太雅德果断变阵。他们故意将中央阵线变薄，将战士之间的距离扩大，而阵形纵深削减到最多3到4排。至于他们最强大的攻击部队则都部署到两翼。这时，米太雅德对波斯军队习惯的细致了解展现出了不可估量的价值。他肯定猜到，阿塔弗尼斯与其他波斯将领没什么两样，都会将主力部队部署在中央，而把强征来的部队安置在两翼。冒险让——实际上是引诱——波斯人突破中央阵线实际上是一个故意冒的险。如果卡利马科斯和普拉提亚人可以迅速击溃阿塔弗尼斯的两翼，然后再回头增援他们的孱弱中军，战役就很有把握拿下了。

就这样，在8月份（极有可能是在12日）的一个清晨，希腊人与波斯人在群山与大海之间的平原上爆发了激战。此时大约是6点钟，太阳刚刚跃出海面，从优卑亚群山上面露出了头。青铜盔甲闪闪发光，大地上回荡着杂乱的脚步声。然后，尖利的号角声响起，雅典方阵开始前进，他们抓紧长矛，矛尖向前，移动迅速：这是一群必须迎敌的男人。没有叫喊声，没有战歌声，他们需要拼尽全力地奔跑。等待着他们的是排列成一条横线的阿塔弗尼斯部队，就像是从科特罗尼山到海岸之间的一道静止不动的路障，弓箭手在正面，骑兵——剩下的所有骑兵——位于两翼。当希腊人进入波斯弓箭手的射程（大概150码的距离）以内的时候，他们就散成两部分，以图尽快穿过致命箭雨的攻击范围，直接冲到波斯人面前。

波斯人的阵形正如米太雅德所预测的那样。阿塔弗尼斯最优秀的部队——得到东部边疆地区部落精英战士增援的波斯禁卫军——被部署在中央。来自帝国附庸国的那些不太可靠的部队被他置于次要的两翼。在这些部队中,就有被征来的爱奥尼亚人:希腊人被安排来攻打希腊人,(昨晚发生的事情表明)他们很可能对此不太高兴。雅典人有若干优势,足以补偿他们在数量上的劣势。希腊人的纪律、战术、武器以及盔甲都远胜于波斯人。这是一场长矛对标枪、短剑对匕首或短弯刀、青铜胸甲对棉制短袄、青铜蒙皮盾对柳条盾的战斗。雅典人拥有第一流的战略谋划;当然,最重要的是,他们不是帝国的臣民,而是为维护自由而战的自由人。

可以预料,在中央部的战斗中,波斯人占尽优势。雅典的重装步兵浴血奋战,在汗水和喘气声中不断后退——一位幸存者告诉希罗多德说他们是"朝着美索该亚(Mesogeia)后退":他的意思并非大多数人所认为的朝着"内陆",而差不多是沿着他们前来马拉松穿过的、朝向阿提卡南部方向的沿岸道路。(阿提卡南部居民仍然称此地为"美索该亚"。)这里是波斯攻势被击退的地方,也是地米斯托克利和阿里斯蒂德站在各自部落军团的第一排英勇战斗的地方。与此同时,在两翼,希腊大获全胜。很多波斯人逃进了大沼泽,溺水身亡:他们的阵亡总数达到了令人吃惊的6400人之多,在这里,他们遭受了最严重的伤亡。(后来,雅典人在沼泽边缘竖立了一根白色的大理石柱,以纪念这次一边倒的大屠杀:石柱的残片仍然保存在原地。)另外一部分溃退下来的波斯士兵则沿着沼泽与海岸之间的道路退却,他们逃向停泊在狗尾岬背风处的己方战船。

在这样的关键时刻,希腊军队的战术纪律再次证明了其价值。溃退和乘胜追击的军队都是极难被控制的。但是,不管是雅典人,还是普拉提亚人,一旦胜局已定,就按照计划不再追击敌人。"占得上风以后，"希罗多德说道，"他们就放任被击败的波斯人逃命，然后，将两翼部队并到一起，开始向已经突破了希腊中央阵线的波斯人围拢。"这种复杂的阵形变换背后是无与伦比的战术技巧。波斯的突出部陷入重围，被围困在坟丘附近，而这里正是后来埋葬"马拉松战士们"的地方。两翼的雅典人和普拉提亚人转过身来，向着来时的路快速奔跑。他们并未追击逃跑的波斯人（尽管这必定是很诱人的），因为这样做就意味着牺牲他们在整场战斗中一直处境艰难的中央方阵。反之，他们像一把钳子一样从两侧包围了战场中心，使雅典人的阵线得到了极大的增援，最终，他们迫使阿塔弗尼斯的攻势停顿下来。然后，战场形势发生逆转，波斯人全线崩溃。他们争先恐后地逃向海边，沿着海滩不断退却，他们的战船已经起锚，随时准备起航。

雅典人紧追不舍，不断将掉队的波斯战士砍倒在沙滩上，直到海水被鲜血染红，还召唤他们的随军杂役带来火把去烧掉波斯人的船只。雅典人的伤亡少得令人吃惊，据记载仅阵亡192人，而其中的绝大多数都是在战斗的这个阶段阵亡的。军事执政官卡利马科斯阵亡，他所属部落的将军与他一同阵亡；当他们到达狗尾岬之时，剧作家埃斯库罗斯的兄弟库尼基洛斯"抓住一艘战船的船尾不放，结果被砍断双手，就这样丢了性命"。正是由于波斯中央阵线的顽强抵抗，阿塔弗尼斯才得以让他的大部分残存部队登上了船，从而挽救了他的一大部分海军。他仅仅被雅典人俘获了7艘船，其余船只都回到了海上。恰在此时，他们已经翘首以盼了很久的信号（迟到总比不到好）终于在马拉松平原旁边的山头上闪烁了起来。波斯人起程前往苏尼翁和法勒隆，无疑希望能够看到雅典已经被达提斯占领或者至少能赶在雅典军队之前到达。

这时大约为上午 9 点钟,也可能更早:战斗和追击总共耗费了大约 3 个小时。

仿佛做得还不够一般,雅典人又一次取得了近乎奇迹的成就。阿里斯蒂德与安提俄基斯部落的部队被留下看守战俘和战利品。其余部队立即起程赶回雅典,人们都自顾自地奔跑:"人们都使出吃奶的劲儿,发足狂奔",这是希罗多德的话,人们也完全可以相信这一点。当他们抵达雅典之后,就在城市以南的库诺撒盖斯排成防御阵形,朝向法勒隆和大海。他们可能是在下午 4 点后到达的那里,达提斯的舰队在不到一个小时后就驶入了法勒隆湾。然而,这不到一个小时的时间差在很多方面都意味着完全不同的结局。马拉松战士们——冷酷,坚韧,身上满是尘土、汗水和干涸的血迹——的现身不仅使达提斯惊愕万分,而且,显然,他们的意外出现也吓住了阿尔克迈翁家族和亲波斯党。雅典的很多人肯定都马上默默地改变了立场,现在,达提斯不会从城内得到任何帮助。

他的舰队暂时抛锚停下,大概一直等到阿塔弗尼斯与他的残兵败将都重新加入了大部队。接着,波斯远征军就全部开拔,耻辱地撤回了亚洲,丢下了 6400 具尸体和数目不明的战俘。卡利马科斯曾经代表城邦宣誓,每杀死一个敌人,他们就会向阿尔忒弥斯女神献上一个孩童。雅典人不得不分期偿还这笔债务,他们每年献上 500 个孩童。至少在目前,希腊人摆脱了蛮族人的威胁。

战斗结束后,紧接着是庆祝宴会、镌刻石碑、宣传功绩,为故事添油加醋:阵亡战士的遗体尚未安葬,马拉松之役就已经变成了传奇。人们都说,巨人战士和古代的英雄们都站在雅典的方阵中参加了战斗。波斯人遗弃的盔甲和各种战利品都作为供品流入奥林匹亚和德尔斐的神庙。雕像被竖了起来，感谢神灵相助的颂歌也被创作了出来。那些在战斗中牺牲的人也通过坟丘——最初高于50英尺——得到了隆重纪念，这里仍然代表着他们最后的安息之地。波斯阵亡者则没有得到更体面的处理。他们的遗体被摞到一起，然后推进了一条大沟；希腊旅行作家波桑尼阿斯（Pausanias）没有找到标志着他们的安息之处的墓碑。一直到19世纪，德国的军事调查员才"在美索斯波里提撒教堂（Mesosporitissa Chapel）地区发现了一大堆杂乱的人骨，这些骨头一直散布到沼泽附近"：沼泽无言地见证了最后沾满泥巴的恐怖屠杀。

实际上，马拉松之役并不是最终解决方案，它仅仅推迟了报复的日期。另一方面，这场亘古未有的胜仗极大地提高了雅典人的士气。它表明训练有素的希腊军队有能力在陆地上击败波斯人，这是爱奥尼亚人想都不敢想的事情。从心理上来看，有关此役的传说变得几乎比实际的战斗更重要了。它很快就变成各种类型的保守派和守旧派的战斗口号。"马拉松战士们"，也就是拯救雅典的重装步兵，均为拥有财产的小地主或农民，他们几乎就是在孤立无援的状况下独自击败了敌人，只有一支普拉提亚小部队援助了他们。随后的若干年里，他们开始被用来代表人们知道或记得的每一种保守派美德：为城邦无私地服役、秉持传统道德伦理、辛勤劳动、生活节俭、尊重父母、虔信诸神。他们似乎展示出——尽管反对的声音越来越大——上等阶层的天生优越性。不足为奇的是，在随后的很多年里，反动派如此频繁地援引他们。

事实证明，这种贵族式势利与反海军的军事浪漫主义的混合物拥有惊人的力量和持久性。在希波战争接下来的每一个转折点，我们都会遇到它。它也并未随着薛西斯的最终惨败而消失。从埃斯库罗斯时代到柏拉图时代（阿里斯托芬在这里是一位关键证人）的文字材料都可以充分证明麦坎（Macan）的结论："对所有雅典人来说，马拉松战役都是最重要的一次胜利。"正如另一位现代学者指出的，小地主和农民们"对于他们所见的将胜利大部分归功于平民的历史概念感到愤怒"。值得注意的是，在柏拉图的《法律篇》中，是一个雅典人问出了这样的问题："一个以海军水手做基石的政体怎么能是一个好政体呢？……我们认为是马拉松战役开启然后由普拉提亚战役完成了拯救希腊人的任务，而且，陆上战役使希腊人变得更优秀，而海上战役正好相反。"这种顽固的沙文主义式抗议雄辩地证明了"马拉松神话"的持久性，甚至在它和现实已经没有任何关联之后很久，依然如此。

　　实际上，马拉松战役是旧制度的天鹅绝唱。从现在开始，真正的权力被掌握在为雅典舰队和商船划桨的"水手群氓"手中，而不是在自耕农组成的重装步兵或贵族骑兵手中。这是一个新的世界，无论在社会意义上，还是在政治意义上，这都是一场革命，它改变了战争模式但又不限于此。有着明确阶级意识的小地主们痛恨这样的革命，他们尽其所能地诽谤那些带来这场革命的人。\*然而，正是通过地米斯托克利及其创建的海军，雅典不仅成功应对了来自波斯的终极挑战，而且也使它的势力和成就继续发展到了一个真正的高峰。如果我们今天仍然在谈论伯里克利时代的雅典荣光，我们必须感谢的是地米斯托克利，而不是马拉松战士们。

---

\* 关于阿尔克迈翁家族在马拉松战役中叛国的可能性以及希罗多德对地米斯托克利的公然贬低，参见丹尼尔·吉利斯（Daniel Gillis）的一篇很优秀的论文"Marathon and the Alcmaeonids", GRBYS 10 (1969) 133-45，我是在这本书已经送往出版社之后才看到的这篇论文。

根据承诺，斯巴达人在月圆的 8 月 12 日——正好是马拉松战役发生的那天——派出了一支 2000 人的军队。希罗多德说他们"非常担心迟到，急忙赶路，在他们离开斯巴达后的第三天就抵达了阿提卡［8 月 14 日］。当然，他们错过了战斗；但是，他们非常渴望看一看波斯人，就去马拉松看了看尸体。他们称赞了雅典人的杰出表现，然后，就返回了斯巴达"。奇怪的是，无论斯巴达人是真诚地支援雅典人，还是故意错过了战斗，他们仍然是保证希腊人获胜的重要因素。他们出兵或者准备出兵的事实迫使达提斯和雅典的亲波斯党在尚未准备完毕的时候就采取了行动。之后的所有后果都源于这个起点。雅典的城门并未向侵略者打开。在雅典城内部，并未出现阿尔克迈翁家族或其他人发动的叛国活动。达提斯甚至都没有来得及让他的骑兵登陆，更不用说从后方攻击米太雅德了；老迈的希皮阿斯也失去了在雅典重建庇西特拉图僭政的最后一次机会。他随着波斯舰队一起离开了希腊，死在返回西格翁的途中。多年以来，高龄和沮丧已经使他油尽灯枯：他已经没有可以再留恋的东西。

第二章

# 马拉松战役的遗产

米太雅德成为那时最受欢迎的英雄。雅典到处都飘荡着对他的勇气、远见和指挥艺术的歌颂。但另一方面,马拉松战役似乎对地米斯托克利产生了极为特别的影响。他开始远离朋友。人们在夜间的宴饮中再也看不到他的身影。他夜不能寐,苦不堪言,"把自己关在家里,完全沉浸在苦思冥想之中"。当友人前来关心他的时候,他说"他想到米太雅德的胜利就无法入睡"。地米斯托克利的野心不亚于任何人,但是他的话意味深长,隐含着比妒忌更多的意思。在他看来,米太雅德错了,错得很危险,而且自始至终都是错的。米太雅德——以及他所代表的整个贵族保守派群体——夸大了马拉松战役的长期效果,因而诱使雅典人产生了一种虚假的安全感。他们拒绝支持发展海军的计划。他们仍然坚持一种已经过时的观念,即一支充满爱国热情的公民兵部队可以解决雅典面临的全部防务问题。更糟糕的是,公众表现出了相信他们的迹象。

"现在,其余雅典人,"普鲁塔克记载,"都认为波斯在马拉松的败绩意味着战争的结束。但是,地米斯托克利却相信这只是更大规模战争的序幕……当危险还很遥远的时候,他就感知到了它,努力推动他的城市整顿武备,准备迎敌。"后见之明使我们可以自信地判断地米斯托克利是正确的,其余人等都错了。这是我们能给他的最高礼赞之一：在这个时代，没有多少人可以如此自信和清晰地预见未来即将发生之事。就像两次世界大战之间的丘吉尔，他是政治旷野中的呼喊者，也是一个到处布道却无人愿意倾听的异类。但是，只要能够仔细观察，还是可以看到一些征兆。在马拉松战役结束后，大流士的儿子薛西斯——他曾担任了8年的巴比伦总督，有进取精神，治理颇有效率——击败其兄长，被选为波斯帝国的王储。波斯大王可能一开始觉得希腊人只是边境地区的麻烦而已（他的总督辖区新名单中没有特别提到他们），然而，达提斯和阿塔弗尼斯的战败是不能轻易忘记的耻辱。

于是，波斯人开始筹备一次规模更为宏大且复杂得多的新远征。大流士的信使沿着波斯的"御道"飞速前往每一个行省，传达提供人员、船只、交通车辆、马匹、粮食以及其他军需物品的命令。希罗多德说，"亚细亚忙乱了整整三年"。实际上，如果像这样全帝国范围都在忙乱的消息传不到雅典，是不正常的。早在公元前490年、前489年之交的那个冬天，形势就已经相当明显——至少对地米斯托克利及其支持者来说如此——波斯的威胁不仅没有消失，而且越来越迫近了。地米斯托克利相信，若要抵抗波斯的这次入侵，就必须建设一支第一流的海军舰队，规模要超过雅典过去曾有过的所有舰队。50艘三列桨战船仍然是雅典在役海军的历史最高纪录。如果地米斯托克利的计划得以实现，这个数字就应该乘以四。但是，只要以米太雅德为首的保守派还把持着公民大会中的多数票，海军建造计划就不可能获得公民大会的支持。必须想办法除掉米太雅德本人。他现在太受欢迎，不能直接攻击他：最好的办法是让他带兵出国去打一些危险的仗，足够幸运的话，他可能会阵亡，或者因为表现糟糕而在回国之后受到控告。当然,他仍然是一名将军:他的任期将在公元前489年6月结束。结果,公民大会投票推举他率领一支有70艘战船(包括从科林斯用象征性价格买来的20艘)的舰队出征,去报复那些"曾经帮助过蛮族的岛屿"。

他的主要目标是帕罗斯。这是一个拥有丰富大理石资源的基克拉泽斯岛屿,位于爱琴海最繁忙的海上交通要冲。帕罗斯人曾派遣一艘三列桨战船支援马拉松的波斯舰队,这是一个足够好的借口。对米太雅德来说,不幸之处在于他首先花了一些时间来威逼若干更小的岛屿重新站回希腊这一边。这一做法在战略上非常高明,*却使进攻帕罗斯的行动失去了突然性。帕罗斯人几乎可以确定,他们肯定也在雅典人的袭击目标之中:撇开其他因素不谈,米太雅德还与他们的一位领袖有私人恩怨。当希腊舰队在别处忙活的时候,他们拥有充足的时间准备防御工事。然后,米太雅德就到了,围堵港口,切断其供应,并提出了撤军条件:缴纳100塔兰特——这笔钱足够支付短暂的春季战役中他的全部水手的薪酬。(这表明,这次远征的动机之一就是通过征收保护费的方式来劫掠,我们也发现了地米斯托克利在萨拉米斯战役后指挥过一模一样的行动。)帕罗斯人表示拒绝,雅典军队继续围攻。

在将近一个月的时间里,米太雅德用了他能用的所有办法来粉碎帕罗斯人的工事,但是并未奏效。他尝试使用攻城器械,而

---

* 伯恩(Burn, PG, p. 258)对这次行动做了最有洞察力的评论:"由于古代战船的作战范围很小,它们就像1940年的空军战斗机一样,它们的特长在于速度,而非缺乏'补给燃料'(各种补给,尤其是大量饥渴水手所需要的饮用淡水)的长距离航行,对爱琴海中的船只来说,和第二次世界大战时在辽阔的太平洋执行任务的空军一样,占领岛屿具有同样的重要意义。"

守城者则将外层城墙的最薄弱处加高了一倍。最终，他不得不依靠一个被俘的祭司做代表，与帕罗斯人进行秘密谈判。就这种谈判而言，他似乎曾经运气不错：毕竟，他已经在刻索尼塞半岛证明过自己是这种游戏的专家。然而这一次他不太走运。就在最后时刻，帕罗斯人已经同意投降的时候，附近的米克诺斯的森林中忽然燃起了火焰。帕罗斯人立刻认定这是一些波斯海军将领发来的信号，意思是援军即将抵达。因此，他们中断了会谈，决定继续坚守。除了这些挫折，米太雅德的腿还受了伤，这时，伤口开始腐烂起来。最终，他决定放弃，烧掉了攻城器械，扬帆起航回家。"他所取得的全部战绩，"希罗多德说，"就是毁掉了乡村的庄稼；他未能吞并这座岛屿，也未能带回一个铜板。"这正是他的政敌们日思夜想的那种灾难。

在公元前489年的年度选举中，阿里斯蒂德已经当选为首席执政官，而伯里克利的父亲珊提帕斯进入了十将军委员会。如果说阿里斯蒂德属于温和保守派，珊提帕斯——正如随后的事实所证明的——则是一个全力支持海军建造计划的人，由此便跑到了以米太雅德为首的贵族集团的对立面。散布这个太成功、太受欢迎的贵族正在滋生独裁野心的谣言也不难：实际上，他想做庇西特拉图第二。在马拉松战役结束之后，公众舆论——在这样的爆炸性话题上总是容易激动起来——已经出现了一定程度的摇摆。总之，米太雅德在回国之后遇到了严重麻烦，更重要的是，他的追随者们无力救他。珊提帕斯以"欺骗人民"的罪名起诉米太雅德。甚至还有人指控，米太雅德是因为接受了波斯大王的贿赂才放弃围攻帕罗斯的；无疑，之前有关他在刻索尼塞半岛搞"僭政"的指控再度出现，企图在新的情势下发挥作用。

到了这时，米太雅德的伤患已经很严重，因此不得不躺在担架上到陪审法庭受审，甚至都无法为自己辩护。控方要求判处他死刑，而且不可思议的是，他仅仅以两到三票的优势逃脱了死刑。米太雅德的兄弟和友人们为他说话，要求陪审团不要忘记他过去的杰出战绩。最终，他被判处 50 塔兰特的罚金——可能是为了补偿国库在帕罗斯之役中的损失。当然，这笔罚金远远超出了他的支付能力，于是，他被投入监狱，没过多久，由于腿部的坏疽扩散，他就在那里丢掉了性命。

马拉松战役的胜利者就这么死了，这时距离他获得不朽胜利还不到一年时间：在雅典政治中，昨日的英雄都可能成为明日的替罪羊。尽管对反对派而言，他的倒台仿若天意，但也肯定令他的政敌们心生一丝疑虑。至少可以说，民众的意愿是根本无法预测的：若没有老天保佑，雅典的所有政客都会面临这样的下场。现在已经 35 岁的地米斯托克利肯定会记起很久以前，当他和父亲在法勒隆的海滩上一起散步，看到老旧、生锈、被废弃的三列桨战船时，父亲对他讲过的一句话：看吧，我的孩子，当领袖不再有用的时候，雅典民众就是这样对待他们的。

在公元前 489 年，雅典仍然没有开始准备应对一场全面战争，也没有多少时间来建造和训练一支够用的防御性部队。雅典领袖估计最多还有两三年的准备时间：之后，波斯大王肯定会重返希腊，这一次他将会倾全帝国之力来犯。地米斯托克利有自己的应变之策，但是，若要实现这个计划，还有若干关键的前期问题必须得到解决。第一个，或许也是最为紧急的问题，就是选举高级官员的方法的问题。现代英国政府可以在再次大选之前最多行使

5年的权力,但公元前5世纪的雅典没有任何一位政治家可以连续掌握超过一年时间的权力。以执政官为例,有一个会造成严重后果的限制条件:执政官是通过投票选举的,但仅能担任一个任期。结果,很多第一流的领袖不可避免地无法充分施展手脚,因为他们只有12个月的时间对城邦的公共事务实施有效控制。诚然,在任期结束之后,执政官可以自动成为战神山议事会的终身成员。这个受人尊敬的议事会原先是国王的咨询委员会,从表面来看,它本来应该拥有相当大的权威。直到梭伦时代,它仍是(根据亚里士多德的说法)负责雅典日常行政管理的主要机构。它审查行政官员们的行为,审理杀人案件。梭伦本人使它负责"守护"他的新法律。然而,它对公共事务的实际影响(至少从公元前6世纪开始)似乎已然微不足道。权力的真正中心不可避免地转移到执行机构,也就是以执政官为首的群体。

现在,若要击败波斯,首先需要的就是长时段的计划,而若没有连续有效的职权保障,长时段计划便不可能实现。这是地米斯托克利、珊提帕斯,以及每一位主张发展海军的反波斯派成员都看得很清楚的事情。必须找出一种政治工具,从而使得同一个人或同一派的人能够年复一年地掌握重要职位。答案就是"将军委员会"(Board of Generals)。这些部落军队的将领(克里斯提尼创设的10个部落各有一位将军)可以无限期地连续当选。他们组成一个规模适度的团体,代表着国家各个地区。地米斯托克利和友人们开始努力把"将军委员会"改造成一个结合了内阁权力和总参谋部权力的强力政府机构。

通过合法手段增加"将军委员会"权威的最快捷途径(实际上也是唯一的途径)就是削减执政官的权威。因此,在公元前

487/486年，公民大会通过一项措施，规定从此以后执政官通过抽签任命，候选人由地方选区"德莫"（deme）推举。当选仍然需要符合很高的财产资格；但是，当很蠢很笨的公民都可以凭着运气和一点儿影响力成为执政官的时候，更聪明和更有抱负的人很快就会寻求担任别的官职。以前，首席执政官和军事执政官都是从最有能力的将军或政客中选举产生，现在，这两个职位都不可避免地失去了意义。正如地米斯托克利的预期，真正的权力被转移到了"将军委员会"；执政官一职的改革还造成了其他的长远后果，虽然并未立即变得很明显，但肯定已经被谋划改革的那些人预料到了。现在，组成战神山议事会的前执政官可能还是一群易怒、老迈的保守主义者，但他们也是一群有经验、有头脑、有声望的人。他们身上根深蒂固的贵族保守主义仍然是一股不可忽视的力量，尽管是间接的。但是，用不了几年，这一切都会发生变化。到那时，战神山议事会将会充斥着无足轻重的平民，它的声望也会相应降低。

就这样，"将军委员会"被打造成一个灵活的行政委员会，处理行政、财务、外交事务以及军队事务。正是在此时或稍后，它的成员被解除了原来的军事指挥权：这种指挥权此后就归属了10位代理性的部落统领（taxiarchos）。这种变革既使雅典政府权力得以集中，也提高了效率；只要在投票时加以适当处理，每年可重复当选的权利至少可能带来一定程度的连续性。另一方面，在对付潜在的叛国者方面，这一武器本身并不够用。不能有任何的侥幸心理，在还有时间的时候，必须通过一些手段将那些无论出于何种动机而倾向于与波斯人合作的主要保守派分子赶走。而在这个问题上，奇特的陶片放逐制就有了用武之地：根据这一制度的设计,任何在"陶片投票"中得票超过6000张的人,都可以在不被褫夺公民权的前提下被依法放逐10年。

我们的大部分古代史料都声称陶片放逐法是由克里斯提尼在公元前508年首次写进法典中的,但是直到公元前487年之前都未启用过;这有力地证明,正是地米斯托克利——一名敏锐的职业律师——在研究雅典宪法时重新发现了它,他知道,这个法律程序只要被掌握在一个冷酷无情的压力集团手中,就会变成一件无比强大的政治武器。在接下来的60多年甚至更长的时间里,这件武器定期得到了有效应用——并不总是服务于个人或党派的目标。在很多时候(我们很快就会看到这样一个例子),它都给雅典人带来打破危险的政治僵局的机会,甚至可能使他们避开了永远潜伏着的内战风险。尽管太容易被滥用,这个古怪的工具却真正起到了民主政治排气阀的作用,尤其是在雅典这样一个党争压力超过绝大多数地方的城邦。

到公元前488—前487年,形势已经很明朗,随着米太雅德去世,地米斯托克利的政策的最强大反对者是有钱有势的阿尔克迈翁家族,此外,该家族在德尔斐也有很大的影响力。他们在马拉松战役期间的背叛行为可能还无法得到确认,但大部分雅典人都相信这一点。庇西特拉图家族的任何朋友或亲戚都天然会受到怀疑,因为波斯人最有可能从他们这一群体中挑选成员组成卖国政府。地米斯托克利和他的政治团队现在开始影响公共舆论,并产生了显著效果。第一次陶片放逐发生于公元前487年,被放逐者是希皮阿斯的妹夫希帕库斯(Hipparchus),他是一名卸任的首席执政官。在公元前486年春天,麦加克利斯(Megacles)——克里斯提尼的侄子,也是阿尔克迈翁家族的领袖——遭遇了同样的命运。另一个阿尔克迈翁家族的成员卡里克塞诺斯（Callixenus）似乎在公元前483/482年被放逐。正如人们可以想到的那样，一直以来，贵族和保守派也付出了同样巨大的努力来放逐地米斯托克利本人。\* 但在这个时期，他们的所有努力都是徒劳：来自弗莱里的这个粗鲁、傲慢的激进分子拥有平民的支持，变得越来越强大。

因此，在波斯的两次入侵之间的关键十年里，政府逐渐被改组，政治反对派也被降伏。但最重要的财务问题仍未得到解决。雅典迫切需要增加收入并使其建立在更坚实的长期基础上。在那时，尚不存在任何类似于现代国家预算一类的东西：毫不夸张地说，城邦收入勉强只够糊口度日。没错，过去几年，雅典对海外市场的出口——葡萄酒、橄榄油、大理石和高品质的陶器——在稳定增长。地米斯托克利的比雷埃夫斯建造项目也开始动工，这是一座将海军军械库与商业港功能结合在一起的新型大港口。用不了多久，比雷埃夫斯就会变成爱琴海最大最繁荣的海上贸易中心；但是，港口工程现在只完成了一半，与此同时，本来应该属于雅典的很多生意都被邻国和长期竞争对手埃吉纳抢走了。所以，雅典急需新的稳定收入来源，而在公元前486年，这个问题似乎根本无解。

---

\* 甚至还存在"政党指挥部"，他们为不识字的人或立场摇摆的投票人发放已经刻上名字的陶片。在雅典卫城的一口废弃的井里，人们发现了191片全部刻着地米斯托克利的名字的陶片。近来，还出土了分别刻着地米斯托克利和麦加克利斯的名字的两个陶片，从而使二者出现了一次完美的会合——这证明了地米斯托克利和麦加克利斯是同一次陶片放逐投票的候选人。

国外继续传来不好的消息。那年夏天，大流士继续在整个帝国范围增加赋税，毫无疑问，他的主要目的就是为计划中对欧洲的大规模入侵筹备资金。让事情变得更糟的是，很多希腊城邦的忠诚度极为可疑。对帖撒利现在的统治家族阿雷乌阿斯家族（Aleuadae）来说，哪怕只是为了保住他们已经摇摇欲坠的权力，他们也会欢迎一场波斯侵略的。在那片任何侵略者都必须经过的富饶北方平原上，不止一个使节被派往波斯大王在苏萨的宫廷。大流士热情欢迎各种各样的希腊流亡者，从斯巴达的前国王德玛拉图斯到庇西特拉图家族及其追随者，所有这些人都梦想着波斯侵略军有朝一日可以将他们送回家乡并重新掌握权力。

然而，公元前486年和前485年之交的冬天给希腊带来了意想不到的、极受欢迎的喘息之机。大流士的新税在埃及激起了大规模叛乱。征粮渠道彻底崩溃，重新征服这个至关重要的省份成为头等大事。直到第二年，这次叛乱仍未完全平定；与此同时，公元前486年11月，经过一个月的重病，大流士去世，享年64岁，他作为大王一共统治了36年。他在生前就已经为自己在纳克希-鲁斯塔姆（Naqsh-i-Rustam）设计好了最后的安息地，那是从一块岩石上面沿着水平方向挖空之后形成的一座巨型坟墓，装饰华丽的正面被切割成四臂相等的十字形，大约有60英尺宽和70英尺高。完全按照波斯的传统仪式，大流士被葬于此地，继承王位的是他选定的继承人薛西斯。根据其母系血统，此人是居鲁士的嫡外孙，现年32岁。入侵希腊的计划不可避免地被延缓了。

薛西斯继位之后的首要任务就是重新征服埃及。到公元前484年1月，他的军队已经成功镇压了叛乱。随后，他就处心积虑地使"这个地区堕入比之前被统治时期更恶劣的奴役状态"，并自称"法老"(Pharaoh)以示轻蔑,这明显背离了阿契美尼德王朝的传统做法。这种行径也是他对待被征服民族的典型态度,他在处理与巴比伦的关系时也同样专横,而巴比伦和埃及一样,在此前一直是享有特殊地位的地区。通过这样一种大流士从未采取过(或需要采取)的傲慢与专横态度,薛西斯使这些曾经骄傲的王国与亚细亚那些蛮荒的总督辖区没有了区别。很多希腊人也肯定都在问自己——有足够的理由这样问——这样的君主在进入欧洲之后,是否会屈尊改变他的统治方式?

我们传统上的薛西斯形象是一种漫画式的,完全是由充满敌意并略带蔑视的希腊宣传拼凑而成的。我们认为他是一个身材矮小、经常哭泣、性格柔弱的东方人,一个被其女眷和宦官控制着的懦弱暴君(难道他没有将波斯波利斯的大流士宝库变成自己的私财?他是如何对待马西斯忒斯的妻子的?),胜利时残酷无比,失败时没有一点儿骨气。波斯史料(无疑同样存有偏见,只不过是在相反的方向上)描绘出一个完全不同的人。在波斯波利斯的浮雕上面,他显得高大、庄严而且英俊,他的宣言也散发出一种回荡千年而不绝的高贵气度:

> 伟大的神啊,创造了大地和人类的阿胡拉·马兹达,他为人类创造了和平;他使薛西斯成了国王,诸多子民之王,诸多子民之主……我是薛西斯,波斯大王,诸王之王,养育诸多子民的土地之王,广袤大地之王,大流士国王之子,一位阿契美尼德王族成员,一位波斯人,波斯人之子,雅利安人之子,雅利安人的后裔……我的父亲大流士去世之后,凭着阿胡拉·马兹达的旨意,我做了王。

无论是现代古典史家还是东方学者，在关于薛西斯的性格和成就方面均未达成一致看法。一些学者否认他拥有前任君主们的军事才能，遑论治国能力；另一些学者则表扬他是一位杰出的战士、行政管理者和改革家。这种分歧很大程度上来源于他们各自对希腊和波斯宣传所做的评估。真相肯定是在两个极端——《波斯人》与波斯波利斯的浮雕所描绘的形象——之间的某个地方：相较于大多数作品而言，希罗多德一如既往地为我们呈现出一幅更为均衡的形象。他笔下的薛西斯是一位宽宏大量、富于同情心的君主，拥有正宗波斯人对自然之美的喜好——我们的"天堂"（Paradise）一词就来源于伊朗语中的"花园"一词——也拥有无法控制的热情和欲望，喜怒无常，无法容忍批评意见，意志薄弱。作为一种人物速写，这听起来很有说服力。在希腊遭遇的失败从细节上证明了他的性格中不那么吸引人的一面，但也有很多可靠而毫无争议的证据表明，他的性格还有相反的一面。与人们的普遍看法相反，薛西斯的个人征战记录中包含着长长一串引人注目的胜仗。他本人一直强调他是被"遴选"为大流士的继承人的。他态度严厉而又高效，对于他的许多行省，他可以公正地宣称："我统治着它们，它们向我纳贡，它们做了我命令它们做的事；我颁布的法律令它们稳定繁荣。"如果它们胆敢造反，就会立即受到雷霆般的报复。最重要的是，薛西斯还是一位杰出的宗教改革家和少见的艺术保护人。就波斯波利斯最辉煌的成就——宏大的建筑、充满骄傲而阳刚之气的浮雕——而言，我们应该感谢薛西斯，而不是大流士。我们的希腊史料——尤其是埃斯库罗斯的——将薛西斯描写成一个令人鄙视的懦夫，这并不能为希腊民族的胜利增色。只有当我们认识到地米斯托克利要奋力击败的是一位多么强大的君主的时候,才能更清楚地看到他到底取得了多么伟大的成就。*

薛西斯本人似乎并没有决意要继续执行大流士侵略欧洲希腊人的计划,但是,很多人和很多集团都有强烈的动机去冒险发动这样一场战争,他们给薛西斯持续不断地施加压力,让他执行这一计划。他的表兄弟马尔多纽斯——戈布里亚斯(Gobryas)与大流士妹妹的儿子,他之前指挥的舰队在绕过阿托斯山时遭遇海难(见上文第 40 页)——有成为希腊总督的抱负,对薛西斯有极大的影响。正如人们可以预料到的那样,他提出了数不清的支持远征的理由。他也同意,务必首先镇压埃及人的叛乱。"当你把傲慢的埃及征服以后,"希罗多德记载他这么说,"你再率领着你的军队去讨伐雅典,以便使你在众人中间赢得令名,同时人们也就会懂得,侵犯你的领土的人,会落得什么样的下场。"另外,他补充道,欧罗巴是一块美丽的大陆,出产"各种各样的园林树种"——他之所以提出这个理由,是为了激起伊朗贵族所特有的那种对园艺的热爱之情。

其他理由也一样可信,具有说服力。帖撒利的贵族统治者也承诺会与侵略军通力合作。流亡中的庇西特拉图家族仍然幻想着要返回雅典恢复昔日权威,他们在苏萨的宫廷里,通过一个假冒

---

\* 琉善在一篇不同语境的文献(*How to Write History* 14.2, cf. 20.3)中有力地提出了这一点。在提到一些勤奋的三流作家记载卢奇乌斯·维鲁斯(Lucius Verus)在公元 165 年与帕提亚人作战一事的时候,他写道:"进一步说,他把我们的将军比作阿喀琉斯,把帕提亚国王比作提尔西提斯,根本不懂阿喀琉斯之所以有名,不是因为他杀了提尔西提斯,而是因为他杀的是赫克托耳。"

的说神谕者来影响薛西斯。"所有那些预言波斯人的灾难的神谕他都避而不谈,而只是选诵那些对异邦人最有利的神谕,如谈到赫勒斯滂时,就说它必须由一个波斯人来架桥,此外也谈到了进军的情况。"与大流士辉煌成就的比较让薛西斯心怀怨尤,这也是构成他的精神压力的一部分。在《波斯人》(vv. 753-8)中,埃斯库罗斯让阿托莎责备她的儿子的愚蠢:

> 暴烈的薛西斯与那些奸邪之人往来,
> 干出了这些事情,他们说你[大流士]用枪矛
> 为儿子们积聚财富无数,而他却胆怯地
> 在宫里挥矛,丝毫未增加先辈们的财富。
> 他常常听见邪恶之人这样责备他,
> 才决心建造那些船,向希腊进军。

这段话听起来不同寻常地真实,这表明有一些内幕消息——很可能来自被俘的波斯高级军官。欧洲将会变成帝国最肥沃的一块土地(我们可以听到所有这些野心勃勃的谄媚者这样怂恿),也会成为其征服者的光鲜荣耀。薛西斯被夹在责任与虚荣之间,最终屈服了。

波斯大王一旦做出这个具有历史意义的决策,战备工作就以前所未有的庞大规模开展起来,其组织化程度和计划性是希腊城邦闻所未闻的,更不要说亲自实践了。薛西斯最优秀的将军和总督都非常熟悉现代被称作后勤的学问:他们一丝不苟地规划着这次超大规模军事行动的方方面面。当然,就这件事而言,一元化和中央集权的帝国权力结构也极为重要。政策不需要经过挑剔的

公民大会的残酷考验；命令会不受质疑地被遵从；大王的言辞就是法律。无论是现金、物资，还是人力，波斯帝国拥有实际上无限的资源储备，薛西斯可以从中无限制地汲取资源来用于最宏大的计划；对他无数辛勤劳作的臣民们来说，赫拉克勒斯的苦役不久就变成了冷酷的现实。

到公元前484/483年，让人警惕的情报开始传到雅典。薛西斯不仅继承而且强化了他父亲发动大型军事远征的全部计划。在帝国的所有船坞里，从埃及、腓尼基到塞浦路斯，沿着安纳托利亚南部海岸，从吕西亚到特洛阿德和黑海南岸，数以百计的战船与运输船被建造出来并加入波斯大王的无敌舰队。人们都知道这些船只会被用于何处。载着数千名劳工的先遣舰队在达达尼尔海峡的一个基地建立起来；从这个基地出发，劳工被轮流用船只送到阿托斯半岛，在那里开始挖掘一条穿过半岛的运河，其宽度可以容纳两艘三列桨战船并排航行。这些劳工按照民族身份分作不同的团队，每个团队都各自负责挖掘一部分标明的路段。随着挖掘越来越深，他们用篮子盛土，一篮一篮从下到上传到地面上。尽管在鞭打之下工程不断取得进展，但似乎并没有多少总体规划。只有腓尼基人足够聪明地按照规定宽度的两倍来挖掘他们的壕沟，两边的沟壁是通到底部的斜坡；其他所有人几乎都挖成了直壁，因此频繁的塌方使他们不得不付出双倍劳动。

虽然实施效率不高，但这项工程有很大的实用价值。它既节省了时间——希罗多德说船只可以像在科林斯地峡那样被轻松拖过去，错得离谱——也避免了遭遇突发性风暴的危险。薛西斯不想再遭遇一次马尔多纽斯在公元前492年绕过阿托斯半岛时遇到的沉船灾难；可以想象，马尔多纽斯也不想。同时，埃弗鲁斯可能是正确的，他说薛西斯"企图在他到来之前以这样的大手笔让希腊人惊恐万分"。心理战——虽然原始，但仍然有效——是波斯人的一项专长。然而，很明显，波斯大王最关心的事情还是运输和粮草（对任何国家、任何时代的任何一位司令官来说，这都是最棘手的两个难题）。除了开凿阿托斯运河，他的工程专家还受命在斯特律蒙河上架桥，而来自埃及和腓尼基的专家也正在收集特殊材料——包括大量超过1英里长的纸莎草和芦苇草[1]编成的绳索，以搭建横穿达达尼尔海峡的两座巨型浮桥。最后，还在各个战略要地——普罗庞蒂斯西海岸的白角和图洛迪札、色雷斯的多利斯库斯、斯特律蒙河口的埃伊翁、特尔玛，以及马其顿的其他城市——建造了储存粮食和腌肉的仓库，这实际上已经标出了波斯军队未来可能的行军路线。整个波斯帝国的军队都行动了起来。雅典现在若要得救，需要出现奇迹。

然后，就在公元前484年和前483年之交的冬天，奇迹出现了。

在劳里翁的马罗尼亚地区，也就是苏尼翁海角附近，有大量的白银矿藏，色诺芬说，雅典人"自从不可考的年代开始"就在那里挖矿了。这些银矿似乎已经国有化，并被出租给了投机商人经营，商人们可以从中分一杯羹。在差不多半个世纪之前，庇西特拉图家族统治时期出现的经济繁荣中，这里的矿业才有了比较大的发展。即便如此，与投入的成本相比，它的产量也小得可怜：

> 依靠人力，矿石的开采和提纯仍然成本高昂，因为在挖掘矿井和坑道的初始成本之外，还得用很原始的方法（从出土水平巷道的空间大小来看，使用的是童工）将矿石开采出来，然后用手将其打碎、磨粉、水洗、冶炼，最后才能从剩

下的混合物中将白银与铅分离。（French p. 78）

矿井直径在 2 到 3 英尺之间，蜿蜒的水平巷道极为狭窄（从其中爬过，会产生一种幽闭恐惧的体验），打着烙印、戴着镣铐、赤裸身体的奴隶矿工每 10 个小时轮一班，借助着闪烁、幽暗的油灯夜以继日地劳作着。

现代的研究者们已经发现了 3 个矿层，每一层都被石灰石覆盖着。顶层的矿藏可能是因为地面的自然侵蚀而被人们发现，然后被露天开采。但是，从庇西特拉图统治时期开始，深层作业就变得越来越有必要。很难确定政府在多大程度上支持矿藏勘查，更不用说发起了。然而，我们可以注意到的是，劳里翁银矿是雅典在不进行领土扩张的前提下能够希望获得的唯一潜在经济来源。城邦的基本出口商品（正如梭伦以来每一位改革家都认识到的那样）从根本上来说存在不足。在整个地中海区域内，葡萄酒和橄榄油都不是什么稀罕货，也并非只有阿提卡才出产优良大理石。随着人口规模扩大，雅典单凭陶器无法走得更远。很难相信庇西特拉图（他曾在色雷斯研究过采矿技术）没有将国家资本主导的劳里翁银矿勘查传统遗留给雅典；包括地米斯托克利在内的精明实业家也都意识到波斯入侵可能会带来的财政危机，他们肯定都与采矿组织保持着密切联络。不管怎么样，在公元前 484/483 年，第二层石灰岩被打穿（很可能是通过一口试探性的竖井），一条埋藏很深的储量丰富、似乎取之不尽的银矿脉出现了。我们可以强烈怀疑，这极为幸运的发现并不完全出于巧合。在这些显而易见的事实背后，可以发现人类的技能、远见和坚毅。人们很容易猜测，尽管必须只能作为猜测，在这里，就像在接下来的黑暗日子里经常发生的那样,地米斯托克利设法把命运女神朝着正确的方向轻轻推了一把。

事实上,矿藏是如此丰富,以至于经过一年的探挖之后——人们可以想象这是发生了一场克隆戴克淘金热\*,只是规模小一点儿而已——利润就达到了100塔兰特(相当于2.5吨左右)纯银,拥有特许权的商人可能也得到了同等规模的白银。这份意外之财中属于政府的那部分该如何使用?没过多久,公众明显就在这一问题上出现了根本性分歧。一个很大也很有影响力的集团,也就是包括农民保守派和地主在内的"马拉松战士们"都希望把这些矿区土地使用费平均分配给成年男性公民,每人10德拉克马。换句话说,劳里翁银矿被视为一种公用福利,每位雅典人都可以凭着他的公民身份,就像股东一样从中分红。这一集团的主要代言人是阿里斯蒂德,这种方案(绝非像人们通常认为的那样从根本上说是荒唐可笑的)的背后肯定有某种先例作为根据。它当然可以被赋予很强的民主色彩,而且注定会吸引低收入群体的支持。

另一个拥有同等影响力和坚定意志的集团强烈反对这种挥霍公共资金的方案,该集团以地米斯托克利为首(正如我们所预料的那样)。地米斯托克利想要的不是公民福利,而是战船:可以用来先击败埃吉纳人再消灭波斯人的舰队。然而,他也足够明智,没有吓唬他的公民同胞说马上就要和波斯大王较量了。(而且,那些从公民福利中获利最多的人——也就是"水手群氓"——恰恰是地米斯托克利在投票活动中通常所依赖的主要群体:真是极为尴尬的两难处境。)因而,他在面向公民大会的演说中,稳妥地只

---

\* 1897年发生在美国加拿大育空地区的淘金热。——译者注

是提议来自银矿的额外收入"应该存起来,用来建造对付埃吉纳的战船"。这立即引起了人们的兴趣。与埃吉纳的冲突主要源于经济原因:伯里克利后来称呼这个在雅典用肉眼就能望到的岛屿为"比雷埃夫斯的眼中钉"不是无缘无故的。更重要的是,埃吉纳人刚刚在海上大败雅典,他们的强大海军意味着本来应该进入比雷埃夫斯港的生意都被埃吉纳人抢走了。实际上,地米斯托克利的这一招要比他的保守派政敌利用公众的贪婪更高明。

普鲁塔克非常理解地米斯托克利的脑子里在想什么。他解释说:"根本不用拿波斯的威胁来恐吓雅典人,因为波斯人太遥远,没有多少人会认真想象波斯人会前来袭击他们。他只是利用他们对埃吉纳人的憎恨和嫉妒来使他们同意批准建造海军的支出。"然而,即便采取这样的立场,也需要勇气和手腕。没有任何一个要求人民放弃免费福利的人会真正受欢迎:他的反驳论据需要有非常强的说服力。街头巷尾的雅典人仍然很不情愿去考虑一下波斯入侵之事,他们内心秉持一条久经考验的原则:对一些不愉快的事情,只要你对其视而不见足够长的时间,它可能就会消失得无影无踪。经过一场激烈而艰难的辩论,地米斯托克利得到了处理资金的权力,但只有一年的时间。通过劳里翁银矿积累的收益被指定用于建造一支有 100 艘三列桨战船的舰队,表面上作为对埃吉纳海军优势的一种反制措施,这样的数目是足够的。但是,如果要对付的是薛西斯的无敌舰队,这个规模远远不够。地米斯托克利私下里估算,抵抗薛西斯需要一支至少有 200 艘战船的舰队,而且需要在紧急情况下能够自由使用劳里翁银矿的收入。可是,他发现自己几乎在每一个问题上都会受到政敌们的阻挠。公元前 483 年的最后几个月,公民大会里不断发生激烈的争论,两方都寸步不让。事态很快就使人们明白，若要打破这个僵局，势必再发起一次陶片放逐。不管是地米斯托克利，还是阿里斯蒂德，必须有一个人离开雅典。

这不是扭扭捏捏的时候：地米斯托克利不仅是在为自己的政治生涯拼争，也是在为雅典的自由战斗。他的地位仍然不稳固：在民主政制之下，它永远不会稳固。公元前484年，他被迫抛弃了他的副手珊提帕斯，因为麦加克利斯是此人的妻舅，到最后时刻他难免会站到与他有姻亲关系的阿尔克迈翁家族一边。为了操控"陶片投票"，需要使用特别残酷的政治斗争手段。地米斯托克利聪明地抹黑阿里斯蒂德，暗示后者之所以表现得清廉，是为了做僭主。经过希皮阿斯的统治之后，雅典人在僭主问题上变得非常敏感，这是可以理解的：总会有一些谣言能引起他们的注意。

就这样，在公元前482年春天的一个早晨，雅典公民召开大会，将为他们历史上最关键的一个问题做决定。为方便投票，广场四周用篱笆围了起来，留出10个门——每个部落走一个——投票者将通过这些门进入会场。空气中弥漫着节日的气氛，但暗地里又隐藏着一种紧张的气氛。投完票之后，没有人回家，尽管快到傍晚时才会宣布投票结果。一个来自阿提卡偏远地区的文盲农民递给阿里斯蒂德一块空白陶片，要求他（不知道他是谁）帮忙写一下"阿里斯蒂德"。阿里斯蒂德很好奇，就问了原因。"因为，"这个农民就用那种可以理解的恼怒口气说，"我已经烦透了每一个人都称他为'公正者'。"阿里斯蒂德照做了，未发一言。很多普通民众可能与这个文盲农民拥有同样的感觉；这样的现象经常出现，就是微不足道的不合逻辑之事决定了人们和国家的命运。无论如何，当号角最终响起之后，传令官要求人们保持安静，屏息静听的公民们听到了阿里斯蒂德的名字，他被判处离开雅典10年。

地米斯托克利有船了。

根据估算，法勒隆和比雷埃夫斯的船坞在马力全开的情况下，每个月可以有6到8艘三列桨战船下水。按照这样的效率，从公元前483年7月到前480年5月，将会制造出200艘战船；从前480年5月到7月之间，可能还有12艘战船下水。在战役开始时，雅典可以使用的战船总数超过了250艘（参见下文第149页），这个差额一定是用现有舰队中最好的船只补上的。在如此短的时间内完成了如此多的工作——这是有史以来最紧迫的建造计划，完美证明了雅典人的聪明才智和顽强毅力。他们开始招募和训练船员，而熟练工匠也涌入了比雷埃夫斯的船坞。后者从海外四处购买绳索、帆布以及——最重要的——上好的木材。例如，200艘三列桨战船将至少需要2万支船桨，这些木材都是从上好的松木或冷杉木上面锯下来的。（整个公元前5世纪，马其顿国王都是雅典最看重的外交伙伴，并非偶然。）阿提卡的树木很快就消耗殆尽（也有山羊和烧炭工的贡献），森林再生的速度赶不上，因此雅典的木材几乎全部需要进口。雅典政府发现自己越来越多地卷入与外贸有关的外交活动之中——但是，这一次，也是第一次，雅典在开放市场上可以确保能够支付费用。

在《波斯人》的一个场景中，薛西斯的母亲阿托莎询问她的大臣，雅典人除了英勇的战士还拥有什么资源。"他们在国内有充足的金钱可用吗？"她这样问。大臣们回答："他们拥有地下财富，像泉水一样的白银。"这个回答直接切入了问题的核心。正是劳里翁银矿的财富才使雅典具备了抵抗薛西斯入侵的可能性：没有这些白银，地米斯托克利的谋略和战术将毫无用武之地。但是，"像泉水一样的白银"还产生了影响更为深远的后果。不久，第一等品质的雅典 4 德拉克马银币就充斥了市场，它的品质太好，很快就成为爱琴海世界的标准货币。（雅典发生的轻微通胀对外国商人是一个额外的吸引力，因为白银在国外仍然保持着很高的购买力。）它被用来支付军费支出和其他政府开支。最重要的是，它填平了雅典的出口逆差，事实上，它本身也是出口商品。本地不产白银的埃及人就愿意用小麦和亚麻来交换它。

　　劳里翁的横财产生了一个令雅典人感到惊喜和出乎意料的后果，即埃吉纳的商业垄断被打破了。不像雅典人，埃吉纳人无法用本国产的白银来铸币，他们只能用高价从锡弗诺斯购买白银。高昂的成本很快就使他们无法与从自家后院挖掘白银的城市相竞争了。然而，在这一时期获得意外之财的国家并非只有雅典。公元前 482 年 8 月，一位名叫贝尔什曼尼（Belshimanni）的当地篡位者杀死了薛西斯的巴比伦总督，并按照古老习俗，"牵着马尔杜克神的手"做了国王。薛西斯派遣他的妹夫麦加巴祖斯（Megabyxus）——波斯最强悍的将领之一——率军平叛，并授权后者可以肆意劫掠。麦加巴祖斯不辱他的名声，彻底全面地完成了任务，令人吃惊。尼布甲尼撒的高堡和塔庙都被拆毁。巴比伦的大地产都被分割开来，封授给了波斯地主。整个巴比伦都遭到洗劫和蹂躏。最严重的侮辱是波斯人将 18 英尺高、将近 800 磅的纯金马尔杜克神像搬走，并熔化成金块。薛西斯轻蔑地"抓起了马尔杜克神的手"以示嘲笑；只有完全的占有和做最高领主能令他感到满足。巴比伦的神权君主政体被摧毁，城市也失去最后一点儿残余的政治独立性。从更为现实的层面来说，麦加巴祖斯的"闪电战"获得了可观的利润。如果说劳里翁银矿使地米斯托克利能够建造一支新舰队，薛西斯也通过巴比伦战役为他计划发动的军事远征搜刮了一部分军费。

薛西斯用来侵略希腊的军队的规模和构成到底是怎样的呢？虽然希罗多德见过波斯官方的军队花名册，但他给出的总数目（至少对陆军而言）却完全不可信：170万步兵、8万骑兵、2万战车和骆驼，以及在途中招募的30万色雷斯人和希腊人——最后一个数字正如伯恩所说，"权且可以视为对巴尔干半岛的人力总规模的猜测"。学者们和军事史家们多年来一直试图将这些天文数字削减到一种可信的程度，但他们并未达成一致的看法。[2] 然而，做一个粗略估计还是有可能的。波斯军队——至少在军团层面——的指挥结构以十进制为单位，军官们指挥着10人、100人、1000人和1万人的作战单位。一种很吸引人的说法认为希罗多德可能混淆了波斯语中的"千夫长"和"万人将"（这份名单中最高的两个官职），因而自动将他提到的所有数字都乘以10了。将上面提到的数字都去掉一个零，立即就会变得更加可信：

17万步兵
8000骑兵
2000战车和骆驼
3万色雷斯人和希腊人
总计21万人

剩下的工作是将这个数字和其他不同方法估计出来的数字进行核对，如果可能的话，再把这个数字与希罗多德将来自各地的所有军团分配给由6位陆军元帅指挥的30位部落将军之事实结合起来。

根据芒罗等学者的看法，这30位将军实际上是万人将，指挥着总数为30万人的军队；如果再假设每位将军麾下还有2000名骑兵听候调遣，总数将会增加到36万人。芒罗将希罗多德提到的6万人（8.126, 9.96）视为一个波斯陆军军团的理论规模，并将总共36万人在6位陆军元帅之间平均分配。他还根据一些不起眼的证据（例如，波斯远征军被划分成3个行军纵队）来假设薛西斯用来入侵希腊的军队不会超过他的可用军队的一半（也就是说，3个满员的陆军军团），也就是18万人的临时侵略军。这种观点在细节上已经受到批评，最能说明问题的是伯恩的评论：如果接受希罗多德的地方部队列表，30个部落军团不可能有整齐划一的规模，但是这种观点也基本上同意将希罗多德的数字除以10。莫里斯爵士（Sir Frederick Maurice）用了很不一样的方式来解决这个问题，他游历了加里波利半岛，观察了当地的地理条件（尤其是取水问题），运用他关于军队后勤事务的知识来计算薛西斯的这条路线可以支持多大规模的一支军队。他的结论是波斯军队至多只有21万人（其中可能只有15万名战斗人员），可能还有7.5万匹战马和驮畜。

因而，通过几种相互独立的方法，我们就波斯军队的总规模问题达成了微不足道的共识。至于如何征兵的问题，我们知道有若干陆军军团留在帝国全境各地执行驻守任务；希腊人经常会以为波斯人也采用他们那样的紧急征兵制度。薛西斯的6位元帅可能每人指挥一个大约有 3 万人的军团，两个军团便可组成一支机动性的野战部队。希罗多德提到的 30 位将军（archontes，一个相当模糊的术语）指挥着 46 个地方兵团。其中，有 14 个兵团的规模大到足以设立他们自己的司令官职位，而余下的 32 个兵团则被编成 15 个野战单位。如果记得伯恩的批评，似乎更好是认为这些指挥官拥有各不相同的实力——考虑到他们的性质，这是我们很容易预料到的——而不是从一开始就假设这些将军都是名义上的万人将。事实上，我们知道"不死队"（Immortals）——薛西斯最好的近卫军团——的指挥官叙达尼斯（Hydarnes）的麾下确实有 1 万人；但这只是一个特例，希罗多德为此中断行文，将其作为一个值得注意的事实来强调："不死队"永远保持着同样的实力，因为后备兵随时都能填补战斗伤亡者或病死者的位置。很明显，其他军团并没有这样的优越条件。叙达尼斯的 29 位同僚的任何一人恐怕都会觉得自己部队的花名册上能有 6000 人就算幸运了。

当我们再转向薛西斯的舰队问题之时，就会发现我们面临着一个远没有那么棘手的问题：诚然，有一些困难，但是这些困难都能用逻辑（或后勤观点）解决。作为我们拥有的最早的材料，埃斯库罗斯说波斯的战船总数是 1207 艘；这个数字和希罗多德对尚未遭受损失（风暴或敌人袭击所致）之前的波斯舰队的估算一致。（埃斯库罗斯自己坚持这就是希腊人在萨拉米斯击败的那支波斯舰队，这是可以理解的一种宣传。）这明显有别于对波斯运输船数量的估算（希罗多德估算运输船约为 3000 艘），而且希罗多德给出了一个细化到支队单位的、从各方面看都很真实的列表：

| | |
|---|---|
| 腓尼基 | 300 |
| 埃及 | 200 |
| 塞浦路斯 | 150 |
| 奇里乞亚 | 100 |
| 潘菲利亚 | 30 |
| 吕西亚 | 50 |
| 卡里亚 | 70 |
| 亚洲希腊人： | |
|    爱奥尼亚人 | 100 |
|    多利亚人 | 30 |
|    伊奥利亚人 | 60 |
|    赫勒斯滂地区 | 100 |
| 基克拉泽斯群岛 | 17 |
| 总计 | 1207 |
| 色雷斯及其岛屿（Hdt. 7.185）也提供了一些 | 120 |
| 全部共计 | 1327 |

如果考虑到当时可以使用的资源，这个总数绝非不可能；但是，我们所有的材料都表明它在规模上远远超过后来真正在阿尔特米西乌姆和萨拉米斯作战的舰队。波斯海军将领阿契美尼斯（Achaemenes）在阿尔特米西乌姆战役结束后发言时，很清楚地表明如果分出 300 艘战船去攻打伯罗奔尼撒就会"使薛西斯失去对希腊人的数量优势"；正如希罗多德在不经意间承认的那样，这种优势在萨拉米斯战役中几乎消失了（Hdt. 7.236; 8.13）。关于希腊舰队的规模，最认真的估算来自修昔底德（1.73-4），他认为有 400 艘三列桨战船；亲历战场的埃斯库罗斯（*Persians* 341-3）给出的数字是 310 艘。希罗多德似乎不大情愿地注意到了这种不一致，他认为风暴使波斯人损失了 600 艘战船（！），从而将可以参

战的战船总数降低到了720艘，我们还可以进一步减去阿尔特米西乌姆战役损失的100多艘。大部分当代研究者都同意薛西斯的舰队在阿尔特米西乌姆战役时的战船数量在600艘（Tarn, Hignett and others）到800艘（Munro）之间，在萨拉米斯战役时，可能有450多艘。一旦我们将战船总数削减到芒罗所估算的数值，所有进一步的损失正如我们的史料所指出的那样，都可以归因于暴风雨和敌军攻击。可是，这种估算仍然漏掉了600多艘船，它们令人不解地消失在了历史记载之中。我们如何解释这样的出入呢？

在这一点上，我们问自己一个问题可能会有所帮助：关于薛西斯军队的实力和构成，希腊人（也就是说，希罗多德）是如何获得如此细致的间接情报的呢？比较简单的答案就是他们是从薛西斯本人那里获得的，后者非常清楚宣传自己的实力和人数将会产生何种心理影响。在公元前481年和前480年之交的冬天，当他和大军在撒尔迪斯过冬时，他抓获了在军营周围逡巡窥探的3个希腊间谍。波斯大王不仅没有处决俘虏，反而带着他们巡视了一遍他麾下大军的每一个战斗单位。然后，他们就被释放并被送回了希腊，向家乡父老报告了他们看到的一切——无疑，既有陆军构成，也有海军名单，还有一些从波斯军需总参谋部得到的其他信息。在此时，很多希腊城邦还在抵抗与合作之间犹豫着：薛西斯肯定是希望通过适时的宣传来影响它们的决策。希罗多德说，薛西斯很自信地认为间谍们对于"波斯军队的强大实力的报道将会诱使希腊人在真正的入侵发生之前交出他们的自由，这样他就不用去劳师远征了"。

可以肯定，希罗多德对薛西斯入侵部队进行全面调查的原始资料就来源于此。(值得注意的是,希罗多德对波斯海军舰队的描述在细节上远不如对陆军力量的描述生动——正如我们可以预见的那样,前者集结在爱奥尼亚海岸的库麦和福凯亚,而这些间谍是在撒尔迪斯被捉住的。)如果真是这样,就会随之产生两个重要结论。首先,上述所有数字都被夸大的可能性很大:薛西斯会通过夸大他的实力来达到心理战效果,而希腊人也会在回顾战争时将此类错误继续扩大(而非修正错误),以夸大他们自己的成就。其次,即便这些数字是真实的估算或情报,它们指的也是薛西斯横渡海峡进入欧洲之前的情况。任何希腊人的情报官员——更不用说希罗多德——都不可能根据随后发生事件的真实情况削减这些数字,从而将希腊人抗击蛮族的英勇光辉降至最低。

这样一种论证逻辑立即就会指出我们应该去哪里寻找那消失的 600 多艘战船。就像切斯特顿(G. K. Chesterton)\*的邮递员一样,由于被认为是理所当然的,它们一直受到忽视。薛西斯的计划需要建造两座横跨达达尼尔海峡的浮桥来实现——可以肯定地说,这件事几乎是所有人关于他的侵略都记得的一件事。若要通过海峡,他们至少需要 674 艘平底船和三列桨战船(参见下文第105 页)——实际上,总数可能还会大得多,因为一场风暴不仅毁坏了原先的浮桥,也"冲走了一切东西"。参与这项宏伟工程的船只无疑都来自爱奥尼亚人、赫勒斯滂希腊人、腓尼基人以及帝国的其他沿海省份。人们可以推测,在实际的横渡海峡行动完成之前,它们也是被当作各地区假定的"海军力量"被计算在内

---

\* 英国推理小说家,创作出布朗神父故事,其中"邮递员"代表着显而易见却又经常受到忽视的那种"隐身人"。——译者注

的。希腊间谍带回来并被希罗多德和后人们看到的，就是这个累加起来但具有严重误导性的总数。然而，没人想要扫兴地指出，希波战争中薛西斯的庞大舰队中几乎有一半的船只都只扮演了这种非战斗性的角色，甚至只是被静止地用作浮桥，这样就让希腊舰队和波斯舰队的对比没有那么悬殊了。如果我们从 1327 中减去 674，就能获得一个 653 艘的净值：这与大部分学者对波斯舰队在阿尔特米西乌姆战役之前的真正规模的估算是一致的。

实际上，3 个希腊间谍——肯定因为发现自己居然还活着而茫然不知所措——在被带去巡视时，他们所看到的是一支规模庞大、五颜六色的杂牌军。薛西斯最为自豪的是他的 1 万人的"不死队"，全部由波斯人、米底人和埃兰人组成，他们都穿着华丽的金缕衣。这些精英部队成员可以在行军时带着载有他们的仆人和妻妾的马车（独一无二的特权）；他们也有特殊的给养，由一队耳朵被做了特殊标记的骆驼和骡子驮载。于苏萨发现、现藏于卢浮宫的琉璃雕带向我们展示了这些骄傲、粗野的御林军列队行进的场景，希腊人肯定也看到了这幅景象。他们列队站立，姿势非常像现在的"举枪致敬"，一只脚向前迈出，双手紧握着一支竖立的礼仪专用的银刃长矛（还有一个石榴状银质柄尾），箭袋和弓拐在左肩上，头发用规定的头带束着，胡须修剪得平直齐整。紧身军袍整齐地从颈部垂到脚踝，在两腿之间构成了一个倒 V 字，还有两只宽大的袖子和一条从身体中部向下延伸的垂直条纹。令人颇感讶异的是，这种制服有着各种各样的颜色，从古金色到淡紫色，还有花样繁多的装饰图案——带条纹的棕色正方形、蓝白色的玫瑰花结、黄色的星辰、白色的圆圈。站在一起的时候，"不死队"必然呈现出一种独一无二、令人惊叹的壮观景象。

然而,"不死队"只是薛西斯从帝国各省份征召来的庞大部队的一小部分而已。波斯军队有穿着裤子的波斯和米底步兵,他们穿着镶边短袍和鱼鳞甲,标配短刀在走路时会拍打着右大腿。还有戴着头巾的埃兰人,戴着青铜头盔、拿着凶残的铁头大棍的大胡子亚述人,挥舞着骇人战斧的斯基泰人,腰上系着棉布、使用藤弓和铁头藤箭的印度人。有穿着皮革胸甲、握着弯刀的里海部落民,穿着长筒靴子的萨朗伽伊人,而勇猛的阿拉伯人已经穿着当时被称为"泽拉"(zeira)的飘逸长袍了。还有黑皮肤的埃塞俄比亚人,他们在进入战场之前会把自己的脸涂成白色和朱红色,还戴着剥下来的马头皮,上面甚至还保留着马的耳朵和鬃毛。还有戴着狐狸皮帽的色雷斯人、穿红色绑腿的皮西狄亚人和戴着笨重的木质头盔的莫斯奇亚人。整座军营就是一座满是各种古怪口音的巴别塔;无论在何处,人们都得提高嗓门说话,因为到处都是没完没了的喊叫式的号令声,以及行军队列走路的脚步声和骡子毛驴的吼叫声。空气中弥漫着一股骆驼的臭味和异国饮食的浓重香料味道。

希腊间谍将这一切都看在眼里,并随后报告了情况。他们带回来的消息是不是给希腊人造成了薛西斯所希望的那种冲击,那就是另一回事了。无疑,波斯大王已经集结起一支非常庞大的远征军;但是,退一步说,这支大军的质量和攻击力存在着不确定性。像"不死队"这样的军团当然不能轻视,但是对一个训练有素的希腊观察者来说,非常明显的是,这支军队在总体上缺乏战斗训练和严格的军事纪律,即便是伊朗战士,穿戴的防护甲胄也极其简陋。征召来的士兵有许多都是尚处于石器时代的野蛮人,他们被皮鞭驱赶着上了战场,对斯巴达人或雅典人经验丰富的重装步兵方阵构不成太大威胁。在波斯军队的指挥体系里，几乎每一个重要职位都由薛西斯派遣的来自阿契美尼德家族的不计其数的亲戚们（包括大流士十个以上的儿子）担任，裙带关系到了这个程度，对奉行民主的希腊人来说简直就是笑话了，他们不会对此有任何惧怕之情。[3] 真正的威胁是由东地中海各传统海上民族构成主力的帝国舰队。腓尼基人和埃及人是当时世界上最优秀的水手，埃及人的战船中载满了海军陆战兵，这些人"戴着网格状的头盔，手持凹面宽边盾牌、木矛和重斧"。塞浦路斯人（除了他们的君主戴无檐帽、他们的水手戴竖高帽这一点）在性格上像希腊人，在海军技战术上像爱奥尼亚人或赫勒斯滂的部队。如果薛西斯正在筹划一次水陆两栖战争，几乎可以肯定，能给敌人造成最大麻烦的是他的海军。

不过，在这个问题上，也有必要从另一面再说明一下。无论这支舰队的人员构成如何，都肯定没有波斯人。波斯人在内陆高原地区成长，没有海军，也没有在海上活动的传统；实际上，在咸水之上航行有违他们的宗教信仰，这种禁忌至今仍存在于印度教的某些教派中。可是，对薛西斯侵略欧洲的计划来说，舰队是最重要的；在危急时刻，这些舰队能有多少忠诚度的问题在苏萨肯定已经引起了一定程度的反思。腓尼基人似乎完全可以信任，但是其他民族有几个是一贯忠于阿契美尼德王朝的统治的呢？埃及、塞浦路斯和爱奥尼亚的大叛乱记忆犹新，谁能保证他们在合适的时候不会再发动一次叛乱呢？人们都记得，在公元前497年爱奥尼亚叛乱期间，波斯舰队（如果我们可以这样称呼它的话）曾经遭到希腊人和塞浦路斯人的痛击。诚然，到公元前494年拉德岛附近的海战中，平衡已经恢复，但是即使在那场战役中，对方的背叛行为至少发挥了和海军技战术一样大的作用。然后，希腊间谍带回来的消息也绝不是完全令人沮丧的。薛西斯可能拥有很多臣民，但是，他的苛捐杂税和通常的暴虐态度无法使他们变成优秀的侵略军，无论海军还是陆军。

到了公元前481年春天，宏大而复杂的备战工作接近完成，薛西斯从苏萨出发，入侵欧洲的战争正式开始。4月10日，就在他出发前夕，发生了一场日食。波斯的占卜者急忙宣称太阳代表的是希腊人，而遮挡太阳的月亮是波斯人，解释了这种一般被认为不吉利的预兆。当海军各部集结于爱奥尼亚沿岸的库麦和福凯亚时，陆军从薛西斯治下的广袤帝国的各个偏远地区赶来，集结在卡帕多西亚南部的克里塔拉。（这座城镇的精确位置仍然未知。它肯定在数条主干道的交会点上：狄安那的可能性最大。）薛西斯本人也来到了这里。动员完毕，这支庞大的军队就向西开拔。希罗多德记载道："整个亚洲没有一个民族没有被他带来攻打希腊；除了一些大河，他的军队喝过水的河流没有一条不被喝干。"

无论这支军队的战斗力如何，它行军时肯定颇为壮观。当它排成纵队通过非敌对地区的时候，行军队列如下。首先是行李搬运车，由步兵团的半数担任护卫押运。然后，刻意拉开一段距离，以使这些凡夫平民与波斯大王本人保持一定的距离，哪怕是象征性的接触也不允许。其次是两个最好的团，分别是骑兵和步兵，各有1000人，他们在行军时扛着长矛，矛头朝后，每根长矛的尾端有一个闪闪发光的金石榴。后面跟着的是10匹穿着华丽马衣的纯种公马和由8匹白马拉着的阿胡拉·马兹达神的神圣战车。战车御者跟在后面步行，手里握着缰绳——希罗多德说，"因为凡人不能坐到那辆战车上面"。神的后面就是薛西斯本人,他站在他的皇家战车里面,身旁就是御者,而当他疲倦的时候,他也会暂时乘坐大篷车旅行。在他后面担任护卫的是另外两个由最好的骑兵和步兵(同样,他们的长矛尾端也有金石榴或金苹果)组成的兵团。他们的后面就是"不死队"余下的人马,纵队的尾部是另一支1万人(这个数字很可能是夸大的)的骑兵队和余下的步兵部队。

他们的行军路线是取道刻莱奈通过弗里吉亚地区。刻莱奈是一座遍布泉水、洞穴和峡谷的城镇,位于马尔叙阿斯河与迈安德河的交汇点上。* 在这里,薛西斯得到了皮提乌斯(Phythius)的款待,此人是吕底亚最富有的人,以前曾向大流士赠送了两件传奇性的礼物:一棵黄金悬铃树,一根黄金葡萄藤。这一次,他宣称,他打算将自己的2000塔兰特白银和至少399.3万枚大流克**的财富都交出来,为远征军做军费。"至于我自己,"他急着解释道,"仍然可以靠我的奴隶和我的庄园的出产过上很舒坦的生活。"薛西斯豪气顿生,潇洒地拒绝了皮提乌斯献出的礼物,相反,他还向这位准捐助者赠送了7000枚大流克,因为后者的现有财富再加上这7000枚大流克就达到了400万枚的整数。从刻莱奈出发,他穿过吕库斯峡谷,翻过了柽柳缠绕的卡拉特布斯山和特莫罗斯山,在大约9月时抵达了撒尔迪斯。在行军路上的某一个地方,他"路过一棵非常美丽的悬铃树,他很感动,就下令用黄金饰品

---

\* 色诺芬(*Anab.* I.2.9)说一直到他那时(约公元前400年),马尔叙阿斯在与阿波罗的音乐竞技中输了后被剥掉的皮,仍然挂在这条河流发源的洞穴之中,河流也是以他命名的。

\*\* 波斯的金币名称。——译者注

装扮了它,并留下他的'不死队'的一位战士守卫它"——这件佚事奇妙地结合了阿契美尼德王族的炫耀欲和波斯人骨子里对自然美的喜好之情。

到了这时,人们对薛西斯的意图应该不会再有任何疑问。他宣称他的目标是惩罚支持爱奥尼亚叛乱的雅典;但是,正如希罗多德所说,他的真正野心"是征服全希腊",将其变成波斯帝国的一个省份。随后这一点就更明白了,因为他派遣他的传令官于公元前481年秋天从撒尔迪斯出发渡海来到希腊本土,像往常一样要求希腊人献出水和土,"还要为薛西斯的到来做好款待准备"。只有两个城邦没有屈服于波斯大王的最后通牒:雅典和斯巴达,它们在公元前491年都公然违背不斩来使的国际法,像对待普通罪犯那样处决了大流士的使者(参见上文第41页)。和往常一样,薛西斯的这种要求主要是一种试探,目的是看看过去曾经对抗过大流士的那些人现在是否会吓得投降。然而,雅典和斯巴达没有投降的机会,因此,它们的前景要黯淡得多。由于已经成了波斯人复仇的直接目标,它们很难指望通过及时合作来避开波斯大王的怒气,即使它们愿意这么做。这个事实非常关键,在了解随后发生的事件时应该牢记它。从投降中得不到任何好处的城市,事实上更有可能进行最后的英勇抵抗。这在任何方面都没有减损它们的勇气和决心,但这对解释它们的行为有很大的帮助。

在这个紧要关头,有关德尔斐祭司对希腊在这场战争中的存活机会的看法,可以从他们在公元前481年夏天和秋天给予雅典、克里特、阿尔戈斯以及可能还有斯巴达的各种答复中推断出来。人们常常认为,德尔斐在希波战争爆发之前以及进行期间涉嫌

"通敌"：与圣地有联系的大部分北方国家都支持薛西斯，神庙及其金库也令人不解地免于敌军的蹂躏，而祭司们发布的神谕也表达了极为悲观的情绪。另一方面，人们也可以用同样可信的理由来反驳：祭司的工作就是如实说出他们所知道的预言，后果不是他们要考虑的东西。在这个节点上，除了波斯人轻松获胜，谁还能预测到别的结局？因此，鼓吹不抵抗和中立只不过是共识而已。为何要鼓励别人把生命愚蠢地浪费在注定不会有好结果的事情上呢？（在耶路撒冷，耶利米对犹太民族主义者也表达了类似态度；但是，犹太人没有地米斯托克利来推翻他的预测，因而，事后他的声望也没有受到影响。）其次，德尔斐安然度过波斯控制希腊北部的一年多时间，这并不代表他们以积极投靠波斯人来交换波斯人的不干涉。正如达提斯很久以前在提洛岛的表现，尊重外国人的圣地乃是阿契美尼德王朝的一贯政策（参见上文第41—42页），薛西斯也几乎不会对一个如此有用和鼓舞人心的免费宣传中心采取强硬措施。就像大部分富有而地位稳固的群体一样，德尔斐祭司在本能上具有保守倾向（尽管在国内政治上经常挑拨离间），当发生危机的时候，他们更倾向于奉行现实主义，而不是英雄主义。但是，德尔斐神谕在希腊人赢得胜利之后仍能继续保持声望，就等于排除了他们与侵略者公开合作的任何可能性。

作为斯巴达的宿敌和竞争对手，阿尔戈斯早就收到了薛西斯秘密派来的使者带来的条件：只要他们保持中立，就能得到波斯的特殊照顾和好处。阿尔戈斯政府也很清楚，再过不久他们就会接到参加保卫希腊的战斗的邀请，由于急于知道如何能够不丢面子而又避免参加战斗——正如薛西斯所知道的，他们更想推翻斯巴达在伯罗奔尼撒的主导地位——他们就向德尔斐神庙咨询了他们的最佳做法。德尔斐的女祭司非常热情地给了他们这样的建议：

> 被周围的邻人所憎恨，却为不死的神所喜爱的人们啊，
> 怀里抱着长枪，戒备地坐着吧。
> 好好地防备着你们的脑袋，这样，脑袋就能保卫你们的身体了。

克里特人也获得了类似的严格保持中立的建议。而斯巴达则如人们预料的那样，得到了一个不太令人振奋的预言：

> 哦，土地辽阔的斯巴达的居民啊，对你们来说，
> 或者是你们那光荣、强大的城市
> 毁在波斯人的手里，或者是拉凯戴蒙的土地
> 为出自赫拉克勒斯家的国王的死亡而哀悼。
> 因为牡牛和狮子的力量都不能制伏你们的敌人，
> 他有宙斯那样的力量，而且他到来时你也无法制止，
> 直到他取得二者之一，并把他取得的东西撕得粉碎。

有趣的是，德尔斐的答复将薛西斯的同胞描述为珀尔修斯的后裔，与波斯大王本人在说服阿尔戈斯人时所宣称的一模一样。很明显，这种编造出来的谱系是薛西斯的侵略宣传的关键一环，而得到德尔斐的承认至关重要。这就挑战了当代比较流行的一种观点，即认为该神谕乃是在战争结束后斯巴达监察官为了解释莱奥尼达斯之死（参见下文第189页及以后）而伪造的，一旦获得德尔斐的背书，就可以很好地挽回面子。无论如何，斯巴达使者

听到的神谕无法使他们乐观起来。

然而，雅典人得到的警告却是最糟糕的，甚至从中都看不到一丝希望：德尔斐"从未发布过如此令人绝望的灾难预告"。[4] 希罗多德的记载如下：

> 不幸的人们啊，为什么你们还坐在这里？逃离你们的家，
> 你们那轮形城市的高耸入云的卫城，跑到大地的尽头去吧。
> 身躯和头颅同样都不能安然无恙，下面的脚、手以及它们中间
> 的一切也都无济于事，它们都要毁灭掉。
> 因为火和凶猛的战神阿瑞斯
> 飞快地驾驶着叙利亚的战车，要把这座城市毁掉。
> 他要把不仅仅是你们的，而是许许多多的城寨毁掉。
> 他还要把神的许多神殿交付火焰吞食；
> 它们立在那里吓得流汗，由于害怕而战栗。
> 从它们的屋顶有黑色的血流下来，预示着它们的无可避免的凶事。
> 因此，我要你们离开神殿，拿出勇气来制伏你们的不幸遭遇去吧。

所有这些预言都表明，德尔斐祭司们在政治上消息灵通，并非常警惕地关注着事态的发展。语气不同的回复标志着，他们针对每一个神谕申请者都有经过深思熟虑的、恰当的不同态度。对

克里特和阿尔戈斯来说，圆滑一点儿保持中立就足够了。对斯巴达来说，前景很难说光明，但是，如果幸运的话，它可能能避免彻底的毁灭。雅典有一个生存下来的机会，那就是让它的公民集体逃亡——很可能是逃向意大利南部。一位很聪敏的学者（Labarbe, *Loi navale* p. 118 ff.）提出，这个可怕的警告是来自地米斯托克利的设计。在他看来，地米斯托克利很可能是希望这将会把自己领导的海军派与真正支持撤离方案（毕竟，战船不只可以用来作战，也可以用来运输）的那些人联合起来，创造出一个规模足够大的政治集团，从而击败那些拥有大量土地的保守派，他们仍然梦想着再现马拉松战役的辉煌。但是这有一点儿事后诸葛亮的意味。我们没有任何可靠的理由来怀疑，当薛西斯正在向希腊进军的时候，德尔斐祭司们发布的那些神谕不是他们对局势的认真评估。如果说他们没有为将来提供多少希望，那也仅仅是因为别的话不过是壮胆的大话而已。

尽管如此，一个意志坚定的抵抗阵营也的确出现了，正如我们所预料的，核心是雅典和斯巴达，但主力来自斯巴达的伯罗奔尼撒盟友。在公元前481年秋季，也就是薛西斯在撒尔迪斯扎营准备过冬之后没多久，这个所谓的希腊同盟（Hellenic League）在科林斯地峡召开了一次紧急会议，讨论组建共同阵线抵抗迫在眉睫的波斯侵略问题。出席会议的大部分代表来自后来与波斯合作的国家，会议的总体气氛似乎充满了恐慌和悲观态度。（只有那些企图通过波斯占领来获利的内奸在这时仍然欢欣鼓舞。）有人提出，希腊的战船太少，根本无法阻止薛西斯的进军——这听起来像是对地米斯托克利的政策的反驳——而且大部分希腊国家，即便不会积极与敌人合作，也都"不愿意去战斗，并准备好接受波斯的统治"。大部分人并不把侵略战争看成需要整个希腊联合起来面对的共同威胁，而只是认为那是对自己的生存不可避免的破坏，即使这是令人不快的。这种无为主义在《塞奥格尼斯诗集》（*Theognidea*）中通过一位匿名麦加拉诗人表达得非常典型，他用令人容易接受的直率风格写道："我们喜欢创作音乐、开怀畅饮和谈天说地，而非担心波斯人的侵略。"这是一种可以理解的人类情绪，在《慕尼黑协定》签订后为内维尔·张伯伦欢呼的人应该首先承认这一点。每一座城市最关心的都是自身的安全：泛希腊主义远远没有人人为己有说服力。将在科林斯地峡开会的代表们团结在一起的那种感情，也曾使本杰明·富兰克林在签署《独立宣言》后评论道："实际上，我们必须同心协力，否则，我们肯定会一个个被绞死。"

从同盟第一次开会开始就必定很清楚的一件事是，若要组织抵抗薛西斯的部队，主要依靠伯罗奔尼撒的陆军——斯巴达人及其盟友——和雅典新舰队的增援。除此之外，没有什么有政治意义或战略意义的联盟了。正如地米斯托克利所强调的一样，理想的状况就是将蛮族挡在尽可能靠北的地方；但是，这样的战略若要生效，就需要一个非常团结的统一战线，否则希腊盟友将会在战役初期付出高昂代价。当敌军铁蹄到来之时，那些北部国家到底有多么值得信任是毫无把握的。无论帖撒利人作为一个整体如何看待侵略，他们目前的统治者——拉里萨的阿雷乌阿斯家族——是公开支持波斯的。马其顿更是在很久以前就向大流士献出了土和水。底比斯以及希腊中部的其他一些城邦是否向科林斯会议派出了代表仍然存在争议；[5]但是就算它们参加了会议，任何将成败系于它们的忠诚的战略也不会有很大的成功机会。这就使得争取位于地峡之南、还在犹豫不决的中立国家阿尔戈斯变得尤为重要。

这也有助于解释这次大会的总体气氛,更不必说会上讨论的具体内容。在那时,抗击波斯一事无可避免地取决于斯巴达及其盟友,因为它们毕竟掌握着多数票。(甚至还有一种说法,说各国代表们[probouloi]先在斯巴达的一个名为希伦尼翁[Hellenion]的建筑里开会,而不是在科林斯。)雅典代表大概提出了应该由雅典来指挥联合舰队的建议,这个建议非常合理,却遭到激烈的反对。余下的所有代表(实际也就是伯罗奔尼撒诸邦)都宣称,如果让雅典人来指挥他们,他们就会退出希腊联军。因此,雅典人"考虑到民族生存的利益所在而收回他们的要求"——这个牺牲值得一提,因为他们的海军司令就是地米斯托克利本人。比雷埃夫斯的"水手群氓"暂时容忍了这次挑衅;但是,一想到将来发生战斗的时候指挥他们的是斯巴达的旱鸭子,他们就几乎要发起暴动(参见下文第151—152页),只有靠地米斯托克利的手腕才挽救了这一局面。

事实上,普鲁塔克如此评价这个出类拔萃的人:"在他取得的所有成就中,最伟大的是结束了希腊人的内斗,劝和了他们与他人的冲突,并说服他们为了与波斯的战争而暂时将他们之间的分歧搁置一旁。"这项任务显然无比重要,而且参会各邦的代表们也认可这一点,他们的主要动机就是号召无限期搁置同盟成员国之间的全部争端。(最严重的是雅典与埃吉纳之间的争端。)但是,这样的决议是通过容易执行难。如果地米斯托克利确实能成功平息地方争端,并逐渐消弭使每个希腊城邦都与邻邦格格不入的那种狭隘的妒忌心理,那他就取得了在公元前5世纪的历史中独一无二的成就。至少从表面上看,他似乎已经成功了。与会代表们交换了誓言，互相做了保证，结成同盟而且同意互相支援。然而，他们也足够清醒地知道，他们面临的主要问题是那些不受约束的城邦，后者的中立地位随时都可能蜕化成叛变。因而，很多使团就受命前往最重要的几个中立邦（包括阿尔戈斯、克里特和科西拉），说服它们参加联军，共同捍卫希腊人的自由。同时，还有一个动议被提出并得到通过，即在战争打赢之后（没人愿意承认会有输掉的可能性），自愿站在波斯一边的所有人都应该由胜利者"向他们征收什一税"，然后将其献给德尔斐的阿波罗神。从表面上看，这样一种威胁是相当实用的，至于它到底有多大的威慑力就是另外一回事了。

在第一次会议期间，同盟大会的主要成就是建立了一个有些简单粗陋而且纪律糟糕（但仍旧有效）的军事指挥机关。[6] 一则古代史料宣称，同盟成员邦向共同的战争金库贡献了份子钱，但这听起来似乎年代错置了。正常的做法是各邦自行为本邦军队提供给养：共同金库的理念要到很久之后才出现。同盟成员邦似乎没有退盟权，尽管很难看出这样的规定要如何实施。事实上，除非是自愿合作，否则一切都不可能。盟军总司令的权限特别难以确定，因此，很可能并未具体规定这一点。在战争期间，几乎所有的政策——更不用说战略——都是被迫在现场决定的。当战争委员会实际上取代了同盟大会的时候，诸如雅典这样的在军事实力上远超其拥有的投票权的成员邦可以而且也确实让最高司令部相当难堪。斯巴达的高级军官已经习惯了只要吼出命令就立即有人遵从的生活，但现在却发现自己不得不在他们很不习惯的圆桌外交中挣扎。尽管如此，如果想到希腊人桀骜不驯（甚至可以说无法无天）的固有性格，这仍然是在短时间内能够想出来的最佳议事制度；至少，在该制度的主要目标上，所有人都达成了一致。他们必须抵抗和打败波斯人的侵略。如何抵抗，在哪里抵抗，何时抵抗——都是一些容易引发争端而且无法估量的问题——都在适当的时候再决定。

实际上，在整体战略图景变得更为清晰之前，也不可能制定出稳定和清晰的作战计划。当同盟大会在那年秋天召开的时候，可以有把握地认为，那时还没有一个人真正知道盟军到底有多少资源，更不用说薛西斯的远征军到底有多大规模或都有什么军种这样的问题。很明显，得到这两个方面的准确情报信息是当务之急。因而，他们选出谍报人员，然后派往撒尔迪斯的波斯大营，结果我们已经知道（参见上文第85页）。他们也派出使团去争取支持，后者不仅去了那些保持中立的希腊城邦，最有意思的变化是，他们也去了西西里岛，访问了统治叙拉古的盖隆（Gelon），他是一个气派、富有而且开明的专制君主。若要一一履行这些使命，有人估计，将需要花费几乎整个冬天的时间——在古代，冬天不作战，因而，冬天一般就被用于施展外交阴谋活动。同盟大会结束，它的任务暂时完成。代表们同意在公元前480年早春再次在科林斯地峡开会，到那时他们将会从情报人员手里得到更多的消息，然后决定所有有关即将到来的战争的重大政策问题。"这在希腊史上是第一次也是最后一次，"布伦特写道，"由于他们所面临的共同威胁的推动，种族、语言、宗教和习俗上的共同体意识成为他们采取共同政治行动的基础。"心怀不满、相互猜忌、肆意抹黑和唯利是图的希腊同盟城邦们现在陷入了——它们的步调一致胜于能力，而它们的勇气又胜于步调一致——欧洲历史上的首次重大的意识形态冲突。

# 第三章

## 等待蛮族人

到公元前480年3月，穿越阿托斯半岛的通航运河和横渡达达尼尔海峡的双线浮桥都已完工。在古代作家的笔下，两项工程都是薛西斯好大喜功的典型范例，从而受到他们的冷嘲热讽；但两者都得到当代军事史家的热情辩护，他们非常了解波斯最高指挥部修建两项工程的目的。（询问任何一位运兵官，当他面对一条宽阔的河流而又急于将部队——更不用说骆驼、骡子和重型投射武器——迅速送到前线的时候，他是否会希望有一座桥，不管它有多简陋，或者是一队船，无论它们有多少。）诚然，波斯大王的确不是一个耐心的人。当原来的浮桥被风暴摧毁之后，薛西斯不仅处决了负责的工程师，而且还向达达尼尔海峡发泄了怒火。他将一副脚镣投入水中，然后将海峡抽打了300鞭，并用烧红的铁给它留下烙印。

这种行为到底是一套象征性的巫术，或只是一种幼稚的狂妄行为，还是二者兼有，我们很难判断。薛西斯派人朝着海峡大声咒骂和执行判决都能从这两个方向加以解释；\*他给阿托斯山写了

---

\* 希罗多德（Hdt. 7.35）逐字引用了薛西斯的话，但来源并不清楚："你这毒辣的水！我们的主公这样惩罚你，因为你伤害了他，尽管他丝毫没有伤害你。不管你愿意不愿意，国王薛西斯也要从你的上面渡过去；任何人不向你奉献牺牲，那是正当不过的事情，因为你是一条险恶而苦咸的河流。"对这样的行为，希罗多德评论道："他向赫勒斯滂讲话的蛮横态度是典型的蛮族风格。"

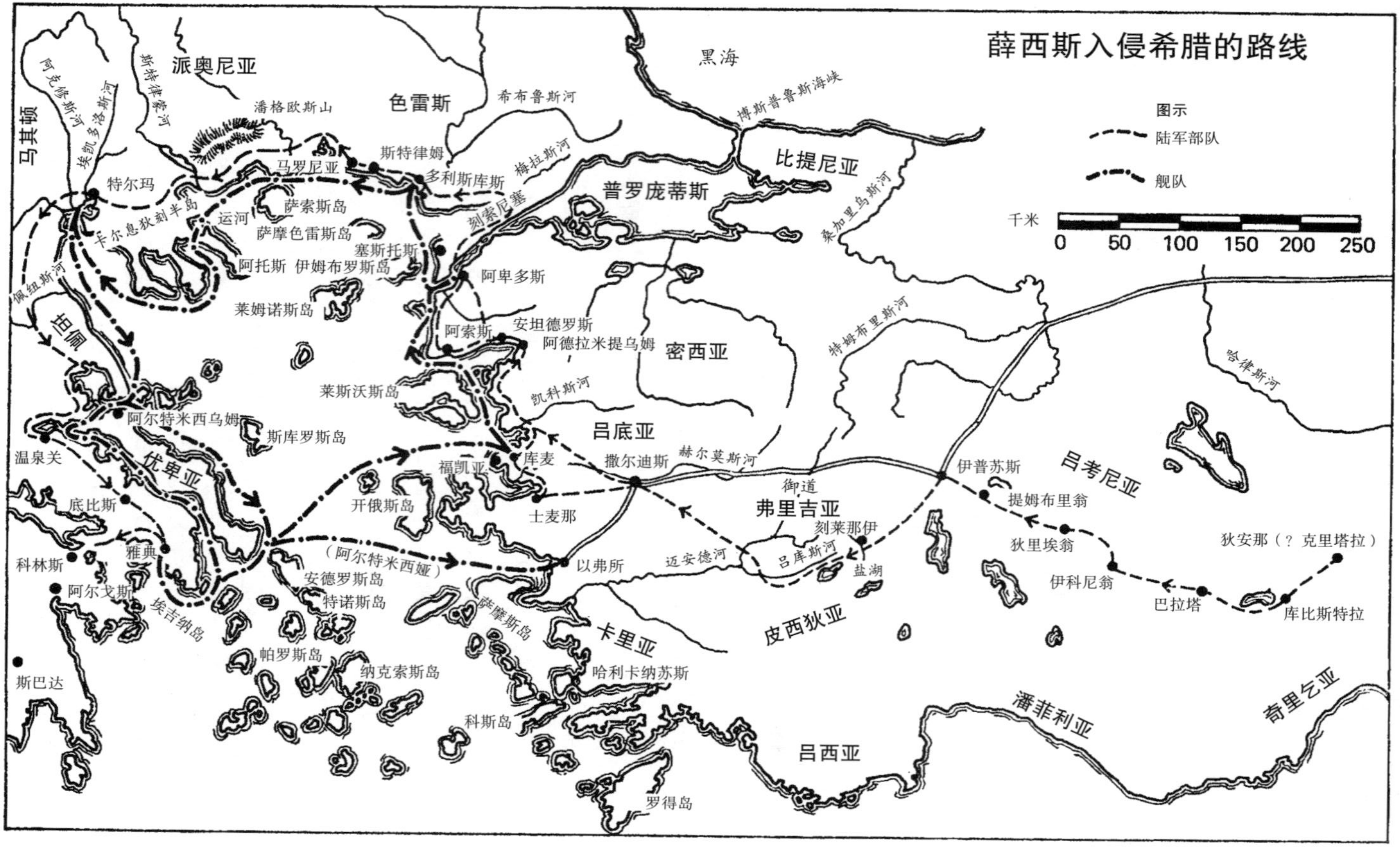
薛西斯入侵希腊的路线
图示
陆军部队
舰队
千米
0 50 100 150 200 250
黑海
博斯普鲁斯海峡
比提尼亚
桑加里乌斯河
普罗庞蒂斯
色雷斯
希布鲁斯河
梅拉斯河
派奥尼亚
斯特律蒙河
阿克修斯河
埃凯多洛斯河
马其顿
潘格欧斯山
斯特律姆
马罗尼亚
多利斯库斯
特尔玛
萨索斯岛
运河
萨摩色雷斯岛
卡尔息狄刻半岛
刻索尼塞
塞斯托斯
阿托斯
伊姆布罗斯岛
阿卑多斯
莱姆诺斯岛
佩纽斯河
帖撒
安坦德罗斯
阿索斯
阿德拉米提乌姆
密西亚
特姆布里斯河
哈律斯河
莱斯沃斯岛
凯科斯河
阿尔特米西乌姆
斯库罗斯岛
温泉关
吕底亚
优卑亚
福凯亚
库麦
撒尔迪斯
赫尔莫斯河
伊普苏斯
吕考尼亚
御道
弗里吉亚
提姆布里翁
底比斯
开俄斯岛
士麦那
刻莱那伊
狄里埃翁
狄安那（？克里塔拉）
雅典
科林斯
（阿尔特米西娅）
以弗所
迈安德河
吕库斯河
盐湖
伊科尼翁
阿尔戈斯
安德罗斯岛
特诺斯岛
巴拉塔
库比斯特拉
埃吉纳岛
萨摩斯岛
卡里亚
皮西狄亚
帕罗斯岛
纳克索斯岛
哈利卡纳苏斯
斯巴达
科斯岛
潘菲利亚
奇里乞亚
吕西亚
罗得岛

那封众所周知的恐吓信——如果它胆敢造次，就把它推到海里去——也可以如此解释。马其顿承包商哈尔帕鲁斯（Harpalus）在他的前任被斩首之后接手了架桥工程，很明显，他要竭尽所能保住脑袋。他将大量三列桨战船和五十桨运输船扎捆到一起，放到水流之中：360艘用于架设靠近黑海这一侧的浮桥，位于纳加拉角东北方，大约有4220码长；314艘用于搭建朝向麦多斯（Maidos）、横跨狭窄处的浮桥，长度为2英里多一点。上述两个位置都拥有绝佳的登陆点。每艘船都用2只经过特殊设计的锚固定在合适的地方，足以抵御来自黑海或爱琴海的大风。每座浮桥都有2根亚麻缆绳和4根纸莎草缆绳穿过船只，将两岸连接起来，亚麻绳的重量大约是每英寻重2英担\*。当这些缆绳固定在各点之后，哈尔帕鲁斯下令摇动巨型木质绞盘将这些缆绳拉紧。这种结构就像铺在枕木上的铁轨。然后将木板锯成与浮舟匹配的大小，前后搭接起来并绑在缆绳上。木板上面先覆以一层灌木枝，最终填上泥土使其硬化。最后一道工序是在浮桥两侧修建两道护墙，一是防止牲畜落水，二是防止它们看到下面的海水后惊慌。每一座浮桥都有3条可以挪开的浮舟，以便于商船可以从缆绳下面通过，不过商船大概必须放下桅杆才行。

　　运河与浮桥完工的消息一传来，薛西斯就从撒尔迪斯动身，时间大约是3月末，春分刚过。当地的旱季已经开始：他不能再耽搁下去，不然会付出更大的代价。军队开拔时发生了一起特别可怕的事件。吕底亚人皮提乌斯，也就是被薛西斯赏赐的那个人，

---

\* 作者在这里用的是英制度量衡单位，1英寻大约等于1.8288米，1英担大约等于50.8千克。——译者注

似乎感觉他自己在薛西斯的宫廷中已有足够高的地位，就乞求波斯大王，鉴于他的 5 个儿子都在军中服役，能否开恩让其中一个不要参加远征。很明显，他对薛西斯毫不了解，这是一个性格反复无常的东方君主。薛西斯对皮提乌斯的放肆请求大发雷霆。因此，他不仅没有批准请求，反而"命令受命这样做的人们"——一句不吉利的话——"把皮提乌斯的长子找来并将之分割为二。这样做了之后，又把他的尸体放在道路的右旁和左旁，为的是使军队从这两半中间通过去"。波斯大王一旦愤怒起来，就像他一旦要感谢别人那样，都会独断专行且不可抗拒。

浮桥架设在阿卑多斯与塞斯托斯之间。波斯人从撒尔迪斯出发向北方行进，经过阿塔纽斯和阿德拉米提乌姆湾，绕过伊达山东麓，朝着特洛阿德地区而去。他们在行军过程中遭遇的最严重灾祸是一次猛烈雷击，很多人被雷电击中。荷马笔下的斯卡曼德河是第一条未能向他们提供足够饮水的河流。* 就在他们向浮桥前进的时候——也就是 5 月的前两周——薛西斯专门绕道去了特洛伊。在爬上卫城之后，古迹尽收眼底，薛西斯"向特洛伊的雅典娜神祭献了 1000 头公牛，玛哥斯僧也为古代英雄的亡灵做了酒奠"。哪些英雄？人们猜想，应该不是希腊人。在《历史》的开头，希罗多德强调，波斯人认为特洛伊战争才是真正的开战原因——这种说法不会早于公元前 490 年大流士的首次入侵，很可能源于外交宣传。这一次，薛西斯通过造访特洛伊来宣示，入侵

---

\* 至少一周时间的行军使波斯大军的前锋和后卫逐渐拉开了距离。Maurice（p. 215）认为"波斯大军的每一个军团在到达斯卡曼德河之后都停留了两个夜晚，补充饮水，然后向浮桥进军"。即便如此，斯卡曼德河还是"干涸"了。

乃是一场合法的复仇之战。用神话来为侵略战争张目在希腊总是出人意料地受欢迎,薛西斯仍然希望——并不是没有理由——能够得到一批希腊的合作者。

很快,关于波斯大王驻扎在达达尼尔海峡亚洲一侧的阿卑多斯的事情也有了很多传说。据说他在那里而不是在多利斯库斯检阅了他的整支部队,但这个地区根本无法为他的大军提供哪怕只有一天的饮水,更不用说一周了。他的无敌舰队也绝无可能在那里掩护陆军横渡海峡;如果他如希罗多德讲的那样,曾下令举行过一次划桨比赛,那么参赛的也只是一些精选出来的分队。我们听说他向老阿塔巴努斯(Artabanus)说教,说人生是短暂的(他忽然想到,百年之后,这支远征军将不会有一个人还活着),在到达阿提卡之前他拒绝吃阿提卡产的无花果,也不采取措施阻止驶向埃吉纳和伯罗奔尼撒的运粮船,理由是它们正在为他解决麻烦。"难道我们不是要去同样的目的地吗?"他大喊道,"我看不出这些船只上面的人对我们有什么害处,因为他们正在将我们的粮食运给我们。"这最后一则轶事不管是不是杜撰的,都非常切中要害。阿塔巴努斯对薛西斯的警告(未被听取)也同样切题,他说薛西斯最可怕的敌人是陆地与海洋:缺少良港、缺乏给养、风暴无法预测、交通线一直在延长。

阿塔巴努斯提供了明智的建议,得到的奖赏就是获准返回苏萨,成为薛西斯不在首都期间的摄政。真正的横渡海峡大约始于5月10日。前一天,波斯大王对他的高级指挥官发表了讲话,说的都是一些这种场合需要的官话和套话("让我们每一个人都发挥自己最大的能力,因为我们正在为之奋斗的高贵目标关系到我们每一个人",以及其他类似的话)。次日早晨,天还没亮,波斯人就开始在浮桥上焚香,路面上撒满桃金娘树枝。太阳升起来的时候,薛西斯用一只金杯将奠酒倒入了海峡的水里,祈愿"不要有任何事情来阻止他征服欧洲或在他尚未到达欧洲大陆的尽头时就迫使他回家"。除了金杯,一只金碗和一把波斯弯刀也被投入了海里,或许是希望对那300鞭表示歉意。然后,波斯军队以全部头戴花环的"不死队"为首,开始跨越海峡。战斗部队走更靠近黑海一边的桥,而另一边的桥则留给"驮畜和非战斗人员",这可能是我们所知最早的送货人专用通道的实例了。

到5月12日,波斯大王的精锐部队都已经跨过了海峡,他们开始向多利斯库斯进发,这是他们的第一个主要会合点,位于色雷斯的希布鲁斯河畔。这里有喝不完的水、丰富的牧草,而薛西斯之前建好的粮库也在等待着他们。跨越海峡的行动至少又持续了4天,一支又一支部队——纪律败坏的部落兵、移动缓慢的骆驼队和辎重运输车队、满嘴脏话而且醉醺醺的赶骡人——步履蹒跚地踏入阿卑多斯,他们都在薛西斯的宪兵的驱赶之下,匆忙跨过达达尼尔海峡。传统说法中他们是被鞭打着跨过海峡的。如果他们确实如此,而且如果他们的拥挤程度确实与一队行军中的现代部队接近的话,鞭子也只有在阿卑多斯的两座桥头才好挥舞,即便如此,大多数鞭子也都落在了不听话的驮畜身上。在大军最后一部分人马和运粮车队踏上欧洲土地的同时(大约5月16日),薛西斯的先行卫队已经抵达多利斯库斯,从斯卡曼德河出发之后,他们已经走了令人筋疲力尽的134英里路程。经过色雷斯的时候,波斯军队中加入了大批当地志愿者,既有色雷斯人,也有希腊人——不祥地预告着即将发生的事。

到5月22日,包括舰队在内的整支侵略军都已抵达多利斯库斯。在牢记粮食需求的前提下，让我们粗略估算一下总人数。此外，波斯军在踏上敌方土地之前，似乎就已经进行了某种程度的编制重组。莫里斯（*op. cit.* p. 226 f.）认为在多利斯库斯有29个作战军团（"不死队"是第30个），每个军团大约拥有3000人到5000人之间的账面实力。伯恩（PG, p. 329）进一步提出，这些军团现在可能都拥有"一些由'可供消耗的'的蛮族人组成的规模更小的附属部队，就像罗马军团的辅军"。两种看法似乎都很合理。然而，最有趣、也相当有远见的一项举措是关于舰队的。所有抵达的海军舰队船只都在塞留姆角附近被拖上海滩，以便将船从里到外晒干，无疑也会填补船上的裂缝。薛西斯在这儿充分利用了他作为侵略者拥有的先发优势。希腊人一直无法确定波斯人的攻击到底何时开始，而且他们的船只在满员的时候也少于对方，这时更不敢让任何一艘战船退出舰队去维修。结果，尽管双方装备的三列桨战船非常相似，他们发现自己的战船在水中要比敌人笨重和迟缓。在随后到来的战斗中，速度上的劣势是决定海军战略战术的一个主要因素。[1]

到6月的第二周结束的时候，全部战备工作都已完成，薛西斯对他的陆军和海军做了一次大检阅。他坐在一辆战车上面，一个军团接一个军团地检阅了陆军，与各级军官交谈，询问他们一些问题，"答案都由他的秘书们记录下来"。舰队则在离海岸不远的地方排成战斗队形，弓箭指向岸边，水手和海军陆战兵全副武装地列队站在甲板上面。薛西斯坐在一艘西顿人的船上缓慢巡视着，头顶是金布制成的华盖。完成巡视之后，他转向流亡的斯巴达国王德玛拉图斯（他在波斯大王身边充当希腊军事顾问），并用明显的自满语气问他，希腊人在面对一支如此庞大的军队时是否还敢于抵抗。

很明显,这样的提问是在期待一种充满畏惧和奉承的否定性答复;但是,不管是不是叛徒,德玛拉图斯在骨子里都是一个斯巴达人,并不喜欢扮演顺臣的角色。整场对话因为常常被认为是杜撰的而受到摒弃。它可能确实是杜撰的,但因为它阐明了希腊人的"抵抗精神",仍然值得引述一下。德玛拉图斯骄傲且夸张地说斯巴达人宁可战死也不会投降,这可能并不符合历史事实。但是,他的另外一些评论(即使只有希罗多德认为他可能这样说过)却值得我们认真对待:"希腊的国土一直是贫穷的,但是由于智慧和法律的力量,希腊人却得到了勇气,而希腊便利用了这个勇气,驱逐了贫困和暴政。"他坚持认为,斯巴达人(这种看法肯定适用于更广的范围)"决不会接受你那些等于使希腊人变为奴隶的条件……他们虽然是自由的,但是他们并不是在任何事情上都自由的。他们受着法律的统治,他们对法律的畏惧甚于你的臣民对你的畏惧。我可以拿出证据来证明他们的确是这样"。史料告诉我们,薛西斯以一阵大笑结束了这次对话——这大概是他的无知和傲慢的又一例证。然后,在将忠诚的马斯卡美斯(Mascames)留下做多利斯库斯总督之后,他就起程开始了穿越色雷斯和马其顿的长途行军。他出发的日期在6月16日前后。

与此同时,可能是在4月的时候,希腊同盟大会在科林斯再次召开。在冬季,地米斯托克利使比雷埃夫斯港的船坞按照计划工作着:雅典新舰队的主力已经建成,很多老旧战船也被拖进船坞进行维修。另一方面,地米斯托克利自己的官方地位一如既往地充满不确定性。即便已经到了这样的最后阶段,他的政策仍引起了激烈反对——反对者如此之多，以至于他完全无法确定自己是否会被选入公元前480—前479年的将军委员会。（实际选举在2月前后进行，但是，选出来的将军直到6月末才会履职。）事实上，他的竞争对手欧弗密德斯之子埃庇库德斯（Epicydes the son of Euphemides）看起来就要为莱昂提斯部落赢得这一职位：地米斯托克利就像他在很多行动中都表现出来的那样，奇特地混合了野心和公益精神，他收买了这位不受欢迎的候选人退出竞选，并如期赢得了委员会中的一个席位。赢得选举之后，他立即开始努力工作，为他筹备已久的防御计划奔走：人上船，撤空阿提卡，"要在尽可能远离希腊的海上迎战蛮族人"。

这种策略并非前无古人。比希罗多德更早的历史学家赫卡泰欧斯（Hecataeus）在爱奥尼亚叛乱刚刚爆发的时候，也曾给米利都人提出过类似的建议，尽管没有被成功接受。萨索斯的岛民们在公元前494年至前493年之后利用从金矿中得到的利润建造了一支强大舰队（和坚不可摧的要塞）。然而，如果地米斯托克利希望在科林斯地峡同盟大会上说服其他代表，他首先必须得到雅典公民大会的明确授权。至少到目前为止，他未能做到这一点。地主们和保守分子们密切配合，反对他的政策：他们有能力而且也确实说服了公民大会相信，只要他们拥有斯巴达人这样杰出的战士做盟友，地米斯托克利提议的那样一种骇人的牺牲不仅令人厌恶，而且从战略上说也毫无必要。如果雅典人想消灭薛西斯，就请让他们在陆地上做到这一点，就像马拉松战士们曾经做到的那样。薛西斯本人正在谋划一场由陆军和海军紧密配合的两栖攻击行动的事实，似乎一点儿都没有让这些军事顽固派们有所动摇。

当希腊同盟代表聚集在一起听取他们的大使的报告,并在此基础上实施短期的联合防御政策时,情况就是这样——这也是希腊比较普遍的情绪。漫长的冬天都花在了外交谈判上面,但没有多少实际成果。科西拉人确实承诺提供60条战船,这是非常慷慨的贡献;但是,事实上(无论出于什么原因),这项承诺从未兑现。克里特人直接拒绝参与任何形式的抵抗活动,甚至还炮制了一条德尔斐神谕来为他们的决定背书(参见上文第94页)。阿尔戈斯人并未采取这样一种毫无商量余地的立场,或许是因为他们已经决定继续观察事态发展,然后随机应变(这实质上意味着采取中立政策,然后直到,或除非,波斯人的一场胜仗让公开合作变得体面)。他们宣称自己愿意参加战斗,前提是他们可以享有与斯巴达人相同的战争指挥权。他们的要求直接被拒绝,这必定也是他们意料之中的。然而,他们的意图并不一定是索要指挥权。无论情况有多么紧急,没有人指望阿尔戈斯人会将他们的军队毫无保留地交给作为死敌兼世仇的斯巴达人去指挥。

同样,叙拉古的盖隆也有充足理由对希腊本土抵抗薛西斯的战争保持冷漠态度,不是因为实力不够——过去数十年里,他已经成了整个希腊语世界最强大的统治者——而是因为他同样有一个离家更近且更危险的敌人需要对付。盖隆一步步爬上权力和财富顶峰的过程显示出了他是一个既有才能又有残酷野心的僭主。他身后留下的是一个个不守信用的承诺和崩溃的民主国家:在他的授意之下,城市遭到废弃,人口被全部迁走。公元前485年,他掌控了叙拉古,通过联姻与另一位实力强大的僭主阿克拉加斯的特隆(Theron of Acragas)缔结了同盟。他们二人均在奥林匹亚获得过令人印象深刻的胜利,但同时在国内却玩的是卑劣的政治游戏。到公元前 483 年，当特隆从地方小国王特里洛斯（Terillus）手里抢来了北部的希梅拉的时候，这两个僭主几乎已经控制了塞林努斯和墨西拿之外整个西西里岛讲希腊语的地区。即使在这两地，继续保持独立的前景也非常黯淡。然而，雷吉乌姆的阿纳克西拉斯（Anaxilas）恰好是特里洛斯的女婿（出于安全和其他因素的考虑，僭主之间会联姻），而特里洛斯本人也是迦太基的苏菲特（*suffete*，也就是执政官）哈米尔卡（Hamilcar）的宾友。现在，阿纳克西拉斯和特里洛斯都向迦太基请求军事干涉。

这样，一种新的、高度易燃的因素就被引入了西西里的邦际政治。在此之前，希腊人与地中海西部的腓尼基人的主要交流方式是商业竞争。公元前 6 世纪希腊人在马西利亚和西班牙的拓殖在大约前 540 年之后被打断，当时由伊特鲁里亚人和迦太基人组成的一支联合舰队赶走了来自科西嘉岛的侵入者，对地中海西部的商业贸易形成实质上的垄断。但是，到公元前 483 年，迦太基与伊特鲁里亚的联系正在减弱。从公元前 509 年至前 508 年开始，罗马也作为一个独立势力开始兴起；希腊支持的海盗在直布罗陀海峡周围的活动——只针对伊特鲁里亚和迦太基的船只——已变成一种严重威胁；诸如盖隆这样雄心勃勃的专制君主并不满足于只吞并他们的希腊邻邦，现在开始把目光转向西西里岛西部的腓尼基居民点。结果，迦太基人也不再忽视西西里国家的援助请求。在盖隆帝国变得失去控制之前，找一个无懈可击的借口将其摧毁，这是现阶段迦太基政府应该采取的最合理政策。盖隆一直是侵略者，如果他就这样不受制约地扩张下去，天知道他会取得什么样的成就。

他的军事实力非常强大。公元前481年和前480年之交的冬天，当希腊同盟使团来向他求援的时候，如果他不是在吹牛的话——使团报告提到的数字听起来有些高——如果需要的话，他可以提供200艘战船、2万名重装步兵，还有弓箭手、骑兵、投石手、轻骑兵各约2000人。如果这些数字是真的，那就一定要有庞大的人口基数——叙拉古的自然资源在免于外界压力的情况下完全可以支撑这么多的人口。事实上，盖隆既是一个危险的敌人，也是一个同样令人向往的盟友；他还碰巧是一个希腊人。如果叙拉古将其陆海军投入希腊本土抗击波斯的战争，他们很可能会成为决定战局的力量。没有人比薛西斯更清楚这一点。因此很自然地，薛西斯与迦太基保持着密切的外交联系（毕竟，他的海军主力是由腓尼基人提供的）；当他最终决定入侵欧洲的时候，他立即派遣一个使团前往迦太基，试图说服后者同时采取协同行动。他提议，当波斯进攻希腊本土的时候，"迦太基人应该同时集结大军，征服居住在西西里和意大利的那些希腊人"。这样一来，地中海东西两侧的希腊人就无法互相支援了。[2]

单凭自利本能，就足以使迦太基接受这样的提议。在接下来的数年间（公元前483—前480年），迦太基的领袖们开始筹划一支在规模上几乎不亚于薛西斯大军的远征军：二者似乎都已经开始展望波斯帝国和迦太基帝国共同主宰地中海的前景。迦太基开始为入侵西西里岛东部筹备巨额军费，雇佣兵也从远至高卢、西班牙和利古里亚的地方蜂拥而来。另外，迦太基还招募了数千名自由公民（利比亚也派来了军队），可能还建造了200艘战船。这些战备工作很难逃过盖隆警惕注视的目光。它们似乎已经产生了薛西斯所期待的那种效果——迫使叙拉古僭主开始慎重考虑派遣军队支援希腊本土之事。

在希罗多德的记载中,盖隆与希腊同盟使团的交往过程大部分是浪漫的虚构;但从他的叙述中,还是可以看到两个基本事实。像阿尔戈斯人一样,盖隆为支援雅典人和斯巴达人一事提出了令人无法接受的条件——事实上,他提出的条件与阿尔戈斯人提出的那些要求在很大程度上相似,人们不禁会怀疑两个国家是否已经提前在私下有了约定。盖隆宣称,他必须被授予希腊同盟陆军或海军的指挥权。同盟使团当即驳回了他的要求,甚至都没有向同盟大会反馈。事实上,如果他们不是这样做的,盖隆的处境就会非常尴尬。盖隆的问题非常简单,他只是希望保住面子。他清楚地知道,他需要用能找到的每一条船和每一个战士去抵抗来自迦太基的威胁;但是,他自我标榜出来的大富翁形象要求他必须拥有无穷无尽的资源和不加任何区别的慷慨。若要他承认没有能力(而不是不愿)援助他的希腊同胞是不可想象的。因此,他温和而冷静地既夸大了他所能给的援助的规模,同时又确保他的慷慨援助会被回绝。希腊同盟使者们似乎并未意识到这种老到世故的表演背后的真实情况,他们非常气愤,空手回科林斯复命去了。

这些外交活动的普遍失败肯定给再次集会的同盟大会带来了一股沮丧情绪。然而,对地米斯托克利和所有与他看法相同的人来说,最难以接受的结果是这些失败竟然大大增强了反海军派的力量。后者可以振振有词地讲——似乎还很有头脑——如果说希腊陆军还有可能在隘口成功阻击薛西斯,希腊同盟舰队却一定会因为与敌人数量悬殊(从目前的情报看如此)而无法避免最终走向失败。很明显,人们期盼的那些强有力的海军增援力量并不会变为现实。无论是克里特还是叙拉古，都不会支援一条船；科西拉提供一支小舰队的承诺有多大可信度，只能让时间来说明了。当然，更好的做法是将同盟的现有资源集中在陆地上建立一条防线吗？在这时，地米斯托克利的海军战略甚至都得不到来自祖国的支持，他没有办法说服那些反海军的战士们；他能做的只是强调，这样一条陆上防线必须建在更远的希腊北部一带，而不是建在科林斯地峡（很多斯巴达人肯定都希望如此）。海军支持的问题可以稍后再讨论。

对大部分中北部城邦来说，无论是已经投降波斯的，还是勉力保持中立的，处于战场前沿位置的危险是显而易见的事实。至关重要的是，在危急时刻，绝对不能信任当地居民。辅助部队在战场上可能会迅速逃跑，或者干脆不露面。把守山脉隘口的希腊指挥官很可能在一觉醒来之后发现自己已经被包围，敌人已经找到了更了解当地状况和更合作的本地向导。但是，这种冒险性的战略获得了意想不到的支持，支持来自帖撒利代表团。帖撒利的使者代表的不是拉里萨的阿雷乌阿斯家族（正如我们所知，该家族早就投靠了波斯人）；他们代表的是来自帖撒利平原城市的"抵抗团体"，均为与阿雷乌阿斯家族敌对的王族，其中比较显赫的是法萨卢斯的埃凯克拉底家族（Echecratids of Pharsalus）。他们的主要动机不太可能出于无私的爱国主义：很明显，他们都雄心勃勃，意图取代阿雷乌阿斯家族成为帖撒利地区的执牛耳者。

要实现这样的目的，就必须得到希腊人的有力支持，因此他们不会直接和盘托出北方国家的那些令人不快的实情来。结果，他们在向同盟大会讲话时，夸大了帖撒利人的抵抗热情，而对这一地区作为进入希腊中部的替代性通道的危险性却巧妙地含糊其辞。*他们提议派遣一支强大的盟军特遣部队去把守位于奥萨山与奥林波斯山之间的坦佩峡谷，向北走数英里便是界线模糊的马其顿边境。如果这样做了，希腊人就可以指望得到帖撒利人的坚定支持。否则的话，发言者又用令人容易接受的直率口气说道："我们客观地告诫你们，我们会与波斯议和。我们处在抗敌第一线，你们不能指望我们在孤立无援的状况下牺牲我们自己的生命去保全你们。"这听起来也相当合情合理；同盟的严重错误在于，他们认为发言的帖撒利代表团就算不是代表整个帖撒利，也应该是代表了一个实力强大、团结一致的主战团体。没过多久，在当地的调查很快就清楚地表明，希腊同盟的看法离事实真相过于遥远，令人担忧。

根据帖撒利人的请求，一支有 1 万人的同盟重装步兵部队（与在马拉松击败蛮族人的部队人数相同，难道这是巧合？）向北方出发，去把守坦佩峡谷。他们的指挥官是一位名不见经传的斯巴达人欧埃奈特斯（Euaenetus）和地米斯托克利，后者无论有多么不情愿，还是支持了这个考虑不周的计划，因为有前沿防御总是比没有好。普鲁塔克——他本人就是彼奥提亚人，太了解他的家乡勾结波斯的历史了——宣称底比斯派了 500 人参加这次远征。如果底比斯的确派了兵，那么，这些兵几乎可以肯定都是从

---

* Westlake（JHS 56 [ 1936 ] 12-24, esp. 16-21）相信同盟大会知道其他这些通道的存在（例如，佩特拉和沃鲁斯塔那的那些通道），但却被误导相信帖撒利征来的兵会把守住它们。这种观点不仅忽视了希罗多德（7.173）的证词，而且也在很大程度上高估了希腊人的地理知识。有多少伯罗奔尼撒人在有生之年曾向北到过远至坦佩峡谷这样的地方？即便是今天，又有多少人去过呢？

保守派政府的政敌中挑选出来的,随后的事件发展也证明了这一点。征兵到前线服役是用来除掉麻烦制造者的一个简单却屡试不爽的方法:因为某些官员看上了他的妻子或者不喜欢他的政治观点,赫梯人乌利亚(Uriah)\*死在了战场上,他不是第一个,也不是最后一个。同盟陆军通过海路来到帕加塞湾的哈洛斯,而不是按照常规方式走希腊中部的陆路,从中大致可以看出同盟如何看待彼奥提亚在此时的可靠性。港口的选择同样可以看出端倪。帕加塞港位于海湾的前部,接近今天的沃洛斯,显然更为便利:人们只能猜测,当地的费莱统治者并不比拉里萨的阿雷乌阿斯家族更愿意合作。另一方面,哈洛斯属于法萨卢斯的私有领地:如果有什么真正的抵抗运动的话,那就是在这里。但是,扼守坦佩峡谷——我们可以称之为"奥林波斯防线"——的想法必须要以一个强大的团结阵线为前提。从同盟军队登陆的那一刻起,事情就必定已经非常明显了,帖撒利到处都是"合作者",大人物们更关心的是彼此之间的钩心斗角,而非冲到战场上去打败波斯军队。

　　盟军担心会有最糟糕的结果,但又不愿这么早就放弃——如果立即撤退,将很难向同盟大会提供令人信服的解释——于是,盟军就向北行军,抵达了坦佩峡谷,开始安营扎寨。(有趣的是,人们很想知道他们在拉里萨受到了什么样的接待。阿雷乌阿斯家族没有什么道理让他们回家,大概睁一只眼闭一只眼地就让他们全部通过了。)至少这次远征就其目的来说,抵达目的地的时间尚早。军队在5月初抵达坦佩峡谷,薛西斯在那时尚未渡过达达尼

---

\*　乌利亚是《旧约·撒母耳记》中的人物,他的妻子拔示巴被大卫看上,大卫阴谋让人派遣他到危险的地方去作战,然后故意后退,使他被杀。

尔海峡。这时,地米斯托克利和欧埃奈特斯做了一些密集的侦察和情报工作,以评估扼守此地的可能性。但是,他们了解到的信息很不利。除了更近的通往贡努斯的山路,在奥林波斯山西侧,至少还有两个可以通行的隘口,那就是佩特拉和沃鲁斯塔那。若要有效防守这些地方,需要大规模地运用游击战术。且不说公元前480年的希腊人对这种特殊的战争模式知之甚少,要使用这样的游击战术必须依赖当地居民的高度忠诚和热心配合。但是,佩莱比亚、北阿凯亚和马格尼西亚沿海地带的山地部落——甚至包括向南远至马里亚湾的那些山地部落——并不比平原上的土地贵族更值得信赖。事实上,有一则史料就说他们在希腊人仍然扼守着坦佩峡谷的时候就全体投敌了——大约这是可以想象出来的最有说服力的撤军理由了。除此之外,数月以来,波斯间谍和第五纵队代理人也一直在向希腊北部渗透;唯一自愿加入希腊人这边的是一些骑兵分队,可能来自法萨卢斯。即使是最乐观的指挥官,这时恐怕都不敢指望依靠他们自己的力量就能守住中央的隘口了。

最终是迷人而狡猾的马其顿国王亚历山大一世(讽刺的是,他被称为"爱希腊者"[the Philhellene])使希腊人决心撤退。他送给他们的情报很短,却切中要害。他们目前的位置根本守不住。他们会被薛西斯的大军截断后路而悉数被杀。对他们来说,唯一明智的做法就是在还有生机的时候赶紧撤退。亚历山大向希腊人提出这样的建议,远远谈不上是为他人考虑。他的妻兄碰巧是一位波斯将领的事实,让他的"爱希腊者"的称号变得可疑,他需要费点力气去解释这种联系;但是,他的主要关注点与民族主义或意识形态没有多大关系。真正令亚历山大感到忧虑的是薛西斯军队在马其顿长期驻扎的可能性,他们就像蝗虫一样,会吃光所有的粮食，杀掉所有的牛羊牲口。他们越早上路越好，因此，就得确保坦佩峡谷无人筑垒抵抗他们。然而，希腊人几乎不需要别人加压。帖撒利没有值得信任的人，整个国家都已经通敌变节，他们守住中央隘口的机会几乎为零。他们在这样的氛围中停留的时间越长，越是无所作为，士气就会变得越糟。薛西斯胜利推进、毫发无损的消息不断传来，并未使局势有任何改善。地米斯托克利本来就从未看好过固守坦佩峡谷的计划，他急于在还有时间的时候去落实自己的作战计划。因此，就在5月末的某一天，这支威风凛凛的军队弃守坦佩峡谷撤回了南部，而这时，本应被他们挡在希腊之外的敌人仍在数百英里之外。*

薛西斯的海军和陆军大约在6月中旬从多利斯库斯启程。他们的下一个目的地是阿托斯半岛的行船运河，它就在阿坎托斯以南，卡尔息狄刻半岛的最东端。在第一段旅程中，直到阿布德拉后的尼斯特斯河之前，都是宽阔的海岸平原。这意味着薛西斯可以将他笨重的部队分成独立的三部分，每一部分都归两位元帅指挥，这样就能大大缩短部队的长度。三部分军队将在大海与丘陵之间的平原上面平行前进：在内陆地区行军的分支部队的确切路线并不清楚。与此同时，海军也在沿着海岸向西巡航。当地的部落民被征来为波斯军队服务——肯定也被用作人质——波斯人在他们经过的每一个定居点都会这么做。数条河流被喝干。渡过尼斯特斯河没多久，驮畜（看起来，它们比主人更不挑剔）就喝干了一个直径有4英里的咸水湖。在绕过有金银矿的潘格欧斯山之

---

\* Damastes fr. 4（Jacoby）说"亚历山大向希腊人透露了阿雷乌阿斯和帖撒利人的叛变行为"，这是一个听起来非常可信的细节。参见 Westlake *op. cit.*, p. 19。

后，薛西斯的大军在大约7月初抵达了斯特律蒙河。在从河流入海口往内陆走大约3英里的地方，舟桥已经搭建完毕。（它也曾被称作"九路"，但是后来［公元前437年］变得著名起来，因为雅典人在该地进行殖民，并将其命名为安菲波利斯。）薛西斯带来的玛哥斯僧通过献祭一匹白马来安抚这条奔涌的大河，这匹马的喉咙只被割开一点点，这样就不至于污染河水。\* 然后，军队开始渡河。到最后一支部队也渡过斯特律蒙河的时候，前锋部队已经沿着海岸朝向阿吉洛斯走了很远。

征召兵并不是薛西斯在穿过色雷斯地区时的唯一收获。由于所有城市都已向他效忠，就轮流"被迫款待波斯军队，为国王提供晚餐"。阿布德拉的一位心怀不满的公民发牢骚说，幸亏薛西斯没有每天吃两顿晚餐的习惯，否则他们全都会完蛋。即使如此，这种承办伙食制度（在中世纪的英格兰同样盛行，也同样不受欢迎）造成了极大的困难。薛西斯坐下来吃饭的时候，与他一同进餐的固定宾客就至少有1.5万人——听起来像是他的全部军官们都来了。这样一场晚宴据说要花费400塔兰特的白银，大约合10万英镑，可能其中也包括了其他级别的人员配给。那些可怜的当地官员也不被允许按照他们自己的方式独立处理这个庞大的置办食物问题。在薛西斯本人抵达前很久，皇室管家就已经给他们送来了一连串具体而又挑剔的膳务说明——需要征用很多的粮食，

---

\* 希罗多德（7.114.2）补充说，当祭司们知道该地的名字之后，他们还活埋了9个当地的童男童女。这种说法听起来像是一种渲染残暴的不实之词。琐罗亚斯德教没有拿人献祭的传统（尽管一些色雷斯部落这么做过），薛西斯也不会在这样一个如此方便征兵的地区挑起事端。参见 HW Comm., vol. 2, p. 169。

磨很多的面粉,准备很多的家禽肉以及牲畜肉。大王桌上用的饭碗和酒杯都必须用金银专门打造。为大王能休息好起见,还必须搭建一个合适的大帐篷。

但是,更多的征用还在后面。当军队——或者至少是包括皇室侍从们在内的那一部分军队——在次日准备开拔的时候,吃惊的公民们发现,他们的这些不请自来的客人拿走了这次宴会的所有用具:帐篷、金餐具以及全部类似物品。无疑,马其顿国王亚历山大从他的色雷斯朋友那里听到过薛西斯的旅行习惯,他有充分的理由去想办法让波斯军队尽可能迅速地向前方行军。希罗多德顺带提到,当年薛西斯的工程专家为穿过森林和岩石区而开辟的碎石路在他的时代依然还在:他说,色雷斯人"像敬神一样守护着这条路,从不开垦,也不播种"。这根本不足为奇,他们为薛西斯提供后勤服务花掉了海量的钱,这是他们能从薛西斯那里得到的最实际的回报,当然决心要守护好它。实际上,在薛西斯行军的这个关键阶段,他赫赫有名的慷慨已经大大缩水。他在抵达阿坎托斯——位于新近完工的行船运河的东端——之后的表现就提供了一个很好的例子。没有哪个希腊城市比阿坎托斯更为勤勉地支持波斯入侵了,或更努力劳作以确保工程及时完工。现在,忠诚的合作要获得应有之奖励。薛西斯"颁布圣旨,向当地人民表示亲善,并送给他们一套波斯服装作为礼物"。人们想知道,谁有资格穿它?

薛西斯有一个亲戚名叫阿塔凯伊斯(Artachaeës),他是一个脚步不稳的大个子(据说有8英尺高),在波斯以嗓门大著称,他在短暂生病后突然亡故,破坏了薛西斯享受这些无害宴会的兴致。这个声音洪亮的大个子曾经担任运河修建劳工的总监工,显然,该职位极为适合他。他的葬礼备极哀荣,整支部队都帮忙在他的坟墓上筑起一个大土丘。到希罗多德的时代,当地居民已经将阿塔凯伊斯当作"半人半神",并向其献祭,还在祈祷的时候呼唤他的名字。为什么不?他比任何人都要更庞大、声音更洪亮。一位评论家在引述埃及马穆鲁克人惊讶于拿破仑的矮小身材所说的话时,就评论说"尊崇更庞大的东西是东方人的特点";但是,就这个人变为神的故事而言,也有一些专属于希腊的东西。公元前5世纪的希腊是一个越来越倾向于以人类为中心来解释宇宙的世界——普罗泰戈拉说过,"人是万物的尺度"——当人们想到这一点时,没有什么比崇拜一个身躯庞大的人更符合逻辑了。

在阿坎托斯,陆军与海军暂时分开行军,会合地是沿海城市特尔玛,该城位于瓦尔达尔大平原的东部边缘,现代的塞萨洛尼卡附近。薛西斯的舰队每两艘一排地通过了阿托斯运河,然后围绕卡尔息狄刻半岛的其他"海岬"巡航,所经之处,不断获得新的援兵,而这时的陆军则沿着更为平直的路线前进,穿过了内陆的蛮荒山区(参见第124页的地图)。舰队早在他们之前抵达特尔玛,这表明他们走过的路是多么艰难。他们沿途还遇到了山地雄狮的袭扰,这些狮子攻击搬运行李车,尤其偏爱吃落在后面的骆驼。波斯陆军纵队的头部大约在7月24日抵达特尔玛,在该地停留了若干日子。薛西斯大军的露营地——除了大王,波斯军队似乎都没有帐篷——沿着苍翠繁茂的海岸平原绵延了大约20英里长。由于靠近阿克修斯河和哈利阿克蒙河,这两条大河的水都可以饮用,基本不可能缺水;但是,在纵队的尾部,在东部比较远的地方,士兵又一次喝干了一条名叫埃凯多洛斯的小河。

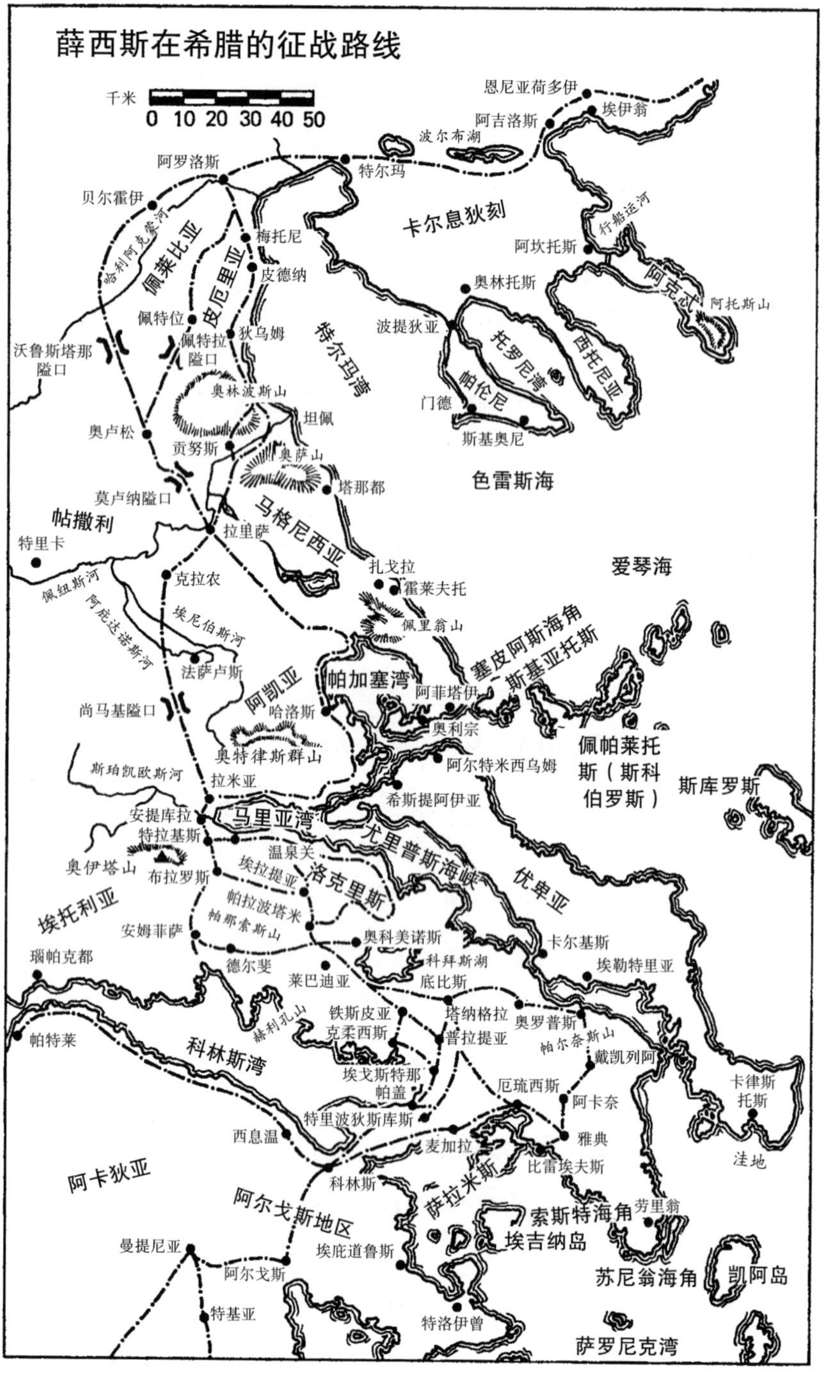

薛西斯在希腊的征战路线

薛西斯之所以会在此地停留相当长的一段日子，有若干说得过去的理由。首先，也是最重要的理由，他要在此地等待他在希腊的各色代理人返回，他们将会带回哪些希腊城邦准备合作、哪些又不准备合作的详细信息。其次——至少部分取决于这次调查的结果——他不得不认真安排接下来的行军计划，因为他们即将进入很可能会充满敌意的地域。他现在开始体会到阿塔巴努斯那句话的正确性（参见上文第107页），即他最大的两个敌人是陆地和海洋。从品都斯山向东，连绵的群山像防卫墙一样保护着希腊的北部边界：军队可以穿过或绕过这个天然屏障的地点屈指可数。从理论上讲，最吸引人的是坦佩峡谷，沿海道路穿过峡谷之后继续向前延伸，直接通往拉里萨东北部的帖撒利平原。这条路线有3个明显的好处。它一路都有佩纽斯河相伴；它避免了翻山越岭的艰苦跋涉；它直到最后一刻都紧紧靠着海岸行进——这是一个极为关键的因素，因为海军与陆军之间的密切联络对薛西斯的战略来说至关重要。最后但同样重要的是，由于马其顿的亚历山大施展的诡计，坦佩峡谷已经没有人守卫。然而，薛西斯的军事顾问们却激烈反对这条路线。因此，薛西斯决定亲自去视察一番。在一个晴朗夏日的黎明时分，站在特尔玛湾的顶部可以清楚地看见奥林波斯山和奥萨山；坦佩峡谷也是一个著名的观光地点。花上数日在这里研究一下风景也是一种愉快的消遣，观光旅行和战略考察很少能如此令人愉快地合二为一。皇室的西顿桨帆船准备就绪后，薛西斯扬帆起航。

希罗多德语带讥讽地说"当他到达那里之后，河口的景象使他大为吃惊"。我们有理由相信这一点。一侧是山顶终年积雪的奥林波斯山，差不多有1万英尺高；另一侧是相对较矮但气势不输半分的奥萨山和佩里翁山。在它们之间,就是薛西斯希望率领他的军队通过的峡谷:大约4.5英里长,很多地方的宽度不到100码——何况事实上,由于大部分空间都已被河道占据,留下的只是一条岩壁与峡谷之间的非常危险的道路。李维在作品中曾经引用(44.6)过波利比乌斯的记载,后者亲眼见过这条道路,提供了准确和令人印象深刻的描述:"坦佩是一条很狭窄的峡谷,即便没有敌人守卫,也是很难进入的;不仅是因为异常狭窄的5英里长的通道使得驮畜很难通过,而且两侧的岩壁也过于垂直陡峭,如果有人站到悬崖上面朝下望,他的眼睛和脑袋一定会眩晕。"薛西斯的自我克制能力值得赞美,他仅仅观察到如果在这条裂缝中修筑一道大坝将会使帖撒利变成湖泊;但是,他肯定也看出来了,如果将他的部队——哪怕只是一部分——带入这样的峡谷,将会非常危险。那将是一个缓慢到令人害怕的过程,部队不得不变成超长的纵列(部队在行进时,这是最容易被消灭的一种队形);从开始到最后,部队将会完全暴露于伏击、路障、滚石或游击队的任何一种攻击手段之下。由于亚历山大的计谋,该通道暂时没有希腊军队防守,但没人敢保证他们不会突然再出现。这条路线的风险远大于好处,薛西斯当场就彻底放弃了这个念头。

然而,他的决定就意味着要向更远的北方内陆进军,要么沿着哈利阿克蒙河前进,然后向东南方越过沃鲁斯塔那隘口,要么从狄乌姆出发,取道佩特拉(参见第124页的地图)。这两条路线会合于佩莱比亚山区的奥卢松,从这里出发穿过莫卢纳隘口就到了帖撒利平原,等于是从西北方向逼近拉里萨。仅有的替代性方案是走一条陡峭崎岖的山间小路,这条小路在快到坦佩峡谷的地方向内陆延伸,下山就到贡努斯,这样就绕开了佩纽斯河谷。希罗多德似乎认为这条路线就是薛西斯真正走的那条（实际上，他可能只派遣了一些轻装山地部队走那条路以保护主力部队的侧翼），但是，这条路对大部队来说太难走了，尤其考虑到波斯大军还有庞大的骑兵部队和笨重的辎重运输车。既然坦佩峡谷的选项被排除了，薛西斯除了两个中央隘口就别无选择了，而这意味着他们与海军之间的距离进一步扩大。

当然，他可以安慰自己，无论走哪条路线，这都是他必须要面对的风险。当舰队沿着马格尼西亚荒凉而多山的海岸线航行60英里的时候，陆军将向内陆行军，通过两条主路中的一条抵达位于马里亚海湾顶部的拉米亚。从地理状况看，海军与陆军在抵达帕加塞之前不可能会合（参见第124页的地图）。然而，在实地勘查过坦佩峡谷之后，薛西斯肯定会觉得这条路线还是可以接受的，尤其考虑到他在希腊中部的代理人带来了绝好的消息，就更是如此。这一地区的几乎所有城市和部落都准备与波斯合作，包括帖撒利和除了铁斯皮亚和普拉提亚的整个彼奥提亚地区。现在，薛西斯的行军路线已经很明确；他一旦下了决心，行动也就迅速和高效起来。全部陆军的三分之一，大约有6万人，受命进入马其顿山区，他们打算清理和拓宽森林中通往沃鲁斯塔那隘口的旧道。薛西斯本人则带着轻松愉快的心情乘船回到了特尔玛的基地总部，他的自信不是没有道理。希腊北部已经不攻自破。雅典无险可守，那里的公众意见也严重分裂。伯罗奔尼撒人只想保卫自己的边界的可能性也大大增加了。一旦薛西斯的舰队击溃了科林斯地峡的陆上防御力量，阿尔戈斯就可以公开向波斯投诚，从而一举切断斯巴达与科林斯的交通。然后，就可以轻松惬意地将希腊各邦逐个击破。这是一个非常诱人的梦想，如果不是因为一个人的天赋和毅力，这个梦想就几乎可以肯定会变成现实。

希腊同盟军队数周前就撤出了坦佩峡谷，大约是在6月底的时候。不足为奇，在他们撤退后不久，包括彼奥提亚和帖撒利在内的大部分希腊中部城邦就向薛西斯投降了。欧埃奈特斯和地米斯托克利带着愤愤不平的部队返回南方，到了帕加塞湾，然后上船回科林斯。尽管不一定正确，我们还是禁不住猜想，地米斯托克利本人可能是走陆路回家的，并在途中悄悄拜访了德尔斐。他现在更加急于使希腊同盟接受他的海军防御计划，以免耽误时机。然而，他首先需要赢得国内同胞的批准，但是，迄今为止，除了建造舰队（在这件事上，雅典公民大会受到了有意的误导），他离实现这个目标还有点儿远。毕竟，雅典将会提供前无古人的庞大舰队，而这些战船就是他的全部战略的支点。当他与国内实力强大、振振有词的反对派打过交道后，有足够的时间为同盟大会的投票感到忧虑。反对撤出阿提卡的根深蒂固的偏见，既来自爱国情怀，也来自宗教观念；既来自大多数地主和贵族们对掌控舰队的"水手群氓"的阶级厌恶情绪，也来自通过步兵独力击败薛西斯的顽固信念——"马拉松方案"在斯巴达也同样盛行，这直接导致了坦佩峡谷的大撤退。因为这些理由，地米斯托克利即便到了现在，也基本不可能会在公民大会中赢得投票，即便能侥幸取胜，顶多也只是险胜。因此，只要能给选民带来一点儿压力，任何一种特殊的施压方式都值得尝试一下。一条真正的德尔斐神谕能为他进行最有效的宣传。

地米斯托克利还有另一种很有力的说服路线，那就是用斯巴达及其伯罗奔尼撒同盟可能会背信弃义来恐吓公民大会，因为那样一来，雅典就将孤零零地暴露在波斯战争机器之下，遭受蹂躏。我们丝毫不用怀疑，地米斯托克利真的相信这种可能性；随后的事件清楚地证明他的疑虑拥有足够的理由。我们在理解公元前480年发生的事件时，最大障碍就是"我们已经知道事件结果"这一事实本身。我们满足于极为完美的后见之明，过于自信。在那个6月里，包括地米斯托克利在内，没有人能确定事态会如何发展，谁会投敌，谁会坚持抵抗。德尔斐在公元前481年夏末的声明看起来真实可信。\*伯罗奔尼撒城邦，尤其是斯巴达，没有压倒一切的理由去热爱雅典；只有那些从一开始就支持地米斯托克利的观点的人们才能认识到，任何防卫科林斯地峡的计划都离不开雅典舰队的襄助。可以认为，斯巴达的犬儒们很可能会将雅典出卖给薛西斯（这样就除掉了一个竞争对手），通过签订协议放手让波斯人吞并希腊北部。现在，我们知道伯罗奔尼撒集团（尽管也有很多疑虑）实际上是很坚定的，但这种情况在战争爆发之前绝不是不言而喻的。没有人能确定地猜到同盟大会在接下来的几天里就迫在眉睫的防御问题会如何表决，甚至最终决定是否将会得到所有成员邦的支持也无法确定。

斯巴达长期以来颇为自得的孤立主义、当它的确派遣援军时但又故意迟到的花招（在雅典，没有人会忘记马拉松战役的往事），以及它对雅典海军发展的疑虑与日俱增，这些因素都使地米斯托克利无法相信斯巴达的诚意；德尔菲的神谕贩子也无法令他

---

\* 有一个相似的例子，就是法国维希政府广播对英格兰即将到来的溃败的预言（1940—1941年）——维希政府在很多方面都与德尔斐在亲波斯时期的表现类似，充满了理由充足的理性悲观主义、随波逐流的自私自利心态和能被收买的虚伪信仰。

感到放心，因为他们既不主张陆上防御，也不建议海上决战，而是号召将人民全部迁走。确实，关于迁走的说法能带来点儿好处，因为若要撤离阿提卡，无论是撤往萨拉米斯，还是撤往意大利南部，船只就必不可少；但是，地米斯托克利不会轻易在科林斯地峡大会中就他的战略发起投票，他必须在离开雅典之前就想好保障性措施，以防在表决中输掉或遭到背叛，否则，结果就会很悲惨。换句话说，他必须为雅典和阿提卡做一个完全独立于同盟之外的综合应急防御方案：在危急关头，无论有没有同盟支持，这些措施都必须能够执行。借用 1940 年的一句令人印象深刻的话：如果局势需要，雅典人必须做好孤军奋战的准备。如果现在被带回雅典的新德尔斐神谕[3]的确是地米斯托克利施贿所得，那么，他肯定就是这么考虑的。由于神谕在随后发生的辩论中起到了非常关键的作用，此处值得全文引用：

> 用许多话来请求，用高明的意见来劝说，
> 帕拉斯都不能缓和宙斯的怒气。
> 然而，我仍愿向你们讲一句像金刚石那样坚硬的话。
> 在开克洛普斯圣城和神圣的基塞龙谷地里目前所保有的一切
> 都将被夺去的时候，
> 洞察一切的宙斯终会给雅典娜的信徒们一道永不倒塌的木墙
> 用来保卫你们和你们的子孙。
> 但是，切莫等着从亚细亚过来的那支既有步兵又有骑兵的大军，

切莫停留，转过身来，从敌人面前撤退吧。

真的，终有一天，你们会与他四目相对地交战的。

神圣的萨拉米斯啊，在播种或是收获谷物的时候，

你是会把妇女生的孩子们毁灭掉的。

我们不用怀疑，这是一则真实的神谕，而非事后伪造的东西。[4] 事后声明的伪造者一般都很自信，语言表达也很清楚：他处理的是过去，而非将来。但是，焦急的雅典使团所得到的这则回复却混杂着很老套、很眼熟的那种警告味道和模棱两可的语气。德尔斐刻意抑制自己没有说哪一方妇女生的孩子们将在萨拉米斯战死——事实上，大多数雅典人都认为这句话的意思是希腊人会战败——甚至都不准备说明具体交战的日期，更不用说交战的结果。实际上，"在播种或是收获谷物的时候"可以用来指普通交战季节中的任何时候：任何脑子正常的希腊人都不会在隆冬季节去打仗。即便是被人们认为是预言海战的重要暗示（"木墙"）都可以而且已经被地米斯托克利的反对者做了截然不同的解释。所有这些都表明，这是一个典型的语意模糊的真实神谕文本。或许，德尔斐已经有人预见到地米斯托克利的海军战略确实有获得成功的机会；但是，最后的神谕很难说预言了希腊人的胜利。这也足以推翻地米斯托克利"口述"了德尔斐神谕的观点。如果他真的有机会这样做，肯定会编造出一个更直接也更有效的神谕。在这个时候，别说操纵德尔斐了，他还得感谢他能从德尔斐获得的东西。事实上，德尔斐已经尽其所能，神谕可能也符合人们在这种局势之下的期待。它给雅典带来了希望的火花，但与此同时，也小心翼翼地避免了公然冒犯波斯人。

引发最多讨论的是被明确提到的萨拉米斯。一些人认为这表明神谕是伪造的，另一些人主张地米斯托克利从一开始就计划要在萨拉米斯海峡决战，温泉关和阿尔特米西乌姆的作用仅仅是阻遏敌人而已。在我看来，这两种极端看法都错了。地米斯托克利最需要神谕背书的是撤离阿提卡的计划，该建议引发的激烈反对超过他的计划中的任何一点。而且，他也毫不隐瞒他的计划，就是要将萨拉米斯用作一个应急性的海军基地、行政中心和迁出人口居住区。他过去不断在公民大会中宣讲他的观点，德尔斐肯定也知道这些观点。建议撤退且预测萨拉米斯会发生某种战事（但并未具体说明战事的特征和后果）就是神谕所表达的一切，无论是不是在回应某个人的私下请求。地米斯托克利将面临整个政治生涯里最关键的一场辩论，他不得不竭尽所能地从这不温不火、含混的表达中榨取可怜的支持。他已经尽其所能地利用了各种征兆——普鲁塔克评论道，"就像一个诗人在他的悲剧中引入了一位解围之神（*deus ex machina*）"。例如，雅典娜在卫城上的圣蛇就是一例。首先，据说它神秘地停止了进食。然后，甚至更为神秘地，它从它待着的那个围场中消失得无影无踪。祭司们就按照地米斯托克利的指导，宣称"雅典娜女神已经抛弃了她的城市，正在向他们指引通往大海的道路"。

关于这则神谕的正式辩论发生于6月底，实际上，这是关于雅典将来要采取的总体战争政策的一场辩论。可以很有把握地说，雅典公民大会还从未讨论过比这更重要的问题：实际上，这不仅关系着希腊的生死存亡，而且也决定着我们所知的欧洲文明的未来，尽管当时没人能预见到这一点。任何一位曾经站在普尼克斯山——雅典人开露天议会的小山——上的人都能想象到当时气氛的紧张、兴奋与高压：密密麻麻的公民伸长脖子看着下面的发言人，生怕错过一个字，同时，离他们不远的地方就是卫城，这座天然堡垒映衬在阿提卡像钻石一样明亮、热气朦胧的风景之中，构成了适合所有人类戏剧的庄严背景。对雅典投票者来说，这一切都再熟悉不过，甚至很难会注意到：一幢幢的房屋和神庙、周围环绕着青灰色的群山——帕尼萨山、叙墨托斯山、影影绰绰的彭特利山、山坡上还有采石匠刚刚挖开的沟壑，还有地平线另一边的马拉松平原，雅典人前不久在这里迎战并打败了波斯侵略者。但是，在公元前480年6月的那一天主宰这个场景的是地米斯托克利那粗厚、壮实、高大的身影：他据理力争，好言恳求，甜言蜜语，巧舌如簧，最后，他胜利了。

一如既往，他又激起保守派——祭司、占卜者、死脑筋贵族和各种类型的老朽顽固分子——的一致反对。现在，这些人开始发表他们自己对神谕的理解。在他们看来，"木墙"就是过去在卫城山顶上修建的篱笆栅栏，他们认为神谕的意思是最终能幸免于难的是卫城。这意味着要进行传统式的孤注一掷的防卫。地米斯托克利的替代性方案——撤离阿提卡，用舰队来抵抗敌人——遭到职业预言家的重点攻击。这些绅士对神谕末尾的话——"神圣的萨拉米斯啊，在播种或是收获谷物的时候／你是会把妇女生的孩子们毁灭掉"——有非常悲观的看法。他们认为，这两句的意思是如果雅典人在海上战斗，他们将会在萨拉米斯附近遭到惨败。就像他们的德尔斐同行那样，他们反对做任何抵抗，无论是在陆上还是海上，所提出的唯一可行路径就是"完全抛弃阿提卡，到他处另建家园"。这种懒人态度可能在无意间帮了地米斯托克利的大忙：无论是马拉松战士们，还是舰队的水手们，都无法容忍像绵羊一样乖乖投降。

尽管没有多少可以解释的空间,地米斯托克利仍然尽其所能地利用了这则神谕。如果阿波罗是在暗示雅典人的失败,他肯定不会用"神圣的"这样的字眼来指萨拉米斯。难道不是更有可能用类似于"可恶的"这样的字眼吗?实际上,这个理由很勉强,但还是有很多人急着信它:平民们、头脑简单的爱国者们,最主要的是年轻人,他们不受保守传统或陈腐教条的束缚,比他们的长辈们更优秀,这才是雅典未来真正的伟大的根本所在。当地米斯托克利最后总结陈词的时候,我们能够想象出公民大会上雅典人在情绪上的变化。他大喊说,国家不是那些城墙和建筑物——这些东西就其本身来说没有任何意义——而是公民集体。即使毁了雅典城,又有什么要紧呢?城市可以重建。弥补人类自由和完整性的损失则是一件更为艰难之事。所以,很多年前,从不妥协的诗人阿尔凯欧斯(Alcaeus)说过:"城邦之所以是城邦,不是因为精美的房屋、坚固的城墙,也不是因为运河或船坞,而是因为那些有能力利用他们的机会的人。"最后,当演说进入高潮的时候,地米斯托克利正式向公民大会提交了动议,清晰表达了他的海军战略。当他停止发言的时候,雅典公民纷纷起立,为他鼓掌叫好。在举手表决的时候,人们一边倒地支持他。他傲然挺立,身重千钧,不屈不挠,整个希腊的命运都在这个男人的宽阔肩膀上。常识战胜了上流阶层的保守主义思想。他向人民呼吁,他赢了。事实上,这是他一生中最辉煌的时刻。

今天,虽然没有详细文本保存下来,但我们已经知晓了地米斯托克利提出的著名动议的主要内容,而公民大会为了其永恒的荣誉,批准了该动议。1959年,宾夕法尼亚大学的迈克尔·詹姆森教授在阿尔戈斯地区的特洛伊曾发现了一份公元前 3 世纪的法令草案——我们将会看到，特洛伊曾在希波战争期间对大量前来寄居的雅典难民很友好。在两个多世纪中，原始文本不断受到了后代人的修改和"当代化"，正如我们今天遇到像乔叟或威廉·兰格伦这样一些现代早期作家的拼写或用语时，也会努力将其当代化一样。《特洛伊曾法令》的内容和我们拥有的关于这些事件的最优秀的历史记载——希罗多德的版本有一定区别，尽管远不如通常认为的那么大。关于铭文真实性的激烈学术争论仍然在继续进行着：很多学者认为它是后世的伪造物，可能是想通过该法令来激起人们的爱国热情来抵抗马其顿。但是，另外还有很多学者——包括本书的作者——相信铭文残片仍然向我们揭示出了一些非常接近地米斯托克利动议的内容，不过它可能混入了在不同日期通过的好几个动议的内容。我将该法令引述如下（文字稍有改动），来自詹姆森教授公布的修订版：[5]

诸神在上

由议事会和人民做出决议

弗莱里德莫的地米斯托克利，尼奥克利斯之子，提出的动议：

为了祖先们的土地，将城邦托付给统治雅典的雅典娜女神以及其他全部神灵来保护和捍卫，以免受到蛮族人的侵害。雅典公民以及居住在雅典的外邦人都将把他们的孩子和女人送到特洛伊曾以求得安全，他们的保护者是特洛伊曾的建城英雄皮特透斯（Pittheus）。他们将把老人以及他们的可以搬走的财产送到萨拉米斯以求得安全。司库官和女祭司留在卫城,看护诸神的财产。

余下的所有符合服役年龄的雅典人和外邦人都要登上已经整装待发的200艘战船去抵御蛮族人,以此保全他们自己的自由以及其余希腊人的自由,包括拉凯戴蒙人、科林斯人、埃吉纳人以及所有甘愿共担风险的人们。

从明日开始,将军们会从那些在雅典有土地、房屋和合法子女而且年龄不超过50岁的人们当中任命200位船长;战船将通过抽签被分派给这些人。他们也为战船招募海军战士,每艘战船要从年龄在20—30岁之间的青年中招募10名战士和4名弓箭手。与抽签为每艘战船指派船长的同时,也要抽签分派军士[或许"海军士官"一词更为准确,参见 Morrison and Williams, *Greek Oared Ships*, p. 253 ff.]。将军们把水手名字[6]以战船为单位详细写在空白木板上面,从公民名录中获得雅典人的名字,从军事执政官[雅典以前的步兵总司令,现在只是高级行政官员,参见上文第45页]那里注册的那些人口中获得外邦人的名字。他们将水手详细记载下来,然后将他们按照每100名战士配200名水手的比例,分配到每个军团之中,在每个军团的上面都写上三列桨战船的军士的名字,以便他们可以知晓每个军团要登上哪一艘战船。当全部军团都已经编好并分配到战船,议事会和将军们就要使全部200艘战船全部就位,之前要向全知全能的宙斯、雅典娜和尼刻[胜利女神:这里我们可能应该作"雅典娜·尼刻"]以及守护者波塞冬献上祭品,以示安抚。

当舰队开动之后,100艘战船要去迎战优卑亚岛的阿尔特米西乌姆的敌人,另100艘战船要去萨拉米斯附近和阿提卡的沿岸，监视陆上的情况。为了使所有的雅典人都能在抵抗蛮族人的斗争中团结起来，那些已经被判处放逐10年的人们先去萨拉米斯，在那里等候人民关于他们的决定，同时〔？那些已被剥夺了公民权利的人们应该被恢复权利……〕

石碑在此处断掉了，但我们很有可能已经看到该法令的大部分内容。关于雅典人如何准备应对危机，以及带领他们安然穿过暴风雨的务实、有远见的政治家，我们获得了一幅简洁、生动的画面。

我们不应忽略一个关键事实。严格来说，这项法令只是一项"内部"条例，由雅典人通过，也只适用于雅典人。它与同盟大会没有直接关系，这个事实使它的日期有了一定的重要性。希罗多德（7.174）提到，地米斯托克利与欧埃奈特斯指挥下的希腊部队从坦佩峡谷直接回到科林斯地峡，而科林斯地峡的同盟大会已经通过全会投票决定重点把守温泉关到阿尔特米西乌姆的防线。根据这项证据自然就能推论出——而且就我所知，所有学者都这么认为——《特洛伊曾法令》是在地米斯托克利从科林斯地峡返回雅典之后通过的。詹姆森关于时间的说法就很典型："这个决定肯定是由地米斯托克利及其同僚报告给雅典人，然后通过他们在这项法令中变成现实。"[7] 人们不禁想知道，在这样的局势下，如果雅典公民大会古怪脾气发作否决了地米斯托克利的动议，然后会发生什么？在它反复无常的历史中——尤其是现在——我们从未发现这个无法预测的权力机构会满足于当一个橡皮图章。无论是否有危机，地米斯托克利过去的政治经验都使他根本不能相信他们会自动批准一个如此富有争议性的提案。他之前已经失败过一次,他当然可能会再次失败。

关于《特洛伊曾法令》,最有趣的一点是它提到了阿尔特米西乌姆,而没有提到温泉关。当然,地米斯托克利从一开始就很清楚,只有在舰队和陆军之间保持密切联系的两栖防线才有真正的获胜机会。然而,他毫无把握能在科林斯地峡同盟大会上将这一基本战略推销出去。他明显是想让海军(雅典对同盟海军的贡献超过了任何一个城邦)成为这些联合行动的主角,而陆军只是从属性的牵制性力量。关于军队战略的这种构想不可能得到斯巴达军事官员的支持。实际上,涅波斯告诉我们,当开始讨论这个问题时,"大部分城邦都不同意地米斯托克利的作战计划,他们更喜欢在陆地上战斗"——马拉松战役创造出来的一个老迈、顽固的幻想。从这一点可以看到,当《特洛伊曾法令》在雅典被批准之后,实际上没有人知道雅典的那些无法预测的伯罗奔尼撒盟友们是否会同意它。换句话说,它的日期肯定是在同盟大会就希腊防御问题做出最终决定的之前的某一天。

还有最后但很重要的一点。无论地米斯托克利在科林斯地峡同盟大会上提出什么样的政策,他明显是在扮演着雅典主席(*proboulos*)的角色。遗憾的是,我们关于希腊同盟的本质和功能的资料过于简略;但是,我们一直认为很奇怪的一件事是,当代没有任何研究详细考察过希腊同盟的行政机构问题,哪怕连不怎么详尽的都没有。[8] 它的决议在尚未经过成员邦政府的批准时能立即得到执行吗?换句话说,各邦的主席们有全权代表的资格吗?答案一定是肯定的。同盟的目标是采取快速的集体行动以抵抗波斯。如果每一次投票都被送回各成员邦去通过辩论来否决或批准的话,这样的集体行动就是不可能的,尤其是在希腊。各邦主席们肯定拥有代表本邦行事的充分权力，因此同盟的大多数决议都对全体成员邦有约束力。现在，如果地米斯托克利以主席的身份代表雅典发言，只要是在《特洛伊曾法令》的涵盖范围之内，至少在舰队动员的问题上，将完全不需要再回到雅典要求批准；另外两个主要问题——撤离阿提卡和召回政治流亡者——的成败取决于第一个问题，尽管它们只属于雅典的内政。

因此，如果我们将这项法令的日期定于同盟最终决议之后，它在逻辑上就没有什么存在的理由了——实际上，就该问题而言，它将完全变得无法理解。但是，如果我们将它放在同盟大会召开之前，也就是地米斯托克利从坦佩峡谷刚刚回来不久的时候，它的意义就大不一样了。它不仅是地米斯托克利作为雅典主席得到的特别授权和他必须要争取到同盟大会批准的政策（无疑，如果没有得到批准，雅典在科林斯地峡的代表就不是他了），还是一项应急性的政策，用来应付伯罗奔尼撒同盟背叛或抛弃雅典的情况。为了自由而与"拉凯戴蒙人、科林斯人、埃吉纳人以及所有甘愿共担风险的人们"共同战斗的决议，不过是对同盟存在意义的一种充满希望的认可而已，并不意味着任何预先决定好的政策。没有人能预测科林斯地峡同盟大会的投票结果。斯巴达的孤立主义者们可能会最终获胜；那样的话，地米斯托克利和雅典将会发现他们自己孤悬于希腊北部的一角上，而他们的盟友则在埋头忙碌于伯罗奔尼撒的防御问题。这并非杞人忧天。在温泉关失守后，这种趋势一度非常明显，伯罗奔尼撒人就正如人们所预料的那样，在"科林斯地峡修筑工事，其他一概不管"；雅典人不得不施加了很大的压力，才让他们及时回到北部参加普拉提亚战役（参见下文第215页及以下）。

这样看来，《特洛伊曾法令》是雅典公民大会在希腊军队从坦佩峡谷撤退之后通过的，但应该是在科林斯地峡的希腊同盟代表召开最后一次大会之前：通过法令时，雅典的执政官是叙普塞基德斯（Hypsichides），这也就意味着日期是6月末之前。薛西斯仍然在离多利斯库斯不太远的地方，雅典有足够的时间来通过执行充分的防御措施来抵抗入侵。同盟陆军在希腊北部的惨痛经历彻底证明一个道理：如果要在希腊中部成功阻击薛西斯，单凭陆军不可能做到。我们不需要怀疑，地米斯托克利会在这一点上大做文章。雅典部队的归国意味着舰队现在有足够的人手可以使用。200艘三列桨战船（这些仅仅是前线的作战船只）需要有4万人才能达到理想的作战状态。如果詹姆森的复原没有问题的话，法令给每艘战船分配了不超过100人的公民和常住外邦人；事实上，这只是正常船员数量的一半。最合理的解释是雅典人通过征用奴隶补足了所需船员，因为他们在历史上的危急时刻都是这么干的，从马拉松到阿吉纽塞，无不如此。然而，重要的一点是雅典的确存在人力资源不足的现象。在阿尔特米西乌姆战役中，雅典船员里有来自普拉提亚的援兵，而不少于20艘的雅典战船上的船员是来自卡尔基斯的志愿者，如果都是满员的话，这代表着额外4000人的援军。换句话说，无论是否拥有自由身份，每一个可以划桨的雅典人现在都被迫进入海军服役。这样，就会产生两个无法避免的后果。首先，雅典无法再为希腊北部的防御贡献陆军部队，很可能已经决心（正如我们已经看到的那样）完全依靠海军来作战。因此，所有的陆上军事行动都将变成斯巴达的责任。其次，撤离阿提卡现在成为不可避免的选择，因为地米斯托克利的新舰队的动员将使陆地边界完全无人防御，除非派老人和孩子去。

当然，这里也是《特洛伊曾法令》与希罗多德版本的叙述发生最严重分歧的地方。在希罗多德的笔下，弃守雅典是最后关头出现的仓促决定的事情，发生于温泉关-阿尔特米西乌姆防线崩溃之后，波斯人突破希腊中部防线已经迫在眉睫之时。这几乎可以肯定是不符合事实的一种说法。若要在 48 小时内[9]全体撤离阿提卡，既显得没有远见，实际上也是做不到的。如果我们接着问希罗多德为何要相信他所讲述的故事，几乎可以肯定，答案就是为他提供消息的贵族朋友们有这样一种抱怨性的说法。正是他们使希罗多德对地米斯托克利抱有如此惊人的偏见，至于原因，也不难看出。这位伟大的政治家断送了很多出身高贵的杰出政治家的前途（参见上文第 65—67 页），他们的后人自然也不会对他有客观公正的描述。此外，地米斯托克利击败的主要政敌都来自阿尔克迈翁家族；从希罗多德费尽心力为阿尔克迈翁家族开脱的方式来判断，当他为写作《历史》搜集材料而向他们寻求帮助的时候，这个家族的成员是相当配合的。这个推论是显而易见的。但是，我怀疑，这并不是故事的全部。希罗多德在雅典的朋友都是老派的保守派和有教养的地主绅士，这些人无法容忍雅典人未经战斗就通过投票抛弃了火塘、神庙和祖宗圣地的奇耻大辱；更恶劣的是，雅典人还支持了极端平民化的舰队。在他们看来，紧急撤离阿提卡并不是市政标牌上的污点。真正使这些顽固分子在事后感到如此愤怒的是，他们在根本上坚持认为，像这样的惊人牺牲完全没有必要。既然斯巴达的重装步兵和雅典的重装步兵可以在普拉提亚击败波斯步兵，他们也可以同样在萨拉米斯战役之前做到这一点。该法令揭示出来的希罗多德对历史事实的轻微歪曲并不影响任何重要的问题，如果了解雅典上流阶层的偏见，这一切都可以理解。

事实上，复杂的撤离活动明显包括了两个很不同的阶段。首先，雅典公民和动产进行大转移：这是一项预防性措施，在地米斯托克利的动议成为法律之后就立即开始了。与此同时，出动舰队保卫优卑亚、阿提卡沿岸以及萨拉米斯。然而，这次撤离并不是彻底的。一支精干的行政官员队伍不得不继续留在雅典。商铺、农田、公共服务必须继续运转。正如这种时候通常会发生的现象，很多人无视了这条法令，宁愿坐视事态发展，这就足以解释由希罗多德和普鲁塔克记录下来的最后时刻的混乱逃跑。即使如此，惰性或顽固的无动于衷的力量是如此强大，以致波斯人行军穿过阿提卡的时候，至少俘虏了 500 名囚犯。但是，绝大多数非战斗人员的确在 7 月份带着他们的私有财物转移到了特洛伊曾和萨拉米斯。

人们应该同情他们的困境。即使伯罗奔尼撒各国立场坚定，依赖海军的防御仍然会使阿提卡本身变得极其脆弱。扼守温泉关的决定可能让某些人感到了安心；但是，另外一些人在支持它的同时，无疑也看到了这条新防线迟早会被从中部希腊攻破的危险。实际上，有人已经提出，温泉关-阿尔特米西乌姆一线的防御计划只是一种长期牵制性行动——正如詹姆森所说，"以便争取到修筑科林斯地峡防卫墙和集结海军的时间"。在这样的形势之下，大部分雅典人肯定都相信结果无非是在萨拉米斯战斗到死，或者集体迁往意大利南部。这样的分析或许有点儿道理，但它忽略了另一种可能性（可以肯定的是，地米斯托克利至少考虑过这一点），那就是当薛西斯被阻击在温泉关时，希腊人在阿尔特米西乌姆获得速胜。然而，这种偶然的机会是不可靠的，更不用说将其用来保证无数雅典人的生命了。像过去以及现在的所有希腊旅行者一样，从比雷埃夫斯港出发的难民坐在一大堆篮子、行李、山羊、鸡笼和小孩中间，横渡大海，前去投奔最欢迎他们的地方。特洛伊曾的公民甚至"投票通过用公共基金来维持雅典难民生活的决定；他们向每个家庭每日赠送两个奥波尔，允许雅典儿童随便采摘已经熟了的果子，甚至还出钱聘请教师来教育他们"——古怪地预示了福利国家的做法。

地米斯托克利可能不会赢得年迈保守人士的支持——人们能够想象出他们在他的有争议法令通过时是如何强烈抗议的——但是，他似乎至少已经给他们的儿子留下深刻印象。在很多雅典人仍然摇摆不定的时候，米太雅德的儿子，年轻的客蒙（Cimon）组织了一场不太寻常的公共游行。游行队伍中的人大多数都是他的朋友，全都是在雅典的精英骑兵团中服役的贵族青年，客蒙带领队伍从刻拉米库斯走到卫城。他们每个人都带着一根勒马的缰绳。当他们到达雅典娜神庙之后，将这些祭品献给了女神，"以示当下城邦需要的不是骑士们的勇气，而是参加海战的战士"。客蒙本人在献出缰绳并面向女神做了祷告之后，摘下了挂在神庙墙壁上的一面盾牌；然后，他和他的朋友们就下了卫城，去了比雷埃夫斯，登上了战船——很可能到海军服役去了。该事件无论是不是宣传行为，都产生了他们想要的效果。正如敌对的城邦在面对共同的威胁时搁置了它们之间的分歧，雅典各社会党派现在也放下了——至少在战争期间——斗争，海军的发展只是使这种斗争加剧，直到它变成了丑陋和无可救药的阶级仇恨。客蒙后来的政治生涯已经证明，他本质上是一个真正的反动派，而且在政治上很幼稚；但是，我们在评判他时不应该忘记，虽然他后来成为雅典极端派的希望所在,他在年轻时也曾经有过这样的爱国姿态。

《特洛伊曾法令》也概述了另一项应急政策,那就是召回政治流亡者,"使所有的雅典人都能在抵抗蛮族人的斗争中团结起来",我们从好几种文字材料中都能看到这一政策。[10] 这句话是一种比较委婉的说法:每个人都担心这些流亡者——全都是拥有卓绝天赋和丰富经验的聪明人——可能会转而投奔到薛西斯麾下效力。他们大多数人都没有理由热爱地米斯托克利,他们之所以被陶片放逐,他就算不是唯一也是首要的推手;但是,人们只是希望在这样的危急时刻,爱国主义情怀可以超越个人恩怨。法令中这一条款的奇怪(但在一定程度上也很典型)之处在于,它无条件地要求执行实际上无法执行的东西。正如伯恩所说,"雅典坚持她对被暂时流放的公民所拥有的权利,就像她对那些在国内有义务服兵役的公民所做的那样"。这与格伦道尔(Glendower)和霍茨波(Hotspur)之间的著名对话非常相似:"我能召唤出地心深处的幽魂。""召唤谁都会。我也能。但问题是他们来吗?"* 珊提帕斯和阿里斯蒂德接受了召唤:作为对他们一心为公益奉献的奖赏,也是对他们已经证明过的能力的认可,他们不仅得到赦免,而且还被任命为将军,迎接即将到来的战争。另一方面,希帕库斯并未响应城邦的召唤。现在,他与庇西特拉图家族一起已经成为在波斯宫廷中活动的著名卖国贼;雅典公民大会对他提出了叛国指控,他被缺席判处死刑。他在卫城上面的青铜雕像(很可能是纪念他担任首席执政官的还愿物)被熔化制作成一根柱子,后来,所有叛国者的名字都被刻在了这根柱子上。为防止再有类似的叛国行

---

\* 这是莎士比亚的著名剧本《亨利四世》中的一幕。——译者注

为，他们通过一条法令，为（那些被判处完全丧失公民权的人）指定了一个可以在其中生活的区域。它并不包括波斯的领土。

就在前线的三列桨战船与其他状况良好足以服役的战船一同接受装备配给和分配永久船员的时候，地米斯托克利离开雅典前往科林斯，那里即将召开希腊同盟的又一次全会。7 月的大部分时间都浪费在了火爆的争论和冗长的辩论里。关于战略的争论——联合防御阵线应该设在哪里？应该怎么防守？——只是他们争论的问题之一。特别是斯巴达人，按照他们的宗教习惯，这个季节不应该作战。他们的主要节日卡尼亚节在 8 月 20 日左右的月圆时分举行；还有那一年召开的四年一度的奥林匹亚赛会也是如此，在节日期间，所有互相交战的希腊城邦都应该放下它们之间的争端，到竞技场上以相对友好的方式进行比拼。对我们来说，在这样的危急时刻竟然还有这样的顾虑，简直令人难以置信，薛西斯可不会对奥林匹亚赛会的休战风俗有任何的尊重。但是，半个世纪之后，一位有教养的雅典将军在发生月食之后拒绝继续前进，从而导致了他的全军覆没。\* 有人会指望在前一个世代的、未受伯里克利时代理性主义启蒙的斯巴达人表现得更为开明和进步吗？

足以令人感到惊奇的是，在这个时候，他们确实更开明和进步。地米斯托克利是一个很有说服力的人；但是，最终让同盟诸邦震惊并使他们全体一致决定采取行动的是薛西斯的前锋部队已经开始在皮厄里亚扫荡的消息。地米斯托克利已经呼吁了很久的

---

\* 这里指公元前 415 年的西西里远征，雅典军队主将尼西阿斯的迷信和昏聩导致了雅典军队在西西里的全军覆没。这次战败使得雅典元气大伤，最终输掉了伯罗奔尼撒战争。——译者注

扼守温泉关-阿尔特米西乌姆防线的计划被正式批准执行。同盟海军部队做好了北上的准备,而斯巴达人则派遣他们的国王莱奥尼达斯率领一支小规模的先遣部队——包括300名精挑细选的斯巴达战士——立即前去把守温泉关。这一系列安排还包括,各邦代表们立即"离开科林斯地峡,前去承担他们的新任务"。一决雌雄的关键时刻终于来了。

第四章

# 自由的基石

7月末，拥有271艘战船的希腊盟军前线舰队驶向阿尔特米西乌姆，而波斯人拥有650多艘战船。迄今为止，提供战船最多的仍然是雅典。除了地米斯托克利建造的大约100艘新战船，作为应急措施，雅典人还装备了47艘"修理好的废弃船"。在这些修好的船里，有20艘的船员是卡尔基斯志愿者，余下大部分船只上是普拉提亚人：如果以每艘战船配备200人的标准来看（参见上文第140页），雅典人可以说连家底都掏出来了。（总的来说，这些贡献船只、水手、海军战士的城邦大多数没有向温泉关派遣重装步兵，这并非巧合：反过来情况也是如此。盟军海军总共吸纳了6.5万人，其中陆战兵不超过5%。）关于普拉提亚人，希罗多德干巴巴地评论道，他们的勇气和爱国情绪"使他们承担起了这样的任务，尽管他们对海上事务一窍不通"。任何理智正常的人——更不用说地米斯托克利——都不会将价格昂贵的战船托付给他们这样的新手。在雅典之外，伯罗奔尼撒诸邦贡献了100艘三列桨战船，阿尔戈斯诸邦13艘，爱琴海岛邦11艘。另外，还有一些50桨的帆船以及一支用来保卫萨拉米斯、阿提卡、埃吉纳和阿尔戈斯的预备舰队。这支预备舰队的船只的真实数量并不清楚，但最多200艘。在这方面，雅典再一次贡献了最多的战船：他们有两支分遣舰队，一支53艘，巡航阿提卡沿岸，另外一支可能有57艘之多,\*保卫萨拉米斯周边的海上通道。余下战船的一大部分可能来自埃吉纳,它的舰队——爱琴海最强大的舰队之一——为阿尔特米西乌姆的防御战至多贡献了18艘战船。

希腊同盟舰队带着勉强够用的给养——"大麦粉以及调味用的洋葱和奶酪",因为三列桨战船上面没有多少储物空间,甚至连饮用水都放不下——同盟舰队的主力从萨罗尼克湾出发,经过苏尼翁海角,然后在烈日下向北航行,穿过了优卑亚与希腊本土之间狭窄的海峡。一两天之后,大约是8月初,他们在阿尔特米西乌姆建起了营地。他们选择了一块多沙的平地,大约有10英里长,背靠层层叠叠、没有纵深的小山丘。整个海滩上到处都是小溪流,它们穿过芦苇丛流到了海里,多沙的缓斜坡海滩上散落着盐白色的石块——这些石块无声地见证了至今仍然在沿岸肆虐的狂风,它是从斯基亚托斯随着梅尔特米风（*meltemi*）从海峡上方吹来的。天气糟糕时,阿尔特米西乌姆并不是一个舒适的驻军场所。然而,在战略上,它给希腊人带来了他们需要的东西:可供数百艘三列桨战船轻松集结的漫长海滨地带,以及使巡逻舰队能够同时监视紧靠斯基亚托斯和斯科伯罗斯的海路以及马里亚湾的入口处的优良位置。薛西斯的腓尼基舰队要想进入这条海峡,首先必须消除这一对其侧翼的威胁（类似的顾虑也决定了他们在萨拉米斯采取的战术）；由于波斯陆军在很大程度上依赖它们提供补给,它们也不会全体绕过希腊人的阵地,沿着优卑亚东海岸向下航行。但是,地米斯托克利之所以选择这个位置,是因为他还预

---

\* 依据的是克泰西阿斯关于雅典派遣110艘三列桨战船去萨拉米斯的记载（§26, Henry p. 31）,还有《特洛伊曾法令》（第41—44行）里关于留下100艘作战船只用于保卫家园的指示,另外10艘三列桨战船可能是改装船。

见到了另外一点：要不惜一切代价阻止波斯人在优卑亚登陆。如果薛西斯成功登陆，他可以直接向南抵达卡尔基斯，在那里优卑亚与希腊本土之间的海峡只有40码宽，并且能够从陆路和海路封锁希腊人的撤退路线。当他的工程人员在海峡筑坝搭桥的时候，他的先遣卫队将会沿着沿海道路迅速回师，穿过佛西斯，从后方解决莱奥尼达斯。

然而，希腊舰队一抵达阿尔特米西乌姆，围绕最高指挥权的复杂问题就又产生了新的争端（参见上文第98页）。雅典人贡献的三列桨战船比任何一个城邦都多，他们一直认为地米斯托克利应该是盟军总司令；除了雅典公民的骄傲之情，他们也觉得没有哪个人比地米斯托克利更有权利或更有资格来率领他们作战。一想到要在一个斯巴达海军司令的指挥下作战，他们就有遭戏弄的感觉。这时，他们宣布，他们拒绝接受欧里比亚德的领导。机智的地米斯托克利用非常老练的圆滑腔调确认他已经准备好领导希腊人，"为抚慰雅典人的骄傲之情，他向雅典人承诺，只要他们在战场上证明他们的勇气，他就保证其余希腊人将会在以后接受他们的领导"。他似乎在明显地暗示，欧里比亚德的职务只不过是个形式，实际不起作用，之所以如此安排，主要是为了满足他们的伯罗奔尼撒盟友的敏感的骄傲之情。狄奥多洛斯完美地概括了这项安排：司令是欧里比亚德，但下命令的是地米斯托克利。始终岌岌可危的盟军联合阵线又一次在关键时刻避免了分裂。恢复平静之后，他们现在可以轻松地考虑他们的防御问题了。斯基亚托斯被作为一支海军先遣侦察部队的基地，同时在那里和优卑亚岛北部的山头上都设置了带烽火的瞭望台。由吕西克勒斯之子哈布罗尼库斯（Habronichus, son of Lysicles）——地米斯托克利信任的一名军官,后来成为他出使斯巴达的副使——指挥的一艘三列桨战船接受特殊使命,负责与正在温泉关的莱奥尼达斯联络:考虑到两个基地之间相距40海里左右,这是一项很有必要的预警措施。虽然他们的常规通信办法是信标或烟雾信号,但真正紧急的时候,这些手段并不够用。

莱奥尼达斯带着他的先遣部队到达指定位置的时间要比舰队晚,但并没有晚多少,时间足够修复古代佛西斯人的一道卫墙(参见第155页的平面图),而他抵达温泉关的消息传到薛西斯耳朵里的时候,这位拖拉的君主还在帖撒利。如果波斯人的情报机构能准确探知希腊部队的具体人数,任何一位波斯军官都不可能对这个消息有太多的担忧。莱奥尼达斯向北行进到科林斯地峡的时候,身边不足4000人,其中超过半数是阿卡狄亚的农民。斯巴达提供的部队只有区区300人(尽管这些人都是精挑细选的优秀战士),可能还有3倍多的希洛人随行,他们既是为主人服务的杂役,也会在必要的时候为保护主人而死。我们可能会问,为何伯罗奔尼撒诸邦在关键时刻如此小家子气?很明显,无论是现在还是将来,他们都不想将全部可用的部队投入北方:必须留下一支部队来保卫伯罗奔尼撒。如果地米斯托克利的冒险战术失败了——正如很多保守分子所担忧的那样——仍然可能在科林斯地峡组织最后的殊死抵抗。另一方面,人们都认为——尤其是斯巴达的军事专家——莱奥尼达斯的那点儿人马孤立无援,只能暂时阻击一下敌人。它仅仅是一支先遣部队,希罗多德就是这样描述的,莱奥尼达斯就是这样说的。它的主要目的是通过与舰队配合,鼓励希腊中部那些摇摆不定的城邦坚持抵抗,不要投敌,最好的话是能一起把守温泉关,等待伯罗奔尼撒大军前来增援。

事实上,我们没有充足理由去指责斯巴达人或他们的盟友背叛或欺骗,但现代学者们经常这样做。[1] 在这一关键问题上,希罗多德的表述毫不含糊:

> ……后来,由于卡尼亚节一时成了他们的障碍,他们便打算在卡尼亚节举行完毕之后,就把一支卫戍部队留在斯巴达,然后立刻全军火速开拔。其他联盟者也打算这么做。原来奥林匹亚赛会也正是在进行这些事情时举行的。因此,他们既然不认为温泉关战役很快便可分出胜负,故此他们就派出了先锋的部队。(7.206)

这就是不折不扣的实情。斯巴达人一直打算派遣援军,当莱奥尼达斯向举棋不定的各个盟邦言之凿凿地说援兵已经在路上的时候,他倒也不是故意欺骗。哪怕只是为了看看希腊中部城邦——尤其是彼奥提亚地区的——哪些可以依靠,哪些靠不上,伯罗奔尼撒人可能也很乐意用卡尼亚节和奥林匹亚赛会做借口而推迟数日出发。但是,这种态度并不意味着他们没有决心扼守温泉关-阿尔特米西乌姆防线。他们明显是带着几分忧惧来看待该战略的;总有一小部分人,他们在危急时的第一反应是躲到科林斯地峡后面保护自己。但是,若要说他们有欺骗行为就完全是一个没有根据的假设。他们清楚地知道莱奥尼达斯坚持不了多久,但这并不意味着他们就此无情丢下莱奥尼达斯而让他听天由命。他们的主要过失在于斯巴达人在历史上体现出来的典型性格:面对危机,他们总是显得过度谨慎和保守,从而导致行动迟缓。由于不可预见的因素，温泉关的陷落比预想的要快得多：同盟司令官完全没有犯下马基雅维利式的自私自利之罪，他们只是非常简单地始料未及。但是，一旦防线崩溃，就没必要再派遣宝贵的陆战部队去支援北方了。不幸的是，从那时开始，人们很容易就会假设从来没有人打算派遣军队。当莱奥尼达斯出发时，他很自信地认为——完全有理由这么认为——伯罗奔尼撒的全部野战军力都是他的后援。

他离开科林斯地峡之后，就抵达了彼奥提亚，在这里，他受到了礼貌但很冷淡的接待——只有铁斯皮亚除外，这座小城就像普拉提亚一样，非常顽强地抵抗着底比斯或任何其他城邦的吞并；他们集结了700名重装步兵，这大概就是他们的全部军力。底比斯则没有这么慷慨。很明显，莱奥尼达斯希望可以使底比斯人摊牌，但底比斯人非常巧妙地避免这么做。他们已经忠于薛西斯（所有人私下里都清楚这一点），但是，温泉关的防御也有成功的可能。无论如何，面对一位正在征途中的斯巴达国王，都得慎重从事。为此，他们决定两面都下注：正如希罗多德的诙谐记载所指出的，"他们的确也派出了军队，但他们内心里仍然站在敌人的一边"。底比斯人象征性地给莱奥尼达斯送去了400名战士，这些人都是持反波斯立场的麻烦制造者，除了底比斯政府，此举对任何人都没有太大的好处。莱奥尼达斯在紧挨着温泉关的城邦里获得了更好的回应。特拉基斯与他缔结同盟，而佛西斯、马里斯和洛克里斯都各给他派去了1000名志愿者，协助守卫关隘——实际上，洛克里斯人已经向薛西斯献出了土和水。（莱奥尼达斯似乎很擅长通过鼓动乐观主义精神的演说来招募战士。）最迟在8月的第一周结束时，斯巴达人与他们来自希腊各地的盟友已经挖好了

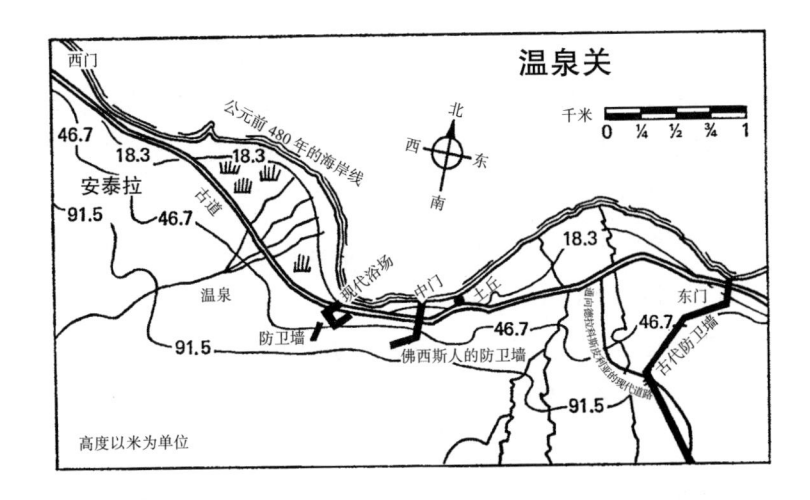

战壕,并重建了一道保护他们的卫墙,他们防守的地方就是今天的温泉关中门。

从表面上看,这里是一个完美的防御地点。莱奥尼达斯和他的部下面向西北方,朝向拉米亚和斯珀凯欧斯河谷,崎岖不平的卡里德罗莫斯山(现在的萨罗马塔山)保护着他们的左翼——正如希罗多德正确观察到的那样,"又高又险的山坡向上延伸到奥伊塔山,而道路的另一边是大海,到处是浅滩和沙洲"。由于马里亚湾的淤塞,今天的海岸线已经离温泉关又远了数英里,从而使今天的游客很难再看见莱奥尼达斯在公元前480年所看到的景象。斯巴达人修建防御阵地的地方不足20码宽,在温泉关分别靠近安泰拉和阿尔伯尼的东西两端,宽度进一步缩减,仅能容一辆马车通过。莱奥尼达斯之所以没有占据这两端,主要是因为它们上面的山坡不够陡峭,因此他有可能被一次坚决的进攻包围。高温而且富含硫黄的泉水从山脚下涌出——今天也是如此——这正是温泉关得名的缘由。它们似乎都已经被祭献给了赫拉克勒斯,这里有他的祭坛，他最后的可怕结局也与特拉基斯和奥伊塔山联系在一起。泉水闻起来有一股淡淡的黄铜和臭鸡蛋味道：在一个5月的清晨，这种气味为四处弥漫的浓郁的金雀花花香增添了一些令人不安的色彩。在中门以东不远的地方，卫墙后面有一个大约150英尺高的土丘。在古代，要想去希腊中部，就必须从这个土丘与卡里德罗莫斯山丘之间穿过。

莱奥尼达斯必须解决两个极为迫切的问题。首先，也是最明显的，就是给养问题。他的给养主要依赖斯巴达阵线后面最近的村子阿尔伯尼。然而，他也对温泉关与拉米亚之间的平原地带发动了大规模的夜袭。他的小分队放火烧毁农庄，砍倒大树，还有一部分人抢劫粮仓或者赶走牛群。他们没有遭遇抵抗。波斯大王的军队尚未现身，在他们到来之前，当地舆论认为最好让斯巴达人孤立无援。当然，这次劫掠的作用是双重的。它在确保盟军先头部队拥有绰绰有余的给养的同时，相应地减少了敌人可以获得的给养数量。它也从一开始就使莱奥尼达斯树立了富有精神魅力的领导权威。一事成，百事成：正是从这时开始，佛西斯和洛克里斯接受了斯巴达国王的劝告，派遣部队前来助战。

莱奥尼达斯的第二个问题是所有承担关隘防守任务的指挥官都必须面对的问题：如何避免使自己腹背受敌。部队可以通过两条已知的明显的路线绕过卡里德罗莫斯山丘，然而，这两条小路都不会构成真正的威胁。第一条从阿尔伯尼出发，经过现在的门杰尼萨与卡洛特罗尼，抵达位于科菲索斯河上游附近的拉米亚-勒瓦迪亚高速公路的某一处。由于它位于莱奥尼达斯阵地的后方，所以可以安全地忽略它。（在温泉关陷落后，薛西斯似乎曾经派一支军队走这条路进入了多利斯。）第二条小路顺着阿索波斯河谷的河床向前，出口在奥伊塔山东坡的一处地势较高的地方：从这里开始，迂回曲折，不断下降，最后抵达多利斯平原。薛西斯派兵走这条路的可能性非常小。河谷本身的长度超过了 3 英里，很多地方的宽度不到 5 码，而在上面则是 100 英尺或者更高的岩壁。河床上都是被季节性的洪水冲下来的巨石，即便是在森林被大规模砍伐之后，夏天来的访客有时也得在没膝深的河水中奋力前行。（普里切特教授发现，7 月勉强能走，4 月根本不可能通过。）对带着辎重车辆的大军来说，这样一条道路的危险性自不必说。特拉基斯的卫城就在河谷入口处西侧的悬崖上面，能够有效控制所有从河谷通过的人和车辆，而特拉基斯人已经宣布支持莱奥尼达斯。在河谷的好几个地方——尤其是在经过卡斯特罗奥里阿斯的地方，这是一座高度刚刚超出今天的铁路高架桥的高山堡垒——很容易就能将那些巨石滚下去打击正在通过的部队。不管哪支部队，即便能克服这些非常严重的威胁，也会在数日内继续被困在充满敌意的地区，但若要返回温泉关，还得经过佛西斯，绕行很长的路。

剩下的两条路线则是完全不同的问题。薛西斯和莱奥尼达斯的侦察巡逻队伍都很难发现它们，在这方面他们都得依赖当地向导。事实上，其中一条在公元前 480 年可能还根本不存在。这条路的轨迹大约相当于今天连接底比斯与拉米亚之间的高速公路，从阿索波斯河谷攀升到横跨波尔那拉基隘口的桥梁上，然后从位于布拉罗斯的山丘南侧出去。希格内特认为这条路跨过的山脊"在古代林木茂密，不可能有路存在"（XIG, p. 139）。如果确实有路存在的话，很明显，它肯定是既不广为人知，也不好走，否则薛西斯肯定会走的。

剩下的一条翻越卡里德罗莫斯山的小路正是最终被波斯人利用而从侧翼包围莱奥尼达斯的那条路。关于它的详细路线，学界有相当激烈的争论，但是伯恩和普里切特在现有材料允许的基础上已经提出了一个令人信服的方案，本文的叙述（笔者本人对卡里德罗莫斯山的勘查支持了这一方案）大部分都遵从他们不知疲倦而又充满天才创见的脚步。[2] 希罗多德说，这条路始于阿索波斯，"沿着山脊延伸……终点在阿尔伯尼，这是洛克里斯人从马里斯迁过来后的第一个居民点，距离以'黑臀石'知名的岩石和刻尔刻佩斯［Cercopes，根据神话传说，他是一位像猴子一样的土地神，与赫拉克勒斯有亲戚关系］的驻地不远"。他还声称，波斯人在夜晚行军的时候，右手边是奥伊塔山脉，左手边是特拉基斯附近的那些山岭。只有一条路线能够充分满足这些条件。它始于阿索波斯桥以东0.5英里左右，从今天的库泽基村出发，绕过较低的山坡并通过一个古代的要塞和卡尔科马塔泉水，然后爬上帕莱奥埃莱夫塞罗科里，从那里向东沿着山走，就穿过了今天很有名的聂夫洛波利斯（参见第171页的地图）。卡里德罗莫斯山的峰顶是两道山脊，两道山脊之间是一块狭小、肥沃、水源充足的山顶高地：高高的橡树林环绕着郁郁葱葱的草地。在这块高地的东端，这条路岔开了。一条小路是沿着卡里德罗莫斯山南坡（旅行者沿途可以一瞥白雪皑皑、风光奇绝的帕那索斯山和奥伊塔山）曲曲折折下山，在帕莱奥科里与拉米亚到勒瓦迪亚的高速公路就重合了。另一条小路则迂回到帕莱奥德拉科斯皮利亚和扎斯塔诺山，从东北方转向正北方，最终出现在距离古代阿尔伯尼很近的地方。引起薛西斯和莱奥尼达斯关切的正是后面这条路。即便在今天，这也是一般旅行者能够轻松应付的一条路，而一支1万人的军队可以用一个夜晚的时间走完它。*

莱奥尼达斯抵达温泉关后不久就与特拉基斯人进行了接触，因此，他最早是从特拉基斯人那里知晓了这一致命弱点的存在。他不能放弃同盟选定的防御位置，因为它与海军在阿尔特米西乌姆的部署密不可分。他的唯一选择就是尽可能有效地防住这个危险的缺口，按兵不动，期待最好的结果。有1000人之多的佛西斯特遣队自告奋勇，前去为他把守这条小路。他们的确比较了解当地情况，莱奥尼达斯——可能私下里有一点儿担心——接受了他们的提议。这是他的一个判断失误，而且事实证明是致命的。佛西斯人的数量根本不足以承担如此性命攸关的一项任务。莱奥尼达斯本来应该给他们再增加一些更强悍和更有经验的部队；至少，他应该给他们派一名可靠的斯巴达指挥官。但他这两件事都没做。大概，他觉得出现这样的侧翼攻击的概率不大，尤其是他还需要用他拥有的每一名优秀战士来抵挡薛西斯的正面攻击。

这样，佛西斯人就受命出发，先爬上卡里德罗莫斯山，在一片空地的一座小山上面，就是那条可以通过岔路下山抵达德拉科斯皮利亚的山路的西侧某处露营。这是一处幽静、充满夏日芳香的所在，草地有些枯黄，阳光穿过树林，洒下一地斑驳。过了几天之后，毫不意外，佛西斯人就像百眼巨人一样，开始放松了警

---

\* 可以进一步确认的事实：特拉基斯的领土向东越过阿索波斯河，远至温泉关，因为莱奥尼达斯的阵地在特拉基斯人的土地上。它的南部边界似乎就是卡里德罗莫斯山的山脊，参见 Yves Béquignon, *La Vallée du Spercheios* (Paris 1937) pp. 243–63。因此，正如希罗多德所说，每一个沿着这条路线行进的人都将会在左手边看到特拉基斯附近的山脉，而在右手边看到的是奥伊塔山。普里切特（*op.cit.*, pp. 210–11）甚至宣称已经找到了"黑臀石"，地点在现代高速公路的北端，这里也被认为是阿尔伯尼的遗址。

惕，该地的环境使他们觉得平静如水，从而获得了一种虚幻的安全感。与此同时，他们的下面，在烈日灼烤的岩石与雾气氤氲的沼泽地之间，莱奥尼达斯的哨兵正在无聊地朝拉米亚方向瞭望着，只能看到一片土灰色的、微微发亮的、空旷无人的山间风景。一天又一天过去，仍然没有发生任何状况。最后，到了8月12日，这种局面终于被打破了。斯基亚托斯和优卑亚的高地上的烽火点燃了：地米斯托克利的舰队开始接敌。温泉关的这些守兵摸着他们的武器，舔着满是汗碱的嘴唇，紧张地等待着。敌人很快就要出现了。

薛西斯从特尔玛拔营出发是在8月初，正是希腊同盟军队刚刚从科林斯地峡向北开拔后不久。他的准确行军路线有待地形学推测，但是我们知道他没有走坦佩峡谷。就像以前一样，几乎可以肯定的是，他将他的部队分成两路纵队——如果不是三路的话——各走各的，以此避免道路拥塞，并充分利用水源。如果是这样的话，他的主力部队必定穿过了佩特拉隘口和沃鲁斯塔那隘口，从奥卢松开始沿着相同的路线前进。近来，有一种观点[3]认为波斯人是从维罗亚出发穿过卡特里尼向东南方行进，然后绕过内泽洛湖抵达贡纳斯。1941年，一支德国军队正是走这条路线从侧翼包围了守卫坦佩峡谷和普拉塔蒙的新西兰人；它也与希罗多德提供的（被普遍认为不太准确的）证据相吻合。但是，这条路线太难走了（参见上文第127页），即使薛西斯可能派遣突击队走了这条路，他也没有坦克和半履带车辆带来的优势。在拉里萨南部的情况更能说明问题。在那里，只有两条路可以走，可以肯定的是，他那臃肿的大军同时走了两条路。一支部队取道克拉农,然后来到尚马基隘口。薛西斯本人跟随的另一支部队则从拉里萨一路走向费莱、帕加塞和帕加塞湾西岸:由于这条路线完全避开了群山,走起来要容易得多。这两条路线在马里亚湾附近的拉米亚会合,此地距离温泉关只有10英里左右(参见第124页的地图)。

薛西斯估计,陆上行军到温泉关将会花掉两个星期。另一方面,在强有力的东北季风的吹拂下,舰队至多需要两到三天就能抵达南马格尼西亚。由于陆海军的密切协同对薛西斯的重要性不亚于对地米斯托克利的重要性,波斯大王命令海军司令官在陆军出发后11天再派遣海军先头部队进入指定位置:因而,按照他的计划,陆军和海军将差不多同时抵达希腊中部。看来,薛西斯并不急。在帖撒利,他举办了赛马比赛,用他的伊朗纯种马与当地品种的马进行比拼。这些帖撒利母马可能是(据他所知)希腊最优秀的马,但它们仍然全部惨败——这表明了帖撒利骑师们的圆滑。在阿凯亚的哈洛斯,就是一支希腊陆军在短短3个月前(参见上文第118页)登陆的地方,向导已经急忙准备用当地的风俗来款待薛西斯了。

就在陆军穿过马其顿和帖撒利的时候,一支包括10艘腓尼基三列桨战船的快速分队载着波斯士兵,从特尔玛出发前去侦察斯基亚托斯海峡和南马格尼西亚的锚地。他们出发的时候,波斯最高指挥部尚不知晓希腊人抵达温泉关和阿尔特米西乌姆的消息:实际上,他们此行的任务之一就是探明希腊人是否已经在海路上布防以及力量如何。除此之外,他们还受命前去为主力舰队标出海峡航道——希腊人想都想不到的一种技术——并寻找合适的港口做海军基地。他们似乎与薛西斯的大军同一时间启程:也就是说，8月1日左右。两天之后，破晓时分，他们抵达了斯基亚托斯，并奇袭了港口附近的一支希腊巡逻队。值得指出的是，他们在开阔水面上走了一条很直的路线，大概是通过星星来导航的：腓尼基人的航海技术和导航技术都很先进。这也解释了希腊人受到袭击的原因。希腊人自己的习惯是在白天逐岛前进，因此，他们完全不会预料到在日出之前会遭到来自外海的袭击。

斯基亚托斯港口位于岛屿东侧，面朝斯科伯罗斯海峡。有3艘希腊战船——分别来自特洛伊曾、雅典和埃吉纳——及时发现了袭击者，准备离开并前往阿尔特米西乌姆。但是，腓尼基帆船的速度要比希腊三列桨战船快，他们在马格尼西亚海岬的南部截住了希腊战船。第一个被腓尼基人捕获的是特洛伊曾战船：他们将最能打的战士带上甲板，拖到船首，然后割断了他的喉咙。在腓尼基人那里，用人做牺牲祭神司空见惯：这一次，他们很可能正在向神献上第一批战利品。埃吉纳战船则进行了非常英勇的抵抗，无愧于该岛的善战传统。一位名叫皮提阿斯（Pytheas）的海军战士头戴羽饰，气冲牛斗，像极了"复仇"号上的理查德·格伦威尔爵士（Sir Richard Greenville），当他最终倒下的时候，满身伤痕，甚至引起了抓捕他的敌人的赞叹和怜悯。他们拿出了战船的医药箱（这也是希腊人闻所未闻的新事物），第一时间对皮提阿斯施以治疗，后来，他们带着几分骄傲向其他波斯战船展示了他。但是，他的战友们却沦为奴隶，这是战俘的正常待遇——这可能在一定程度上削弱了他们对英雄战友的欣赏。

就在此时，雅典战船匆忙撤退，通过仅有的一条逃生路线——位于斯基亚托斯与希腊本土之间——向北方疾驰。当腓尼基人最后重新开始追击的时候，雅典战船已经走了有一段距离。

腓尼基舰队不可能把埃吉纳战船单独留下然后全体参与追击。至少有一部分必须留在后面看守战俘，以及更为重要的，侦察希腊人在阿尔特米西乌姆的部署。在参与追击的战船中，还有3艘搁浅在了斯基亚托斯海峡的一块半露的礁石上面，这块礁石在当时被称为"米尔美克斯"（意为"蚂蚁"），今天被称为"勒夫塔里"（Leftari，它是 *lithari* 的变体，意为"岩石"）。余下的战船继续追击：它们在水里的速度超过它们的猎物太多，雅典战船的船员勉强逃脱。雅典战船在佩纽斯河口搁浅，然后船员弃船作鸟兽散，通过陆路返回了家乡。这是一个意味深长的事件。200名雅典人能够不受阻挠地通过名义上亲波斯的国家，表明希腊中部的局势还有很大的不确定性。另外，这条新防线使希腊人的胜利如果不是有希望，至少也有了一定的可能性：很明显，没有人敢冒着最后会受到报复的风险去拦截一群身无分文的雅典水手。

腓尼基人有条不紊地以极高的效率从希腊本土取来了石块，在"米尔美克斯"礁石上面堆砌了一个导航标志，而且丝毫未受敌人的阻挠。他们也沿着海岸勘查了港口，确定阿菲塔伊（很可能是普拉塔尼亚）是最适合建立海军基地的地方。[*] 当他们在海峡里上下航行的时候，有充分的机会观察希腊舰队，在希腊人对面的佩夫基湾以及紧靠其西侧的海滩沿线都可以停泊下来进行仔细

---

[*] 希罗多德（7.193）似乎暗示阿菲塔伊在帕加塞湾内部，可能就是今天的特里科里（Trikeri）；但是，他在其他地方又提到这座港口距离阿尔特米西乌姆有80斯塔德或10英里，我们所有的证据都表明锚地在南马格尼西亚海岬某处，这个位置能看见阿尔特米西乌姆。参见 Hignett, XIG, pp. 176-7 及其引用的材料。奥利宗（Olizon）是另一个可能的地点，但综合考虑各种材料，该地可能性不大。

观察。后来，他们完成了任务，启程返回了特尔玛。根据他们带回来的消息，薛西斯的海军司令立即行动起来。一支又一支的分遣队向南驶去，占据了马其顿和帕伦尼半岛的每一个可用锚地。到 8 月 12 日，也就是陆军启程 11 天之后——根据薛西斯的指示——舰队的先头部队已经抵达了卡斯塔尼亚与塞皮阿斯角之间的水域，也就是斯基亚托斯对面的海岬附近。由于马格尼西亚的海滩太小太少，只能停泊第一批抵达的战船。余下的战船不得不漂浮在外海。在 8 月的爱琴海，平静的海水和灿烂的星空肯定使船员们没有感觉到多少艰辛。善于预测天气的德尔斐祭司显然知道得更多。面对当地惊慌失措的询问者，他们发布了一项最精练也是最实用的劝谕："祈求风吧。"

在遥远的西西里，地中海范围内的这场东西方大冲突正在步入高潮。这并不是巧合：迦太基与薛西斯的协定（参见上文第 114 页）使他们可以在地中海东西部同时发难。当波斯大王对旧希腊发动攻击的时候，迦太基人与他们的盟友也计划消灭越来越危险和越来越强大的西西里希腊僭主。对西西里岛来说，迦太基的首席将军哈米尔卡——他的名字实际上是阿布德·梅尔卡特（Abd-Melkarth），意为"神的仆人"，希腊人没有准确音译的习惯——并不完全是一个外国人。他的母亲来自叙拉古，他庇护过的西西里朋友不仅包括希梅拉已被废黜的僭主特里洛斯，也有现在统治扎克利（即墨西拿）的莱奥弗隆（Leophron）。他与墨西拿海峡对面的雷吉乌姆的阿纳克西拉斯也同样关系融洽：我们记得，阿纳克西拉斯是特里洛斯的女婿。在迦太基人看来，叙拉古与阿克拉加斯新组建的强大军事集团是最危险的发展动向：这个希腊-布匿同盟的实力之强大可能足以击败迦太基。特隆占领希梅拉为入侵提供了一个貌似合理的借口。历史记载告诉我们，阿纳克西拉斯将自己的孩子交给哈米尔卡作为人质，以此劝服他出兵。但是其实他可以不用这么麻烦。迦太基本身就有足够的理由侵略西西里：虽然是薛西斯决定着何时发起进攻，但侵略的动机早就有了。

哈米尔卡在公元前480年盛夏集结起来的军队拥有十分惊人的规模：舰队约有200艘战船，人员可能有20万之多，另外还有数不清的运输船和货船。他并未直接从离他最近的友好城市塞林努斯登陆，而是沿着埃律科斯和卡斯特拉马雷湾的海岸转了一圈驶向了帕诺穆斯（即现在的帕勒莫）。向迦太基请求援助的是希梅拉的特里洛斯，这非常符合哈米尔卡的计划。西西里岛的西部和西北部由迦太基的殖民地和其他非希腊国家（例如埃律米特人的塞基斯塔）控制着，他们随时准备为侵略者提供帮助。哈米尔卡特别想在战争初期避免与盖隆的强大舰队进行过多纠缠。盖隆舰队的基地在叙拉古，但是它的侦察舰向西至少挺进到了特隆的阿克拉加斯海军基地。因此，迦太基人的路线大体上就是固定的了。不幸的是，这条路线也使他的战船遭遇了最早的夏末风暴——美尔丹风或密史脱拉风（mistral）——这是所有地中海水手都了解和害怕的狂风。大部分搬运战马和战车的重型运输船都触礁或沉没。哈米尔卡将余下的船只安全带到了宽敞的帕诺穆斯港，登陆时他说，他们最强大的敌人（即海洋）已经被击败，因此，战争等于是打赢了。这种说法纯粹是虚张声势，在接下来的战役中，迦太基人遇到的最大困难就是缺乏骑兵。

哈米尔卡在帕诺穆斯停留了3天，修理被风暴损毁的战船，也让他的部队喘息一下（人们怀疑他的大多数战士由于严重晕船而失去了战斗力)。他还派人给他的塞林努斯盟友送信,要求他们尽其所能提供战马和骑兵。然后,他就沿着海岸向东朝着希梅拉进军,而他的舰队(像薛西斯的舰队一样)贴着海岸与他保持同步。在这里,他根本没有尝试与墨西拿海峡周边的盟友合兵一处,此举甚为明智,因为正如盟军在1943年付出很大代价后发现的那样,墨西拿与希梅拉之间的地势过于崎岖,不利于行军。我们可以想到的是,他主要依靠莱奥弗隆和阿纳克西拉斯来控制海峡,以防止盖隆从海上发动攻击:有可能真的发生了这样的海战。[4] 另外,他也拥有先发制人的优势——薛西斯则没有——并打算利用这一优势。虽然特隆和盖隆非常清楚与迦太基终有一战,但他们无法确定战争会在何时何地爆发。哈米尔卡对帕诺穆斯的突然进攻给特隆留下的时间不多,只够派遣一支实力很强的部队在迦太基人抵达城墙外围之前进入希梅拉展开防御。

希梅拉(现在的泰尔米尼伊梅雷塞)位于帕勒莫以东49千米的地方,地势要高于通过塞法卢的沿海道路,紧挨着一条今天被称为格兰德河的遍布浅滩的河流。往西几英里,还有第二条河,即托尔托河,这可能是希梅拉最初的领土边界。在城市与大海之间是一块平原。哈米尔卡就在这块平原上面布阵。除了负责巡逻的20艘,战船都停泊在海岸边,一条壕沟和栅栏保护着它们。狄奥多洛斯说,哈米尔卡将军营"扎在面对城市的地方,从城墙开始沿着海军大营绵延到俯瞰城市的山丘附近"。换句话说,他现在已经控制了所有向西的通道。他的货船卸货完毕之后,又立即被派出去从利比亚和撒丁尼亚运粮。接着,他选出他最好的部队,大胆地向城墙进军,彻底击溃了一支出来迎战的守军,给敌人造成了大量的伤亡。特隆随即用砖堵上了城市的西门,派人去叙拉古请求紧急援助。哈米尔卡并没有完全包围城市，城市的东侧和南侧仍然出入自由，但是他已经确实使自己处于一个非常有利的位置。

求救信号一到，盖隆的军队就充分动员起来（再次表明没人真正预先了解哈米尔卡的侵略计划），没有任何耽搁就出发了。叙拉古僭主招募了一支多达5万名步兵——大部分都是重装步兵——和5000名骑兵的军队。实际上，西西里的牧场主几乎就是出生在马鞍上的（养马是该岛的主要经济产业），甚至连普通农民也能轻松置办重装步兵需要的装备。历史记载告诉我们，盖隆"迅速走完了全程"：这肯定意味着他是通过经过恩那的旧路穿过了乡村，沿着宽阔而曲折的河谷地带从东南部抵达了希梅拉。他抵达之后立即看出，首先要采取措施阻断迦太基人实行封锁的可能性，因此，他就在格兰德河东岸扎了营，并在四周也修建了深沟和栅栏（就像哈米尔卡用来保护他的战船的办法）。同时，与平庸业余的城邦将领相比，盖隆和哈米尔卡都是独断专行之人，都用更高标准的纪律和效率治理着军队。此外，在这个位置上，很容易与被围困的军队保持密切联系。

然而，盖隆的计划并不仅仅是掘壕自保，他相信一句古老格言：进攻就是最好的防守。问题在于，于何时何地发起进攻？哈米尔卡拥有人数和位置优势。突袭已经不太可能，正面战场的直接对决也没有多少获胜机会。盖隆对他的处境研究得越多，就越悲观。不过，有一件事情，他可以而且能做到。拥有人数优势的迦太基人自信无人敢于主动招惹他们，就四散在周围的乡村里搜寻粮草和战利品。盖隆的精锐骑兵对他们进行了突然袭击，大肆劫掠，还抓获了数千名俘虏。其中，有一位来自塞林努斯的信使。

盖隆读到他带的信件之后,立即就看明白了这样一个事实,只要他有足够的技巧和勇气利用这次机会,他就能彻底消灭哈米尔卡。

希罗多德说,阿尔特米西乌姆的希腊人听闻薛西斯的无敌舰队正在迫近,陷入了极大的恐慌。除了将山顶瞭望哨留在原地,他们向南撤退到大约90英里外的卡尔基斯附近,这里是优卑亚海峡最狭窄的地方。这段很直率的记载被大多数当代史家视作彻头彻尾的谎言而不被采信,他们特别指出,这样的移动将会把温泉关的莱奥尼达斯完全暴露给敌人。但是,薛西斯和他的大军还有3天的路程才会到达,这并不支持这样的观点。从蛛丝马迹来判断,地米斯托克利很可能尝试了一下使他后来在萨拉米斯战役中赢得胜利的那种战术,但这次没有成功。他有宝贵的两天时间,在此期间,温泉关的守军可以安全地自行其是。为什么不诱使薛西斯最善战的腓尼基舰队在优卑亚海峡最狭窄的地方进行决战呢?在这个地方,腓尼基舰队就无法发挥他们在速度和数量上的优势,进而不敌希腊海军的高超海战技术。

另外,专家们也注意到一些表明天气将会变坏的迹象。那是8月12日;赫西俄德曾经指出夏至后的50天是可以安全航行的日子,可以避开春天和秋天的狂风,现在这个期限已经过去了。(现代希腊民谣将每年的首次狂风暴雨和8月15日的圣母升天节联系在一起,而我亲自观察到过至少早一个月的例子。)如果真的吹起了东北风,沿着港口稀少的马格尼西亚海岸停泊的波斯舰队无疑将会首当其冲;但是,阿尔特米西乌姆也位于背风岸(参见上文第150页),希腊舰队无论如何都会被建议暂时迁走以避避风头。地米斯托克利已经事无巨细地做了谋划。薛西斯的海军司令是否上钩都区别不大:即使他们避开了希腊人,也得想办法避开美尔丹风。躲在卡尔基斯避风的雅典人满怀希望地望着天空，祈求北风神波瑞阿斯的帮助，他已经与一个显赫的阿提卡家族联姻：在这样的危急时分，自家女婿就一定能指望得上吗？

果然，就在次日（8月13日）黎明时分，晴朗的天空开始吹起了美尔丹风（希罗多德称之为"赫勒斯滂人"），"海水顿时像口煮沸的锅一样开始翻腾起来"。（曾经在坏天气中乘坐小帆船旅行过的人读到这些文字可能就会有一种要呕吐的感觉。）事实上，波斯舰队分散在从奥萨山下面的梅里比亚到塞皮阿斯海岬之间的一系列小海滩周围，吃了不少苦头。一些能够预知天气变化的腓尼基人与一些紧靠着海岸驻扎的船长们奋力将他们的战船拽上海滩；但是，几乎所有企图停泊下来躲过风暴的战船都被大风吹到了岩石上而撞毁。在这场肆虐了3天的狂风中，薛西斯将近三分之一的战船损毁，"生命和财富的损失无法统计"。那些爬上岸的人们仍然必须与当地可能会袭击他们的强盗或帖撒利夜骑匪进行搏斗，不得不可怜兮兮地藏在他们的战船残骸后面以保护自己。马格尼西亚的海滩拾荒者们从这场灾难中发了财。各种金银杯、珠宝箱和其他贵重的零碎杂物都被海水冲到了岸边；一位大胆的当地人通过整夜打捞这些东西而发了财，但希罗多德专门指出他后来的下场很悲惨。

8月14日晚些时候，来自优卑亚北部的信使给卡尔基斯带来了这个好消息。他们还报告说，他们看见薛西斯的先头部队已经进入了马里亚平原。综合这两方面的信息，有必要重建温泉关-阿尔特米西乌姆防线。因此，在向"救星"波塞冬*献上了牺牲和

---

\* 雅典人没有忘记波瑞阿斯：他们返回雅典后，为他在伊利索斯河畔建造了一座神庙，距离菲克斯啤酒厂（Fix brewery）的旧址不远。

奠酒之后，希腊盟军舰队就掉头驶向北方，可能是在8月15日的黎明时分。直到抵达优卑亚西北部的刻奈乌姆角之前，他们都是在相对避风的水域中航行；但是，即便如此，他们肯定也得拼命划桨，以抵抗严重的横风。令人难以相信的是，他们直到第二天上午（8月16日）才进入阿尔特米西乌姆海峡，大风到那时已经变弱了。薛西斯的玛哥斯僧一直在忙于用祭品来安抚神，用咒语来对付风：最终，他们的咒语见效了——"当然，"希罗多德揶揄道，"这可能是风恰恰也该退了。"

8月13日，薛西斯的侦察部队正沿着海岸道路前往拉米亚，他们的左侧是马里亚海湾，东北风卷着白色的浪花怒吼着，优卑亚像一头老迈的狮子蜷缩着、横卧在海峡里，南边是品都斯山脉的东部支脉和土墙。次日，他们开始从拉米亚向温泉关进军，横穿过一片逐渐缩小的平原，还经受了突然出现的沙尘暴的洗礼。斯珀凯欧斯河和阿索波斯河越来越宽，河水越来越少，流速缓慢，骆驼和骑兵走在烤得干热的河床中，没有多少补给，干渴难忍。在他们的前方和右侧，绵绵群山耸立在黑沉沉的天空中，晦暗不清、倾斜峥嵘的阿索波斯河谷将大山分了开来，但充满敌意的特拉基斯就在山崖上面，非常危险。前面就是处在森林覆盖的高山山腰与苍茫大海之间的温泉关。斯巴达国王就挺立在这道隘口上，准备阻击他们。薛西斯的军官们早在帖撒利的时候就知道了这个情报，甚至包括这位斯巴达国王的名字。这肯定使另一个斯巴达国王德玛拉图斯的心情异常复杂，他并非因为自己犯错而被放逐，也不是莱奥尼达斯的敌人，但仍然梦想着回到斯巴达重登王位，即使以做薛西斯的附庸为代价也在所不惜，如果这是唯一可能的

# 温泉关：总勘查

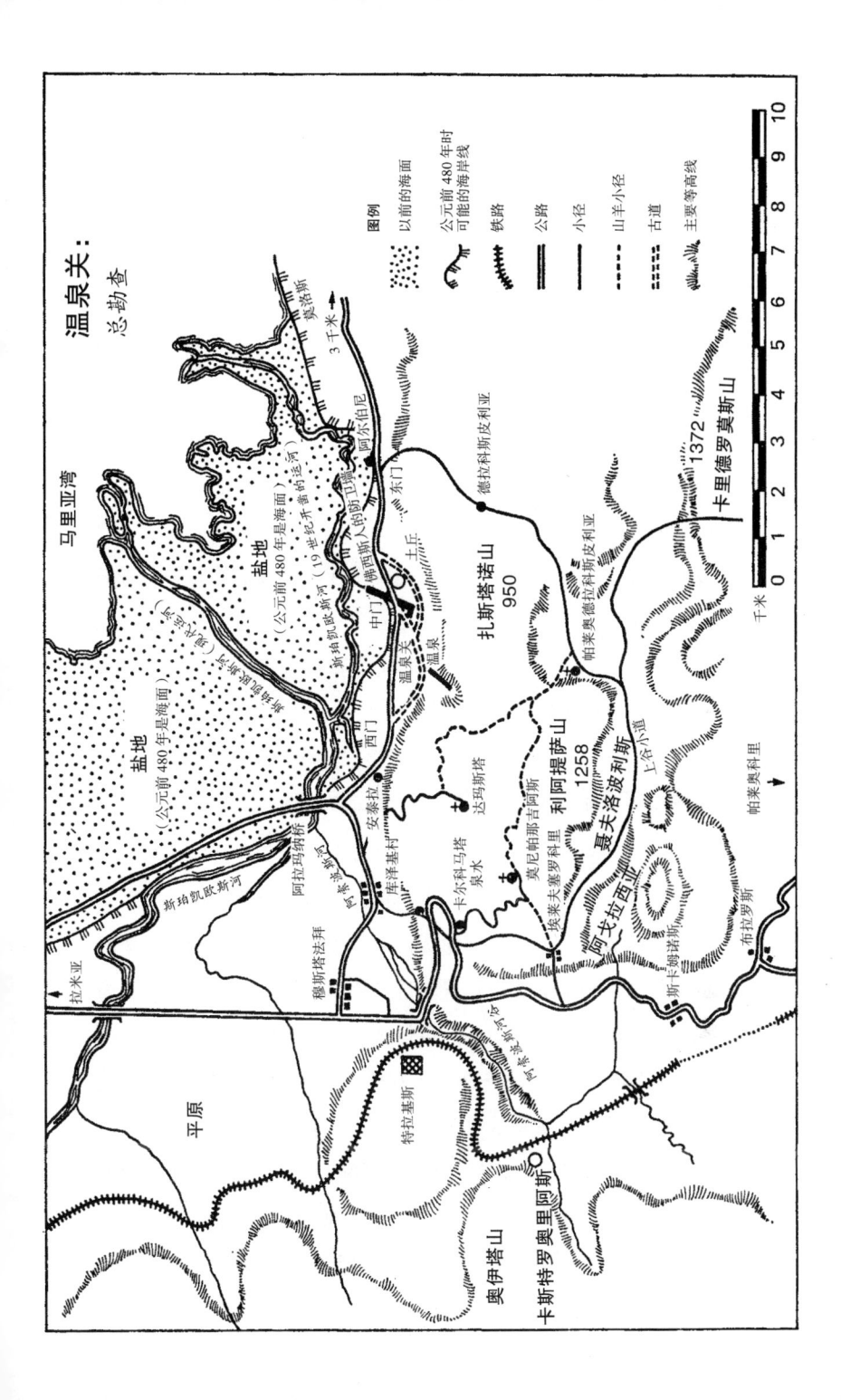

## 图例

- 以前的海面
- 公元前480年时可能的海岸线
- 铁路
- 公路
- 小径
- 山羊小径
- 古道
- 主要等高线

途径的话。德尔斐神谕曾经小心翼翼地向斯巴达人暗示过这样的解决方案。就像德国在1939—1940年对欧洲的侵略一样,波斯侵略也带来一些道德和良心的两难困境。

波斯人在特拉基斯附近扎下营地,位于斯珀凯欧斯河与阿索波斯河之间,他们可能还同时占领了安泰拉(参见第171页的地图)。正如人们所能预料的那样,薛西斯的第一步是侦察敌人的位置。一名波斯骑兵悄悄地走向温泉关。没有人试图干涉他的活动,也没有人发出信号提醒他的到来。他没看见希腊人的大营,因为希腊人的营地都隐藏在莱奥尼达斯的防卫墙之后;因而,面对这支波斯人即将攻击的希腊军队,他根本无法准确估算其规模。但是,他真正看见的东西,却令他感到讶异。一群斯巴达人聚集在卫墙前面。他们有一部分人已经脱光衣服准备操练,其他人像现在的马塞或祖鲁武士,正忙于梳理和摆弄他们的头发。此情此景,波斯探子简直是闻所未闻;在他看来,这些行为纯粹就是荒唐,薛西斯在听了他的报告之后也完全持同样的看法。另一方面,在伊朗高原长大的人面对这样一座高山隘口,不会看不出其易守难攻的优势。这才是他带回去的真正信息,这个信息让薛西斯陷入了某种困境。很明显,使用舰队是他的不二选择,如果他能在海上赢得胜利,莱奥尼达斯就只能选择撤退或战死。然而,舰队尚未现身,根据现在正在肆虐的风暴来判断,即便舰队抵达了,也不具备立即投入战斗的条件。还有什么选择呢?同样明显的是,最有希望的替代方案是从侧翼包围敌人,但是,波斯侦察部队并未找到可行的路线。薛西斯不想让他的部队在阿索波斯河谷中被人宰杀(参见上文第156—157页),但他又不知道卡里德罗莫斯山的小路。可以通过承诺优待而收买希腊人投降吗?没多少成功的希望，但值得尝试，在最终的刺刀见红之前，任何方法都值得尝试一下。

就这样，波斯大王派传令官去与莱奥尼达斯谈判，顺便搞清楚希腊人的士气状况。（通过谈判，也能获准进入希腊人隐蔽极好的营地，观察其内部状况。）狄奥多洛斯记载了——可能引自埃弗鲁斯——波斯人的声明（11.5.4-5）："国王薛西斯命令所有人都放下武器，然后不受任何伤害地回到他们自己的国家去，做波斯人的盟友；所有能够这样做的希腊人，他都会给予他们更多更好的土地，超过现在拥有的。"这句套话曾经在希腊北部城邦中产生了极好的效果，这次还能管用吗？非常明显的是，波斯人的声明在希腊盟军中引发了分歧。希罗多德透露，不少人开始怀疑他们是否有能力守住这座隘口，他们举行了一次会议，"郑重考虑撤退的建议"。伯罗奔尼撒人旧调重弹，提议放弃希腊北部，退守科林斯地峡。不会令人感到意外的是，这个提议遭到佛西斯人和洛克里斯人的激烈抗议，因为这将使他们被抛弃，独自面对薛西斯的怒火；如果守军里有雅典人，他们无疑也会同样激烈地反对该提议。莱奥尼达斯发表意见，明确反对撤退，最后他的意见获胜。同时，他派人回去要求尽快派遣援兵，"因为他的战士太少，不足以对付波斯人"。然后，他答复了正在等待回话的波斯来使。"如果我们是波斯大王的盟友，"他告诉他们，"我们手握武器会更有用；如果我们是大王的敌人，我们只有为我们的自由英勇战斗，才能保住它们；至于他承诺赠予我们的土地，希腊人从他们的祖先那里学到的道理是：我们夺取土地，应该凭的是勇气，而非怯懦。"这段话可能有一定的修辞性的虚构成分，但符合当时的情景。

收到这样毫不妥协的答复之后,薛西斯再次做了一件显然非常合理的事情:他召来了他的希腊事务参谋德玛拉图斯,详细问询了扼守隘口的这些人的战斗精神和作战技巧。如果我们能信任希罗多德,德玛拉图斯的答复就是对传说中斯巴达人的强大战斗能力的一曲嘹亮的颂歌。毕竟,他是斯巴达人,没有理由不添油加醋。更令人信服的是狄奥多洛斯通过德玛拉图斯发表的议论:他告诉薛西斯,"你本人又不是没见识过希腊人的勇气,你曾经使用希腊雇佣军镇压过这些暴动的野蛮人"——这话说得过于接近真相,就变成了令人不舒服的冷酷嘲笑。然而,两种记述都说薛西斯并未被德玛拉图斯说服,他难以相信规模如此小的一支军队(看来波斯传令官看到了足够多的信息)竟敢与他的大军对垒。如果这就是事实,波斯大王随后的行为就显得非常奇怪:至少有三天时间,他没有采取任何行动。但是,薛西斯在人们心目中的"僭妄"形象很容易使人们丧失判断力,甚至连希罗多德也很难避免,尤其在当前这样的场合。如果我们忽视这种具有宣传目的的叙述,仅从事实来分析的话,薛西斯的"耽搁"是很有意义的。薛西斯绝非希腊历史学家笔下的那种鲁莽的笨蛋,实际上,他很看重德玛拉图斯对斯巴达人的评价。如果敌人真的那么难对付,那静待舰队投入战斗就是更为理性的选择——或者能找到翻过山梁的另一条道路。另一方面,耽搁太久将会制造出新的问题,首先就是物资给养。莱奥尼达斯已经将平原地区洗劫一空,至多等了四五天,波斯人就开始出现了给养匮乏的问题。

第二天,也就是8月15日,温泉关前的局面仍然保持着平静,双方都谨慎地观察着对方。薛西斯舰队遭遇的风暴暂时抵消了希腊舰队不在阿尔特米西乌姆的影响,即便如此,当舰队最终在次日早晨(8月16日)从卡尔基斯返回然后向东进入波涛汹涌的马格尼西亚海峡的时候,莱奥尼达斯肯定松了一口气。风暴已近尾声,他们相对轻松地通过了海峡。另一方面,他们耽误了几个小时,也错失了俘获处于严重劣势的波斯舰队的千载难逢之良机。风一停,薛西斯的舰队司令官就重新启动了他们的战船——或者是那些仍然还能航行的船只*——向南航行,绕过塞皮阿斯海角,驶向他们的新海军基地阿菲塔伊。经过风暴的洗礼,它们排成一列,士气低落,队形散乱,如果遇到猛烈的攻击,必然惨败无疑。然而,到希腊人抵达阿尔特米西乌姆的时候,这些七零八落的波斯舰队大部分都已经安全进入了港口,地米斯托克利获得的全部战果就是掉在后面的一支有15艘船的小分队,它的指挥官不幸地误将希腊人当作了友军。(为波斯大王效力的海军有爱奥尼亚人和赫勒斯滂地区的队伍,肯定非常容易出现这样的误会。)在受到细致的审讯之后,全部战俘都被护送回了位于科林斯的盟军总司令部。

到8月16日夜,薛西斯肯定已经明白,即使拼尽全力,要想修理这些遭遇风暴袭击的战船而使其具备重新投入战斗的条件,也得再花掉两天两夜的时间。延迟进攻本来纯属被迫,但他现在

---

\* 希罗多德(7.190)估算波斯舰队在风暴中损失了400艘战船,但这个数字可能只是表达了波斯舰队总规模(在抵达多利斯库斯之前是1207艘)的一个百分比,他真正想告诉人们的是"波斯舰队损毁了三分之一的战船"。如果离开多利斯库斯之后的波斯舰队规模在650艘上下(参见上文第84—86页),在这一地区遭遇风暴毁的战船就是200艘,不包括辅助性船只在内。或许,这些损毁的战船中有50艘随后得到修理,那么波斯舰队就剩下了500艘。关于近来的学术讨论,参见Hignett, XIG, p. 345 ff。

开始谋划变被动为优势的战术。在8月16日到17日的夜里，当船坞仍然在忙碌的时候，一支由200艘船组成的特遣队——它们中的一大部分很有可能是辎重船\*——起航执行一个大胆而危险的任务。它们首先向东北方航行，穿过斯基亚托斯海峡，以迷惑希腊巡逻船，掩饰它们的最终目的地。但是，当它们绕过斯基亚托斯后，它们又转向南方，沿着优卑亚的东海岸向下驶去。它们得到的命令是从南部进入尤里普斯海峡（优卑亚岛与希腊本土之间的海上通道），然后驶向卡尔基斯。"通过这么做，"希罗多德说，"它们希望能够包围希腊人，一支舰队从后面攻击他们，堵住他们的退路，余下的战船从前面发起攻击。"前后必须同时发动攻击，以一支位于尤里普斯海峡入口处的分遣队发出的信号为准。要达到这样的目的，需要航行200英里，大概40多个小时。波斯人的前后夹攻行动最早也只能在8月19日的早晨开始。

尽管之前遭受了严重损失，这时的波斯舰队的规模可能仍然超过希腊舰队，大约是五比三的样子。在8月16日到17日期间，双方都派出了密集的侦察巡逻队：这项任务较为轻松，因为阿尔特米西乌姆和阿菲塔伊在海峡的两边，彼此可以直接看到对方。面对战船数量比他们少很多的对手，波斯人公然表示蔑视：根据

---

\* 有一种观点经常被人们提到（最近提到这种观点的著作见 Hignett, XIG, pp. 173-4, 386-92）：这段历史纯属捏造，之所以如此，部分目的是缩小薛西斯舰队的可用战船的比例。这些很独特的批评意见的一个主要看法就是波斯人永远不会派遣200艘三列桨战船——正常情况下，它们必须依靠友好的海岸地区来补充淡水和补给——去环航敌对的优卑亚岛，那样的话，至少会有4天时间与基地失去联系。我倾向于认为希罗多德不会以如此荒唐的方式编造历史，波斯人不是傻子，他们会带足够的补给。就这次行动而言，波斯人的"真实战力"不会超过150艘战船。

希罗多德的说法，他们之所以在尤里普斯海峡采用夹攻战术，目的就是防止希腊人在夜幕的掩护下逃跑。波斯大王的如意算盘是决不允许一艘敌舰、一个敌军士兵逃走。就希腊人自己来说，他们看到对面敌军大舰队的规模感到非常吃惊，尤其是欧里比亚德和伯罗奔尼撒分队。风暴不够大，持续时间也不够长。于是，希腊人再次开始认真讨论放弃阿尔特米西乌姆（而且大概也包括同时弃守温泉关）和撤退到"希腊内陆地区"的问题。

次日（8月17日）一早，有一个名叫斯库里亚斯（Scyllias）的职业潜水者抵达了阿尔特米西乌姆，他在夜幕掩护下从阿菲塔伊通过游泳或划桨的方式横渡了海峡。斯库里亚斯是个喜欢吹牛的人，他孜孜不倦地用各种动听和夸张的故事推销他自己。他曾经为波斯人做过海上打捞工作，在此过程中给自己捞取了不少财货。为了讨好希腊指挥官，他声称在风暴发生的时候，他和女儿正在水下1到2英寻的位置割断波斯战船的锚缆——地米斯托克利无疑是带着怀疑的态度对待这个故事的，但它并不比此人宣称自己从阿菲塔伊出发在水下一口气游了10英里更荒诞。另一方面，斯库里亚斯也的确给他带来一些重要情报。他向希腊人透露了相当准确的波斯战船损毁数目；更重要的是，他完全知晓从斯基亚托斯向南冲去的那支不知去向的舰队的情况。当欧里比亚德知道这个情况之后，"他的第一反应"，普鲁塔克说，"是想走最近的路返回希腊，回到伯罗奔尼撒，然后用他的陆军来保护舰队，因为他觉得波斯人在海上是不可战胜的"。这样看来，他或许并不是希腊海军总司令的最佳人选。

古代人几乎没有什么保密意识，没过多久，欧里比亚德的意图就在当地变得人尽皆知，从而引起当地人的阵阵恐慌，他们担心一旦希腊人撤退，优卑亚就会任由薛西斯的军队进行报复性的蹂躏。当地人派出主要公民代表团去找斯巴达将军，恳求他不要过早撤出阿尔特米西乌姆，至少等到他们将女人和孩子转移到安全地带。欧里比亚德没有给他们任何保证，他们在绝望之下向地米斯托克利求助。他们委托一个叫佩拉贡（Pelagon）的自己人携带一笔巨款——30塔兰特，相当于超过7000英镑——私下里将之都送给了这位雅典将军，但要求他想办法让希腊舰队保持在原地不动，以缓解波斯侵略军的威胁。这正是地米斯托克利决心要做的事情，他对优卑亚人的提议深表同情，收下了他们的钱，并承诺将会全力支持他们。以一种典型的玩世不恭的洞察力，他似乎把每个人的价格都精确地算出来了。5个塔兰特——就像这是地米斯托克利亲自馈赠的礼物一样——足以使欧里比亚德改变立场，然后大多数其他指挥官也加入了行列。

然而，仍有一些顽固的人，这些人里有一位科林斯海军将领阿戴曼托斯（Adeimantus），他威胁要撤军，无论其他人撤还是不撤。因此，地米斯托克利就宣称，他愿意付给阿戴曼托斯的钱比他因放弃希腊人而从薛西斯那里得到的钱还要多。希罗多德的相关记载（8.5）表明，这种带有"人身攻击"（argumentum ad hominem）意味的事情被刻意公布出来。然后，3个塔兰特的银子被送到了阿戴曼托斯的旗舰上，当即赢得了他的合作。还有一个事件，普鲁塔克（Them. 7.5）用无与伦比的文笔记录了它，值得原文照录：

地米斯托克利受到他的同胞阿基特勒斯的激烈反对，可是，这个雅典公共"圣船"的船长却因为拿不出钱来支付军饷而急于返航回国。地米斯托克利见此情况就鼓动其船员进一步去反对他。这些人就冲向阿基特勒斯，抢走了他的晚餐。正当阿基特勒斯对此感到沮丧和愤慨的时候，地米斯托克利给他送来装在盒子里的一份晚餐，里面有面包和肉，盒底上放了一根银条，并且告诉他立即进餐，并于翌日偿清船员的饷银；否则，他说，他就要公开谴责他是从敌人手里接受贿款的人。

这段话有很多有意思的细节。对现代官僚政府来说，这则轶事中体现的糟糕的财务规划令人难以置信，但这就是公元前5世纪希腊的正常状况，而非例外：在本书叙述的这段时期内，这就是常态（参见下文第216页）。经济上的天真态度是希腊历史场景的一个基本元素。我们完全不需要怀疑，地米斯托克利用来劝服这个拒不服从的雅典人的那些威胁，同样也可以用来对付阿戴曼托斯和欧里比亚德，而且行之有效。那种特殊类型的诽谤非常难以反驳：有一些泥点肯定会沾在身上。无论如何，地米斯托克利达到了目的，而且成本极低。他手里净剩21塔兰特，而他的同僚指挥官们根本不知道这笔钱的存在。他履行完自己在这些交易中的义务之后，就轻易地将这笔意外之财装到自己口袋里了。*

---

\* 英、美、德等国学者对这一事件的普遍态度很有启发性。他们大部分人都将其作为一个耸人听闻的事情忽略掉：他们认为，阿戴曼托斯在萨拉米斯作战英勇，为何又在阿尔特米西乌姆表现得如此怯懦？然而，他们有可能是战略构想有问题，这不一定就是怯懦。总的来说，欧里比亚德和阿戴曼托斯可能都真诚地相信科林斯地峡防线才更可靠。在这里，现代学者的后见之明具有误导性。但是，我怀疑，这种现象的真正根源在于盎格鲁-撒克逊人对这种贿赂行为的深恶痛绝（完全不同于地中海周边）。法国、意大利和现代希腊史家们似乎能更坦然地看待地米斯托克利的贿赂行为；他们从未指望他以及他的同僚指挥官们能在危急时刻表现出坚定不移、廉洁奉公或者团队精神。

一旦做出了坚守阿尔特米西乌姆的决定（我们注意到，这个决定是独立于莱奥尼达斯做出的：最快的快船也无法在12小时之内在他们之间往返一趟），他们就马上举行了军事会议。斯库里亚斯的情报使得希腊人不得不加快行动。我们对于随后发生的冗长辩论几乎一无所知，我们确实拥有的辩论细节被普遍认为是混乱和不可靠的。在当时那样的情境下，或许，更明智的做法是重新考虑希腊指挥官真实面临的战略困境，然后思考他们最可能以哪种方式去应对。他们确实面临着退路从南面被切断的危险；一支规模远胜于他们的敌方舰队已经横亘在海峡之间，随时准备开战。考虑到这两点，他们必须要不惜一切代价避免被拖入两线作战的境地。身处陷阱之中，必须得有一个逃生口。他们不得不分别对付薛西斯的主力舰队和负责侧翼包抄的分遣舰队；他们必须尽可能地不让两支舰队知道己方的动向以及准确的军事情报。他们已经知晓波斯的一支分遣舰队正在切断他们的退路，但波斯人仍以为自己可以出奇制胜。地米斯托克利在预先防备敌人的行动这件事一旦变得人尽皆知，他就失去了王牌。考虑到这些因素，他们如果想防止后路被断，最应该采取的防御措施是在卡尔基斯封锁尤里普斯海峡，而这并不需要多少战船和人员——这是至关重要的一点。同时，他们也应该采取行动去袭扰停泊在阿菲塔伊的波斯主力舰队。在何时何地采取何种行动属于战术讨论范畴，但是上文列出的几个因素必定构成了指挥层面的任何辩论的基础。只要牢记这一点，我们就会发现我们拥有的史料也并不是那么令人绝望。

至于来自南面的威胁，根据希罗多德的说法，希腊人决定"停留在原地不动，直到午夜，然后就出海前去迎战正在赶来尤里普斯海峡的波斯舰队"。现在已经是 8 月 17 日正午时分，正如我们所见（参见上文第 176 页），薛西斯负责包抄的分遣舰队会发现已经很难在 19 日早晨之前抵达卡尔基斯。学者们经常认为希罗多德说的是"波斯的整支舰队"被派往南部封锁海峡出口；但是，相关段落里没有任何一个字能证明这样一种不太可能的假设。将这一重要行动推迟到午夜以后，在气象条件上并不存在任何困难。接下来的 48 小时，将会迎来月圆。对于一次只有完全保密才有机会获得胜利的军事行动而言，等到月落之后再出发只是最基本的常识。在一个晴朗的月夜，阿尔特米西乌姆的每一点行动都会被海峡对岸的瞭望哨看得清清楚楚。我们不必怀疑，他们当即派出一条快艇，先于大部队出发，前去向在阿提卡沿岸巡逻的雅典分队示警。一艘船向南行驶并不会引起怀疑：实际上，阿尔特米西乌姆与雅典和科林斯地峡的一般通信联系渠道必定保证了这条路线上的交通相当正常。

现在还有一个更为紧迫的问题，那就是对波斯的主力舰队采取什么行动。希腊指挥官出人意料地一致强烈支持按兵不动，只有地米斯托克利除外。他们主张，保持防御阵形，原地不动。让薛西斯的海军来迈出第一步。只有地米斯托克利主张立即进攻。斯库里亚斯的情报已经表明，波斯舰队在风暴中受到严重损毁，士气低落：为何还要留给敌人恢复元气的时间？另外，希腊舰队拥有集中和单一基地的优势，而波斯各分队则散落于沿岸的很多锚地。如果他们以密集队形冲出去，就可以将各波斯分队逐个击破，很可能会在其他分队赶来救援之前就获得速胜。无论如何，这是他们测试敌人的海上技战术水平的绝好机会，尤其是爱奥尼亚人的"穿刺"战术，这种战术（Morrison and Williams, p. 137）

被描述为"一队战船排成纵列……冲向排成横列的敌军舰队……并冲过其船只之间的缝隙"。不出所料,他的提议并不受欢迎,但最终他们达成了一个妥协方案。次日下午晚些时候之前,希腊人按兵不动。如果到那时敌军仍然没有发动进攻,地米斯托克利就可以按照他的计划来行动。夜晚将为这样的行动提供非常便利的条件,万一行动失败,夜色就可以掩护他们免受敌军追击。[5]

波斯人并未向阿尔特米西乌姆进攻:只要他们完成全部修理工作,并重组能够全力参加战斗的船只,就有足够的时间消灭这个微不足道的对手。因此,在8月18日下午四五点钟的时候,希腊舰队以紧密战斗队形横渡海峡出击,这很可能是薛西斯的海军大将们认为最不可能发生的事情。"由于蛮族人从很多港口冲了出来,"埃弗鲁斯说,"地米斯托克利从一开始就与分散的波斯人开始交手,击沉了很多船,他逼迫不少波斯战船掉头逃跑,并一直将其追击到陆地为止。"然而,他的优势只持续到各支波斯分队有时间在统一指挥下集合起来。实际上,波斯人的数量优势是如此之大,薛西斯轻快的腓尼基战船与笨重的希腊战船的区别是如此明显,以至于波斯人都认为地米斯托克利肯定是失去理智了。他们现在尝试的战术并不是"穿刺"——为对付该战术,地米斯托克利已经将他的战船排列得更为紧密——而是"走圈"(*periplous*)战术,即做环形运动。希腊人则依靠他们的高超海战技巧,以被称为"圆环"(*kyklos*)的"刺猬"战术来应对。一艘接一艘的战船呈放射状向外扩散,直到整支舰队重新组合成为一个巨大的圆轮,所有的战船都是面朝敌人,尾部朝内聚拢。就以这样的阵形为基础,他们开始向外移动,发起攻击。这是一场不分胜负的苦战,每一方都在战线的某一部分占了上风,但不管希腊人还是波斯人都没有能够赢得决定性的胜利。黄昏时分，战斗中断，希腊人已经捕获了30艘敌船：这些战船很可能来自塞浦路斯舰队，因为在他们抓获的俘虏中有萨拉米斯*国王的兄弟。战役结束后，至少有一位为波斯大王服役的希腊人转而效忠希腊人，即勒姆诺斯的安提多鲁斯（Antidorus of Lemnos）——这是狂风中的一根令人感到鼓舞的稻草。

同一日的早晨（8月18日），薛西斯终于决定要对温泉关的莱奥尼达斯发起正面进攻。波斯大王已经等了4天，结果白等了。舰队未能取得预期的突破。密集的侦察并未找到翻越卡里德罗莫斯山的另一条道路。蹂躏波斯舰队的风暴和大雨一定也严重妨碍了陆军的活动。波斯大军一直在一个团接一个团地从拉米亚横穿平原，需要吃饭的嘴巴越来越多。粮食开始短缺，而且，如果现代的斯珀凯欧斯河和阿索波斯河的夏季状态值得参考的话，他们很可能也开始缺水。从各方面来看，薛西斯都陷入了困境。必须攻克温泉关，不幸的是，现在只有一条路可走，薛西斯只能尝试通过这条路去征服希腊人。从正面进攻莱奥尼达斯是一种残酷、艰难而且基本无效的战术，它削弱了波斯军队在人数上的压倒性优势。尽管有希罗多德的夸大之词，薛西斯肯定非常不情愿下达这样的进攻命令。埃弗鲁斯对他最初挑选突击部队给出了很有启发的评论：

……他将米底人放在队伍的最前列，一是因为他从理性

---

\* 塞浦路斯东海岸的一座城市；不要与萨罗尼克湾的同名岛屿混淆。

> 上来讲更喜欢他们的勇敢，二是因为他也希望他们在战场上阵亡；因为米底人仍然保持着一种骄傲的精神，这是他们祖先们的战绩带来的一种优越感，直到最近才被降服。而且，他也深谋远虑地将那些在马拉松阵亡的将士们的兄弟和儿子与米底人共同组成突击队，相信他们将会怒火万丈地向希腊人复仇。(Diod. 11.6.3–4)

不过，不管薛西斯的部队有多么坚定，他们在近身格斗时都面临着无法克服的障碍，即武器和盔甲的低劣。他们的长矛——不如说是标枪——没有希腊人的长；他们的大柳条盾可以使他们在空旷的野外更为迅捷地移动，但在人员稠密、当面厮杀的战场上无法有效地保护他们。而在这方面，希腊人用来保护全身的大盾和厚重的防护盔甲则拥有全方位的优势。

这样，争夺温泉关的战斗就在凉爽的8月清晨开始了。米底人像潮水一般冲向斯巴达人的盾墙。波斯人伤亡巨大，这是意料之中的：一旦有人倒下，另一个人就会冲上前去占住他的位置，"尽管损失惊人，[米底人]拒绝退下"。(希罗多德如是说，这反过来驳斥了他自己关于薛西斯"在他的军队中确实有很多人，但没几个战士"的刻薄评论。)最后，米底军团遭到重创，失去战斗力，只好退出前线，基西亚人和萨凯人的部落军团顶了上来。埃弗鲁斯说，这些部队"刚刚加入战团之后，以为他们面对的是一支已经快要被耗尽力气的部队，很快就能结束战斗"。之后，就是已经老生常谈的故事。莱奥尼达斯的铁血老兵们尽管身体已经疲累之极，仍旧保持着使他们传颂于全希腊的令人敬畏的阅兵式纪律。他们甚至一度成功实施了最危险的战术，即佯装撤退，当追击者队形散乱之后，再杀个回马枪，屠戮了大量敌军士兵。据说，观战的薛西斯愤怒之极，从宝座上跳起来三次。现在，隘口前面已经遍布尸体，斯巴达人根本没有要崩溃的迹象。最终，波斯大王派出了他著名的禁卫军"万人不死队"，由叙达尼斯指挥。然而，在短暂而激烈的战斗过后，这支队伍也败下阵来。夜幕开始降临，薛西斯决定放弃进攻，至少那天如此。

天黑后没多久，又开始刮起了另一场风暴——这次不是美尔丹风，而是西罗科风（sirocco）——同时还有瓢泼大雨和从佩里翁山方向传来的爆裂雷鸣。尸体、桅杆以及各种漂浮物都被冲向了海峡上游的阿菲塔伊，从那些停泊在外海的波斯战船前面漂过，甚至弄脏了正在海峡巡逻的警戒船的桨叶。所有这些，再加上雷电和大雨，都出现在一场激烈的海战之后，波斯海军的船员出现了恐慌。更糟糕的是，西罗科风将一些在开阔水域航行的船只吹到岩石上，使它们沉入海底。正在环绕优卑亚岛航行的舰队也遭遇了相似的命运。风暴来袭的时候，它们正在岛屿南端附近（大概水手们被命令日夜不停地轮番划桨），已经抵达了卡律斯托斯附近的被称作"洼地"的海岸地带。西罗科风从南方呼啸而来，瓢泼大雨模糊了波斯人的视线，他们除了盲目航行，什么也做不了。很多船撞在了一起，其余的则被大风吹进了优卑亚海峡。希罗多德说这一支波斯舰队全军覆没。他虔诚地说，"天神的确是在想尽办法地削减波斯舰队的实力优势，使其降到希腊人的水准"，但这种说法实在是过于一厢情愿。更有可能的是，这支波斯舰队的一大部分都在亲波斯的卡律斯托斯找到了避难所（在公元前490年的战役中，卡律斯托斯支持了波斯），然后在主力舰队南下的时候与其会合。

那些驶入尤里普斯海峡的波斯船只发现等待它们的是更多的麻烦。那天早晨接到警报之后（参见上文第181页），雅典守卫阿提卡的分遣舰队就立即掉头向北，去支援防御卡尔基斯附近的海峡:\* 这是一个英明的决定，因为他们手里仅有53艘战船，单凭这点实力，根本不可能在开阔水域抵挡住规模至少是他们两倍多的一支舰队。一定是这支舰队在途中俘获了一些落单的波斯三列桨战船，在审问了俘虏之后，他们的指挥官立刻意识到所发生的一切的全部意义。此时已经到了午夜时分：他们没有任何犹豫，舰队立即就起航，驶向80英里外的阿尔特米西乌姆。借助西罗科风，他们加快了速度，创造了最短时间纪录。到8月19日中午，地米斯托克利和欧里比亚德就知道南部的交通线面临的威胁已经被彻底排除。受到这个消息的极大鼓舞，再加上53艘战船的加入，他们继续不断地实施打了就跑的袭扰战术。夜幕来临之前，他们突袭了薛西斯的奇里乞亚舰队，使其大量战船失去行动能力，然后就撤回阿尔特米西乌姆——这一次，他们根本没有给波斯人进行全面接战的机会。连续两日的两次小胜是希腊人急需的好消息，大大提升了海军士气；莱奥尼达斯在温泉关遭受敌人猛攻的消息也加剧了他们的紧迫感。

---

\* 根据 Hdt. 8.13-14，再结合一般的"战记"，我们可以这样推论：薛西斯的优卑亚分遣舰队的出事时间不早于8月18日夜间8至9点，到次日中午左右，雅典的分遣舰队就带着这个消息抵达了阿尔特米西乌姆。从卡尔基斯到这里的距离是75—80英里，顺风加上整夜划桨，他们可以做到这一点。但是，安德罗斯海峡距离这里有130多英里，这就是完全不可能做到的了。

8月19日上午，薛西斯开始对温泉关发动第二轮进攻。这一次，他组建了一个特殊的军团，成员都是一些"以勇猛著称的人"。他给他们进行的正式训话是典型的胡萝卜加大棒：如果他们能攻下温泉关，就将获得丰厚的奖赏，如果他们溃散而且逃跑，就将被处决。正如希罗多德所说，波斯大王也估量着希腊人"人数如此之少，伤病可能已经使他们失去战斗力，无法再抵抗下去了"。事实证明，这样的评估极其错误。希腊各地的地方部队仍然充满斗志地轮流在前线战斗——只有佛西斯人例外，他们仍在守卫着卡里德罗莫斯山上至关重要的山路。根据埃弗鲁斯的说法，一些战士爱国热情高涨，拒绝撤下，我觉得没有理由认为这个细节仅仅是一种修辞。当薛西斯亲自挑选出来的精兵强将也转身逃跑的时候，"后方的预备役蛮族人"堵住了他们的退路，要求他们返回隘口：这与海明威对意大利人从卡伯雷托撤退期间遭遇的宪兵活动的描述有相似之处。最终，薛西斯被迫再次取消进攻。显然，到这时，波斯人的士气实际上已经低落到极点，而薛西斯本人"也非常沮丧，觉得不会有人再有勇气投入战场"。这个无法打破的僵局使他备感挫折，他不知道接下来应该怎么办。

正在这样的关键时刻，一位名叫埃菲阿尔特（Ephialtes）的马里斯人来找波斯大王：这就是一个上天派来的魔鬼（*diabolus ex machina*），就像打扰柯勒律治的不速之客一样，出现得正是时候\*。希罗多德说："他乃是为丰厚的奖赏而来，向大王透露了可以

---

\* 柯勒律治是英国著名诗人。1797年夏天，他在一个村庄里住着，睡梦中得到了灵感，醒来后就奋笔疾书，开始创作《忽必烈汗》。正在这时，一位不速之客闯入，打断他的回忆式创作，客人走后，剩下的句子就再也想不起来了。——译者注

翻山抵达温泉关的小路。"按照传统说法，有好几个其他名字与这次背叛行为有关：一个来自卡律斯托斯，另一个来自附近的安提库拉，还有两个特拉基斯人。很可能这些人中的任何一个都自愿提供了与翻越卡里德罗莫斯山的路线有关的情报，但是只有埃菲阿尔特准备在夜里带领波斯军队走小路去包围希腊人（尽管如此，他们仍然有满月的帮助），就像希罗多德所说，"我记录下他的名字，永远的罪人"。可以想象，薛西斯很高兴：当他几乎已经黔驴技穷的时候，他寻找已久的小路终于出现了，代价是如此之大。\*

他立即派人送信给不死队的指挥官叙达尼斯。在经过两天的苦战之后，鉴于这次行动是如此危险，只有经验丰富的职业军队值得信任，而那些士气低落的征兵或未经训练的野蛮部落民不仅无用，甚至有负面作用。薛西斯仔细地向叙达尼斯简述了埃菲阿尔特的情报，命令他在黄昏时分出发，"大约在晚灯刚刚点亮的时候"。翻山需要花费整夜的时间，而在途中遭遇敌军的危险总是存在的，尽管波斯人实际上似乎并不知道在帕莱奥德拉科斯皮利亚上方有一支佛西斯人的部队。如果一切都进展顺利，叙达尼斯将会在上午10点左右抵达阿尔伯尼，然后在莱奥尼达斯忙于应付当面之敌的时候，立刻从后方对后者展开攻击。关于叙达尼斯带了多少人的问题，古代史料和现代学者存在很大的分歧，前者夸大他们的数量，后者则低估此数。最简单也是最可信的一种观点认为万人不死队全体参加了这次行动。到这时，薛西斯对莱奥尼达斯守军的总兵力已经有了比较准确的估算，他不可能不派出一支

---

\* 我不能接受希格内特的论点（XIG, p. 145）：薛西斯预先知道阿诺佩亚（Anopaea）小路，但只有在直接进攻不能奏效的时候才会使用它。波斯大王不是一个喜欢无谓浪费军力的人。

规模远远超出这些勇猛善战的希腊战士的军队，以便能够凭借人数优势取胜。

波斯人在山上攀爬了一整夜。到黎明时分，他们正在沿着聂夫洛波利斯附近的山坡行军（参见第171页的地图），从浓密的橡树林中穿过。近来的风暴从树上吹落了大量的干树叶，当叙达尼斯的万人不死队行进的时候，发出很大的沙沙声。此时，万籁俱静，没有一丝风，这些靴子踢动树叶的声音似乎在提醒佛西斯人有一支大军正在向他们迫近。（人们好奇的是，他们的哨兵怎么了？警戒哪里去了？）当叙达尼斯进攻他们的时候，他们还没有穿戴好盔甲。他刚开始还比较警惕，以为守军是斯巴达人。了解到实情之后，他命令他的弓箭手列阵——佛西斯人露宿在一片开阔的草地上——发起一阵非常密集的弓箭齐射，佛西斯人非常可耻地安全退却到了附近的一座山头上面。打开前进的道路之后，叙达尼斯没有再进一步对付佛西斯人，而是沿着通往帕莱奥德拉科斯皮利亚的小路继续向前推进。于他而言，显然运气相当不错。如果通往聂夫洛波利斯的道路有人驻守，他成功的希望就很渺茫了。

天还没亮的时候，斯巴达人就知道了叙达尼斯的包抄行动，但很可能是在叙达尼斯遭遇佛西斯人之前没多久，否则莱奥尼达斯肯定会火速向卡里德罗莫斯山的峰顶派遣增援力量。情报来自逃兵，也就是那些在危机中突然产生了民族意识的爱奥尼亚希腊人。[*] 即使在这种情况下，一支从当地征召的与敌人处于1比10的劣势的军队似乎也不太可能阻挡万人不死队。麦吉斯提阿斯

---

[*] 埃弗鲁斯（Diod. 11.8.5）提到了库麦的提尔拉斯提亚达斯（Tyrrhastiadas of Cyme）；由于库麦是埃弗鲁斯的出生地，这些从当地传统说法中提取出来的细节可能是真实的。

（Megistias）据说是来自麦兰普斯（Melampus）家族的一位预言家，他一点儿也不意外地从祭品牺牲中看出了死亡气息。莱奥尼达斯命令他离开温泉关——证明斯巴达人之虔诚的又一事例——但他拒绝离开，只是将自己在守军中服役的独子打发走了。数种史料[6]都记载，莱奥尼达斯在天还没亮的时候对薛西斯的指挥部发动了一次自杀性的袭击，就这样阵亡了。毫无疑问，这则轶事是毫无根据的无稽之谈，历来受到史家们的讥讽，但仍然包含了一定的事实基础。如果莱奥尼达斯知道温泉关已经被出卖，他很可能会派一群死士去刺杀波斯大王，这样或许会提前结束战争。除了生命，他们没有什么可失去的；如果那些逃兵说的是真的，他们也肯定会失去生命。彻底不考虑这些传统说法可能稍嫌鲁莽。一千年后的历史学家们又会觉得英国长程沙漠部队在1942年试图取隆美尔性命之事有多少可信度？

天色刚亮不久，莱奥尼达斯的哨兵就从山坡上急忙跑下来报信了。叙达尼斯已经成功穿越，用不了几个小时，温泉关就会陷入绝境。希罗多德记载，面对这样的境况，"人们出现了分歧，一些人主张毫不犹豫地弃守阵地，另一些人的主张恰恰相反。结果就是军队一分为二，一部分人四散而去，返回各自的家乡，而另一些人则留下来，准备与莱奥尼达斯一起坚守阵地"。这个版本的说法很少被人引用，实际上，希罗多德自己立即又给出了另一个很有影响力的说法（一位现代史家刻薄地称之为"温泉关传奇"），这个说法在古代和现代都完全掩盖了另一种说法。根据所谓传奇的说法，莱奥尼达斯在最后战斗发生之前打发走了他的伯罗奔尼撒和当地盟友，不愿无谓牺牲掉这些优秀战士的生命，而他自己"与他的300名斯巴达战士留在后面坚持战斗并英勇献身，从而彻底实现了德尔斐神谕的预言"（参见上文第94—95页）。[7] 有鉴于此，我们可以反问，他为何不顾自己的命令而将底比斯人和铁斯皮亚人留在身边共同罹难呢？据说，前者是被强行留下的，莱奥尼达斯扣住他们作人质。早在很久之前，普鲁塔克就驳斥了这种诋毁温泉关勇士们的传说。他非常尖锐地指出，如果是这样的话，莱奥尼达斯最好还是让他们与撤退的伯罗奔尼撒军团一起相伴而离开。（我们应该记得，他们都是底比斯政府的政敌，回到家乡并没有什么好下场。）至于铁斯皮亚人，我们被要求相信他们之所以违抗命令，只是坚持要留下与莱奥尼达斯共患难而已。

当然，真相要简单得多，而且莱奥尼达斯本人的信誉丝毫没有因之受损，但它可能会影响他的盟友们的声誉。不管是铁斯皮亚人，还是底比斯人，他们之所以留下共赴死难，那是因为他们自愿这样做；在面对大规模叛逃的这一刻，莱奥尼达斯需要尽可能多的志愿者。人们很容易就能想象得到，面色冷峻、头发斑白的斯巴达国王面对这些在他危难时却让他失望的人们一挥手，轻蔑地说了一句"去吧"——而这些人后来为了挽回自己的颜面，就将其描述成一项不可违抗的军令。这样，他的联合部队就一个团接一个团地——帖该亚人、洛克里斯人、曼提尼亚人、科林斯人、奥科美诺斯人和迈锡尼人——沿着山脉与大海之间的狭窄、尘土飞扬的小路撤向南方的安全地带，而将希腊的命运和荣誉留给了莱奥尼达斯。不存在全部撤退的可能性：无论如何，必须尽可能长久地守住温泉关。如果放弃了温泉关，薛西斯的骑兵就会直接切断希腊陆军撤回安全地带的退路。阿尔特米西乌姆的舰队的处境将会变得极度危险。可能最重要的是，如果希腊中部和希腊南部尚未团结一致，还没有准备好与入侵者进行最后决战，那么薛西斯就将不可逆转地获胜，一切都将无可挽回。必须要有一种姿态、一种象征。因此，在知道自己的处境已经毫无希望之后，莱奥尼达斯——没有手忙脚乱，没有豪言壮语——就准备要为拯救希腊而牺牲他自己和他的战士们。从这个角度来看，将温泉关的绝望抵抗看作一种"献身"（devotio）行为无疑是正确的。

盟友离开之后，阵地上陷入一阵沉默。薛西斯已经发布命令，要求他这边要与翻山偷袭的部队同时发起进攻，时间"大约是在广场开始挤满人的时候"——也就是上午9到10点之间。莱奥尼达斯和他现在已经缩减到2000人的小队伍\*吃了一顿丰盛的早餐，填饱肚子，为即将发生的战斗提供能量：国王要求他们多吃点儿，"因为他们要在冥府吃晚餐了"。这时，一个特拉基斯土著跑来希腊大营，给他们带来了关于薛西斯军力部署的最新消息；他提醒希腊人，波斯人能射出的弓箭非常多，连太阳都会被遮住。"太好了，"一位著名的斯巴达妙语者这么回答，"然后我们就能在阴凉处战斗了。"参加最后一战的荣耀——与此相应的是错过此战的耻辱——制造出一些令人动容的事情。莱奥尼达斯先后要求300人团队中的两个人返回斯巴达为他送信，结果两人都表示拒绝。第一个人说道："我随你来这里是为了参加战斗，而不是送信。"第二位则大声宣布："只要我待在这里，我就能出色地完成任务，而只要我待在这里，消息就会更好。"说完之后，他们就拿起盾牌，回到了自己的岗位上。还有两位刚刚从严重的眼睛发炎中康复的人，一位坚持要站到战场的最前线，尽管他几乎瞎了。然而，

---

\* 他们的纸面实力有：300名斯巴达人、900（？）名希洛人、700名铁斯皮亚人、400名底比斯人。这样一来，总数是2300人。如果我们从中减去300名缺勤者和在前两日战斗中负伤的人员，数字就非常接近了。

另一位站在了队伍后面，遭到他的斯巴达同胞的激烈批评，直到普拉提亚战役才洗刷了耻辱。还有一位斯巴达人潘提特斯（Pantites）负责与帖撒利的抵抗派联络，不可避免地缺席了战斗，当他返回家乡之后发现自己的名誉已毁，于是就自杀了。

就这样，莱奥尼达斯和他的战士最后一次准备战斗，他们已经没有什么话可说，沉默不语，耐心地等着 8 月的太阳爬上天穹，他们的影子在变短，空气里充满了百里香和硫黄混合起来的奇怪味道和海边沼泽地飘来的强烈咸味儿。他们中的很多人已经负伤；几乎没有一面盾牌和一顶头盔上没有过去的 48 小时中可怕的战斗的痕迹。到大约 9 点钟的时候，薛西斯的军队开始朝着温泉关的狭窄处前进。莱奥尼达斯已经下定决心要在最后一战中让波斯人付出惨重代价，就下令让他的方阵向前移动，一直越过卫墙，在更广阔的场地展开阵形，这样就有更大的空间屠杀敌人。一旦叙达尼斯和他的不死队从树木覆盖的山坡上冲下来，战斗就会立即结束。看着松树林里不祥的金属反光，莱奥尼达斯知道他所剩的时间不多了。当敌人的第一波进攻开始之后，他们完全将生死置之度外，不顾一切地冲向敌人，投入到这场残酷、血腥和不朽的战斗之中。"侵略者有很多人战死，"希罗多德用适当的简洁笔调写道，然后，他补充说，"在他们的后面，军团指挥官挥舞着鞭子，冷酷地驱使着这些人。"他永远无法抗拒自由－奴役这组对立主题。一些人在小河里溺水而亡，另一些人则倒地后被踩踏而亡，根本不知道是被友军还是敌军踩死的。莱奥尼达斯本人战死后，斯巴达人为争夺他的遗体而疯狂战斗，最后成功将其夺了回来。到了这时，守军的长矛大部分都已经折断，只剩下了手中的短剑和小刀。然后，守军战士们开始互相口传一个已经等了很久的信息:"他们来了。"他们是谁,不必再问。仍然幸存的战士继续保持着整齐的阵形,开始撤退到卫墙后面的一个小土堆上面,这里是温泉关最狭窄的地方。"在这里,他们进行了最后的抵抗,还有剑的用剑,没有剑的就用手和牙齿,直到波斯人从前面卫墙的废墟中和从后面像潮水一般涌来,最终吞没了他们。"值得注意的是,波斯人是用弓箭和投枪吞没他们的,甚至连斯巴达人的双手和牙齿也能使波斯人不敢上前。

到中午时分,战斗结束:很可能在最后一刻,莱奥尼达斯的联络官哈布罗尼库斯收起他的三十桨快船的锚,带着这个糟糕的消息驶向阿尔特米西乌姆。同时,少数主动投降的俘虏(根据希罗多德的说法,战俘全是底比斯人,但考虑到他对底比斯的偏见,应该对这一说法保持警惕)被烙上了"大王的标志"——正如普鲁塔克公正地指出的那样,这是一种可敬的毁容。薛西斯和他的参谋官在下午视察了战场。他们找到莱奥尼达斯的遗体之后,割下他的头颅,插在一根木杆上面——这是一种野蛮而不寻常的姿态,但是斯巴达人给薛西斯带来的麻烦比他料想的要多。与此同时,他一如既往地注意到自己的公共形象,下令将所有的波斯阵亡士兵,除了1000人左右,在人们看不到的地方铲进了匆忙挖好的壕沟,上面覆盖以树叶,再盖上浮土。尽管很想炫耀他的胜利,但薛西斯还是不愿意暴露自己所付出的巨大代价。

在某种程度上,这种姿态是多余的,因为莱奥尼达斯背水一战的荣耀并不能掩盖这样的事实,即希腊人的抵抗战争已经遭遇重大挫折。(在现代历史上,敦刻尔克大撤退可以提供一个具有启发性的类比例子。)温泉关只经过三天的战斗就被攻克了——主要原因在于斯巴达过于谨慎的领袖没能在他们极度需要增援的时候派遣援兵——而通往希腊中部的道路现在畅通无阻了。地米斯托克利的北方防线已经无可挽回地崩溃,因为一旦温泉关陷落,阿尔特米西乌姆的舰队也待不下去了。斯巴达的一位国王横尸战场,德尔菲预言了他的死亡,但这很难让人感到安慰(参见上文第94—95页)。必须要做大量挽回颜面的工作,而且要快。最显而易见的说法是莱奥尼达斯的结局是不可避免的——在这儿,可以随便引用神谕或神谕的一部分内容——他的背水一战事实上是一种"献身"行为,从而使斯巴达赢得神灵的欢心,暂时逃过一劫。西莫尼德斯(Simonides)的颂词具有典范性,可能为后世树立了某种模式:

> 温泉关的阵亡将士
> 生时光荣,死时高贵,
> 祭坛作坟墓,哀思作祭碗,赞歌作祭酒,
> 这样的墓葬不会摧朽,
> 销毁一切的"岁月"无法使它泯灭。
> 这些勇士的陵墓
> 用希腊的威名
> 作卫士,由斯巴达王
> 莱奥尼达斯作见证,他的英勇和名声
> 也是永垂不朽。
>
> (水建馥译)

没有任何令人尴尬的问题被问到:男子气概和美德使其他一切黯然失色。然而,矛盾的是,斯巴达的鼓动家们虽然通过集中

宣扬莱奥尼达斯及其部下的自我牺牲精神而尽量掩盖了他们自己的无能，却在无意中比他们自己所想象的更为接近目标。很快，沮丧感就让位于突然高涨的民族自豪感。莱奥尼达斯的榜样力量跨越了狭隘的地方本位主义，它属于全希腊。从某种意义上来说，只有通过这次辉煌而鼓舞人心的败仗，希腊人在萨拉米斯和普拉提亚才有可能获得胜利，它的精神已经通过莱奥尼达斯及其300名斯巴达同胞具有古典风格——朴素、简约——的墓志铭永远凝固了下来：

> 过客啊，请带话给斯巴达人，
> 说我们踏实地履行了诺言，长眠在这里。

在对莱奥尼达斯发起最后一次进攻的同一天（8月20日），薛西斯的海军大将也开始对阿尔特米西乌姆的希腊舰队发起攻势。这时的薛西斯自信已经掌握了在温泉关获胜的秘诀，肯定正在谋划下一步向南的行动。若要确保陆海军像以前那样密切配合行动，波斯人就必须将优卑亚海峡控制在自己手里，并将希腊海军彻底驱逐出去，因此，就有了一次让舰队穿过尤里普斯海峡进行包抄的失败尝试。这个战术失败后，薛西斯立即命令实施仅有的一个有可能成功的替代性战术，那就是依靠波斯人仍然拥有的比较大的数量优势直接发动海上攻击。*这里是希罗多德全书最糟糕的地

---

* 到现在，风暴损毁的那些战船肯定有一部分已经修好："优卑亚分遣舰队"的那些避难者甚至可能已经通过斯库罗斯和斯波拉德斯群岛（Sporades）归队。考虑到各种各样的损失，它们的总规模可能是450艘。原来271艘的希腊舰队又加入了53艘的阿提卡分遣舰队：总数达到了324艘，但是，我还是得考虑到敌军行动和风暴造成的损失，将总数减到300艘。换句话说，波斯海军与希腊海军的规模对比差不多是3比2的样子。

方：模糊、不准确、有偏见、对希腊舰队获得的实实在在的成就大体上持不屑的态度。他认为波斯指挥官的动机纯属个人动机。他认为，他们觉得"被这样一支小舰队顽强抵抗是一种耻辱"，这可能是事实，但不足以解释所有问题。更令人信服的是——尽管，再一次地与战术谋划无关——他相信，他们开始害怕大王发怒。的确，薛西斯对损失战船和作战失败的部下们向来很不宽容。即便如此，就发动一场大规模海战而言，也需要比恐惧更多的东西，因为单凭交战双方投入的战船数量而言，这场海战也是地中海有史以来最重要的军事行动之一。[8]

在那个上午，当莱奥尼达斯的后卫部队在温泉关战斗并全体阵亡的时候，薛西斯舰队的各个分队——奇里乞亚人、埃及人、腓尼基人、爱奥尼亚的希腊人、卡里亚人、赫勒斯滂人——正在沿着海岸从他们各自的锚地向阿菲塔伊移动。这些备战行动都在阿尔特米西乌姆的希腊人的视野范围之内：波斯人已经不可能发动突袭，希腊人拥有充足的时间部署他们自己的战斗单位。希罗多德写得很清楚，现在的关键点是控制优卑亚海峡——"舰队正在为尤里普斯海峡而战，正如莱奥尼达斯的陆军为隘口而战"。他继续说，希腊舰队在"阿尔特米西乌姆附近"开始列阵，这句话的含义过于模糊不清，几乎没什么意义；但是，考虑到当时希腊人的处境，地米斯托克利和他的同僚差不多只有一个选择——列成跨越海峡的横队，朝向帕加塞湾（参见第124页的地图）。等到波斯人集结完毕，已是正午时分；在此期间，海峡中的希腊人都没有去进攻他们，而是"静待他们前来攻击"。最终，波斯的巨型舰队从阿菲塔伊开始出击，排成新月形的阵形，横贯了整个海峡，两翼弯向前方，摆出一副要包抄希腊舰队的阵势[9]——"就这样，"

希罗多德说,"希腊人也冲向他们,战斗开始了。"完全没有交代任何战术细节,令人恼火。

由于波斯战船总是互相碰撞——希罗多德告诉我们,这引发了"持续的混乱"——它们看起来好像采用了"聚拢式"(converging)的新月阵形;这再次暗示我们,希腊人用来对付它们的是"圆环"或者"半圆环"(half-kyklos)的阵形,一如更早时期的交战情形(参见上文第182页)。双方战船上面都安装了巨大的撞角,战斗一开始,就是互相撞击。初期的撞击结束之后,前线就失去了战术操作的空间,接下来就是海军陆战兵互相登上对方的战船进行厮杀。希腊海军陆战兵的人数处于劣势——每艘战船配14名,而敌军是30名——但是,他们整体上装备更好,从而很好地弥补了人数的劣势。\* 值得指出的是,另一边的埃及人获得了辉煌胜利,他们"戴着网状头盔,拿着中间凹陷、有边框的盾牌,带钩的长矛和重斧"。他们的大部分桨手也戴盔披甲手执短剑,而一般的希腊桨手几乎什么都没有,一旦保护他们的海军陆战兵被打散,他们就毫无自卫能力。我们从下面的记载中就能看出这到底意味着什么:希罗多德无意中提到埃及人俘获了5艘希腊战船,"连同他们的船员和桨手"。就这样,战斗在8月的骄阳照射之下持续了整整一个下午,交战双方都没有获得明显的优势。损失是惨重的:雅典人首当其冲,半数战船失去了作战能力。直到日落时分,这场漫长而又激烈的恶战才得以结束。然后,

---

\* 在希波战争期间,每艘三列桨战船上面的"非桨手人员"包括海军士官、水手和军官,总数约为50人;很有可能的是,这些人都要在接敌的时候参加战斗,而不仅仅是海军陆战兵。参见 Burn, PG, pp. 400-1, 他关于这场战役的叙述既翔实又合理。

双方就脱离了接触,"全速返回了他们的锚地,而且都不感到遗憾"——但是,希腊人花了一些时间来从水中打捞他们的阵亡战士遗体和救助沉没的战船,这表明他们整体来说占据了上风。*在漫长而又令人悲伤的阿尔特米西乌姆海滩上面,夜幕降临,正在燃烧的战船残骸和匆忙搭建的临时火葬柴堆冒着冲天的火光:几个世纪后,人们仍然可以在流沙的深处找到灰烬。这时大约是晚上 8 点,哈布罗尼库斯的快船刚刚抵达,带来了温泉关已经陷落的消息。

不难想象,这个灾难性的消息会对希腊舰队的水手们——虽然疲倦但有理由感到高兴——产生什么样的影响。凭借超人的勇气,在付出了生命和战船的高昂代价后,他们与薛西斯这支迄今所向披靡的舰队打成了平手。可是,现在看来,他们的坚持和牺牲已经白费了。随着温泉关的陷落,薛西斯控制了隘口,舰队在阿尔特米西乌姆的驻地就无法再坚守下去了。在打出了比纸面实力对比更优秀的海战表现之后,他们突然发现自己面临着必须马上撤退的耻辱局面。这是一粒很难吞咽的苦药,我们可以怀疑是否有人——甚至是地米斯托克利——反思过希腊人在过去数日的一系列事件中到底获得了多大的战绩。从心理上来说,阿尔特米西乌姆附近的海战给希腊人带来了无法估量的宝贵经验。它打破了波斯海军不可战胜的神话;它使希腊人开始习惯以平等的心态

---

* 在面朝东的阿尔忒弥斯神庙的外面,希腊人竖起了一座刻有铭文的石碑,普鲁塔克(*Them.* 8.3)记录了它的内容:希腊人"在海战中获胜",而 Pindar, fr. 77 Bergk 进一步确认了这个结论。只有希罗多德(8.18)暗示这次战役接近于战败,从而使希腊指挥官"决定从他们现在的位置进一步向南撤退",而 Hignett, XIG, pp. 190-2 则很出色地驳斥了希罗多德的诽谤。

面对一个陌生,因而也是可怕的敌人:

> 从他们自己面对危险时的表现中,他们学到的经验就是:那些知道如何近距离战斗而且决心要与对方决一死战的人们不应该害怕数量更多的战船、装饰华丽的船头、夸张的叫喊或者野蛮人的战歌,他们只需要从心底鄙视这些干扰,与敌人展开肉搏战,然后打得敌人落花流水即可。(Plut. *Them.* 8.1)

当品达说"雅典勇猛的子孙们通过这场伟大战斗为他们的自由奠立了闪亮的基石"的时候,他想到的不是萨拉米斯海战,而是阿尔特米西乌姆海战:他也不仅仅是想鼓舞希腊人的士气。希腊人有老天相助,两场强有力的风暴摧毁了如此之多的波斯战船和人员,导致薛西斯此后就小心翼翼地避免采用几乎可以保证他能获胜的一种战术:分兵行动。

这正是流亡中的斯巴达国王德玛拉图斯在莱奥尼达斯战死后给他的建议,空缺的斯巴达王位看起来肯定很有诱惑力,似乎触手可及。德玛拉图斯建议他派遣一支海军特别行动舰队前去伯罗奔尼撒半岛南部,可将基地设在基泰拉。从这里出发,可派突击队袭击拉哥尼亚地区的核心地带;向欧罗塔斯河谷的坚决突击——我们不需怀疑,肯定是由德玛拉图斯亲自率领——甚至可能占领没有城墙的斯巴达。同时,薛西斯的陆军主力可以继续向希腊中部挺进。这种兵分两路、分而治之的战略有各种各样的好处。它使波斯人可以很好地利用他们在人数上的巨大优势,而不是将其白白浪费掉,也能确保不会有更多的希腊援兵被派往科林斯地峡以北的雅典等地。希罗多德笔下的德玛拉图斯的发言正中要害："只要让他们在自己的家门前陷入战争，你们就不必担心［斯巴达人］去援助其余希腊人，你们就可以放手去征服他们。这样，希腊的其余地区就会先被征服，然后斯巴达人就孤立无援了。"做最乐观的估计，希腊人将会被迫两线作战，他们的人员和给养只能勉强供应一边的作战。但是，薛西斯的弟弟，埃及舰队司令阿契美尼斯立即否决了这个计划。他提醒大王，他们已经损失了数百艘战船。希腊人已经用行动证明他们可以异常迅速地掌握海战的复杂战术。他直率地警告薛西斯，这样一支特别行动分遣舰队一旦去了基泰拉，就会削弱主力舰队，以至于"敌人足以与我们匹敌"。简单说，这就是对阿尔特米西乌姆战役的辩解，或许也是对温泉关战役的辩解：薛西斯赢得了一场战斗，但这样做大大降低了他赢得这场战争的机会。

当本土希腊人在为生存而战斗的时候，西方的希腊人——在温泉关陷落的同一天——在希梅拉打了一场精彩绝伦的决定性胜仗。在与哈米尔卡的劲旅遭遇时，盖隆有所折损，但他此时正在考虑对海滩上登陆的迦太基舰队发动一次牵制性的火攻。从塞林努斯截获的一封信件（参见上文第166页）启发他想到一些更好和更有原创性的东西。在信件里，塞林努斯人在哈米尔卡提出请求的那天承诺给他派去骑兵增援部队——这一天，有一半希腊血统的迦太基将军也正计划向波塞冬献上大规模的祭品。盖隆很了解，对这些外国军队来说，所有的希腊骑兵看起来都差不多，他就命令麾下的叙拉古精英骑兵团在信件指定日期清晨接近哈米尔卡的海军栅栏营（专门在城外快速绕道而行以掩饰他们的行军路

**希梅拉战役（西西里岛北侧）**

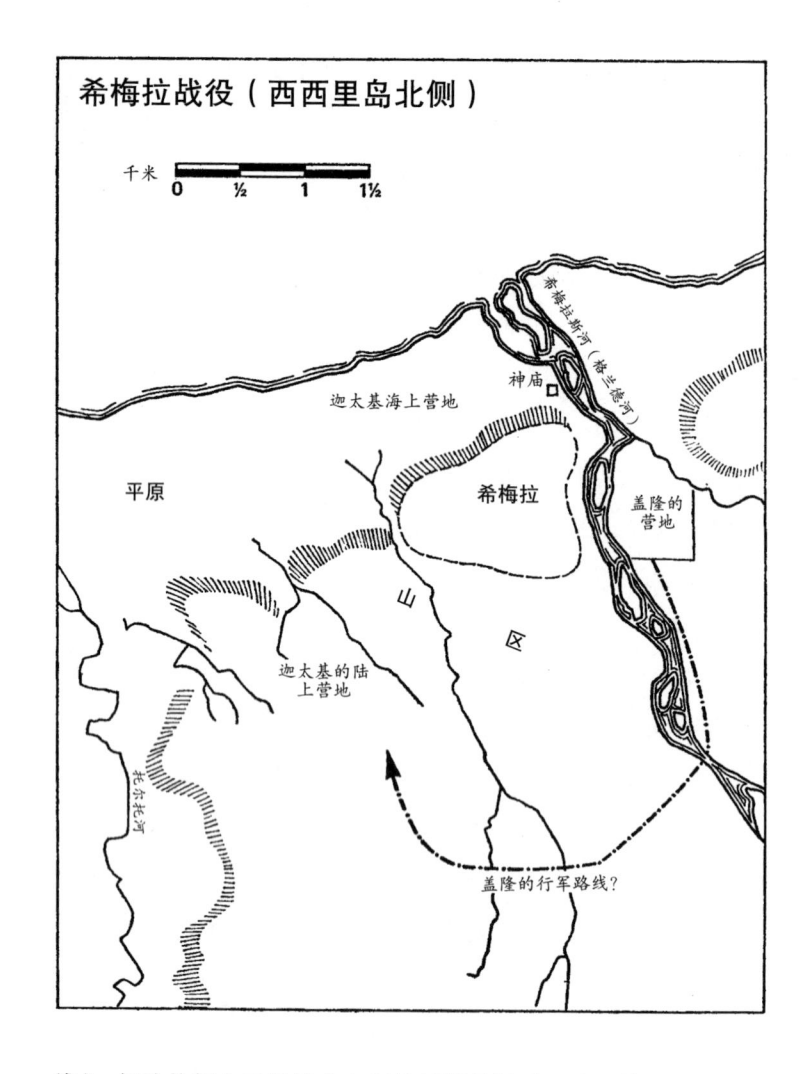

千米
0　½　1　1½

希梅拉斯河（萨兰德河）

神庙

迦太基海上营地

平原

希梅拉

盖隆的营地

山区

迦太基的陆上营地

老尔拉河

盖隆的行军路线？

线），假称他们自己就是来自塞林努斯的援兵。进入营地之后，他们就到处放火烧掉营帐和战船，并试图找机会杀死哈米尔卡本人。守候在城外山顶上的侦察兵一看到这样的形势，就立即向己方大营发出信号，然后盖隆将会发动大规模的正面进攻。与此同时，在希梅拉城做好准备的特隆部队也将集结起来冲出城外，攻打敌人。一个俘虏也不要。这是一个大胆的策略，后来传颂于整个希腊世界。更完美的是，它成功了。

天刚刚亮，一大群叙拉古骑兵队伍就如期出现在哈米尔卡军营门口，冷静而又傲慢地要求卫兵放他们进去，然后卫兵照做了。这一环节进展得如此顺利，我们不得不认为被俘虏的送信人肯定也携带了秘密口令，使这些冒充者可以用来应付卫兵的口令要求。一旦他们进入了迦太基军营内部，就马上开始执行他们的任务，迅速而又高效。燃烧着的火把被投掷出去，迦太基人的军营和干燥的船体猛烈起火。找到哈米尔卡并不是问题：他在此刻肯定是军营中最显眼的人物，已经开始在一个烧烤动物躯体的巨型火坛前做献祭。骑兵冲倒了这位弗雷泽式的祭司国王，用马刀砍死了他，然后将他的尸体扔到火里，于是，绵羊和公牛里又多了一种烧得嗞嗞作响的牺牲。据说盖隆在战斗结束后到处寻找哈米尔卡，"但是没有他的踪迹，无论是活的还是死的"。正如伯恩所说，既然人们知道盖隆想要他的尸体，那烧掉尸体的那些人就不会公布他们的行为了。结果就是产生了关于这位苏菲特的结局的一连串的离奇故事，最令人印象深刻的一个（可能是他的家人编造的）说他为了获取胜利而将自己当作牺牲献祭了，权当最后一搏。

有一段时间，战斗看起来胜负未分。特隆征来的一些民兵错误地认为他们对迦太基栅栏的首次突击已经解决了问题，就散开队形开始抢劫军营，而这时盖隆和哈米尔卡的职业兵仍在缠斗不休。一些在哈米尔卡麾下服役的西班牙雇佣兵猛烈反扑；特隆通过点燃朝向陆地的更多帐篷挽回了颓势，再加上哈米尔卡已经战死的消息，最终使迦太基人的防线动摇并崩溃。盖隆的老兵们将这种优势保持到了最后，在狂热的欢呼声中，火焰穿过燃烧的营地，直冲云霄。"一个俘虏也不要"的政策不可避免地制造了大屠杀，但我们并不能相信狄奥多洛斯关于战场上有 15 万具尸体的记载。一些逃难者拼命登上了哈米尔卡正在执勤的分遣舰队的 20 艘战船，然后乘坐这些船只驶向了海里，以图避开所有企图追捕他们的人；但是，这些战船上面挤了太多的人，又遇到了风暴，几乎全部罹难。另外一些尚未溃散的幸存者向西部的卡洛格罗山[10]退却，就在那里掘壕自守。这里位置不错，易守难攻，但很不幸——盖隆知道这一点——没有任何水源；因此，盖隆要做的就是等待，用不了太久，饥渴难耐的守军就会向他投降。最后，只有很少的迦太基人返回了国内，带回了他们的西西里远征已经全军覆没的消息。迦太基立即派遣使团求和，这时的盖隆已经完全占据了主导权，他根据自己的利益独自决定了和约条文。后来在如此多的西西里城市——尤其是叙拉古和阿克拉加斯——中出现的漂亮神庙、浴室和水管都是用战利品修建的，而在希梅拉则出现了用不完的奴隶。至少在西方，在接下来的数年里，"蛮族人的威胁"已经消失。

第五章

# 木　墙

当莱奥尼达斯败亡的消息抵达阿尔特米西乌姆时，地米斯托克利——在紧急情况下，他似乎既在法律上也在事实上接管了指挥权——召集他的参谋官们到海滩上开会。这时，夜幕笼罩了四方。他们迅速集合到一起，面容憔悴，周围就是焚烧战死者遗骸的可怕火光，而当地的岛民们——迅速嗅出了灾难的气息——正在赶着他们的牛群去往海边，准备逃亡。他们在主要问题上不可能有任何争论：舰队必须在夜幕的掩护之下立即撤离。现在也不是迎合平民的时候。地米斯托克利下令捕捉并屠宰岛民的牛羊，"因为被他们自己的部队吃掉总好过留给敌军"。他们在营地搭建了大量的火堆，烧的很可能是打捞上来的沉船残骸，这样做主要有两个目的：一是烤牛，为即将开始彻夜划桨的桨手提供一顿丰盛的晚餐；二是给敌人制造他们仍然在营地的假象。晚餐一结束，充满倦意且满脸血污的希腊桨手们就再次爬上了战船，"立即一艘又一艘地启程，科林斯人打头，雅典人断后"。他们静静地划桨，向南穿过海峡。史料中说，由于近期的战绩，雅典人仍然兴高采烈，但是其余大多数人的士气都非常低落。很明显，大部分战船——以及水手——都已经不具备作战条件。一排排船桨之间和桨手座椅上的缝隙表明了它们刚刚经受的残酷考验。战船撞角已经开裂，与木头脱离。船体则在接近吃水线的地方被撞开了洞，只好用帆布勉强塞住。甲板上到处都是一团团血迹和缠绕在一起的绳索。伤员们蜷缩在他们能找到空地的任何地方。

地米斯托克利亲自率领着一队最快的桨帆船，走在前面执行一项特别的宣传任务。他在波斯人有可能使用的每一处锚地或补水地都短暂停留，在岩石上写下一些文字，供在波斯舰队中服役的爱奥尼亚人阅读——"他们写上这些信息"，希罗多德说，"然后第二天继续往前走"，尽管他并没有（而我们可能假设他会）像平常一样东拉西扯并使用华丽的辞藻。地米斯托克利试图激发爱奥尼亚人作为希腊同胞的民族情感：他们为何不来加入雅典舰队，"谁才是他们的祖先，谁在为他们的自由而甘冒一切危险呢"？如果他们不想加入，那就保持中立，同时他还劝卡里亚人也这样做——或者，如果他们的压力太大，只要拒绝参加下一次战役就可以，通过这样的消极避战行为来破坏蛮族人的作战行动。即使爱奥尼亚人不理会这样一种有些天真的请求（似乎事实上也是如此），地米斯托克利希望这些信息在被报告给薛西斯之后，可以使这位多疑的独裁者怀疑爱奥尼亚人的忠诚，甚至诱使他将这支久经考验的分遣舰队撤出前线。（无风不起浪。）这并不是地米斯托克利最精彩的计谋之一，但至少也值得关注。在这种情况下，有人能做得更好吗？

希腊舰队一走，希斯提阿伊亚的一位本地人就立即将希腊人撤退的消息告诉了阿菲塔伊的波斯人，大概希望通过此举来劝说波斯人能够优待他的城市。刚开始，波斯人拒绝相信：有人坚决反对希腊人在最近的海战中战败的说法。很明显，他们怀疑这位情报提供者是地米斯托克利的间谍，他们将他拘禁看管起来,然后派出一支侦察舰队去探察阿尔特米西乌姆的实情。果然,他们看到的只是一个废弃的地方、一些正在熄灭的火堆,还有大量残骨。次日(8月21日)凌晨,波斯舰队全体横渡海峡,转移到了希腊人的停泊地,然后一直停留到正午。接着,他们向西转移到希斯提阿伊亚,占领了该城及其沿岸的大量村庄。他们没有尝试袭击还在尤里普斯海峡的希腊人;前日的战斗受到的打击已经使薛西斯的海军将领对他们对手的战斗能力有了足够的尊重。

在希斯提阿伊亚,来自薛西斯总司令部的一位皇室信使追上了他们。信使抵达之后,整支远征军都列队听取大王的圣旨。原来,薛西斯邀请他们前去视察温泉关战场。"朋友们,战士们,"信使宣布,"大王恩准你们离开这里,只要你们想去亲眼看一看他与那些自认为可以打败他的疯子们是如何战斗的。"结果,人们争先恐后地想要利用这次机会——去的人是如此之多,导致小船不够用,这也表明他们只用了小型快艇和运输船。接下来的整整一天(8月22日),来自地中海东部各地的水手们和海军陆战兵们都在温泉关闲逛,拨弄尸体,听薛西斯的军官们讲话。他们并未感到多么震撼。将希洛人误认为是斯巴达人是每一个观光客都会犯的错误;但是,希罗多德明显津津有味地说:"薛西斯试图隐瞒己方战殁人数的荒唐做法(参见上文第194页)欺骗不了任何人。"人们想知道他是从哪里获得的消息:很难想象甚至连最自以为是的黎凡特水手都会公开表示怀疑。

第二天(8月23日),这些观光客坐船返回了希斯提阿伊亚,陆军主力部队也开始从温泉关下山,扑向希腊中部。一支由精英步兵和骑兵组成的先遣部队受命前去占领雅典和法勒隆;到这时,薛西斯的情报机构肯定已经知晓阿提卡的总体撤离计划,尽管该计划可能尚未完成。舰队则得到命令在 26 日之前暂停前进。在行军通过敌对地区的时候,薛西斯的战术似乎是让陆军在前面开路,为舰队夺取必需的港口和补水点。假设没有发生任何不可预见的延误,3 天的间隔是恰到好处的:古代史料认为从温泉关到底比斯是一天半的行程(Plut. *Moral.* 864F),从底比斯到雅典也差不多是一天半。出发之前,薛西斯急于收集能够反映希腊南部敌军士气的情报。因此,他召唤一些来到他的军营里意欲做雇佣兵的阿卡狄亚人,通过译员询问他们"希腊人正在做什么"。他听到的答复却令人有一些不安。这些消息提供者说希腊人"正在欢庆奥林匹亚赛会,他们聚集在奥林匹亚观看体育竞技和战车竞赛"——根本不像一个面临着势不可当的敌军入侵的民族。通过进一步询问,他又得知,他们举行比赛,并不是为了争夺丰厚的金银奖赏,而只是为了争夺一个简朴的花环。这件事或许只是编造出来的宣传故事,目的(与希罗多德作品中的其他部分一样)是强调奴颜婢膝、贪财的蛮族人与冷静平淡、理想主义的希腊人的区别。然而,它很可能是真实的;在一定程度上,这种对比仍然有效。

就在他的辎重车辆穿过洛克里斯沿着海岸道路前进的时候,薛西斯的一些步兵团径直向西进入了多利斯人的领土,很可能继续——现在,所有抵抗力量都被消灭了——上溯到了阿索波斯河谷(参见上文第 156—157 页)。多利斯表示合作,没有遭受蹂躏——希罗多德宣称,这是因为薛西斯答应了帖撒利人的请求;但是,这可能只是为了方便与他在后面关于波斯人蹂躏佛西斯的补充记载进行比较,佛西斯是薛西斯行军要路过的下一个国家(参见第 124 页的地图)。温泉关-阿尔特米西乌姆防线崩溃之后,帖撒利马上就向佛西斯敲诈等同于 1.2 万英镑的保护费。帖撒利领导人充分利用他们对薛西斯的影响力（"我们的一句话就能让你们从你们的国家中被驱逐，然后被卖到奴隶市场上"），但是，他们承诺，只要付钱，就会"消除这种危险"：究竟发生了什么，人们一直没有弄清楚。佛西斯人相当勇敢，直截了当地拒绝了该提议。他们说，如果他们也想投靠波斯人，早就与帖撒利一道这么干了。他们之间的区别是他们"永远不会做希腊的叛徒"。希罗多德却破坏了这种姿态的效果（事实上，佛西斯人是该地区仅有的一个没有勾结波斯的民族），他暗示佛西斯人之所以这么做，只是由于他们厌恶帖撒利人而已。"如果帖撒利人忠于希腊，"他断言，"佛西斯人肯定会投靠波斯。"[1]

尽管如此，他们也为反抗付出了沉重代价，最后时刻，他们肯定是受到了某些超越于领土争端之情绪的影响。薛西斯经过考量，决定要拿佛西斯开刀，以儆效尤：让希腊人通过这次事件知道，如果顽固不合作，等待他们的将会是什么下场。佛西斯并没有死太多人，因为他们就像他们的后裔在现代战争中所做的那样，迅速逃进了山区：帕那索斯山总是游击队员们的一个理想的藏身之地。（即便如此，一些掉队者仍然在山脚下被抓住，一些不幸的妇女"因遭到太多波斯士兵的连续强奸而死掉"：这么多个世纪以来，暴行的故事并未发生太大变化。）薛西斯并未杀死太多的人，就将怒气发泄在富裕的乡村。整个佛西斯地区受到火与剑的全面破坏——当然还有帖撒利人的积极协助，他们"没有让波斯军队错过任何一个地方"。城镇和乡村的房屋被付之一炬，神庙所藏的财宝被洗劫一空，之后神庙又被夷为平地。在美丽的科菲索斯河河谷，没有一座村庄能够幸存。在彼奥提亚的奥科美诺斯，观察者可以看到边界以西浓浓的黑烟笼罩了天空，不由得为自己选择与波斯人合作而感到庆幸：至少，他们的生命和财产得以保全，尽管薛西斯犹如蝗虫过境一般的部队可能也不会给他们留下多少东西（参见上文第121页）。

经过奥科美诺斯向南走不到50英里，沿着帕尼萨-基塞龙山，就到了阿提卡的北部边陲。

即使是用专门的信使，温泉关陷落的消息也几乎不可能在8月22日之前抵达雅典。雅典人听说后，并未出现太大恐慌。地米斯托克利在6月进行的撤离行动（参见上文第133页）已经将大部分公民转移走了，尽管还有一些人宁愿"静观其变"，很多牧人（不顾雅典的征兵令）也只是遁入了山区。来自较低等级或定居外邦人群体的几乎所有身体健全的男人——更不要说还有大量的奴隶——都在阿尔特米西乌姆为舰队服役。如果客蒙的例子可以借鉴的话（参见上文第143页），很多贵族和重装步兵也登上了三列桨战船，担任海军陆战兵。仍然留在雅典的是一小撮人数不多但有一定影响力的中老年保守农民和地主。他们的声音——总是拥有不成比例的影响力——似乎已经压倒了由地米斯托克利提出和公民大会通过的政策，这倒也正常，因为地米斯托克利本人与他的几乎所有支持者都远在希腊北部。他们立刻向盟军司令部送去了紧急求援信，呼吁他们拖延的伯罗奔尼撒盟友"在彼奥提亚进行抵抗，保护阿提卡，就像他们在阿尔特米西乌姆通过海战捍卫全希腊那样"（Plut. Them. 9.3）。从战略上讲，这项请求毫无意义。有6条可以翻越或绕过帕尼萨-基塞龙山的路线，任何试图守卫峡谷的计划都有导致希腊军队分散的危险。更糟的是，这样

地米斯托克利胸像：1939年发现于奥斯提亚的剧院附近，可能是一座地米斯托克利在世期间完成的希腊肖像的罗马复制品。

《特洛伊曾法令》：公元前 3 世纪刻有文字的石碑，内含一份公元前 480 年 6 月批准的地米斯托克利紧急动员令经编辑的修订版本。

卡里德罗莫斯山：在温泉关后面的山上隐蔽的山口，被叛徒埃菲阿尔特透露给薛西斯，最终导致莱奥尼达斯的死亡。

一座阿提卡墓碑"阿里斯提翁碑"：上面是一个全副武装准备战斗的希腊重装步兵的肖像。"马拉松战士们"穿戴的正是像这样的装备——头盔、护胸甲、护胫甲。

古风时期晚期希腊重装步兵躯干雕像：头盔是科林斯式的，面颊上有山羊头图案。发现于斯巴达，可信地被认为是莱奥尼达斯的纪念雕像。

马拉松平原：从坟丘（索罗斯）的顶点看到的景色。

麦加拉海峡：萨拉米斯战役中，埃及分遣队封锁的就是这道海峡。

戴王冠的薛西斯王子：波斯波利斯国库浮雕细节，薛西斯站在他的父亲大流士的座椅后。

萨凯人朝贡：波斯波利斯觐见大厅东部阶梯侧面的浮雕。

古代普拉提亚城墙遗址

坦佩峡谷

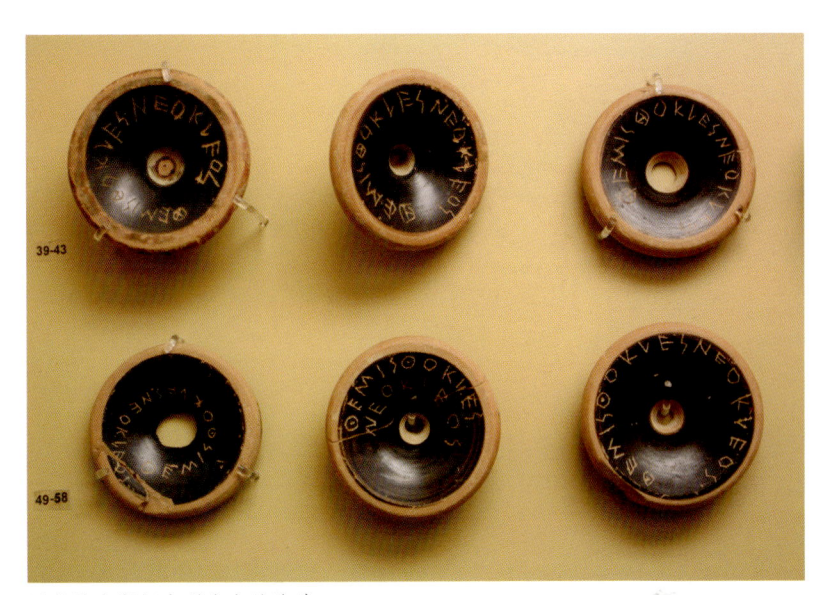

写有地米斯托克利名字的陶片

复原的三列桨战船"奥林匹亚斯"号

达达尼尔海峡上的舟桥素描

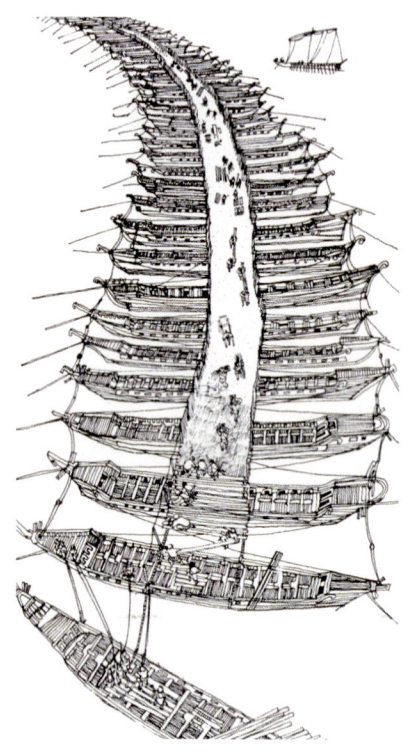

巨蟒柱

一来，陆军与海军之间将无法建立密切联系，但这一后果并不在那些"马拉松战士们"的考虑范围之内。

不过，即使忽略这些严重问题，一旦温泉关陷落，伯罗奔尼撒人派大军到阿提卡北部协防的可能性也极小。之前关于援军规模的保证现在毫无意义：一夜之间，形势大变。传统上倾向于斯巴达的雅典贵族似乎从未认识到，这种亲善的关系完全取决于战略上的需要。可能是在8月23日，盟军在科林斯举行了一次军事大会，结果完全可以预料。代表们拒绝了雅典的请求，取而代之的是投票决定巩固科林斯地峡的新防线。他们下令在肯克莱与莱凯乌姆的港口之间建起一道防卫墙或者说加厚了的夯土墙，与原来佩里安德的军舰下水滑道的路线基本吻合。这项工程马上开始执行，已经动员起来的伯罗奔尼撒军队——根据现代学者的最新研究，大约有3万人——开始守卫地峡防线，总司令是莱奥尼达斯的弟弟克莱奥姆布罗特（Cleombrotus）。克莱奥姆布罗特的另外一项任务是摧毁狭窄、险峻的"斯基戎小道"（现代希腊人称之为"魔鬼楼梯"），通过这一隧道，可以沿着格拉内亚山脉的陡峭山路通向麦加拉，山路高出海平面600到700英尺，这是雅典到科林斯的现代高速公路的原始老祖宗。这将能有效切断通往科林斯地峡的唯一陆上通道，当然，还有一条穿过特里波狄斯库斯的非常难走的山间小路，与今天连接麦加拉和卢特拉基的小路基本吻合。舰队在这个计划中扮演什么样的角色，我们手头的史料并没有讲，最有可能的假设是舰队将从肯克莱的海军基地出发保护陆军的侧翼。

8月24日，同盟代表大会决议——据说形成决议的一个动机是"民众的骚动"，这是一个很能说明问题的细节——的消息抵达了雅典和斯巴达。克莱奥姆布罗特和他的斯巴达同胞立即启程前往地峡，他们在这里又得到了其他伯罗奔尼撒人的加入,*开始热火朝天地修建卫墙。"石块、砖块、木头、砂篮子，全都用于修建卫墙，人们夜以继日地劳作着。"3万人加固一段有5英里长的卫墙，他们很快就完成了任务，但可能并未建成永久性工程，因为仅仅一个世纪后发生在科林斯地峡附近的战争就不再明确提到它。事后想来，伯罗奔尼撒人做出这样的选择，几乎不应该受到责备，他们既对海战取胜不抱希望，又担心希洛人在这时发动暴动；但是，在雅典人眼里，这是一种不折不扣的背叛行为，这些人故意抛弃了阿提卡，任由敌人踩躏。尽管感到愤怒、沮丧，雅典保守派也没有力量采取有效行动，他们在最后5分钟仍然无法面对地米斯托克利的战略所暗示的残酷现实：

> 他们不敢设想独力与如此众多的敌军交战，但是，他们现在面临的选择只有一个，那就是放弃城市，然后将他们的生命和财产都托付给舰队，这种局面令他们感到苦恼。大多数人认为，他们并不想通过这种方法去打胜仗，因为如果他们将诸神的神庙和先祖的坟茔都放弃了，安全对他们来说毫无意义。（Plut. Them. 9.4）

这个来自弗莱里的反传统分子想把他们的房屋、产业、信仰

---

\* 希罗多德（8.72.1）列举了他们的名单：斯巴达、阿卡狄亚的全部城镇、埃利斯、科林斯、西息温、埃庇道鲁斯、弗琉斯、特洛伊曾、赫尔米奥尼。然后，他补充说："其他伯罗奔尼撒城邦（尽管奥林匹亚赛会和卡尼亚节都已经结束）都无动于衷。"在后者当中，最突出的是阿尔戈斯和阿凯亚。

和偏见都扔到波斯饿狼的嘴巴里；不足为奇，甚至到了现在，个人偏见和传统情感仍然在破坏着理性。同盟决议宣布之后不久，就在这样的形势下，地米斯托克利率领着经过激战而阵容残破的舰队疲惫不堪地回到了法勒隆湾，结果，迎接他的消息是伯罗奔尼撒人在"科林斯地峡修筑工事，其他一概不管"。

地米斯托克利似乎早已预见到了同盟会采取这种自我欺骗的手段。温泉关-阿尔特米西乌姆防线崩溃之后，对残存的盟军部队来说，正常的程序应该是重新在科林斯地峡集结，等待新的命令。从坦佩峡谷撤退的部队便是这样做的，我们没有理由认为自那以后事情发生过实质性的变化。各个城邦的司令官可能会在路上接到来自家乡政府的投票指示，但是同盟大会的多数决议是具有约束力的最终决定（参见上文第138—139页）。地米斯托克利肯定不难预见像温泉关这样的灾难——损失了300名优秀战士和一位国王——会使斯巴达潜在的孤立主义倾向高涨起来；只要斯巴达示范，伯罗奔尼撒诸邦就会追随。地米斯托克利早已决定萨拉米斯将会——必须——是他向波斯舰队寻求决战的地点，他不想让同盟的一纸决议毁掉自己的计划。在同盟决议变得众所周知之前，他非常聪明地说服欧里比亚德在萨拉米斯（而不是前往科林斯地峡）行使职务。一旦同盟舰队到了这里，他就有可能想办法将他们留在这里；反之，让他们违抗同盟决议，发起独立行动来到这里的可能性显然微乎其微。不过，真相很快就浮现出来；只有认为地米斯托克利已经事先要求他们违抗最高指挥部的命令，他在此后与同僚司令官的关系才能得到理解；因此，从严格意义上来讲，整个萨拉米斯战役是一场并未得到授权的行动。就那些继续在每次军官会议中坚持撤回科林斯地峡的军官们而言，他们的态度既不是出于懦弱,也不是史家出于宣传目的编造出来的情节,它不过表明了一种需要遵守上级命令的朴素信念。[2]

当盟军的其余舰队直接驶向萨拉米斯的时候,地米斯托克利和数量大为减少的雅典舰队——具备服役条件的船只可能不会多于 110 艘*——停泊在法勒隆湾。时间太少,要做的工作还有很多:幸运的话,在第一支波斯部队抵达雅典之前,他们还有 48 个小时的宽限期。刚刚抵达雅典,地米斯托克利就在议事会中发布了一道命令,要求将剩下的所有公民立即疏散到萨拉米斯或埃吉纳(正如伯恩正确分析的那样,到了最后阶段,就坐船来说,特洛伊曾显然太远了)。很多桨手已经花光了现钱,金库已经空空如也:由于部队是自己购买自己的给养,这需要立即采取措施。战神山议事会的富有成员——都是卸任的执政官,顺带说一句,这进一步证明了仍然留在雅典的那些人的阶层属性——或者志愿或者被慢慢说服,都捐了款。这次募捐总共筹集了 60 个塔兰特,足够舰队成员每人平均分配 8 个德拉克马,差不多相当于一个月的给养。根据另一种记载,就在向比雷埃夫斯转移财产期间,雅典

---

\* 在 53 艘的阿提卡舰队开到阿尔特米西乌姆之后,原先的总数 147 艘已经扩张到 200 艘;但是,这支舰队肯定在援军到来之前就已经遭受损失。在最后决战中,半数雅典战船都退出了战斗,很多都是永久性的损坏,可用战船只剩下 100 艘左右。在大约 20 艘战船上服役的普拉提亚人在撤退期间被留在卡尔基斯的对岸(Hdt. 8.44),他们的战船就留在那里,由优卑亚人掌舵,守卫尤里普斯海峡。由于雅典人天性擅长海战,唯一合理的解释就是他们在首日战斗中就俘获了 30 艘敌船(Hdt. 8.11),这样一来:100 − 20 + 30 = 110。再加上未遭受损坏的萨拉米斯舰队的 57 艘(参见上文第 150 页),我们就得到了 167 艘的数字,要比传统的经典说法(180 艘)少 13 艘。比较合理的假设是这样:阿尔特米西乌姆战役结束之后,一些战船得到修理,被拖回了雅典,然后在比雷埃夫斯的船坞中重整了装备。

娜塑像胸甲上珍贵的戈尔贡面具不见了。地米斯托克利以此为借口,下令搜查逃难者的行李(他很可能精心挑选了一些受害者,因为很难相信像卡里亚斯这样的富翁能逃过搜查),顺便就没收了在搜查中暴露出来的"超额"存款。

尽管如此,疏散仍不彻底。正如我们已经提到的那样,还有数千名乡村土著宁愿躲在山里求生:薛西斯的部队在经过阿提卡的时候,俘获了大约 500 人。还有两种人需要特别提到,因为他们是应政府的明确要求而留在后方的人。老弱病残以及全部的家禽都被视作可以牺牲掉的东西:人们只要考虑一下船只的有限空间,就能理解这是一个冷酷却务实的决定。(历史上最早的"忠犬"故事之一的主人公就是伯里克利的父亲珊提帕斯的一只狗,它跟在主人后面,游泳横渡萨拉米斯海峡——这种壮举并不是不可能——蹒跚上了岸之后很快就死了:这是典型的希腊人自创故事,用来解释地名"库诺瑟玛"[Cynossema,意为"狗坟"]的来源。)其次,根据地米斯托克利最初法令的规定(参见上文第 135—136 页),司库官和女祭司要"留在卫城,看护诸神的财产"。似乎比较合理的看法是这些老人被给予了神庙庇护权,基于人道主义考虑他们至少可以得到这一点。疏散法令中的这一条款已经获得了"冷酷至极"[3]的恶名——如果说它涉嫌故意牺牲的话,那就的确如此;但是,司库官和女祭司被留下保护神庙财产,而不是"切腹",没有更多军队可依靠的话,他们很难完成这样的任务。考虑到所有因素,事情变得很清楚,不仅有一支顽强的守军留在了卫城,而且留在那里的人们也都相信自己能够安全度过不会太长的波斯占领时期。

我们从希罗多德的作品中知晓了这支守军的存在,尽管他竭力缩小它的规模和意义。他说,这支守军由一些贫穷的当地人组成,他们支付不起去萨拉米斯的旅费,而且,他们相信神谕里提到的"木墙"实际上是指古代环绕卫城山顶的一圈栅栏,而不是地米斯托克利说的雅典舰队。因此,他们"用门和木材作为壁垒来保卫卫城,防备进攻",坚信"木墙是攻不破的"。在这里,我们再次见识到后见之明的危险。萨拉米斯战役之后,每个人都想当然地认为地米斯托克利从始至终都是正确的,但在波斯人进行大侵略的前夕,这一点并不是一望便知。在40年后写作的希罗多德的笔下,保护卫城的这群人像一群没钱的疯子,从而很有效地令读者忽略了他们的存在。然而,那时候,雅典大部分虔诚的保守派和持正统思想的人都会毫不犹豫地支持保护卫城的计划。他们竭尽全力反对地米斯托克利的疏散提案;他们要求——而且得到了——实质性的让步,才表示支持地米斯托克利。让步之一便是给卫城留下守军("如果他们将诸神的神庙和先祖的坟茔都放弃了,安全对他们来说毫无意义",诸如此类)。由于整个作战计划遭到了可耻的失败,当战争结束以后,推动它的那些人只能希望人们尽快忘掉它,或者至少将其变成一件微不足道的事情,而且他们没有参与其中。神谕世界没什么不同,胜利就是最大的成功。

"通过这样的方式,"普鲁塔克写道,"整座雅典城都搬到了海上。"古代修辞学家不厌其烦地渲染着这个场景:狂吠的狗儿被丢在后面,前途未卜,父亲正在揪心地告别孩子们,丈夫在告别妻子,因为男人们在把他们的家庭成员送到埃吉纳后,"他们自己就要不顾亲人们的哭泣、眼泪和怀抱,横渡大海到萨拉米斯"。没人能预见战争会是什么结果。"真实可感的是,"埃琉斯·阿里斯蒂德说,"他们失去了城市、财产和所有熟悉的东西。"今天沿着佩拉玛的海岸散步,不难想象出这样的场景:一排排战船和商船停在岸边,很多仍然带着战斗的痕迹,每一艘船上都有咒骂不停的船员和挤成一团团的难民;可悲的家当高高地堆在左摇右晃的手推车上;有关到底什么东西能或不能带上船的无休止的争论;恐惧、焦急和困惑无处不在。即使是在最好的条件下,希腊人的海上旅程也总是充满了意外和疯狂(无数民歌都证明了这一点),这次最后时刻的疏散肯定产生了根本难以形容的混乱场面。这种紧迫性至少是有充分理由的,时间紧得很。最后一班超载的船在8月26日渡海驶向了萨拉米斯——顺带提到,就在同一天,波斯舰队从希斯提阿伊亚起航——不到24小时后,雅典空无一人的大街上就回荡起了薛西斯第一批骑兵的喧闹声。

当这个消息由阿尔特米西乌姆撤回来的舰队带到萨拉米斯的时候,盟军后备舰队指挥官们发现他们面临着重大抉择。他们自己接到的命令是要在特洛伊曾的波贡港建立一个新基地(现在的加拉塔斯,位于波罗斯岛对面:参见第124页的地图),而这正是人们在同盟大会决定在科林斯地峡以南设立防线之后所期待的举措。很明显,这时地米斯托克利已经决心要抛开同盟,去执行自己的战略;问题就在于,他们也会无视同盟的公开命令而加入他的行列吗?事实上,很难搞清楚他们是否会这样做,但是,停留在萨拉米斯的雅典后备舰队,也是最大的一支舰队,会坚定地站在他这一边,还有40多艘来自其他城邦(伯罗奔尼撒半岛、西部殖民地、各个岛邦)的战船也会追随过来。这些增援力量的总规模大约是100艘(57+42=99),如果科西拉承诺的舰队能够兑现,总兵力还会更多。实际上,拥有60艘战船的科西拉舰队耽搁了很久之后也的确出海了，但最远也就抵达了伯罗奔尼撒半岛南部。它们在这里停泊了下来，一直等到危机结束：表面上看，美尔丹风（它将会使舰队难以绕过马里亚海角）耽搁了它们，事实上，它们不过是在谨慎地观察事态进展，他们相信波斯人"将会获得最后的胜利，成为全希腊的主人"。

这时（8月27日），集结在萨拉米斯东部三个海湾中的联合舰队的"规模大过了参加阿尔特米西乌姆战役的舰队，包括了来自更多城市的战船"。问题在于，规模大到什么地步了？这一点仍然有争议，因为古代作家对萨拉米斯的希腊军队实力的估算过高。埃斯库罗斯（*Pers.* 339-40）提到的数字是310艘。希罗多德（8.48）提到的是380艘，但是他在估算的某个环节排除了可能属于埃吉纳的12艘战船，这样，最终可以得到解释的总数量就是368艘。修昔底德（1.74.1）选择了一个400的约略数字——或者说他让他笔下的发言人这样说——雅典在其中占据三分之二的比例。\* 就这三种说法而言，埃斯库罗斯最有可能是正确的，这不仅是因为他是历史的亲历者，其本人亲自参加过战斗。雅典舰队在阿尔特米西乌姆战役后有一半战船失去了战斗力，而这场战役是如此激烈，盟军舰队不太可能有比例更低的损失。从理论上来说，这将会使舰队的有效作战力量从324艘减少到162艘。如果

---

\* 如果我们参考一下阿尔特米西乌姆战役遭受损失之前的舰队的纸面实力，会发现这种说法并不是没有根据。阿尔特米西乌姆舰队的总规模再加上应急的预备队的规模，就是271＋53＋57＋预估的从开始就不属于雅典的20艘护卫舰（大部分属于埃吉纳），我们就能得到401艘的总数。400艘的三分之二是266艘，而雅典人贡献的战船总数（147＋53＋57）是257艘。

我们再给后一个数字加上30艘被俘获的敌船，或许还有另外20艘修好的（这些经过修理的战船实际上没有几艘能马上恢复航海能力；人们想知道，有多少艘真正通过尤里普斯海峡被拖回了雅典？），我们获得的总数是212艘，再加上其他战船是311艘，这与埃斯库罗斯的估算非常契合。在这里，希罗多德和修昔底德一如既往地为我们提供了一个反映"纸面实力"的数字，并未将战役的损失考虑在内。

当希腊人的后备舰队到来之后，希腊同盟海军的全部有效作战力量就集结在了萨拉米斯；作为总司令，欧里比亚德立即召集他的高级军官前来参加军事会议，这是以后三周时间里很多此类会议的第一次。至于这次会议的真正性质，我们对其所讨论的内容几乎一无所知——没有会议记录保存下来，或者极有可能没有做过记录——也没有任何具有倾向性的东西。希罗多德在公元前5世纪40年代仍可询问的那些老兵在萨拉米斯战役时还是年轻的新兵，并不完全了解长辈的决策。他们从一种底层视角来看待战略战术，其中混杂了对命令的一知半解、一些偶然流行的格言警句以及在任何一次重大战役进行期间都会在军营中流传的那种含混不清的谣言。之后，他们的回忆仍会受到政治偏见和爱国爱乡情绪的进一步扭曲。阅读我们的史料，人们可能会认为这三个星期都被用来争论在萨拉米斯作战还是在科林斯地峡作战的问题；尽管这可能是一个比大多数现代历史学家所认为的更具根本性的问题，但只有战斗本身的实际情形才能揭示出每个阶段细致的人员规划。历史事件常常能比它们的评论者更为雄辩地为自己代言，萨拉米斯就是一个经典案例。例如，如果我们没有希罗多德以外的第二位证人，我们似乎就可以认为阿戴曼托斯——年轻、聪慧、急性子的科林斯海军将领——是一个会议桌上的蠢货和战场上的胆小鬼。然而，奇怪的是，事实都在那里；就像惯常的表现一样，希罗多德更喜欢指责一个人有可耻的动机，而不是伪造他的行为记录。

另一方面，希罗多德关于第一次军事会议的记载也可能是非常准确的（即使他将这次会议直接写成了肯定是发生于八九天之后的一次会议，弄清时间顺序从来都不是他的强项）。就像往常那样，简单的叙述包含了它实际陈述的内容以外的东西：

> ……欧里比亚德向他们建议，要他们任何一个有意见的人都可以提出自己的看法，看在希腊人所掌握的一切领土当中，哪一块地方最适合进行海战。阿提卡已经被他们放弃了，因此他要他们就其他的地方进行考虑。但大部分发言者的意见都倾向于一个相同的结论，即他们应当到科林斯地峡去，在那里为保卫伯罗奔尼撒而进行海战，理由是这样，如果他们在萨拉米斯的战斗中被打败，他们就被包围在岛上，而没有任何得到救援的希望了。但如果在地峡附近进行海战，那他们在有必要的时候就可以逃到他们自己人的陆地上去。当然，伯罗奔尼撒军官们大部分都强烈支持这样的主张。(8.49)

这一段记载中有两点值得关注。首先，会议充满了浓重的失败主义气氛。战略考量的基础是一种消极信念，即任何一场战役失败的可能都大于成功，在这个基本前提下，他们的战略就非常有道理了。正如我们将要看到的那样，地米斯托克利是萨拉米斯唯一一位从不怀疑"希腊获得胜利"的指挥官：这种差别不仅仅建立在雅典人的宣传上，也解释了他为何一直以来愿意为追求自己的目标冒风险。他通过推动整支舰队违抗同盟大会命令而来到他喜欢的地点，已经有了一个很好的开端；但是，即使是现在，也肯定还有一些指挥官会认为，同盟大会最了解他们的战略事务的要害所在。自私自利的短视——这是希腊城邦政治的特有流行病——无疑就是这种意见背后的驱动力，这也是希罗多德的叙述所揭示的第二个问题。会议分裂了。一方是雅典、埃吉纳和麦加拉，它们都有非常充足的理由要扼守萨拉米斯；另一方则是伯罗奔尼撒集团，它们永远都倾向于牺牲科林斯地峡以北盟邦以图自保的孤立主义政策（参见 Hdt. 8.49.2）。虽然伯罗奔尼撒人控制了多数票，但雅典人及其支持者贡献了舰队四分之三的船只，很容易就能看出，会议将出现僵局。爱国主义的呼吁只能是对牛弹琴，最有希望的时候就是爱国主义与自身利益可以保持一致的时候。若要实现这一点，耐心和手腕就非常必要了。然而，希腊人现在最宝贵的东西就是时间，但时间已经变得异常紧迫。地米斯托克利面临着一个令人头疼的任务，难怪他在辩论时偶尔也会大发脾气。

在佛西斯与彼奥提亚交界处的帕诺派俄斯，薛西斯兵分两路。主力向前行进抵达奥科美诺斯，然后横穿彼奥提亚平原，进逼阿提卡；同时，一支分队向西穿过道里斯，对德尔斐发动了一次失败的偷袭。整个事件的经过充满了荒诞不经的味道，甚至有可能是德尔斐祭司发明出来的故事，他们急于恢复他们在战争胜利之后有点儿受损的名誉。根据我们手头的史料（Hdt. 8.34.9; Diod. 11.14.2-4; Justin 2.12.8-10），薛西斯派出 4000 人去劫掠阿波罗神庙，他对神庙积攒的钱财产生了浓厚兴趣。但是，在沿途烧毁了几座城镇之后，这些抢劫分子就被一连串超自然现象——从神庙里发出的"神之吼声"、恰好出现的雷阵雨、不知道从哪里冒出来的巨人武士给波斯军队造成极大的恐慌，还有两块巨石出乎意料地从帕那索斯山上松动掉落，猛地砸在了他们头上（埃弗鲁斯更平实一些，将最后这种现象归因于雷电作用）——赶出了德尔斐。很明显，阿波罗在照看着他自己的祭所；德尔斐的居民们竖碑刻文，以纪念此事：

> 为纪念这场驱除外敌的战争，也是作为胜利的证明
> 德尔斐人特竖此碑，感谢宙斯
> 他与福波斯·阿波罗一起合力赶走了波斯侵略军
> 并保护了青铜顶的神殿。

我们该如何解释这件事？传统记载将这次劫掠的责任直接扔给了薛西斯。但是，德尔斐的失败主义论调在入侵之前大大有利于波斯，而着眼于长远，与德尔斐祭司们合作也是必要的。波斯大王既不是反偶像崇拜者，也不是傻子，他有什么理由用如此野蛮的做法去祸害他的希腊盟友呢？另一方面，如果他真想劫掠神庙，他会在经历一次失败之后就收手吗？一些学者认为这次袭击是一次未经授权的行动（这说明波斯军队纪律之败坏简直令人难以置信）、薛西斯与德尔斐签了秘密协定（关于这个协定，没有任何证据）。另外一些观点更为激进的人则认为整件事都是编造出来的，在缺乏其他证据的情况下，这应该是可能性最大的一种看法。

不过，关于主力的动向，没有这么多的问题和疑点。整个彼奥提亚都归附了敌人。双方协商谈判的时候，部分是通过斯巴达国王德玛拉图斯进行的，他是波斯大王的斯巴达助手，也碰巧是底比斯寡头党领袖阿塔吉诺斯（Attaginus）的密友；还有一部分是通过两面讨巧的马其顿国王亚历山大充当中间人，他将自己的联络官安插在各个城市之中，"以使薛西斯明白"——但薛西斯需要被说服相信这一点吗？——"彼奥提亚人民对他是友好的"。从来不忌讳利用民族灾难来为自己积累政治资本的底比斯人，一直警惕地注视着两个死敌铁斯皮亚和普拉提亚暴露出来的敌对活动，波斯大王也注意到了这两座城市。然而，它们的居民早已逃到了伯罗奔尼撒半岛，薛西斯的军队只是毁掉了两座空城而已。位于科拜斯湖南部的哈里亚图斯遭遇了类似的对待。波斯军队在彼奥提亚待了3天，然后（8月31日？），他们就从底比斯向南走，取道埃琉特莱隘口穿越了基塞龙山（有一些部队走了奥罗普斯和戴凯列阿），兵不血刃，进入了阿提卡北部。两天之前（8月29日），得到希腊中部和爱琴海诸岛海军增援的波斯舰队停泊在法勒隆湾——他们的身后是浓烟滚滚的沿岸村庄，一直到苏尼翁海角都是如此——与薛西斯的前锋部队顺利会师。波斯大王如果此时不觉得自己必定胜利，他就不是正常人了。他从达达尼尔海峡到雅典仅花了3个月。

穿过阿提卡的时候，波斯军队大肆蹂躏：庄稼和农场被付之一炬，神庙和祭坛被毁坏，诸神的雕像被推倒。面对被自己攻占的土地，薛西斯似乎只知道两种处理方式：安抚政策或恐怖政策。这一种失败了，就试试另一种。一位出发得较晚的难民渡海来到萨拉米斯后，带来了"全国都在燃烧"的消息。还有一个象征意义大于战略意义的抵抗点：卫城守军一直在抵抗着所有试图赶走他们的努力。波斯陆军一开进雅典，薛西斯的将领们就立即开始着手对付这个眼中钉。只要雅典娜女神还在统治着她的山头，对逃到大海对面的那些人来说就是一种激励和一处集结地，薛西斯就不能说阿提卡是他的领地。卫城山头的西端（后来建起了山门）是唯一一处不用攀登就可以发起进攻的地方，守军的"木墙"就竖立在这里。波斯人在对面的战神山上布置了一队弓箭手，试图用燃烧的火箭来扫清这个障碍。事实证明，他们的战术很有效："木墙"陷入了浓烟之中，一同灰飞烟灭的还有给人希望的神谕解释。就在这时，波斯人派了一群来自庇西特拉图家族的"合作者"送去了停战协议（奇怪的是，在克里斯提尼改革已经过去了30年后，这个顽强的家族仍然没有放弃复辟的希望），但守军连他们的话都不愿意听。

　　薛西斯开始尝试更为强硬的办法，但初期并没有多少成效。他们对西门发动的直接攻击被劈头盖脸的鹅卵石和成排的石鼓顶了回来，那些石头和石鼓从陡峭的岩壁上滚下来，进攻者就像九柱球游戏中的柱子一样被击倒。最后（9月5日），一支敢死队设法爬上了阿格劳洛斯神庙附近的陡峭岩壁，攻破了大门。看到继续抵抗已经无望，一部分守军战士就跳崖自尽了。其余战士则跑到神庙里面躲避，但是，这时的波斯人没有尊重外族信仰的任何想法。所有的避难者，所有活着的人——包括男女祭司——都被杀光了。* 屠杀结束之后，侵略者将神庙里的财宝洗劫一空（人

---

\* 克泰西阿斯——阿塔薛西斯的宫廷御用希腊医生——声称（§26, Henry p. 31）守军有不少人在夜间逃走。如果确有此事，也肯定是在最后总攻开始之前，因为希罗多德提供的证据（8.53）详细而又一目了然，很难驳斥。

们很难想象他们能找到什么现钱），然后"一把火烧掉了整座卫城"。波斯大王终于成了雅典独一无二的主宰者，他得意地派遣了一支骑兵队将捷报送回了苏萨。然而，也许他仍然不是完全没有宗教方面的顾虑，因为他在次日就将庇西特拉图家族以及在他麾下担任联络官的其余雅典流亡者召集过来，要求他们"进入卫城，按照雅典习惯来向诸神进献牺牲"。我怀疑，这种姿态不过是在安抚这些被震惊了的雅典"叛国者"。在所有人之中，他们是最不可能忍受这种令人无法忍受的东方汪达尔式作风的，因为正是他们的先祖庇西特拉图通过艰苦努力使卫城变成了一个凝聚着雅典人政治与宗教自豪感的中心。反僭主的宣传可能已经将他们描绘成怪物或马屁精，但是，在他们自己看来，他们都是爱国者。在进献牺牲完毕之后，他们忍不住告诉薛西斯：厄瑞克透斯神庙的橄榄树已经被烧黑的树干在一夜之间就长出了 18 英寸长的新枝。

在海峡对面，停泊在萨拉米斯的三个主泊位\*的盟军舰队已经准备就绪，随时待命。至少可以说，士气仍然摇摆不定，而且随着时间流逝，似乎会越来越糟糕。海军从阿尔特米西乌姆的撤退使人们乐观不起来。像 1940 年的丘吉尔一样，除了"鲜血、辛劳、眼泪和汗水"，地米斯托克利无法为他的战士们提供任何东西，而且更加不利的是，公元前 480 年的希腊人根本不知道什么"敦刻尔克精神"。尽管早有预料，但波斯舰队在 8 月 29 日出现在法勒隆港的时候，还是使希腊人极为慌乱和胆怯，以致"伯罗

---

\* 安姆贝拉吉、帕鲁吉亚以及现在的海军基地；参见第 235 页的地图。

## 通往萨拉米斯的海上通道

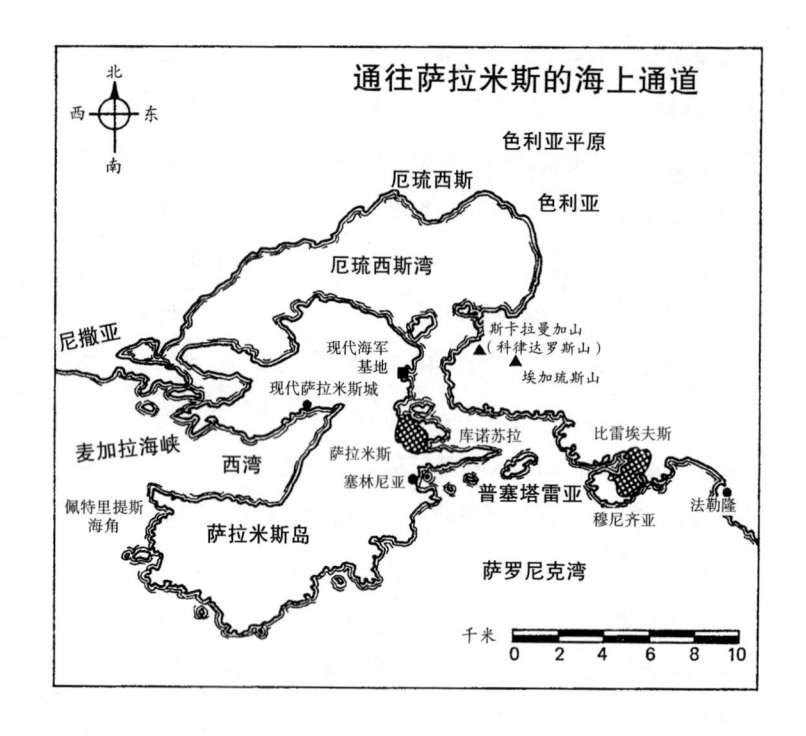

奔尼撒人再次非常渴望地把目光投向科林斯地峡"。不过，可以肯定地说，没有任何东西像烧毁雅典及其卫城那样对希腊舰队桨手的心理造成如此深远的影响。熊熊火光映照着夜空，已经失陷的家园就以这样一种避无可避的耻辱方式进入了他们的眼帘。它也进一步鼓励了希腊人中的离心倾向和慌乱本能，危机真正来临时，这种倾向和本能将会瓦解最牢固的城邦同盟。当消息传来的时候，一些指挥官（知道是哪些将会很有趣）甚至都没有等着讨论一下局势，就"急忙登上船，扬帆起航，逃遁了"。没有逃跑的那些人急忙通过一个"战斗保卫地峡"的决议——正如地米斯托克利所见，这个决议无异于告诉人们："一旦舰队离开萨拉米斯，你们就没必要再为之战斗了。所有人都将返回家乡，无论欧里比亚德还是其他任何人都不能阻止我们的部队的彻底解体。"[4] 科尔涅琉斯·涅波斯用罗马人那种典型的直率口气写道："更多人建议撤回他们的家乡，躲到城墙里面自守。"我们可能会怀疑他们是不是这样建议过——再不要脸的自私行为也应该有底线——但这肯定是他们大多数人头脑里的真实想法。

地米斯托克利知道，必须在局面变得不可收拾之前，不惜一切代价地推翻这个灾难性的决议。他私下派人给欧里比亚德的旗舰捎信，说他有极为重要的事情要商议。希罗多德说，欧里比亚德请他上了船，"允许他直陈己见"——人们感觉，这只是欧里比亚德圆滑地接受无法避免之事而已，因为他很了解地米斯托克利，既然后者下定了决心，那就没有什么能让他闭嘴的了。无论如何，地米斯托克利了解欧里比亚德的弱点，并加以利用。仅仅是关于重返地峡就意味着舰队解体的暗示——地米斯托克利很可能为了自己的目的夸大了这个风险——就足以使这个斯巴达人立即采取行动。他马上召集各邦的指挥官代表们举行第二次军事会议，重新考量之前做出的决议。当然，这正中地米斯托克利的下怀。会议一开始——实际上，欧里比亚德还没来得及宣布这次会议的议题——这位雅典人就开始了绵绵不绝的激情演说。这种对议事礼仪的破坏招来了科林斯海军将领阿戴曼托斯的尖锐指责，他打断演说，提醒地米斯托克利"赛跑的时候，在信号发出之前就抢跑的人是要受鞭笞的"。"没错，"地米斯托克利立即反驳，"可是等得过久的人是得不到荣冠的。"阿戴曼托斯沉默了，至少暂时如此，地米斯托克利占了上风。

如果不是因为别的，仅仅是出于圆滑老练，地米斯托克利也不应该像之前对欧里比亚德说得那么直率；正如希罗多德用比通常更为温和的克制语气所说的那样,"当面指责任何一个盟邦成员都是不太合适的做法"。反之,他就战略问题进行了一次尖锐而令人信服的演说,将"地峡防线"的整套概念都批得体无完肤,也顺便消除了一个错误的观点,即希罗多德对根本性问题一无所知或知之甚少。[5] 希罗多德笔下的地米斯托克利的发言很重要,这里必须大段引述:

> 首先说地峡:如果你们在地峡附近作战,那就是在大海上作战了,在那样的地方作战对我们是最不利的,因为我们的战船数量更少速度更慢。而且,即使其他方面进展顺利,你们却失去了萨拉米斯、麦加拉和埃吉纳。再者,他们的陆军将会随着他们的海军前来,这样就是你们自己将他们带到了伯罗奔尼撒,从而使全希腊都有遭到灭亡的危险。
>
> 那么,我的计划是这样,如果你们照着我的意见去做,你们就可以得到下面所说的好处:首先,在狭窄的水面上以我们的劣势数量的战船与他们的巨型舰队交战的话,只要不出意外,我们肯定会胜利。在广大的海面上作战有利于他们,正如在狭窄的海面上作战有利于我们。其次,我们可以保全我们的妻子儿女所在的萨拉米斯。再次,我的计划还有这样一个好处,而这个好处又是你们最看重的,那就是,你们留在这里和你们在地峡附近的海面上作战一样,同样能保卫伯罗奔尼撒,而且如果你们按照我的建议行事,也不会把波斯陆军引到伯罗奔尼撒来。
>
> 如果我们如愿在海上击败了他们,他们就不会前来到

地峡进攻你们，也不会走到比阿提卡更远的地方；他们将会在混乱中撤退，而我们将由于保全麦加拉、埃吉纳和根据神谕我们要打败敌人的地方萨拉米斯而获得好处……（8.60）

这通发言也代表了希罗多德自己的想法，证据就是他在另外一段评论（7.139）里给出的断语："如果波斯人控制了大海，我根本看不出修筑地峡工事还有什么用处。"

欧里比亚德和伯罗奔尼撒集团在战略上是否同样高瞻远瞩则完全是另外一码事。地米斯托克利在演说过程中不断受到打断、愤怒的攻击和嘲讽，使人们对此不敢存有什么期待。例如，一位将领"要求他闭嘴，因为〔阿提卡被占领之后〕他是一个没有祖国的人，并试图阻止欧里比亚德应一个难民的要求而将问题付诸表决"。这是希罗多德的说法，普鲁塔克则将这种反对赋予了更理性的解释："一个失去祖邦的人没有权利要求那些仍然有祖邦的人放弃祖邦和完全不顾他们的祖邦。"这次讨论与任何时代的议会辩论都差不多，不会更不理性，也不会更幼稚；但是，奇怪的是，它与战略并没有多少关系。我们在这里谈论的是一群老派军人的情绪反应，他们的固有观念正在经受变革风雨的洗礼。简单的事实可能是，地米斯托克利作为一个领先于时代的天才人物，不得不想办法对付这一群愚笨、顽固和保守的二流人物——他们的主张另外还有民选领导机构的背书。可以肯定，他最终说服了他们，并不是由于他所展示出来的极其专业的战略战术——至少在希罗多德看来是如此——而是孤注一掷的威胁（所有方法都不奏效时就会使用）：撤走所有的雅典军队，然后全体移民到南意大利去。\*"没有雅典舰队的话，你会在哪里？"他问欧里比亚德。能去哪里啊？无论有多么不情愿，这位斯巴达人都能预见到将要面临的恶果。所以，为了尽最大努力保持住仅剩的一点儿权威，"他做出决定：原地不动，就在萨拉米斯迎战敌人"。这个选择对欧洲的未来拥有极为重要的意义，这位迟钝、善良的小人物在做决定时根本想不到。

这次争吵几乎用去了整夜的时间（9月5日到6日），黎明之前方告结束。当太阳升起的时候，"海上和陆上的人们"都感觉到了地震，希腊人肯定会将此当作他们所做决定的一种征兆。他们向诸神祈祷、祭祀，呼吁守护萨拉米斯和埃吉纳的英雄——埃阿斯、特拉蒙、埃阿库斯和他的儿子们——站在他们这一边作战。然后，就像现代希腊人在情况紧急时喜欢派人去取特诺斯的圣像，他们派遣一艘船去埃吉纳接来了埃阿库斯本人"以及埃阿库斯家族其余人"的圣像。没有什么能比这更好地象征他们的新决心了——或者，实际上是这决心背后根本上的非理性起源。因为很明显的原因，萨拉米斯战役的这一面并没有受到现代作家的重视，这与其重要性并不相称。当埃斯库罗斯在《波斯人》一剧中让报信人向阿托莎说"我的陛下，由于出现了报仇神或某个恶魔而开始了我们的整场灾难"的时候，他并非只是沉迷于一种文学比喻。对他来说，就像对希罗多德一样，诸神对人类事物有着强烈而具

---

\* 他提到的具体地点是塔兰托湾的西里斯——"那里属于我们已经很久了，神谕说我们必须在那里寻找一块殖民地"。是这样吗？他们拥有过西里斯吗？这种说法令人生疑。J. Perret, Siris (1941), pp. 128–30 认为是希罗多德代表图里（Thurii）的爱奥尼亚人发明了这种说法，因为图里人面临着塔兰托人的侵略，他们希望（约公元前430年）能帮助雅典人占有西里斯。

有党派性——更别说专断——的兴趣。回头来看，这个时代是如此辉煌，从而使我们容易忘记标志着那个时代的粗陋幼稚。像欧里比亚德这样在战略问题上的愚笨，以及在我们的史料中不断出现的神意的驱动，都是这种粗陋幼稚的表现。修昔底德和伯里克利时代的理性主义仍然完全属于另外一个遥远的世界。

与此同时，薛西斯也遇到了难题。要想攻击地峡一线，就必须消灭希腊的舰队。他的陆军严重依赖海上供给，承受不起被敌军切断这种供给的风险。这种情况下，他要么就孤注一掷地寻求决战，毕其功于一役，要么就留下一支实力足以牵制地米斯托克利在海上行动的舰队。一个简单的事实就足以自动排除第二种选择：波斯舰队规模已经小了很多，如果分兵的话，薛西斯将会失去船只数量上的优势（参见上文第200—201页）。另一方面，陆军不可能在缺乏海军支持的情况下去进攻地峡的希腊守军。再者，秋季即将来临，随之而来的还有风暴和巨浪；用不了多久，所有的海军行动都得停止。这就为波斯人提供了一个迅速行动的最迟期限，目前悬而不决的局势绝无可能持续整个冬天。所有的因素都指向同一个方向：薛西斯必须马上开战。如果他越过萨拉米斯而直扑地峡的话，就会在侧翼受到致命的攻击。然而，很明显，他和他的海军将领们都不想在地米斯托克利希望的地方进行战斗，即狭窄的萨拉米斯海峡。他们并非看不出在这里交战将给他们带来的不利，无论是什么原因导致他们最后做了那个致命的决定，肯定并不全是由于战略上的愚笨。或许，他们希望希腊领导人之间的争吵最后会使后者从萨拉米斯撤退（事实上这是极有可能的），波斯人不需要苦战便能打破目前的僵局。无论如何，直到最后一刻，在尝试了至少一个替代性方案并且发现不足之后，他们才最终决定在海上直接进行实力较量。

薛西斯的工程师们在这个替代性项目上忙碌了两个星期（9月5日到17日），[6] 这是一条堤道或若干条堤道——普鲁塔克在这里使用的是复数，值得重视——目标是跨越萨拉米斯海峡两岸的最窄处，从而为波斯部队提供一座桥头堡，他们从这里出发可以避开希腊舰队直接进攻希腊同盟的司令部。正如伯恩的杰出分析，"这座岛屿……挤满了雅典人，包括雅典部队、官员和议事机构，这才是真正重要的军事目标，只要攻占该岛，就能终结雅典的抵抗，结束战争也就指日可待"。而且这样的工程本身也并非完全不可能。阿契美尼德王朝拥有用之不竭的廉价劳动力，他们总是偏爱大型工程，无论是民用的还是军用的。（居鲁士为底格里斯河修筑大坝，薛西斯本人修建的穿过阿托斯山的行船运河——我们马上就能想到这些例子。）在这里，波斯大王可能受到之前修筑达达尼尔海峡浮桥的影响，两相比较，萨拉米斯海峡工程肯定就像儿童游戏一样容易。如果我们接受普里切特的主张（*Topography*, pp. 98-100），即这一区域的海平面从公元前480年之后上升了大约1英寻，就不难弄清楚这条堤道是如何规划的。这条堤道应该有三部分。第一部分将从佩拉玛（从现代渡轮服务的出发点附近开始）延伸到法尔玛库塞双岛中较小的一个，现在已经变成了一块有一半在水面以下的礁石，长度大概有100码。接下来的中段连接道将横跨从这个小岛到法尔玛库塞双岛中的大岛，现在叫阿格斯格奥格斯岛（这是传统上人们认为埋葬女神喀耳刻的地方）之间的水道。第三段将从阿格斯格奥格斯岛到萨拉米斯岛，可能向南横跨了卡马特罗海峡，这里的海水深度不及帕鲁吉亚湾。

只要看看海图，我们就知道波斯大王的工程师在哪里遇到了真正的麻烦——在中段连接道附近，即使考虑到后来的海平面升高因素，深度也不小于5到6米。[7] 第一段没有遇到什么特殊问题，只是按照正常的防波堤来修建，中间"填充"了岩石或者粗糙的石块——但是，足够讽刺的是，它在后来肯定也是导致薛西斯陷入困境的因素之一（参见下文第262—263页）。然而，一些初步的水深测量很快就会表明，中段堤道需要完全不同的建造

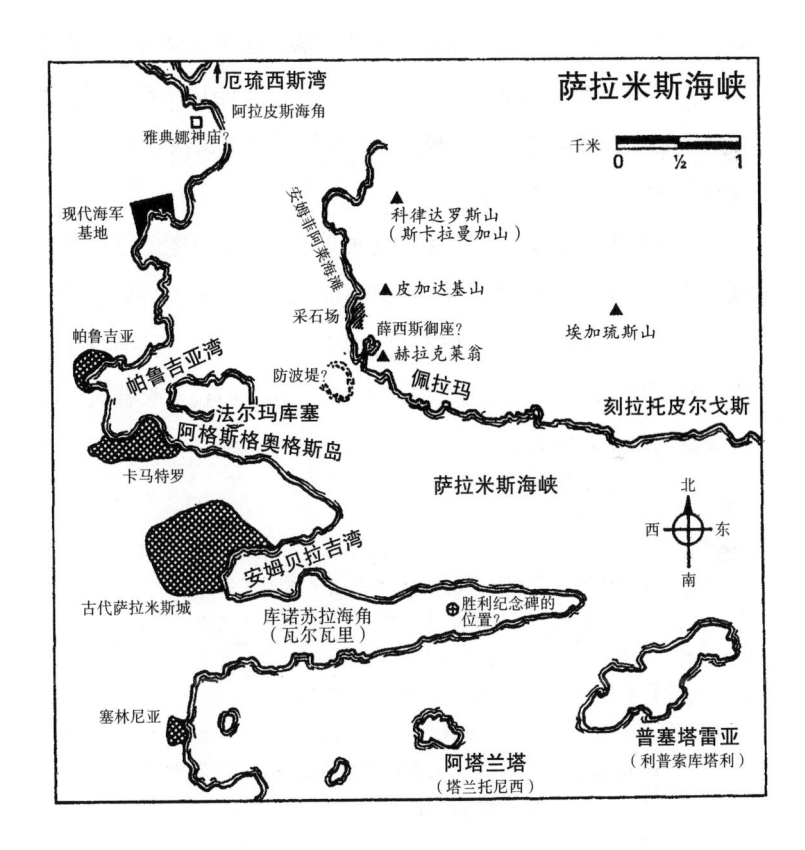

方法。在这里，波斯人似乎使用了他们在达达尼尔海峡的筑桥技术，只不过经过了一定的调整，"将腓尼基商船捆扎在一起，立马就可以当浮桥和防波堤用"。在波斯人行动的这个困难阶段，希腊人——可以肯定，他们一抵达萨拉米斯就占领了阿格斯格奥格斯岛——派出一个克里特弓箭手团，通过不断的射击来阻挠波斯人的工程进展。事实证明，这个办法非常有效（后来，类似战术也在提尔给亚历山大大帝制造了极大麻烦），薛西斯最后不得不彻底放弃了这项工程。但是，即使到了此时，他仍在极力避免与希腊舰队进行正面对抗。可能是在9月16或17日，[*]他来到法勒隆，召开一次海军会议。根据希罗多德的说法，这次会议仅有一项议题——"冒险投入海战的可行性问题"。不过，随后的时间表明，薛西斯还在积极为这个"终极解决方案"寻找替代性方案——不仅找到了一个，还实施了它。

从表面看来，希罗多德关于这次会议内容的描述已经足够直截了当。波斯大王的将领们按照严格的等级顺序坐着，只有马尔多纽斯一个人到处走动，依次征求他们对发动海军战役的看法。除了哈利卡纳苏斯女王阿尔特米西娅（Artemisia），所有人"都一致赞同与希腊舰队决战"。我们没有看到他们的理由：无疑，很

---

[*] 萨拉米斯战役前一周或前两天的时间表很难弄清楚：正如希格内特所说（XIG, pp. 211-12, cf. 215），似乎比较清楚的是希罗多德在若干重要的时间点上"故意或无意识地加速了事件进程"，可能是为了使叙事更加紧凑的缘故。（有一个很显著的例子，参见下文第261—262页及注释。）具体说来，就是战役发生前的很多事件都被他压缩进了24小时之内——从上文提到的海军会议开始——但这些事件肯定是分散在数日之内发生的，不然讲不通（参见Hignett, p. 217）。关于西西诺斯（Sicinnus）跑到波斯阵营执行任务的时间问题，参见Burn, PG, p. 450。

多人仅仅是在讲他们认为薛西斯想要他们讲的话。但是，我们的确听到了阿尔特米西娅的看法，还相当详细，听起来很有趣。她从希腊人在海上战斗技术方面的优势说起（反对在希腊人选定的地点进行决战）。然后她又强调，如果薛西斯能保持镇定，胜利就是属于他的。他已经占领了雅典（"战争的主要目标"），希腊其余地区也尽在他的掌握之中：这有点儿夸张，但并不像人们普遍认为的那么过分。之后，女王就抛出了她的结论，再一次必须引述全文：

……如果你不急于进行海战，而是把你的船只留在这里靠近陆地，或甚至一直向伯罗奔尼撒进击的话，那么，你是会很容易地达到你的目的的。因为希腊人是不能和你长期相持的，然后你可以驱散他们，而他们便会各自逃回自己的城邦了。根据我们打听来的消息，他们在这个岛上没有食粮，如果一旦率领陆军进攻伯罗奔尼撒的话，我想来自那里的军队不大可能坐得住，他们不太愿意为保卫雅典而进行战斗。（8.68）

阿尔特米西娅发言的结语既有经过深思熟虑的战略警示（"如果你们忙于进行海战的话，我担心你们的海军会战败，而且陆军也会一起遭殃"），也有对薛西斯联合舰队的一些军团战斗能力的蔑视——尽管有些不太得体（至少可以这么说），却不无道理，但正如之前的战斗已经证明的那样（参见上文第198页），就埃及人而言，她的说法也有明显不公正的地方\*。

--------

\* 在薛西斯的舰队中，埃及人的战斗力很强，不亚于腓尼基人。——译者注

这番非常直率的话对薛西斯产生了什么影响？尽管女王的朋友们担心她会因为反对进攻而被处死，但薛西斯却说自己很高兴："他一直很尊重她，但现在他比以往更尊重她了。"这确实有可能是真的，因为她向他展示了轻松、划算地获取胜利的关键。但是（如果我们相信希罗多德的话）他拒绝了她的建议，支持了多数人的意见，相信这一次他亲临第一线督战，他的属下们不会再像优卑亚战役那样逃避他们的职责。这不仅违背常识，而且与希罗多德本人所述的紧随其后的事件完全不同。事实上，薛西斯似乎采纳了一个折中方案。他下达命令，一支很庞大的陆军——可能有3万人之多[8]——在当天夜里就出发，取道厄琉西斯和麦加拉前往科林斯地峡。与此同时，他让舰队的前锋从法勒隆港出发，停泊在萨拉米斯岛对面，做好作战准备。如果阿尔特米西娅预测无误的话，这些动向或者能迫使希腊人在萨罗尼克海湾的广阔海面上进行战斗（在这里，他们的敌人将拥有压倒性优势），或者能导致伯罗奔尼撒半岛集团分裂而去，一旦他们的船离开萨拉米斯海峡的保护，就会被波斯舰队逐个消灭。[9]

如果说薛西斯希望在希腊阵营里制造纠纷和慌乱，毫无疑问，他成功了。伯罗奔尼撒人"陷入了惶恐不安的状态……因为他们停驻在萨拉米斯，为保卫雅典人的国土而战斗，可以肯定，一旦战败，他们就会被困在岛上，全部被俘，可是自己的国家却没人保卫了"。波斯人向科林斯地峡大摇大摆地前进——他们看起来似乎得到命令，要手执火把，尽可能大声地唱着军歌——比其他动向引发了更多的恐慌。没有舰队的协助，薛西斯的大军就会一事无成，但在萨拉米斯，谁能头脑冷静到看出这肯定是一次佯攻呢？正如阿尔特米西娅指出过的那样，希腊人缺少给养。萨拉米斯岛的资源支持不了几天，波斯前锋部队的一项迫切任务就是切断希腊人从麦加拉运输粮食的补给线。如果薛西斯接下来把所有的通道都堵住，然后静观其变，会发生什么？最好是在还有机会的时候赶紧逃出来，到科林斯地峡作战，而不是困在萨拉米斯坐以待毙，直到最后粮食耗尽而可耻地投降。他们的担心有一些是没有根据的，但是另外一些——特别是与必要的军需有关的忧虑——应该得到现代学者们更多的重视。

9月17日晚上，薛西斯开始把他的新计划付诸实施；次日，希腊军营开始谣言满天飞，士兵们都在绝望地讨论着局势：

> 刚开始，人们只是都在私下咒骂欧里比亚德的愚蠢，之后，这种令人窒息的情绪终于爆发，成为公开的抗议，于是，再度举行了一次会议。会上再次讨论了先前讨论过的事情，有人说他们必须到伯罗奔尼撒去，应该保卫那个地方而冒险，而不应当待在这里为已被敌人占领的国土作战。但是，雅典人、埃吉纳人和麦加拉人却主张留在萨拉米斯作战。（Hdt. 8.74）

地米斯托克利看到他的精心规划有彻底流产的危险。就目前的阵势而言，伯罗奔尼撒集团有极大可能在票数上击败他和他的支持者们。普鲁塔克（*Them.* 12.3）说他"怒气冲天，因为希腊人竟然要放弃他们在这片狭窄水域享有的全部优势"，我们完全应该相信这一点：他怒斥怯懦的埃勒特里亚海军将领像乌贼一样（"满身武器，却没有胆量"），谁又能怪他？然而，即使他也想努力赢得多数票，那也并不必然意味着他会得到船员们的服从。如果我们能相信埃弗鲁斯，他们现在接近哗变，怒吼着要尽快逃到科林斯地峡去。欧里比亚德和地米斯托克利上台发言鼓励他们，结果却被轰了下去（Diod. 11.16.1）。同时，薛西斯的战略已经出现了危险的转向，这似乎没有人能预测到。

因此，地米斯托克利同时有两个很迫切的难题需要解决。他必须采取有力行动，不仅要阻止伯罗奔尼撒军队的撤退计划，还要努力确保他们会在他设计好的时间和地点进行战斗；他还必须诱使薛西斯做出能够使希腊人赢得胜利的决策，即命令他的舰队在萨拉米斯海峡发动进攻。有人认为（例如 Hignett, XIG p.406），由于希腊人拒绝出来在萨罗尼克海湾的广阔水面上进行战斗，薛西斯别无选择，只能使用主力舰队想办法将他们从隐蔽位置揪出来。这种观点忽视了一个事实（在很多希腊船员看来，这无疑是最重要的事实），即波斯人完全可以通过封锁通往萨拉米斯的陆海通道而更容易地达到他们的目标，因为这样一来，只要等待希腊军队出现饥荒然后接受现实就可以了。

地米斯托克利最后使用的手段——普鲁塔克称之为"他与西西诺斯的精彩计谋"——是整个希腊史上最神秘的事件之一。关于其证据，可以远溯至埃斯库罗斯的《波斯人》一剧，该剧在萨拉米斯战役结束 8 年之后上演。但是，至少有 3 位著名学者[10]认为该剧的"整个故事都没有历史根据，都是没有事实基础的传说"，更多的人则像麦坎一样，在接受其为事实的同时，也发现它是"关于战役的所有轶事中最为可疑的一个"。事情的真相似乎是这样的：在就最终战略进行的漫长争论期间，已经看出投票肯定会输掉的地米斯托克利从会议中偷偷跑了出来，将他孩子的导师，一位名叫西西诺斯[11]的亚洲希腊人叫了过来，此人是"他的所有奴隶中最忠实的一位"。地米斯托克利将一封早已准备好的便条或者信件交给此人，托他乘坐一艘小船渡过海峡，去交给薛西斯，这时很可能已经到了9月19日的黎明时分。他大概没有亲自去见波斯大王，希罗多德的记载表明他甚至没有下船——很合理的谨慎做法——而是联系到一些负责的军官，然后，"他将信件交给对方……没有任何耽搁地离开了"，就像他来的时候那样，迅速而又安静地消失在了黎明时分的晨雾之中。这是一次大胆的行动。西西诺斯完全配得上后来赢得的财富和铁斯皮亚的公民权，后者对他来说可能更为重要，这是地米斯托克利为他谋得的。

信的内容如下。地米斯托克利以自己的名义，作为雅典海军司令官发出了这封信：他告诉薛西斯，他已经决定投降波斯，现在极为希望波斯人获胜。（这样的180度大转弯没有给出任何理由，尽管对伯罗奔尼撒部队的态度的厌恶可能会是一个很有说服力的动机。）希腊盟邦处于激烈争吵之中，不可能有真正的抵抗——"相反，你将会看到他们之中的亲波斯派起来与其他人开战"。而且，他们正在计划乘着夜幕掩护从萨拉米斯撤退，明晚就会行动。恐慌是这次行动的主要原因，但它也有战略方面的考虑：与科林斯地峡方面的伯罗奔尼撒陆军会师一处。如果薛西斯立即发动进攻，各个击破，他就能提前阻止这次行动。"你可以进攻，趁着他们还没有组织起来，也没有与陆军会合的时候，摧毁他们的海军。"（Plut. Them. 12.4）然后，征服伯罗奔尼撒就会变成一件很简单的事情。另一方面，如果薛西斯放任希腊各邦军队逃走，四散回家，这场战争就会无休无止了，因为他将被迫一个一个地去对付他们。西西诺斯说动了波斯将军，他们将他的话传给大王本人。我们得知，薛西斯相信了这个报告，因为它"显得很可信"——也因为它正好是他想听到的话：爱奥尼亚和帝国内已经暗流涌动，露出了叛乱的苗头，这次希腊远征结束得越早越好。地米斯托克利是一位洞察人性的大师，他很清楚地知道，波斯大王经过这么多日的耽搁和挫折后，肯定会急于抓住任何能够迅速解决问题的机会。

这就是传统文献讲述的故事。尽管内容框架可能属实，但仍然有一些很令人感到奇怪的地方。派遣西西诺斯真的是地米斯托克利一时冲动，未与希腊盟军最高长官商议就付诸行动了吗？普通士兵可能会这样认为，地米斯托克利的同僚军官们几乎肯定知道得更多些。就像萨拉米斯战役的其他细节那样，这表明希腊人正在实施一种配合极为谨慎和用心的战术，而这一判断被认为反过来驳斥了"伯罗奔尼撒人将会退回地峡"的传统说法。（伯恩认为，所谓争吵和怯懦的谣言是一种经过精心筹划的宣传：这要比希格内特的观点更有说服力，希氏断然判定，今天准备撤退的那些人明天肯定不会勇敢作战。）但是，在执行层面的杰出工作并不一定总是意味着高层领袖们在战略问题上达成一致，我倾向于认为盟邦之间存在根本性的战略分歧是历史事实。毕竟，地米斯托克利的对手可以诉诸同盟的权威，而要击败这张王牌肯定是对他的聪明才智的极大考验。另一方面，就文献所记载的他带给薛西斯的信而言，有一个非常明显的漏洞。该计策若要成功，完全取决于薛西斯的舰队会进入狭窄水域。但是，没有一个地方暗示波斯大王应当下令采取这个关键的行动。实际上，没有任何形式的积极主动的战略提议，这一点引人注目。埃斯库罗斯和埃弗鲁斯也完全忽略了这个问题。希罗多德版本的信件仅仅是劝薛西斯不要让希腊人从手里逃掉；尤斯丁（Justin）版本断言，他"应该能非常容易地俘获希腊人的舰队，因为他们现在都挤在一个地方"。普鲁塔克和涅波斯则只是提到了有人建议进攻，但完全没有提及应该如何进攻。或许，地米斯托克利的设想是，任何直接指示性的建议都会自动受到怀疑；但是，在海峡里进行决战远不是一个显而易见的决策——对波斯人来说，封锁更容易达到目的——薛西斯主动做这种决策的可能性肯定是微乎其微的。

其他先验的反对意见可能只是虚有其表。与埃斯库罗斯相比，希罗多德给出了一个更为全面的记载，但这并不一定就意味着埃斯库罗斯写下了他知道的所有东西：两人的记载可以融合在一起，不会有太多矛盾之处。还有人认为，薛西斯永远不会阻止希腊舰队撤往科林斯地峡，因为这样一来，希腊舰队（就像地米斯托克利已经预见到的那样）就肯定会分散兵力，为何不让敌人为你做事呢？[*] 这种推理乍看起来很有道理，但是只有无视我们的后世史料提供的直接证据才能说得通，因为后来的史料都强调了希腊舰队与希腊陆军会师所带来的威胁。它也忽视了薛西斯性格中虚荣的因素。"他就像奥斯特里茨战役中的沙皇亚历山大，徒劳地希望取得一场辉煌的胜利，将通过明智而谨慎的战略战术获得的优势扔到了一边。"（HWComm, vol. 2, p. 381）更令人困惑的是薛西斯竟然如此轻易地相信了雅典人投诚的说辞。正如希格内特所说，波斯人"知道雅典人是他们的死敌，也肯定因为最近波斯人蹂躏他们的土地、焚毁他们的神庙而变得更加仇恨"。但是，他们却没有丝毫怀疑地立即相信了西西诺斯的说辞，甚至都没有抓住

---

[*] 我们从薛西斯如何处理通过达达尼尔海峡的运粮船中得知，他原则上并不反对这种方法。见 Hdt. 7.147 以及上文第 107 页。

他好好审问一下。即使后来的希腊史也有一些类似例子，但像这样单纯的轻信还是令人怀疑，尤其是与波斯人在阿尔特米西乌姆战役中的精明形成鲜明对比时。但是，还有最后一种解释，就是波斯人的这种态度只是因为玩世不恭，而非天真幼稚。薛西斯在这次战争期间的经验——尤其是在佛西斯和彼奥提亚——可能已经使他深信，希腊城邦对波斯的反感要远远弱于他们对自己邻邦和竞争者的那种不可化解的仇恨，雅典为何会例外于这样的规律呢？

如果说西西诺斯的信是在 9 月 19 日黎明之前送到波斯大营的话，那么，薛西斯最早不过上午 10 点才做出关于下一步行动的决定。这种重量级情报需要波斯最高指挥中枢进行——肯定也进行了——总体分析。情报是真实的吗？如果是真实的，接下来该如何行动？关于第一个问题，薛西斯的反应是清楚的：他相信西西诺斯。为什么不相信呢？他在希腊北部曾看见太多的贿赂者和怯懦的机会主义者，现在看来，萨拉米斯也会重复相同的模式。又一次，薛西斯的敌人更关心的事情是互相倾轧，而不是团结一致共同抗击蛮族人。从战略上考虑，局势看起来也有很大的诱惑性。希腊人看起来的确不愿决战——至少在海峡外面。当薛西斯前一天将他的舰队向前推进的时候，没有遇到任何拦截。因此，希腊人将在夜间撤走是可信的。事实上，考虑到其突然性，撤退很有可能成功。一般情况下，薛西斯的舰队——尽管会令现代读者感到吃惊——不会整夜地巡逻（如果他们这样巡逻了，这是一个需要特别提及的事情），而是会在夜间撤回法勒隆湾。希腊人想要撤军，就必然严重依赖这一疏漏。三列桨战船在夜间的平均速度超不过 4 节,*尤其是还需要保密的时候：将近 200 艘战船同时划桨产生的噪声肯定相当大。因此，希腊人要离开萨拉米斯海峡进入萨罗尼克湾（穿过厄琉西斯湾或者顺着普塞塔雷亚而下）并摆脱追兵将需要足足 6 个小时。他们必须在天黑之后出发（大约晚上 9 点），才能躲过敌人的视线。这样一来，到午夜时分，他们不太可能走得比麦加拉海峡入海口或者萨拉米斯岛南端更远；9 月 19 日到 20 日是满月，月亮会比往常更早地升起来，这会使他们的位置变得更加容易暴露。

换句话说，这样一次撤退要想获得成功，取决于能否完全保密：即使是最轻微的泄密，也会使他们万劫不复。利用这个机会的前景是如此令人兴奋，以至于薛西斯和他的参谋官们（似乎）从未问问自己这次泄密是否有可能是敌人有意为之。虽然如此，讨论似乎还是一直继续到了下午时分，同时拟定出了一个全面的战斗计划。最后，薛西斯发布了他对海军的指令。[12] 4 支最好的海军分遣舰队已经连续第二天在海峡东侧巡航，以防希腊舰队冒险发动进攻。其中的埃及舰队现在奉命向西进发，绕着佩特里提斯海角航行，封锁麦加拉海峡，同时，另外两支分遣舰队封锁普塞塔雷亚，正如埃斯库罗斯所说，通过此举保卫"出口和狭窄的海上赛道"。最后一支则沿着南部海岸巡逻。希罗多德非常具体地指出了这些部署的目标：为的是"防止希腊舰队从萨拉米斯的狭窄水域中逃走，然后为阿尔特米西乌姆战役的损失向他们报仇"。埃及人是立即出发的，还是像其余人一样等到夜幕降临，很难确定。

---

\* N. G. L. Hammond, JHS 76 (1956) 51-2 提出了更低的 3 节的速度，这似乎过于谨慎：这是商船都能很轻松达到的均速。一般来说，哈蒙德的海上和地面数据都有极大的价值。

如果他们是在萨拉米斯东南海岸附近巡逻时接到了新命令,他们可能需要 4 个小时来走完 15 英里的路程。由于午夜时分是薛西斯的最后期限(Hdt. 8.76),他们很可能在 7 点到 8 点之间启程。同时,天黑之前,一支大约有 400 人的步兵部队在普塞塔雷亚登陆,正如希罗多德所说,"因为它正好位于下一步行动的路上,一旦战斗开始,大多数人和受损的船只都可以被抬到它的岸上"。这是我们第一次看出薛西斯意图在海峡里进行决战的信号。

上述军队调动全都是在沉默中进行的。一旦完成了封锁,用普鲁塔克的话说,波斯主力舰队就可以"不慌不忙地配备人员了";但是,与此同时,不要让希腊人发现海上的异常活动也至关重要。只要有一点点"泄密",他们就得(大约薛西斯的参谋官们这么认为)很快取消全部的行动。同样重要的是,封锁也应该达到百分之百的效果。当薛西斯的将领们接到命令之后,他们看到的是:如果希腊人图谋让他们的战船冲过封锁线,而且就这样逃脱他们的悲惨命运的话,所有的船长都得脑袋搬家——无疑,这种命令给担任警戒任务的部队造成了相当大的压力。有理由认为(Hdt. 8.76, cf. Rados, p. 282)这些分遣舰队事实上在天黑之前已经按照他们的平时习惯做法从萨拉米斯海峡撤回了法勒隆湾;很可能就是在这时,埃及人悄悄地溜走了,长途跋涉前往尼撒亚(参见第 228 页的地图)。埃斯库罗斯为我们生动地描绘了船员们上岸吃晚餐的场景,每个人都将他的木桨"用皮带整整齐齐地绑在桨架上面"(无疑,这是希腊人的做法,但很可能波斯人也这么做)。

但是,当天色渐黑、夜幕降临的时候

> 每一个桨手都要迅速回到
> 他的战船上面，带武器的士兵也要站到甲板上面，
> 船员们在长长的战船上面互相鼓劲儿——

正如埃弗鲁斯所透露的那样，这些分遣舰队被刻意按照他们的地域来源分配到一起执行任务，这样"他们就能互相听得懂对方的语言，不同的部队也乐于互相援助"。

> 配备好人手之后，各艘战船就立即起航，
> 时间一点点过去，舰队整夜巡逻着。

到午夜时分，波斯人已经封锁住了厄琉西斯湾的西侧入口，开始巡航萨罗尼克湾，"封锁了直到穆尼齐亚的整个海峡 [东侧]"。现在，剩下的问题就是等待希腊人——他们士气低落、混乱不堪、互相攻击，已经到了投降或叛变的时候——零零散散地进入这个早已为他们准备好的极其有效的埋伏圈。

同一时期萨拉米斯的希腊大营里发生了什么呢？根据希罗多德的记述（他对地米斯托克利毫不掩饰的偏见影响了他的记述的准确性），海军将领们"继续争吵着"。换句话说，就在萨拉米斯决战的前一天晚上，他们仍然在争论是不是应该退回科林斯地峡去。战船上低级军官和水手中的战略家们可能还在激烈辩论这个问题，但是高层指挥官们肯定已经决定好了。希罗多德的说法根本不太可能是真的，除此之外，我们还可以凭借这样一个事实断定它是纯粹的幻想：这些据说意见不一的指挥官在几个小时后展示了纪律严明的战术协同。萨拉米斯战役有着

详尽到极点的谋划,若没有经过长期而又艰苦的训练,那样复杂的战术绝对无法得到执行。我们的记载似乎又一次混杂了年轻士兵的浪漫想象和保守派充满恶意的宣传——后者倾向于夸大(有时夸大有时故意模糊)雅典地主们在这场危机期间所发挥的并不那么光彩的作用。自从马拉松战役以来,他们就一直起着很糟糕的反动作用,很明显,他们自始至终就是错误的:顽固反对发展海军,坚定支持陆基防御政策。我们发现阿里斯蒂德的名字与这场保守运动存在密切关系。当地米斯托克利和海军派提议从劳里翁银矿收入中拿出一部分用来建造三列桨战船的时候(参见上文第76—77页),正是阿里斯蒂德领头反对这个计划,并因此而被放逐。没有一个团体喜欢自己仅仅作为一个犯错集团而被铭记,尤其像他们这样有影响力、出身上流社会的人。接下来的几十年,保守派想方设法贬低地米斯托克利的成就,他们也成功了,他们还夸大他们自己(以阿里斯蒂德为标志)在萨拉米斯的作用。这便是希罗多德在雅典被精心灌输的传统观点,后来便进入了我们现有的各种史料。要从这个谎言之网中找出真相可以说是一项不可能完成的任务,我们至多只能排除掉一些非常明显的谎言。

保守派很早就开始了不屈不挠的努力,试图将阿里斯蒂德描绘成"萨拉米斯英雄",[13] 这种工作在那一天就开始了。我们从这种传统里获知,阿里斯蒂德在午夜过后的某个时间从埃吉纳乘坐一艘三列桨战船穿过波斯人的巡航舰队,抵达希腊盟军总部,私下派人联系地米斯托克利(他还在会场上),要求与他对话。当雅典海军领袖出来之后,阿里斯蒂德马上就开始伪善地强调,他们需要在这样的危急时刻放下个人恩怨。地米斯托克利(人们可以想象，与聆听这种三流诡辩相比，这时的他有更重要的事情要做）耐心地听完了阿里斯蒂德的话。根据普鲁塔克的记载，他的答复具有布克曼主义者（Buchmanite）*特有的那种油腔滑调的谦逊语气："我不想被你压倒，阿里斯蒂德。但我钦佩你为我树立的榜样，我会努力效仿，并争取在将来做得更好。"然后，阿里斯蒂德开始步入正题。他说，希腊人已经被彻底包围。地米斯托克利则显然一方面为这个消息感到兴高采烈，另一方面小心解释说"是我让敌军这么做的"。他要求阿里斯蒂德亲自把这个情报告诉其他指挥官——"如果我告诉他们，他们会认为我在谎报军情，不会相信我的话"。阿里斯蒂德照做了，但即使如此，直到"一艘由索西美尼斯（Sosimenes）之子帕奈提欧斯（Panaetius）指挥的特诺斯战船从波斯海军那里逃了出来，给希腊人带来了目前局势的详细报告"，人们才相信他们已经被波斯人包围了。

这个故事给人留下的第一印象就是阿里斯蒂德完全是一个可有可无的人物，删去关于他的部分，也不影响历史记载的完整性。甚至在希罗多德的笔下，迫使希腊人行动起来的也是敌军阵营的逃亡者提供的详细情报，此人所处的位置使得他对薛西斯战略的

---

\* 20世纪上半期，美国牧师弗兰克·布克曼发起了"道德重整运动"，倡导道德重整的精神，鼓励大家检讨与反省，尤其是对长久以来的仇恨心理、贪心与野心的欲望等方面的反省。同时布克曼也提出4个绝对的道德标准：绝对诚实、绝对纯洁、绝对无私、绝对仁爱，让每个人或团体作为自我反省的准绳。第二次世界大战之后，"道德重整"在全世界各国积极主张"和解"，就是彼此之间放下仇恨，共同面对未来，产生了很大影响，目前在100多个国家都有"道德重整"的组织。布克曼主义者就是指相信布克曼的道德重整信条的那些人。——译者注

认识要远胜于一个偶然冲破封锁的人*。如果阿里斯蒂德的确带着这样的故事来到盟军总部,希腊的海军将领们不相信他的话也属正常。他如何得知的这些?如果他向上航行经过佩特里提斯海角再转入西湾(然后步行穿过岛屿的颈部),他应该能趁着月光看见在尼撒亚附近的埃及分遣舰队;但是,那样一来,他对海峡东侧就不会有多少了解了。另外,有人计算过(Hammond, op.cit., pp. 51-2),如果他走这条路线,凌晨4点之前他绝不可能到达希腊盟军总部。同样令人难以置信的是,地米斯托克利——不管有没有同僚指挥官的默许——竟然会这么晚才通过偶然出现的情报提供者知道这样一个精心构思的骗术已经成功了的消息。事实上,从库诺苏拉到佩特里提斯海角的整条海岸线肯定都布满了巡逻哨:人们可以想象他们整夜都在传递着各种信号。确定波斯舰队的动向是至关重要的,特别是要对他们通过各种方式在夜间向萨拉米斯海峡渗透发出预警。**在这一点上,可以肯定地说,并不是只有波斯人(通常是这么认为的)整夜都在划桨。至少,希腊人有两支分遣舰队肯定在安姆贝拉吉附近和麦加拉海峡东端进行警戒。

然而,真正能够证明阿里斯蒂德事件乃雅典人之编造的史料是由埃弗鲁斯(Diod. 11.17.3-4)提供的另一个版本,二者同样

---

\* 指阿里斯蒂德。——译者注
\*\* 我并不赞同一种流行的观点(Goodwin最先提出,后来被Beloch以及最近的Hignett, XIG, p. 219 ff.再次提出),即波斯人在夜里成功进入了海峡,他们的主要目标是"切断厄琉西斯湾的出口"。该计划除了显而易见的不合理——它只有在希腊人没有海上巡逻队的时候才有可能获得成功,无论如何,可以封锁厄琉西斯湾的最明显的地方是它的西端海峡——这与埃斯库罗斯提供的证据(Aeschylus, Pers. 398 ff.)相冲突。关于进一步的争论和简要的文献列表,参见Burn, PG, pp. 456-7 and n. 13。

是虚构的。显然,"向地米斯托克利提供情报的人"是一个有待填补的空白,可以根据地方偏好来填补。在埃弗鲁斯的笔下,爱奥尼亚海军指挥官派一位萨摩斯游泳健将带来了好消息——他们承诺"一旦战斗发生,他们就会抛弃蛮族人"(参见下文第264页),而这一消息被认为极大地提升了希腊人的士气。在这里,我们能发现根据另一种宣传目的实行的修改。埃弗鲁斯这样一位忠诚的库麦人在回溯历史的时候想尽办法为追随薛西斯作战的亚洲希腊人开脱。两个故事有着同样的动机,二者作为历史记载都毫无价值。但是,论及纯粹毫无理由的恶意,最惊人的还是要数一个不知名的雅典传谣者,他指控地米斯托克利在舰队投入战斗之前,将薛西斯的三个侄子献祭给了吃人的狄奥尼索斯神(Plut. *Arist.* 9; *Them.* 13; *Pelop.* 21)。这个谣言是由莱斯沃斯岛的法埃尼亚斯(Phaenias of Lesbos)提起并固定下来的——普鲁塔克很保守地说,"此人是一位哲学家,对历史文献极为熟悉"——它表明,当贵族们感到自己的基本信念处于危险之中时,他们发起的诽谤运动可以持续多长时间。它也说明了在历史问题上进行轻率的诽谤所伴随的危害。这些被献祭的俘虏是从哪里找来的呢?我们的传谣者满不在乎地解决了这个问题,他将普塞塔雷亚的陷落时间(参见下文第267—268页)从战斗高潮时的正确背景转移到了战斗发生之前很久的某个时间。这样也好,否则,一些极端保守的历史学家迟早会认为,地米斯托克利实际上就是他的敌人所描绘的食人魔。

一小时又一小时,波斯军队坚守在萨拉米斯岛附近,保持高度警惕,注视和等待着从未出现的敌军大规模突围,疲惫不堪。正如伯恩所说,"距离天亮还有很久的时候,波斯海军的将领们肯定就开始怀疑他们被耍了；但到了这时，取消行动已然是不可能的事"。事实的确如此。在夜里，分散在很宽广海域的若干支分遣舰队之间根本无法进行迅速和有效的通信；即使到了天亮以后，要向整支舰队传达撤销行动的指令也得花费一个小时甚至更长的时间。此外，这种命令最终必须由薛西斯本人来下，他才是舰队的总司令，但是，好大喜功的波斯大王满脑子是毕其功于一役的想法，如果没有受到特别沉重的打击，根本不可能放弃行动。了解这种情况的波斯海军将领们——如果被迫在紧急情况下自作主张的话——更倾向于抨击和诅咒事情的后果，而不是拒绝作战并因此而惹怒他们的皇帝。地米斯托克利的计谋所仰仗的正是薛西斯的虚荣和浮躁、将领们对薛西斯像奴隶一样的恐惧，以及薛西斯坚信西西诺斯带来的情报肯定为真的信念。在这种情况下，经过一夜的紧张守候之后，天色已亮，终于有希腊船只突然出现，哪怕这显然是一个陷阱，波斯人也无视了它，在最后一刻开启了一场歇斯底里的战斗。地米斯托克利不得不将他的行动时间定在波斯人已经充满沮丧和忐忑的黎明时分：太早，薛西斯就会按计划行动；太晚，波斯人的整个行动就有取消的可能。

在第一缕曙光升起之前，希腊船员们聚集起来，按照惯例接受各自指挥官的训话。迄今为止，我们获知，最令人难以忘记的是地米斯托克利对雅典人的训话，"他的训话的核心是比较人性中的高贵和卑劣，并希望人们能够用前者来迎接即将到来的考验"。尽管他的讲话原稿并未保存下来，但这些话仍然成了传奇：它们撞击着听众的心灵，点燃了他们的斗志，就像丘吉尔在1940年最艰难的时候用"鲜血、辛劳、眼泪和汗水"的伟大演说点燃了不列颠的斗志。有人猜想——但这是一个很合理的猜想——埃斯库罗斯笔下波斯报信人描述的希腊人的"呼喊"实际上是那次著名演说的结尾：

> 希腊子弟们，前进啊，拯救你们的祖国
> 拯救你们的妻子儿女，拯救诸神的祭坛庙宇、祖先的坟茔
> 为自己的一切而战！

地米斯托克利并未像人们通常认为的那样向整支希腊舰队发表演说，希罗多德也没有说他这样做；有一些实际的困难使其变得不太可能，因为各支分遣舰队彼此间的距离太远了（参见第235页的地图）。科林斯人驻扎在海峡北端一个很远的位置，那里正是现代海军基地的所在地；麦加拉人和埃吉纳人停泊在安姆贝拉吉湾。在他们之间是主力舰队，沿着帕鲁吉亚海滩分布并受到阿格斯格奥格斯岛的遮挡：雅典人位于左翼，向右是伯罗奔尼撒军团和诸岛的舰队，而作为舰队总司令的欧里比亚德则坐镇象征荣誉的右翼。所有的演说都结束之后，船员们就情绪高涨、神情坚毅地登上了战船，希腊舰队最终走上了海上决斗场。[14]

战斗初期的若干重要时刻所发生的事情只能靠揣测。足够矛盾的是，尽管有着重要的历史意义，萨拉米斯海战必定被认为是整个海战史上最缺乏文献记载的战役之一。作为战斗的亲历者，又恰巧是个一流的剧作家，埃斯库罗斯给我们留下了价值不可估量的个人记录。希罗多德和普鲁塔克凑合着记载了一系列局部的战场轶事。唯一连贯清晰地叙述了战斗过程的是后来（受到大多数人鄙视）的剪刀糨糊史学家狄奥多洛斯，多数学者都认为他的记述来自埃弗鲁斯（约公元前405—前330年）。在战事方面有

一些经验的波利比乌斯说埃弗鲁斯"似乎能理解海上的战术问题"（12.25, cf. Burn PG, p. 10）。至少就萨拉米斯海战来说，埃弗鲁斯提供的证据肯定是有分量的，至少他尝试理解战役的基本经过。但是，无论是他还是更早的史料都未能充分说明战役是如何进行的。从表面来看，由于薛西斯有充足理由不投入决战，这个问题需要更细致的考察。我们知道波斯人被引诱进入阿格斯格奥格斯岛与佩拉玛岛之间的狭窄水域，他们的进攻决策受到现代学者从各种角度的抨击（尽管总是沿着相同的方向），从"一种有点儿冒险的运动"到"一种彻底的愚蠢行为"，等等，不一而足。尽管从这些观点中不难看出后见之明式的聪明，但薛西斯的决策——完美地为希腊人提供了一切可能的优势——无疑会令人感到困惑。这是怎么发生的？

让我们简要地考察一下波斯人的处境。他们满心欢喜地接受了一个虚假情报，一直认为希腊人士气低落，只待逃跑；更好的是，一些希腊部队将会在决战的时候转投波斯人。麦加拉海峡已经被封锁起来，而希腊最高指挥部很有可能尚不知晓这一点。希腊人在夜间的沉默似乎又被视为他们士气低落的另一个标志；我们从埃斯库罗斯那里（*Pers.* 390 ff.）得知，当波斯人发现——太迟了——他们的对手真的还有勇气的时候有多么吃惊：

> 然后，我们个个心中充满恐慌：我们的希望
> 全都消失了……

但是，到了那时，他们已经无法回头，因为分遣舰队正在一支接一支地蜂拥着冲进海峡，取消进攻已然不可能。然而，首先，

欺骗必须维持下去,这也是希腊人获胜的全部希望所在。只有一种方法可以让波斯人的灾难性错误信念得到证实,那就是一部分希腊人假装临阵脱逃。事实上,有材料表明,的确发生了这样的事情——不仅使波斯人产生了误解,也骗过了不少希腊人(这表明保密工作做得很好?)。希罗多德也提到在战斗刚开始的时候希腊战船"掉头开始向后退",但并未做进一步的解释。更有启发性的是他详细叙述的一个与科林斯海军司令阿戴曼托斯有关的诽谤性故事。

后来有一些怀恶意的雅典人指控阿戴曼托斯,说他在战斗刚一开始就带着他的舰队向北朝着厄琉西斯湾逃跑。当他们航行到雅典娜(Athena Skiras)神庙附近(即萨拉米斯岛的东北部附近、已经越过阿拉皮斯海角的地方,大概位于斯卡拉曼加山的对面)的时候,有一艘陌生的船只向他们打招呼。船上的人大喊道:"阿戴曼托斯啊,当你带着你的舰队逃跑而成为叛国者的时候,为希腊祈祷的人们正在得到了回应,它已经击败了敌人。"故事继续说道,虽然刚开始并不相信,但阿戴曼托斯和他的分遣舰队还是打算回到主力舰队去,等到他们到达时,战斗已经结束。甚至连希罗多德都觉得雅典人的这种诽谤故事也稍微有点儿难以接受,这不足为奇。不仅科林斯人将其视为不值一提的谎言,他们说他们的战船"在战斗中有着杰出表现",而且其余的希腊人——正如希罗多德提到的那样——都给出了有利于科林斯人的证据,例如在萨拉米斯阵亡的那些科林斯人的墓志铭,以及后来阿戴曼托斯本人的墓志铭,这些听起来并不像是那种要为臭名昭著的懦夫洗白的东西。这样一个荒诞的故事是如何发端的呢?伯恩(PG, p. 445)的说法几乎可以肯定就是正确答案:"在战斗爆发的那天,阿戴曼托斯和他的战士们面对敌人，执行了一次非常特殊的任务，不仅将敌人骗到死，而且也不免使雅典的普通士兵产生了误解。"

这次任务的性质并不难推断。在这里，我们必须要在观察到的事实——这些事实没多少争议——和归之于它们的原因或动机之间做出明确的区分，就像我们面对希罗多德时常常做的那样。部分雅典人从他们的位置向希腊阵线的左翼看过去，看到的是已经升起了帆（只有在慌忙逃窜或长途旅行时才会升帆，在参战之前绝对不会）而且正在全速向北方驶去的 50 艘科林斯战船。如此多的人看到这一幕，误解随之而来，并随着时间流逝而变得越来越复杂。很多那天在场的老兵——两边都有——肯定都立即想起是什么导致了公元前 494 年的拉德战役的失败：萨摩斯人临阵脱逃，"他们擅自脱离阵线，扬帆起航，径直回家去了"（Hdt. 6.14）。从表面上来看，希腊主力舰队在萨拉米斯的作为与萨摩斯人也没什么不同。超过 200 艘船的大舰队需要展开行动的空间，只有在帕鲁吉亚与安姆菲阿莱海滩之间 1 英里宽的海峡部分才有这样的空间，安姆菲阿莱海滩位于法尔玛库塞以北。以密集队形横列 1 英里宽的三列桨战船数量有各种不同的算法；以 35 到 50 英尺为间隔排列 70 艘，似乎是一种相对合理的估算。由于在阿格斯格奥格斯岛与萨拉米斯岛之间的南部水道太浅，无法正常航行

---

\* 参见 Rados, p. 325 ff., 还有 Hignett, XIG, p. 227（他的估算是 80 艘排成 1 英里），另参见 Tarn, JHS 28 (1908), p. 219; Grundy, p. 396（每艘战船正面宽度有 20 码）; Keil, *Antike Schachtfelder*, vol. 4, p. 103, n. 1（每艘战船正面宽度有 15 米）; Custance, *War at Sea* (1919), p. 13（每艘战船正面宽度有 100 码）; Hammond, *op.cit.*, p. 50 及其注释（间隔 50 英尺，或者说 63 艘战船排成 1 英里）; Burn, PG, p. 457（66—70 艘排成 1 英里；参见注释 15）。

（参见上文第 234 页），雅典和伯罗奔尼撒的这些分遣舰队将会从帕鲁吉亚湾向东北方向移动，好像在追随科林斯人一样。根据埃弗鲁斯的记载，最后，他们形成一条从萨拉米斯（即帕鲁吉亚的北端）横跨到赫拉克莱翁的阵线，后者是坐落于薛西斯的防波堤附近的一座神庙（参见第 235 页的地图）。但是，在此之前，他们必须把九路纵队重新部署成三路横队。在最佳的情况下，这也是非常棘手的操作，无疑，作为海战专家的雅典桨手们能够制造出一种足以迷惑敌人的混乱和涣散状态。如果埃吉纳人和麦加拉人在战斗初期（这是一个有争议的时间点）就从隐蔽处安姆贝拉吉湾冲出来，我们可以猜测，他们也会在最初的几个关键时刻摇摇晃晃地向北走。

对已经在海上的波斯人来说，他们在普塞塔雷亚、库诺苏拉以及面朝比雷埃夫斯港的阿提卡沿岸附近停桨休息，敌军的这些行动可能意义不大。实际上，薛西斯的船长们没有多少处在可以看见全局的位置。只有那些紧挨着普塞塔雷亚东侧停泊的船长才能对当前状况有一点点了解，但他们的视野也受到法尔玛库塞双岛的严重限制。其余的地方不会有比库诺苏拉海角、阿格斯格奥格斯岛和佩拉玛的平直海岸线更好的视野。进攻的决策无论源自哪里，肯定不是（像伯恩明显认为的那样）来自紧张兮兮的舰队指挥官。虽然我们所有的史料（埃弗鲁斯除外）都可以说是从士官的视野来叙述萨拉米斯战役的，这不代表我们也应该这么做。这对薛西斯和他的最高统帅部来说也是不公平的，他们至少可以认识到，除非处在一个能看清楚当下事态的位置，否则没人能够全面控制这样的一次行动。因此，他们在防波堤和赫拉克莱翁（参见第 235 页的地图）北面的埃加琉斯山较矮的山坡上建起一座总司令部，普鲁塔克（*Them.* 13.1）说这里使薛西斯可以俯瞰他的舰队以及战斗实况。准确地说，我们的史料用微妙的滑稽语言描述了这一场景，这一事实不应让我们忽视它的根本意义。坐落于拜伦笔下的"岩石坡顶"上的黄金御座可能仅仅是一抹典型的东方式浮夸色彩，但蜂拥忙碌的幕僚和秘书（"他们的职责是记录战斗的进程"——而且，我们可以猜想，他们还负责保持总司令部与舰队之间不间断的联系）似乎听起来比较真实和贴切。从这里——除了库诺苏拉海角中间的某个地点，再无其他地点——看出去，人们可以将整个萨拉米斯海峡尽收眼底；薛西斯及其参谋官正是在9月20日天亮后不久，从这里看见了混乱的希腊舰队正蜂拥着向北面的厄琉西斯湾冲去。为何他们向北走？为何逃向一条根本没有任何逃生希望的死路？我们可以想象，这些紧张兮兮、筋疲力尽的人是何等的高兴，一些兴奋的军官们立即就想到一个显而易见的结论，那就是地米斯托克利已经打算撤退——"他们不知道麦加拉海峡已经被封锁"——同时，这样的想法肯定会像一股电流般出现在每个人的脑海中："他们跑不掉了。"没有时间再做清醒的思考，就在接近疯狂的亢奋情绪之中，薛西斯作为军队的总司令向他的舰队总指挥下达了那个致命的命令："向敌人进攻。"

一位传令官从薛西斯的驻地奔向舰队前锋停泊的海岸（很可能到了远至刻拉托皮尔戈斯的地方）。于是，一支又一支的波斯分遣舰队开始排列成并列一线的战斗阵形：腓尼基人位于右翼，爱奥尼亚人和赫勒斯滂希腊人位于左翼，来自卡里亚、潘菲利亚、吕西亚、奇里乞亚和塞浦路斯的舰队居中。他们的船只与希腊本土人的三列桨战船不一样，是拥有高高的船首和船尾、从头到尾都覆盖甲板的大船。这使它们能够装载大量的海军陆战兵和弓箭手：大概每艘战船有 30 人到 40 人，而雅典战船仅装载 14 人（还包括 4 名弓箭手）。我们从希罗多德的记载（6.15.1）中得知，开俄斯战船能装载 40 名海军陆战兵，那么，薛西斯的整支爱奥尼亚舰队很可能都是按照类似标准来装备的。无论这种上部过重的超载给波斯人带来了多少人力上的优势，这都会使他们的战船在恶劣的天气下难以控制。现在，只有轻微的南风在吹拂（科林斯人肯定利用了这个风向），但是，一两个小时之后——当地的气象专家肯定可以预测到这点——一道横贯海峡的巨浪将滚滚向北，经过普塞塔雷亚，直到越过法尔玛库塞双岛之后的海峡拐弯处才会消失。[15] 地米斯托克利直到最后一刻都拒绝出战的一个很好的理由是，他提前就了解这股巨浪以及波涛汹涌的大海很可能对薛西斯的战船造成灾难性冲击。

就这样，在薛西斯和他的参谋们的注视之下，波斯舰队开始全体出击，沿着海峡向上，在从佩拉玛到库诺苏拉海角之间宽 1 英里的海面上发起了进攻。当每支分遣舰队进入海峡的时候，其他在它们后面位于穆尼齐亚和萨罗尼克湾的舰队就向前移动，从而纷纷拥挤在普塞塔雷亚两边的狭窄水道里：这是一次足以导致灾难的行动，因为它立即使得有组织撤退变得不再可能。但是，可以肯定地说，当时薛西斯的脑子里根本没有考虑过撤退：他端坐在黄金御座上面，君临天下（他自己认为的），心满意足地等待着一场屠杀。埃斯库罗斯以薛西斯的一艘前线战船的战斗甲板为视角，非常精彩地描述了接下来所发生的事情。当他们接近海峡、前面的安姆贝拉吉湾在左舷船尾的时候，他们的猎物——到现在为止，仍然是如此涣散和难以捉摸——突然撕掉所有的逃跑

伪装,用致命的速度和战法,向波斯舰队发起攻击:

> 首先从希腊军营发出了阵阵
> 高声呐喊,有如庄严地歌唱,
> 岛上的岩石发出冲天的回响。
> 蛮族人个个心中充满恐慌,
> 心智陷入迷茫,因为希腊人
> 唱起庄严的战歌并非为逃跑,
> 而是要精神抖擞地投入战斗,
> 号角声燃起每个人的战斗热情。
> 这时船桨喧嚣着拍击水面,
> 划手们按口令划动深深的海水,
> 很快地一切显现,清楚可辨。
> 他们的右翼首先航行在前,
> 阵势井然,整个舰队随后向我们冲来。
>
> （*Pers.* 388–401）

这不出我们所料。就在雅典和伯罗奔尼撒的分队仍在驶向法尔玛库塞双岛以北的位置的时候,埃吉纳人和麦加拉人正在以全速从安姆贝拉吉湾*出击,晨光照耀之下,战船的青铜撞角闪闪发光,他们准备去撞击此时正好经过萨拉米斯岛海岬的爱奥尼亚舰队暴露出来的左侧。这支独立舰队被埃斯库罗斯合理地描述为希

---

\* 另一方面,如果他们也曾参加了北面的诱敌运动,他们只需要从纵队变作横队,正对着海峡对岸便好。无论哪种情况,最后的结果都是一样的:位于发起撞击的完美位置。

腊舰队的右翼,它正是薛西斯的水手们最早看到的敌人。

战斗结束之后,埃吉纳人坚称他们第一个与敌人接战。他们说,这个荣誉属于更早之前将埃阿库斯及其儿子们的圣像从埃吉纳岛转移到萨拉米斯岛的三列桨战船的船员们。\* 从表面上看,他们的说法貌似可信:侧翼攻击肯定比主力舰队投入战斗的时间更早。然而,雅典也有两个人竞争这一荣誉,即吕科米底斯(Lycomedes)和帕伦尼的阿梅尼亚斯(Ameinias)。据说吕科米底斯将一艘腓尼基战船船首的雕像夺了下来(后来将其献给了弗吕亚头戴桂冠的阿波罗神)。阿梅尼亚斯的故事更有戏剧色彩。他的战船——就像他的竞争对手那样——冲在最前面,而且发现自己冲向的是同样冲在最前面的腓尼基舰队司令的旗舰。(他们的碰面肯定发生于法尔玛库塞双岛之间的海峡。)根据普鲁塔克对这艘巨船的描述,战船上面的弓箭手和标枪手"就像是在要塞的城墙上一样",向下面连续不断地投射着远程武器,令人想起了理查德·格伦威尔爵士(Sir Richard Grenville)掌舵"复仇"号(Revenge)对垒过的巨舰"圣费利佩"号(San Felipe)。阿梅尼亚斯全速前进,两艘战船撞在一起,青铜撞角发出令人难以忍受

---

\* Hdt. 8.84. 在这里,我们有了另外一个例子来证明希罗多德有意压缩了最后几周发生的事情。这艘三列桨战船在一次时间可以有把握定于9月5日到6日(参见上文第232页)的会议之后,离开萨拉米斯前去取圣像(8.64)。但是,根据希罗多德的说法(8.83),它一直到战斗爆发的那天早晨才返回。我们完全可以问,它在日出之后如何穿过波斯人的封锁线?(参见Hignett, XIG, pp. 233-4 和 HW Comm., vol. 2, pp. 262-4)过去的两周时间里,它在埃吉纳岛做什么?答案似乎是它的返回实际上要早得多,它之所以被拖后到9月19日到20日夜间返回,只是为阿里斯蒂德提供搭载工具而已(参见上文第248—249页)——这是不能相信那则轶事的另一个重要理由。

的响声，然后双方就纠缠在一起，谁也无法摆脱对方。波斯将领阿里亚比格尼斯（Ariabignes）——"一个极具勇气的男人，他不仅是国王兄弟里最健壮的一个，也是品德最高尚的一个"——领导波斯士兵与袭击者展开甲板战斗，结果被阿梅尼亚斯与他的副官索克勒斯（Socles）杀死，后者用长矛刺穿了阿里亚比格尼斯，并将其尸首抛出了战船。普鲁塔克补充说，哈利卡纳索斯的女王阿尔特米西娅认出了漂浮在破碎桅杆和绳索间的尸体，并将其打捞上来交给了薛西斯，但是这听起来像是后来的编造。这是希罗多德无法抵抗诱惑的那一类细节故事，如果他之前听说过这样的故事——毕竟，他来自哈利卡纳索斯——他肯定会在关于阿尔特米西娅的离题话中提到它。

到了此时，双方已经全面开战。纳克索斯的德谟克利特（Democritus）是与敌人近距离接触的第三位船长，他是岛民，位居希腊阵线的中央。但是，希腊人已经给波斯人带来真正的打击。事实证明，阿里亚比格尼斯阵亡对腓尼基舰队来说是灾难性的。如果他们强行进入更为宽阔的水域，这场战役的结果将会大为不同。从事实来判断，他们似乎根本没有继任人选来马上接替指挥官一职——这个细节暗示出波斯人极度自信。正如埃弗鲁斯所说，不可避免的结果就是"蛮族人的舰队陷入混乱之中，有很多人开始发布命令，但每个人的命令都不一样"。因此，波斯人的进攻陷入停顿，前面的腓尼基战船开始后退——这时它们仍然可以后退——到更为开阔的水域：这再次说明最早的战斗发生在阿格斯格奥格斯岛与法尔玛库塞小岛（现在已经成为一块半露的礁石）之间又深又窄的海峡。人们普遍认为，从佩拉玛的海岸开始测量的话，这条海峡的宽度是1300码，但是，如果普里切特是正确的,从公元前480年以来水位上升了1英寻,那它的宽度就要大为缩减。如果这块礁石在那时是一个岛,而这个岛仍然通过薛西斯未建成的防波堤与大陆连接着,那么,海峡中部的宽度可能就不会超过800码。这种宽度会自动使舰队前锋缩减到16~20艘战船并列一排——单是这件事就会制造大量的混乱,因为当它们进入窄窄的海峡之时,波斯人还不得不将一半的战船从前线撤下来。与此同时,越来越多的战船正在从普塞塔雷亚驶来,这便不可避免地导致了严重拥堵。这种局面虽然很危险,但就其本身来说不至于无法补救;但是,再一次地,之后的天气——希腊式的天气——决定性地改变了局面。

现在差不多已经到了上午9点钟。突然,地米斯托克利的桨手们的脸上感觉到了一阵剧烈的南风正在吹来,再看海峡的水面,已经开始波涛汹涌,他们等待已久的深海巨浪貌似正在猛扑过来。拥挤在一起的腓尼基桨帆船由于艉楼和甲板太高,开始左摇右晃。一部分战船在摇晃中将侧面暴露给了希腊人,另一部分——为安全计,已经捆绑在一起——开始互相碰撞。早已经预料到这个"不幸事件"的雅典人驾驶着他们那可以更好应付这种波浪的修长、狭窄、低矮的三列桨战船,[*]立即开始发起攻击,撞击那些已经将侧面暴露给他们的波斯战船,撞掉了这些战船的桡架——"当桨手们无法再继续工作之后,大量的波斯战船就不断将侧面

---

[*] 根据对齐亚港(Zea Harbour,今天的Pacha Limani)的战船碎片的研究,雅典三列桨战船大约有120到140英尺长、18到20英尺宽(经典的1比7竞赛比例)以及4到6英尺的吃水深度;最近的研究是 D. J. Blackman, ap. Morrison and Williams, pp. 181–92。更少的海军陆战兵(参见上文第259页)肯定也使得地米斯托克利的战船具有特别好的稳定性。

暴露给敌人，一次又一次地受到战船撞角的猛烈冲击"（Diod. 11.18.6）。埃斯库罗斯完整刻画出了当时的场景：

> 起初，波斯舰队的阵线尚能抵抗这次冲击；但是，不久
> 我们的战船蜂拥挤满了海峡，就无法
> 再互相支援；不久，他们的包铜船首
> 就撞进了友军的战船，撞毁了桡架
> 海战技术娴熟的希腊战船
> 从各个方向围攻、撞击他们。
>
> （*Pers.* 412-18）

实际上，希腊舰队已经变成一个绞索，波斯人正在主动把自己吊上去。最后，腓尼基分遣舰队停止了抵抗，掉头逃跑。他们的行为使波斯舰队乱成一团，根据希罗多德的说法，原因就在于"后面的那些战船阻止了他们，逼迫他们回去战斗，为他们的国王尽忠"。这些腓尼基战船的一部分——位于阵线右侧、离礁石和防波堤最近的那些——搁浅了，船员弃船逃命。被押解到薛西斯（我们可以想象现在他的脾气不会太好）面前之后，他们试图把失败归咎于爱奥尼亚人，指控后者一直在处心积虑地叛变。但是，薛西斯已经亲眼看到了爱奥尼亚人正在英勇地战斗，他下令将这些腓尼基人当场枭首，并开始威胁要对其余腓尼基人进行可怕的报复；在当时的情境下，这种做法可以理解，但还是有点儿不得体。薛西斯手下并没有太多像腓尼基人这样具备一流水平的海军部队，在情势危急的时候将他们推到对立面，这是他承受不起的代价。

不过，从某种意义上来说，薛西斯的愤怒是完全正当的。腓尼基人承受不住猛攻，擅自逃离阵地。他们的逃跑不仅暴露了波斯阵线的中央部位，也威胁到了整条阵线的安全。通过利用这个致命的缺口，获胜的雅典战船继续向海岸方向猛攻，追逐现在已经彻底涣散的腓尼基和塞浦路斯战船。迄今为止，中央部位的奇里乞亚人和联合舰队一直还没有遭受什么损失；但是，现在，他们的右翼暴露了，而且，"他们看到最有战斗力的队伍［即腓尼基人］都逃走了，他们也同样放弃了战斗"——尽管他们的将领叙恩尼西斯（Syennesis）刚刚光荣战死。就这样，波斯阵线只剩下了左翼的爱奥尼亚人和爱琴海东部诸岛的希腊人，而左翼的战斗状况，用埃弗鲁斯的话说，"战斗非常激烈，甚至一度平分秋色"。然而，这时雅典人开始以冷静的地米斯托克利式纪律执行一个策略，这是这次战役的真正转折点。他们迅速停止追击，掉头返回了激战正酣之处，从侧翼和后方猛攻爱奥尼亚人。为了应对这种新的威胁，爱琴海东部的希腊人被迫调离了他们最好的几个分遣舰队。他们虽然一面受到雅典人的攻击，另一面遭到埃吉纳人的猛攻，仍然表现出临危不惧、死战到底的精神：希罗多德记载了这次战斗中的一个生动插曲。一艘来自萨摩色雷斯的爱奥尼亚战船击沉了一艘雅典战船，但不一会儿，它就被一艘埃吉纳战船撞毁了。"抓住尚未沉船的机会，装备有标枪的萨摩色雷斯船员们消灭了攻击船甲板上的人员，跳上该船，俘获了它。"

但是，个别的英勇行为无法扭转整个战局。之后，没过多久，爱奥尼亚人也放弃了这场难以扭转局面的战斗，掉头退去。这样，僵局就此打破，大量的波斯战船失去了战斗能力，拖着桅杆和绳索，木桨已被折断，肋材被包铜的撞角撞断或撞得撅起，鱼贯着经过普塞塔雷亚朝着法勒隆漂去。海面上满是尸体和船骸。那些船被撞坏,又从紧随而来的甲板上的面对面厮杀中幸存下来的希腊人,大多数都奋力爬上了萨拉米斯海岸。但是,波斯人(不像希腊人那样)没有多少会游泳,他们大批溺亡。来自内陆地区的伊朗和斯基泰海军陆战兵尤其如此,他们身上的沉重盔甲给他们带来了更多的麻烦。企图撤走的战船也遇到了无情阻击,阻击不仅来自主力追兵,也有埃吉纳人和麦加拉人的贡献,他们在安姆贝拉吉湾入口处从侧翼给敌人造成严重破坏:

> 海面上厚厚的一层,都是破碎和倾覆的船体
> 你无法看到充塞着船骸和尸体的水面;同时
> 海滩和礁石也到处布满了死者。不久,在一片混乱之中
> 只剩下了我们的战船在拼命划桨逃遁。
> 但是,希腊人不断追杀我们,用木桨或破碎的船板
> 就像是拍打金枪鱼或落网小鱼那样
> 拍烂了幸存者的脑瓜:
> 呻吟声和哀号声响彻整个海面,
> 直到黑夜降临,他们看不到我们为止。

(Aesch. *Pers*. 418–28)

这时,追击就降格成了四散搜寻敌军溃兵,我们手头的史料保存了一两个很知名的个人事迹。我们先简单说说两个从竞争对手变成朋友的人,也就是埃吉纳的波利克里特(Polycritus)与地米斯托克利,后者登上了他的带有纹章标志的指挥舰,飞速前进,与前者齐头并进,而波利克里特刚刚击沉一艘敌船,半是骄傲半

是自我辩护地向旁侧大喊:"谁说埃吉纳人是亲波斯的叛徒?"[16] 我们也看到了哈利卡纳苏斯的女王阿尔特米西娅,她被一艘雅典战船猛烈追击,夺命狂奔,并无情地撞沉了己方的一艘战船,该船的指挥官是来自附近卡林达的某位卡里亚君主。希罗多德认真地说,"我无法确定,她是因为与这个人有过冲突而故意为之……还是仅仅因为那艘船恰好挡了她的路"。无论如何,她足够巧妙地逃脱了惩罚。她的追杀者——正是在战斗刚开始袭击了腓尼基指挥官旗舰的阿梅尼亚斯——目睹了这一幕,据此认为他的猎物可能是希腊人或者站到希腊人一边作战的波斯逃兵,就掉头去搜寻其他猎物了。(薛西斯误以为她确实击沉了一艘敌船,就说出了那句有名的话:"我的手下的男子变成了妇女,而妇女则变成了男子。")阿梅尼亚斯了解到实情之后,愤怒和沮丧简直要使他发狂,因为雅典人(极为厌恶妇女们拿起武器来反对他们)已经为阿尔特米西娅的人头悬赏1万德拉克马,他们的船长都得到特别指示,要不惜一切代价活捉她。

在普塞塔雷亚,还有400名波斯人驻扎在那里。薛西斯命令他们守在这里,善待战斗期间上岸的友军,击退上岸的敌军——很有可能,按照薛西斯的预想,他们也是海战胜利之后向内陆进击的先头部队——但是,他们现在无路可退,孤立无援。当希腊人的追击逐渐减弱的时候,一支由海军陆战兵、弓箭手、投石手和重装步兵组成的混合部队跳下战船,登上了岛屿,将这些可怜的波斯人俘获,然后进行了一场大屠杀:

> 我们的人无可逃遁。雨一般的石块扔向了他们,
> 密集的箭镞从弓弦上飞出,他们成片地倒下:

> 最后，希腊人像海浪一样冲向他们，
> 在他们已经残缺不全的肢体上疯狂砍杀，
> 直到最后一个波斯人也咽气为止。
>
> （Aesch. Pers. 458-64）

埃斯库罗斯和希罗多德都夸大了这次小规模战斗的意义，人们应该能看出端倪。毕竟，这是自薛西斯入侵以来，希腊步兵所获得的首次陆战胜利。然而，更重要的事实是，在萨拉米斯，迄今为止，与受到鄙视的"水手群氓"（现在已经摇身一变成为雅典至高荣耀的海军）相比，重装步兵还无所作为，只是负责海岸防御和在战船上充当武装人员而已。荣誉要求他们必须要独立获得一次胜利，普塞塔雷亚碰巧成为他们上岸作战的唯一地点。宣传家们不得不尽其所能地利用这一则平淡无奇的材料。埃斯库罗斯对战役本身做了值得信任的记述——这时，战役刚刚过去不到8年，他几乎做不了什么手脚——但是他将这些波斯人描绘为几乎都是贵族，都是波斯军队的精英，还让波斯大王在听闻他们阵亡之后下了直接撤退的命令。这两点都是明目张胆的谎言，不过，任何老兵在回忆这场战役时都不会质疑这种奉承的谎言。不出所料，希罗多德将阿里斯蒂德拉来担任那支希腊突击队的队长（同时也给了他极大的个人宣传），而且声称突击队都是由驻扎在海岸边的重装步兵组成的。普鲁塔克也为这种说法添油加醋。人们很少能有机会如此清楚地看到一个正在形成中的神话。[17]

在海上，零星的追击行动似乎仍在继续着，一直持续到日落。"这些逃出生天的波斯战船，"希罗多德说，"回到了法勒隆港，并在步兵的保护之下，停泊在那里。"根据埃弗鲁斯的说法（我们唯一的信息源），波斯人的损失大约是200艘战船，也就是既有舰队的一半规模，而希腊人只有40艘战船沉没或失去战斗力。希腊人将一些漂浮在海峡里的船骸拖到萨拉米斯岛上，但是，在下午，又刮来一股新的西风——现代希腊水手所说的"Ponendis"，常常出现在西罗科风结束数个小时之后——将余下的船骸沿着海峡向下吹到远至科利亚斯海角的地方，这是位于法勒隆南部2到3英里处的一个狭长的海岬。波斯人的尸首被冲到"萨拉米斯及其周边乡村的海滩上"，埃斯库罗斯告诉我们：汹涌的海浪把他们的尸首冲到坚硬的黑色岩石上面，或者被老鹰或者——更糟糕的是——被那些急于扯下他们穿戴的金项圈、金戒指、金手镯的劫掠者们撕得粉碎。一个不太友善的故事说，地米斯托克利那天晚上沿着海滩散步，看到了尸横遍野的景象。他对同伴说可以拿走任何想要的东西——"你不是地米斯托克利！"——但他自己却站在一边冷眼旁观。人们倾向于相信，地米斯托克利的这种态度不是出自纯粹的虚荣（这则轶事所着力暗示的一点），而是出自文明人的自制和天生的慷慨精神。

无论如何，在这个节骨眼上，地米斯托克利有更多的紧急问题需要思考。至少在战役结束后的48小时内，希腊人似乎并未认识到他们的胜利的全部意义：考虑到当时的状况，出现这种现象并不奇怪。次日一整天（9月21日），他们都在奋力修缮破损战船，做一些临时性的修复，以恢复其航行能力，因为他们"一直在担心薛西斯会使用他余下的战船再次发动进攻"。但是，波斯大王的舰队现在规模不及希腊人的舰队，最终失去了战斗力、士气低落，除了长途返航回家什么也做不了。尽管尚未完工的防波堤工程还在断断续续地进行，那一天并未出现任何进攻；当希腊人在 9 月 22 日醒悟过来之后，他们惊讶地发现，波斯舰队或者残余的波斯舰队已经悄无声息地在夜里消失了。然后，他们终于开始意识到全部真相。他们肯定还未脱离险境，薛西斯尚未被打败的步兵仍在他们对岸的阿提卡海岸上驻扎着。但是，他们的自由（正如那个佚名的地峡墓志铭所说的那样*）不再岌岌可危。与所有人的预料相反，在最后一刻，希腊得救了，即使是地米斯托克利的死敌也不能否认，挽救希腊的正是他。

---

\* 普鲁塔克保存下来的这句墓志铭（MH. §39）是写给科林斯人的，人们称赞他们以自己的生命为代价挽救了希腊。这项壮举发生在何处、如何发生都不清楚：我们的确无法解释他们扬帆航向厄琉西斯湾以后的动向。他们可能继续向前然后与埃及分遣舰队发生了激战（Aeschylus, Pers. 311-13 提到有几艘埃及战船受损），或者可能在转移注意力的活动结束之后就又及时返回了主战场参战，但是希罗多德提供了相左的证据（8.94）。相关证据的缺乏很好地证明了宣传作品能够永久性地污染一种历史传统。

第六章

**伯罗奔尼撒的大门**

薛西斯和波斯最高指挥部比希腊人更早意识到他们已遭到全面失败：可能是因为大风吹走了这么多的船骸，导致地米斯托克利低估了敌人的损失。人们怀疑，他也被波斯大王在战役结束后的第二天早晨精心策划的误导活动欺骗了。波斯各舰队仍在进行着大规模的整编，貌似要再发动一次海上战役，同时，希腊人观察到，还有大量劳工围着尚未完工的防波堤。还有人认为，这些行动的意图都是真实的，薛西斯只是在看到"他的船员们已经丧魂落魄"（伯恩语）后，才放弃了行动。但是，毫无疑问，他们从战败之后就士气低落；尽管如此，希罗多德还是很具体地指出了薛西斯的动机。从始至终，这些招摇的准备活动都是伪装——人们可以补充说，他们完美地做到了这一点。薛西斯非常清楚，虽然他还有一支具备战斗力的陆军，但他不能再依赖自己的舰队了。由于受到船长被处决的刺激，一些腓尼基人趁着夜色逃掉；可以想象，留下来的人也是战战兢兢，失去了战斗意志。各种迹象都表明，他们应该立即撤退。像埃及海军陆战兵这样最优秀的战士都下了战船，被编入了步兵单位。然后，在9月21日到22日的夜里，残余舰队从法勒隆港起航，"各艘战船的指挥官都以最快的速度驶向赫勒斯滂，以便守卫桥梁，以备薛西斯回来时使用"（Hdt. 8.107）。他们的第一个目的地是位于开俄斯北部沿岸的福凯亚和库麦；从这里出发，就可以很轻松地抵达达达尼尔海峡。有一件事很能说明他们的士气：当他们在法勒隆湾南部几英里远的佐斯特海角（现代的沃立歌美尼）附近的时候，他们误将海岬当作敌军舰队，就赶紧冲向大海深处，企图绕过它。后来，任何曾在月光下于佐斯特海角附近游过泳的人都可以证明，这样的想象力简直是非凡的壮举。

薛西斯这样做的动机是什么？在此处，希罗多德再次显示出他比很多现代学者以为的更精明。他说（8.97），波斯大王已经充分认识到这次惨败的后果，"担心希腊人会根据爱奥尼亚人的建议或者自己醒悟而直接开往赫勒斯滂，将那里的大桥破坏掉。如果大桥被毁掉，他就无法离开欧洲了，有全军覆没的危险"。正如随后的事态进展（参见下文第278—281页）所表明的，总的来说，斯巴达人主导的指挥中枢认为这支极为庞大的波斯大军越快离开欧洲（最好是主动的）就越好；不到万不得已，欧里比亚德并不想切断他们的退路，因为这样会使他们因绝望而背水一战。然而，薛西斯不能把他的大军的命运都赌在斯巴达人的心理上。无疑，他想起了远征斯基泰失败之后的大流士在多瑙河面临的困境（公元前513年），那时，波斯人的撤退路线也被有叛变倾向的爱奥尼亚人控制着。萨拉米斯战役结束之后，薛西斯的处境极度危险。希腊盟军——无论他们是否认识到了这一点——已经在爱琴海上获得了绝对的海军优势。如果地米斯托克利率领舰队横渡爱琴海去爱奥尼亚海域，在那里开始作战，那么，从卡里亚到达达尼尔海峡的所有东部沿岸希腊人都会起来造反，尤其是他在萨拉米斯战败的消息变得广为人知之后。这样一来，除了立即将他的全部步兵撤出希腊，以避免再次冒险投入新的战役，薛西斯其实没有任何选择。[1] 当然,最好是未雨绸缪,马上回家:打了这样的一场败仗之后,波斯大王更应该回到苏萨或者撒尔迪斯去,这样才能监视——如果需要的话,还可以镇压——帝国东部省份的骚动。另外,波斯步兵的给养主要依靠舰队提供(参见上文第125页),随着舰队的崩溃,薛西斯无法再指望通过海上运输给养。希腊人现在只要愿意,随时都可以拦截他的运粮船或者切断他的交通线。

同时,哪怕只是从保住颜面和公共宣传方面考虑,薛西斯也不可能通过自己的行动承认远征希腊的行动已经几乎彻底失败。毕竟,他成功攻入阿提卡是公认的事实,这个消息使国内的波斯人兴奋至极,他们"在路上撒满了桃金娘枝条,为诸神焚香,投入到各种方式的庆祝和狂欢活动之中"。薛西斯的官方通讯报道了舰队在萨拉米斯战败的消息,这给这些庆祝活动蒙上了一层阴影,但是通过重点强调陆军获得的胜利,仍然可能将这次战争至少说成是一场勉强够格的胜利。就本身而言,希罗多德记载(8.100-2)的薛西斯与他的表兄弟马尔多纽斯和阿尔特米西娅女王之间的详细讨论肯定只是一种事后的合理化行为。尽管如此,它们的确包含了一些有趣和可信的细节。一段被归到马尔多纽斯名下的评论很好地说明了苏萨当时的宣传方式:"我们为什么要关心埃及人、腓尼基人、塞浦路斯人和奇里乞亚人是否丢脸呢?波斯与他们的耻辱无关。"换句话说,萨拉米斯的战败完全是薛西斯的外国属民的怯懦所致,波斯人的善战声名并不受任何影响。

重点从海军转移到陆军后,这样一个决定就不可避免了:陆军主力撤走之后,还要在希腊留下一支牵制性的部队。根据希罗多德的讲述,这个想法来自马尔多纽斯。这可能是真的,但更有可能只是从他被任命为这支部队的司令官的事实上推测出来的,因为这不是一项值得羡慕的任务，他不太可能主动请缨。这支部队的处境将会非常严峻。失去了所有海军的支持后，它根本无望攻破地峡防线，注定（无法将它的敌人从堡垒里引出来）只能永远保持守势。如果规模太大，就会迅速出现补给问题——这里再次证明舰队的损失造成的后果是严重的。另一方面，如果规模太小，安全就将会成问题，它会在公平的决斗中被打得落花流水。尽管如此，还是必须冒这个险。薛西斯发现自己不得不从政治角度出发，布置一些根本没有任何战略性可言的行动，这是一个具有讽刺意味的悖论。正如普鲁塔克提到的那样（*Them.* 4.4），这支部队的作用之一可能就是掩护陆军主力的撤退路线，但是，根本的真相肯定在别处。希格内特（XIG, p. 266）简明扼要地说："舰队在萨拉米斯的决定性失败已经给波斯帝国造成了沉重打击，如果它的陆军没有尝试与希腊陆军主力进行陆上决战就可耻地退出了欧洲，这意味着颜面尽失，将会从根本上削弱占据统治地位的民族的声望。"一旦获得迅速而又辉煌的胜利的机会不复存在，即使薛西斯觉得他本人没有必要继续在希腊耽搁下去，但阿契美尼德王朝的荣誉和安全都需要有人站出来——还有谁能比他的这位雄心勃勃、咄咄逼人的表兄弟更适合这项任务呢？任务一下达，除了做一个热情、忠诚的臣子，马尔多纽斯也无法再表现出别的什么情绪。

在与他的谋士分析过局势之后，薛西斯就马上开始行动。他命令舰队立即趁着夜幕掩护离开，无论从哪个角度看，这都是一项很精明的决定。失败气氛具有传染性，让这支七零八落的舰队待在法勒隆湾，对陆军士气有着极为恶劣的影响，而让这些船只继续待在这里也会提醒人们记住他个人遭受的耻辱，颇为尴尬。打发走它们，如果运气好，至少可以保护达达尼尔海峡上的桥梁的安全：*可以理解，薛西斯现在很关心他的交通路线上最脆弱的地方。与此同时，他肯定也预见到，这样的撤退会诱使希腊舰队离开萨拉米斯岛追击它们。随着在夜间顺利起航，波斯人不再担心被俘获：无论是不是打了败仗，他们在开阔水域的速度要快于地米斯托克利更为沉重的三列桨战船（参见上文第 162 页）。然而，从薛西斯的立场出发，它们的主要作用是牵制敌军行动。接下来的几天，他打算将所有的步兵都撤出阿提卡。如果希腊人被牵制在其他地方，例如科林斯地峡以南或者像现在一样，在爱琴海诸岛之间，这项任务就更容易完成了。波斯大王可不希望看到希腊人用打了就跑的突击队式的攻击来袭扰他的行军队伍或者威胁他的（这时已经有了一定问题的）补给线。既然他也打算顺道撤离优卑亚——没有舰队可用，他如何控制这个极具战略价值的岛屿？——这并不是无端的恐惧。他也不能再完全依赖希腊北部诸邦的继续支持，萨拉米斯战役的结果肯定会让他对局势做一些艰难的全盘反思。不管怎样，他或许已经足够全面地评估过伯罗奔尼撒人的态度，德玛拉图斯无疑会告诉他斯巴达的古老传统："穷寇莫追，而要'为摆脱了一个无赖而感谢神'。"（Burn, PG, p. 468）

最终，一切都按计划进行着。在 9 月 22 日清晨，希腊人醒来之后，看见薛西斯的步兵仍在对岸扎着营，就理所当然地认为他们的舰队也还停泊在法勒隆湾。毕竟，海军和陆军之间的密切联系是贯穿薛西斯战略之始终的核心要素。他们再次做好了迎接敌人第二次海上进攻的准备。随后，巡逻队带回了令人难以置信

---

\* 阿尔特米西娅的舰队（Hdt. 8.103, 107）似乎已经独立行动了：女王走了一条通向以弗所而不是库麦或福凯亚的路线，船上还有一些乘客，即薛西斯的几个私生子。

的消息：法勒隆的锚地已经空空如也，波斯人已经走了。希腊人马上决定追击。他们可能只留下一支分遣舰队守卫萨拉米斯（对薛西斯来说，即使有足够的战船，现在袭击该岛也没有多大的意义），然后就扬帆起航，紧贴着阿提卡海岸，向东南方向驶去。当最后一艘波斯战船越过苏尼翁海角消失在海平面以下之时，波斯大王必定松了一口气。接下来，他和马尔多纽斯开始忙碌。在9月19日夜出发前去攻打科林斯地峡的步兵团（很可能是造成萨拉米斯战役那天从厄琉西斯吹向萨拉米斯的所谓"奇迹"尘云的原因——那天的风向似乎变化无常）在还没有走到麦加拉的时候被召了回来。一团又一团的人马开始拔营，准备动身。在9月结束之前，薛西斯的前锋部队已经穿过了基塞龙-帕尼萨山脉，即将踏上通往帖撒利的道路。

波斯舰队紧急撤走，希腊人一直追到了安德罗斯岛。地米斯托克利对他的猎物的下一步动向肯定有着非常准确的判断，他们很可能会沿着通往达达尼尔海峡的常规路线走下去——也就是说，绕过苏尼翁海角之后向东北方向航行，使凯阿岛保持在船首右舷方向，这样就能穿过优卑亚岛与安德罗斯岛之间的海峡进入爱琴海中部。即使这一段，海路也长达95英里左右。如果希腊人采取轮换方式日夜不停地划桨——他们肯定会这么做——他们很可能在9月23日朝阳升起之时就能通过优卑亚岛。但是，当晨曦微露的时候，仍然看不到波斯战船的影子，他们放弃了无望的追击，就改向东南方向航行，经过了坎巴诺斯海角。大约航行了五六个钟头后，他们深感疲劳而且沮丧，就在安德罗斯的锚地停泊下来。当地居民的态度不冷不热，但（正如随后的事件所证明的那样）远远谈不上顺从。和大多数基克拉泽斯岛民一样，他们曾与波斯人合作过，不可能忘记当年米太雅德在马拉松战役之后对帕罗斯发动的惩戒性远征（参见上文第61—62页）。另一方面，他们无法在这么早的时候就认识到希腊人在萨拉米斯获胜的决定性意义；甚至，胜利者自己是否已经认识到这一点都不好说，他们的海军现在已经成为整个爱琴海的主人。

由于未能俘获薛西斯紧急撤走的舰队，欧里比亚德召集了一次军事会议，商讨并决定他们的下一步行动。关于这次辩论及其直接后果，[2] 我们的史料充满了内在矛盾——看起来，大部分内容都为了宣传的目的而进行了故意的篡改——但其核心内容仍然足够清楚。这次辩论的开端是一个提议——"他们应该直接穿过爱琴海群岛，直接开往赫勒斯滂，破坏敌人的桥梁"。只有后来的一位书籍摘录家尤斯丁不厌其烦地引用任何支持这一策略的论据。它的鼓吹者\*希望切断薛西斯陆军的退路，将其彻底消灭，用

---

\* 根据希罗多德（8.108）和普鲁塔克（*Them.* 16.1, *Arist.* 9.3），这个方案来自地米斯托克利智慧无穷的大脑，但受到欧里比亚德和伯罗奔尼撒人或者也可能是阿里斯蒂德（他与地米斯托克利的关系使其自动成为嫌疑分子）的反对。尤斯丁（2.13.5-8）和涅波斯（*Them.* 5.1-2）把这些角色都反了过来，使"希腊人"鼓吹毁掉达达尼尔海峡桥梁的主张，但受到地米斯托克利的反对（参见 Diodorus 11.19.5-6，埃弗鲁斯在这里似乎也遵循了同一种说法）。按照经验，希罗多德肯定会在上述两种材料中公然倾向于后一种材料（参见 Hignett, XIG, p. 229），但该经验在此处失效了，因为希罗多德对地米斯托克利流露出来的那种赤裸裸的偏见（或者为他提供消息的人的偏见）形成了误导效应。另一方面，如果总是赞美地米斯托克利的战略战术完美也是错误的。结论肯定是开放性的，但是我们的全部史料都认为地米斯托克利在辩论中提出了"反对意见"，他是否从一开始就坚持这样的看法反而就是一个可以商榷的问题了。

普鲁塔克那令人难忘的话来说,就是"不用走出欧洲,就拿下了亚洲"。如果达不到这样的目标,他们希望薛西斯能认识到他自己的绝望处境,祈求和平。这样的计划有几个重大的反对意见,似乎并不是所有的反对意见都得到了计划反对者的认同。首先,除非我们假设摧毁敌人桥梁的一个前提条件是追击并消灭波斯舰队,否则薛西斯可以不拿这种威胁当回事。如果桥梁被毁,他将会使用海军的坐船来通过海峡;如果希腊人控制了阿卑多斯的渡海点,他将会从别处渡海(埃伊翁或拜占庭),然后启程前往以弗所,因为他清楚地知道撒尔迪斯的总督可以在那里迎接他。还有一个存在争议的问题——同样有说服力——是,如果这种政策得到了成功实施(也就是说在波斯舰队失去战斗力之后),只会给薛西斯和他的军队带来殊死一搏的勇气。如果孤立无援、饥馑蔓延,他们就会想法子蹂躏希腊,靠掠夺当地获得食物,坚持到底。这支庞大的波斯部队是非常现实和切近的危险,仍然有能力逆转希腊人在萨拉米斯获得的胜利。为何要把人逼到绝路上?让薛西斯不受阻碍地撤出欧洲、摆脱希腊人是更好的选择。多数人同意这样的看法,希腊境内留下的敌人已经够多了,不要再扩大他们的队伍了。

"这太好了,然后,"地米斯托克利用他一贯健全的常识说道,"如果我们达成了共识,现在就是时候了,我们想一些法子,尽快把他从希腊赶出去。"问题是,薛西斯会离开吗?在9月23日,对距离阿提卡已经超过100英里的一群海军指挥官来说,这看起来很成问题。只有具备战略眼光以及深刻了解后勤运作的地米斯托克利,才有可能知道一旦波斯舰队的残部开往爱奥尼亚,薛西斯就肯定会将他的陆军主力也撤出希腊。而欧里比亚德和其他伯罗奔尼撒海军指挥官或多或少只是在给自己壮胆。我们可以预料的是，在如此变幻莫测的局势下，他们会按兵不动，直到从国内传来一些决定性的消息；当然，最后，他们也的确是这么干的。在被劝阻停止向达达尼尔海峡快速推进后，他们也没有表现出立即返回国内的迹象，而是开始全力围攻安德罗斯人，因为出乎他们的意料，在支付保护费的问题上，安德罗斯人表现得很强硬。同时，地米斯托克利开玩笑似的想出了一条诡计，他保证这条诡计会让薛西斯加快滚出欧洲的步伐。某位可靠的代理人会带给薛西斯另一则私人信息，说希腊人已经决定摧毁桥梁，而且，事实上，后者已经起航前往达达尼尔海峡。（在这一故事的某些版本中，地米斯托克利仅仅送出了一封泄密信然后就顺其自然而已，在另一些版本中，他声称自己已经劝说——或者至少是承诺劝说——希腊人停止向海峡推进。修昔底德认为后面这个说法是错的。）在发现最重要的交通线受到威胁之后，薛西斯会立即拔营回家。

从表面上看，这是一个很荒唐的方案，很多学者视其为虚构，这是可以理解的。我们被要求相信地米斯托克利在一周内第二次故意给薛西斯送去了有误导性的信件，而薛西斯及其幕僚也在一周内第二次用和过去同样的轻信和憨直按照地氏的误导去行动，尽管它来自完全相同的史料。在故事的另一些版本中（进一步夸大了波斯人的轻信），代理人又是地米斯托克利年少时的教师，即忠诚的西西诺斯；希罗多德甚至让他亲自前去警告了薛西斯。正如伯恩开玩笑地指出的那样，"在西西诺斯第一次送的信已经被事实证明只是围捕波斯人的诱饵之后，他却再次把脑袋送进狮子嘴里，这已经不只是莽撞了"——我们可以补充说，这将大大降低这种诡计成功的可能性,而这种可能性本来就微乎其微。(普鲁塔克的记载更可信一些,在他的笔下,地米斯托克利的信使是一位名叫阿尔那息斯［Arnaces］的宦官,他是一个战俘,为了执行这个任务而被专门释放。)事实上,整个故事经常被视为对西西诺斯之前送信事迹(我相信是真实的)的一种拙劣模仿(参见上文第240—243页)。这种看法肯定完全没有理解这种记载的真正意义。无论这样一封信是否真的存在,薛西斯在萨拉米斯战役之后都已经认识到了立即撤退的必要性,不需要来自地米斯托克利的建议来帮助他下决心。对我们来说,重要之处在于地米斯托克利如何运用他自己的洞察力。如果他知道薛西斯决心撤退,那么,为自己获得迫使薛西斯撤退的功劳就肯定是一个很大的诱惑。地米斯托克利这种公然造假的做法可能会引起现代学者们的震惊,但是这对他的大多数同时代人来说,可能具有很强的说服力。如果他的确在薛西斯离开阿提卡之后给后者送去了一封匿名信,似乎也不会带来什么害处,至少给一些相当单薄的宣传增添了一丝令人信服的地方色彩。

同时,无论胜利与否,都必须考虑平淡无奇却时时紧迫的财政问题。船员们需要薪酬,政府机器必须持续运转。与很多大战役不同,萨拉米斯战役似乎并没有带来多少战利品。各邦的公共金库并未储备现金,而神庙积攒的财富大部分也都落入了波斯人之手。薛西斯的侵略已经让雅典失去了一年的大部分收成,而且在危险最终消失之前,还会失去另一年的。很明显,现在驻扎在安德罗斯附近的希腊舰队并不是专门被派去徒劳地追击波斯舰队的。就像公元前489年的米太雅德一样(参见上文第61—62页),地米斯托克利和他的同僚指挥官们这时正在基克拉泽斯群岛征收贡金。代理人们一个岛一个岛地奔波，表面上是筹集军费，但实际上是在强征保护费和过失费。帕罗斯与优卑亚南部港口卡律斯托斯都忧心忡忡，他们意识到自己必须为此前的亲波斯政策做出解释，都没有任何异议地就交了钱，但是，这并未给卡律斯托斯人带来安宁，希腊人随后还是蹂躏了他们的土地。地米斯托克利似乎也从回到母邦的反波斯流亡者们那里获利不少。这些流亡者自然会为他的功劳支付丰厚的报酬。然而，有时候，当地政府会付给他更多的钱，以此阻止流亡者们归国，尤其是当他们碰巧是政敌的时候。我们可以看到普鲁塔克（*Them.* 21.2-3）保存下来的一份来自受害者的抗议：

> 我们都知道热爱真理的勒托
>
> 他憎恨地米斯托克利，这个谎言家、骗子和叛徒。
>
> 虽然提摩克里翁招待过他，
>
> 他却不让其回归罗得岛，而是利欲熏心
>
> 给兜里装了至少 3 个塔兰特的白银，
>
> 然后，就坐船跑了。

从财政角度来看，大体来说，这似乎是一次成功的行动；只有在安德罗斯岛，潜在的捐赠者才断然拒绝了交钱。

刚开始，地米斯托克利把他们的态度当成笑话。他告诉他们，他们最终还是得交钱，因为有两位强大的神灵在支持雅典人，一个是说服神（Persuasion），一个是强制神（Compulsion）——意思就是，如果第一个办法不起作用，他就要使用第二个办法。安德罗斯人热情地祝贺雅典拥有两位如此有用的神灵，"很明显，他们可以为雅典赢得财富和辉煌"。不幸的是，他们继续说，他们这个狭小贫瘠的岛屿也长住着两位属于自己的神灵——贫穷神（Poverty）和懒惰神（Shiftlessness）。结果就是，无钱可交，因为雅典人的强大永远战胜不了岛民们身无分文的窘困，当然，雅典人可以试试。看到玩笑外交无法解决问题之后，地米斯托克利就开始围攻安德罗斯。如果说他期待安德罗斯人迅速投降，那他又得失望一次。安德罗斯人很精明，他们知道雅典人无意长期围攻，就闭门不出，掘壕顽抗，固守待变。大约两周之后，希腊人发现他们已经陷入了一场希望渺茫的冒险。然而，到那时候，薛西斯撤离阿提卡的消息肯定已经传到舰队了，结果，地米斯托克利的声望现在变得更高了。正是凭借这一点，萨拉米斯战役的胜利者现在\*提议他们放弃围攻，返回基地。"现在，"他说道，"我们彻底安全了；让我们回到自己的地盘去吧，照顾好我们自己和我们的家庭。波斯人一去不复返了；因此啊，所有人，都回去修缮你们的房屋吧，耕种你们的土地吧。明年春天，我们再渡海去爱奥尼亚和赫勒斯滂。"

这是必然的选择。作战季节已经结束了，汹涌的秋季风浪已经开始从黑海一边横扫整个达达尼尔海峡。足够讽刺的是，在一两周之内，薛西斯的两座桥梁都被风暴摧毁：这是地米斯托克利的先见之明——或者说服力——仅有的一次失准。因此，希腊人在优卑亚零星劫掠了一番之后，就在10月初返回了萨拉米斯。在这里，他们在做别的事情之前，先分配了在战斗中劫掠到的财物，

---

\* 不像希罗多德（8.109）很怪异地所说的那样，是在9月23日举行的第一次军事会议期间提议的，那时薛西斯尚未撤出阿提卡，即使他已经撤了，地米斯托克利也不可能知晓这个消息。

并选出"最好的战利品"作为祭品,感谢诸神的保佑。在奥林匹亚,他们为宙斯竖起一座青铜雕像。送往德尔斐的金银物件——他们赢得胜利之后,并没有对德尔斐神谕所战时的表现有什么不满——被打造成一座18英尺高的男性雕像,雕像手里握着一个船首饰像:希腊人把他们的战利品献给神。指挥官们也留出三艘腓尼基战船,分别在苏尼翁海角、科林斯地峡和萨拉米斯岛三个地方献给了神。(希罗多德顺便说起,在他写作的时候,也就是仅仅40年之后,科林斯地峡的那艘还在那里:同时献祭的另外两艘哪里去了呢?)作为对萨拉米斯战役的纪念,希腊人在库诺苏拉海角中间稍微靠后一点的地方,竖起一根带圆形基座的独立大理石柱——这个位置很合适,因为萨拉米斯岛上只有从这个地点可以看到整条海峡。一直到18世纪,人们还能在雅典找到这根柱子的残片,但是到了1819年,尽管仍然可以找到遗址,但这根胜利纪功柱已经毁坏殆尽。"很多大理石残片,"盖尔说,"在海里面。"今天,只有一块被微微压平的岩石表面表明那里可能是放置基座的地方。这是逝去的世界的荣耀。[3]

萨拉米斯战役使希腊同盟的合作和自我牺牲精神达到了顶点,现在,胜利已经到手,消除了迫在眉睫的威胁,这种精神就开始迅速退化。在危亡时刻暂时搁置起来的所有古老的邦际斗争和阶层内斗都又开始抬头——事实证明这有点儿为时过早。现代也不难找到类似的案例。战时英雄沦为政治斗争的牺牲品:在雅典,有一股特别强大的农民保守思潮在高涨,破坏了地米斯托克利发动更大规模海上战役的计划,并使他无法参与公元前479年的战事。薛西斯和马尔多纽斯还没有退到帖撒利,希腊人之间就再度爆发了争吵;特别是雅典与斯巴达,已经开始出现了严重冲突。

伯罗奔尼撒人躲在地峡防卫墙后面无所作为的时候，雅典人负担了全部的海上战事，可以理解的是，后者现在希望自己的辛劳和牺牲能够得到某种方式的补偿。萨拉米斯战役胜利结束之后，雅典人马上就对基克拉泽斯群岛发动了惩罚性的征伐：正如希罗多德所说（8.132），一直向东到提洛岛，现在海面都是安全的。希望斯巴达和它的盟邦能向他们表达一下谢意，然后派遣步兵翻过基塞龙-帕尼萨山脉，迫使彼奥提亚的卖国贼们顺服，难道太过分了？是的，显然太过分了。科林斯地峡军队的司令官是莱奥尼达斯的弟弟克莱奥姆布罗特，他甚至已经"为了战胜波斯人而奉献牺牲"了。但是，就在他忙于献祭的时候（10月2日），发生了日食——监察官们能预测这样的现象吗？毕竟，他们最初的职能就是"观察天象"——于是，伯罗奔尼撒军队就顺水推舟，以这种不利征兆为借口，全部回家过冬去了。他们也需要考虑秋季的耕种之事，这一点与雅典人并无不同。如果被逼问，克莱奥姆布罗特就可以继续辩解说：他们的很多重装步兵在舰队中服役，在部队恢复全员之前，他不会冒险与薛西斯的陆军发生冲突。然而，对雅典人来说（实际上，是对希罗多德来说），这看起来不过是斯巴达人追求孤立主义政策的又一个例子而已，他们很可能是对的。

斯巴达人自己为此事感到了一丝良心不安，也许我们可以从下面这件相当奇特的轶事中推断出这一点。当雅典人带着牛、犁和麦种横渡海峡回到大陆，并默默地开始在被波斯人摧毁的田地上工作时，斯巴达人正在询问德尔斐神谕所，他们是否应该为国王莱奥尼达斯被杀一事向薛西斯讨还公道。由于没有追击残敌的传统（或许是因为笨重的盔甲使他们无法追击），他们可能希望薛西斯哪怕是象征性地承认战败，也能使他们卸下这副重担。[4] 一贯圆滑的德尔斐赞成了他们的提议，斯巴达传令官就马上去了帖撒利的薛西斯大营。他在帖撒利发言如下："我的米底国王陛下，拉凯戴蒙人以及斯巴达的赫拉克勒斯王室都要求你就谋杀一事给出合理答复，因为你杀死了他们的国王，而他们的国王那时正在为保卫希腊而战。"薛西斯的答复完全不符合斯巴达人的期待。他很突然地爆发了一阵很不礼貌的大笑，然后也没说什么。然而，最后，他指着他的表兄弟说道："这里的马尔多纽斯会让他们获得他们应得的一切满足。"如果斯巴达传令官足够明智，他肯定很快就能体会到这句话的真正含义。马尔多纽斯正在忙着从作战最勇猛的波斯步兵军团——伊朗人、米底人、巴克特里亚人、斯基泰人、印度人——中挑选可能有 3 万人之多[*]的精英部队，准备留在希腊本土继续作战。

对斯巴达人来说，这肯定是一种敷衍性的安慰，它也似乎以一种相当讽刺的方式推动了他们对防守战略的总体态度的转变。马尔多纽斯拥有一支强大的陆军，但没有海军，只要伯罗奔尼撒诸邦坚持躲在科林斯地峡卫墙的后面，他就伤害不到他们。他很有可能再次攻占雅典，蹂躏麦加拉，但这（他们私下认为）并不关他们的事。然而，在公开场合，他们开始转向支持以海战为主的战略——这正是伯罗奔尼撒集团在此之前一直反对的东西。原

---

[*] 只要接受了希腊人将波斯的千人队（chiliad）误认为是万人队（myriad）的看法（被 Hignett, XIG, p. 351 引用），那么，"所有源自波斯官方史料的数字都将自动乘以 10"（参见上文第 81—82 页）。这样一来，阿尔塔巴佐斯为薛西斯前往达达尼尔海峡提供的护卫队的规模，就是一个更为合理的数字（6000）。

因并不难发现。只要他们提供一个总司令和少量的战船，雅典人和埃吉纳人可以继续做全部实际的工作，而且，位于前线的后者会承担所有实际的风险。斯巴达军队不需要在边境之外投入大量兵力，因为总是不安分的希洛人需要被控制。正如我们即将看到的那样，这个计划极大地低估了雅典人的精明和自利倾向，但是，对性格冷峻且不太精通外交权谋的斯巴达人来说，它看起来肯定很有吸引力。在接下来的几个月里，他们很自然地就去专门说服和巴结地米斯托克利去了，因为后者是雅典海上战略的首席代言人。这种做法无助于提升地米斯托克利在雅典的受欢迎程度。但在这时，局势发生了具有讽刺意味的颠覆性变化，雅典人也做出了突然的改变——但方向正好相反。地米斯托克利及其海军党迅速失势，而阿里斯蒂德领导的以农民和贵族为主力的农业保守派开始登上舞台；公元前480年的海基战略很快被一种基于陆地的马拉松式战略所取代，考虑到马尔多纽斯的大军主要在希腊中部，这并不令人惊讶。实质上，雅典与斯巴达互换了它们的天然角色，这种状态可能会导致极其危险的后果。

与此同时，盟军舰队从萨拉米斯返回了科林斯地峡集合地，来自各邦的指挥官们聚到一起，为刚刚结束的战役颁发个人和城邦勇气奖。在这样的节点上，没什么比这种颁奖活动更能激发嫉妒、怨恨和恶意的了。各种秘密游说和幕后阴谋使希腊人之间的彼此争夺和恶性竞争达到极点。从我们手头现有的一点点材料来看，它听起来就像是一个荒腔走板的大型电影节，有着同样的个人崇拜（或憎恶），但同时却对真正的美德保持着非常相似的冷漠态度。如果斯巴达人已经制定出了详细的新战略（这肯定没有定论），很明显，他们未能使盟邦接受它。伯罗奔尼撒的将领们嫉妒雅典获得的辉煌胜利，也为地米斯托克利的傲慢而恼怒，刻意将城邦奖授予了埃吉纳，同时个人桂冠似乎被搁置起来，没有颁发。*雅典人被宣布为第二名，这种故意的冷落深深伤害了他们的自尊心，于是，他们就开始散布一种至少还算有点儿创意的诽谤言论。当希腊人前去问询阿波罗神，他们给德尔斐奉献的祭品是否可以让他满意的时候，（他们说）神的答复是"他对所有人的祭品都感到满意，埃吉纳人的祭品除外"。由于埃吉纳人已经获得了英勇奖，他们就可以大方一些。希罗多德说——像往常一样，他严重依赖雅典人提供的消息——这促使埃吉纳人制作了一根镶有3颗金星的青铜柱，在他写作的时候，青铜柱仍矗立在那里，"挨着克洛伊索斯奉献的金碗"。没有获得任何奖励而且也同属雅典人诽谤之对象的科林斯人（尽管他们的各种纪念性碑文都在宣扬着他们的出色表现）酸溜溜地说，波斯人的战败是由于他们自己的失误，我们在半个世纪之后仍然可以发现这种论调。[5]作为泛希腊团结的一种表现，这次颁奖活动很难说是绝对成功的。

地米斯托克利肯定已经比大多数人更强烈地感受到了这种冷漠。他已经作为那个时代公认的英雄去过了科林斯，而且——从我们听说的关于他的各种故事来判断——他很可能把他的新角色发挥到了极致。这可能就是雅吕索斯的提摩克里翁（Timocreon）

---

\* 希罗多德（8.123）以及遵从他的说法的普鲁塔克（*Them.* 17.1）都说所有的将领在投票时都将自己写在第一位，而将地米斯托克利写在第二位，这肯定是一个虚构的故事，尽管很巧妙。如果是秘密投票，谁会知道上面是怎么写的？如果是公开投票，谁会这么做呢？埃弗鲁斯（Diod. 11.27.2）说个人勇气奖归了帕伦尼的阿梅尼亚斯（参见上文第261页），但是这可能只是根据希罗多德的记载（Hdt. 8.93）做的合理推测，因为那里记载了一位埃吉纳人和两位雅典人（包括阿梅尼亚斯）极为英勇的战斗表现。

在写如下文字时的所思所想（Plut. *Them.* 21.3）：

> 但是，他总是中饱私囊，在地峡
> 扮演了主人角色——令人爆笑——
> 他主办了一次尴尬的宴会
> 所有出席的宾客都向上苍祷告：
> "地米斯托克利不会有好下场。"

斯巴达政府得知这些事件后，看出了机会。他们可能没有能力去控制一群善妒的海军将领，但至少可以迅速补偿后者的主要受害者，或许还能在此过程中获得外交上的成功。因而，地米斯托克利就受邀作为官方客人前去斯巴达，在那里得到了所有外邦人都不曾得到过的荣誉。在斯巴达人自己举办的颁奖仪式中，欧里比亚德（恰如其分地）赢得了代表勇气奖的橄榄花环，但是，一个类似的花环也授给了萨拉米斯战役的胜利者，以此感谢他杰出的战略规划和临阵指挥。作为礼物，他还得到了一辆全斯巴达最精美的马车。国务访问结束之后，他由300名斯巴达王家骑兵队的成员护送到远至帖该亚边界的地方——他是第一个也是最后一个享受到这样的特权礼遇的非斯巴达人。事实上，地米斯托克利享受的就是今天所说的超级VIP待遇，作为一个前来访问的政务人员，享受这种待遇的代价一般来说就是会在私下里发生一些不太光彩的政治交易。我们无法得知地米斯托克利与东道主商讨的内容（尽管我们可以猜想，他与克莱奥姆布罗特之子波桑尼阿斯的友谊就是从这时开始的，后者不久就成了斯巴达的摄政和希腊军队的总司令[6]）。我们所知道的是——可以肯定，影响也很重大的是——他的斯巴达之行使他的同胞们更加厌恶他。

在他返回雅典之后，他就懂得了一句古老谚语的真正含义：在政治中，感激之情是对即将到来的恩惠的一种生动的感觉。他已经实现了他的价值，现在，他可以被甩到一边了。他后来说雅典人"并不是真正地尊敬他和爱戴他，他们像对待一棵梧桐树那样对待他，在暴风雨来临时跑到它的树枝下避雨，但天气一好转，就来拔它的树叶，砍它的枝条"（Plut. Them. 18.3）。当然，他不是平白无故这么说，但是，人们只能反问，他还期待着什么呢？他的父亲曾经警告过他，雅典政治生活是非常残酷的（参见上文第37页），但是，像现在的那些浪漫主义者一样，他似乎仍然认为他只因他自身就应该得到爱戴——有人可能会补充说，他还觉得不需要花功夫使自己变得可被爱戴。在很大程度上，他的倒台是由于自己犯了错误。他严重误判了公元前480年至前479年冬天的形势，而傲慢无礼的态度又使他的处境进一步恶化。在萨拉米斯战役结束后，他好像觉得自己已经超越了普通的凡人，不用再畏惧批评之声，但是，说到底，他的权力缺乏更坚固的基础，只是基于公众暂时汹涌的情绪而已。他可以用尖酸刻薄的人身攻击平息阿菲德奈的提摩德莫斯（Timodemus）提出的指控，后者控告他窃取了本应属于雅典的荣誉（比较早的"个人崇拜"例子）。但是，他从斯巴达政府那里接受的礼物却使他容易受到接受政治贿赂的危险指控，而事实证明，他本人的隐瞒和不认错态度给那些企图让他下台的人送来了天赐良机。他为阿尔忒弥斯建造了一座神庙，将其献给"优秀建议者阿尔忒弥斯"（Artemis-of-good-Counsel，这是一种赤裸裸的自我宣传，雅典人也是这么看的），这冒犯了许多人，而将神庙地址选在他家房屋对面这种愚行让事情变得尤为复杂。当他的一位同僚将领开始把自己的成就与他相提并论的时候,他不屑一顾地回击道:"如果地米斯托克利当天不在萨拉米斯,你们这些人现在会在哪里?"

当然,只要这种不明智的话一出口,任何人,尤其是民选的希腊政客,都不能指望侥幸逃脱惩罚。然而,地米斯托克利最致命的失误是未能认识到这股反对他的潮流有多么强大——或者,未能认识到形势已经出现了急剧变化,这种变化几乎就发生在一夜之间。面对一位过去曾经不屑于他的关注但现在又因他的名望前来巴结的漂亮青年,他耐心地说道:"看,我的孩子,时间给我们俩都上了一课,虽然有点儿晚。"从政治角度看,的确太晚了。实际权力已经转移到阿里斯蒂德及其党羽之手,公元前479年春天的选举确认了这次权力转移。这些人大部分都是贵族或者地主,他们从内心里都厌恶地米斯托克利(我们可以推测,在萨拉米斯战役之后,这种厌恶变本加厉),一贯反对他的"木墙"战略,而且,基于这两点考虑,都不遗余力地试图将地米斯托克利逐出政坛。他们把希望寄托在与伯罗奔尼撒集团达成某种形式的军事协议上,然后联合起来从陆上进攻马尔多纽斯。然而,地米斯托克利冒充一位经授权的政府发言人,在斯巴达发号施令,并且无疑向过于愿意倾听的东道主兜售了来年全面的海军政策。(众所周知,斯巴达人会抓住所有借口来把他们的精锐部队安全地留在科林斯地峡以南。)于公于私,都必须将他赶下台,而且越快越好:在目前的情况下,他已经成为国家安全的直接威胁。如果斯巴达人接受了发动第二波海上攻势的想法(随后斯巴达国王莱奥提基达斯[Leotychidas]取代欧里比亚德成为希腊海军总司令的事实给这种假设提供了更多的理由),会带来两个令雅典人无法接受的后果——希腊陆军的作用会降低到只承担防御任务的地步、马尔多纽斯第二次入侵阿提卡将不会遇到多少抵抗。*

无论如何，整个冬天，地米斯托克利的政敌们都在千方百计地鼓动公众起来反对他，而且获得了显著效果。谣言开始出现，说德尔斐的阿波罗神庙在萨拉米斯战役结束后拒绝了他的祭献品，而且只拒绝了他的（人们有理由认为这种谣言来自某些不高兴的埃吉纳人）。关于他在战斗开始前献祭了3位波斯贵族少年的谣言（参见上文第251页）很可能也是从这时开始流传起来的，第二个谣言甚至可能被用来解释或者证明第一个谣言。人们也费尽心思地编造出一些反映他的傲慢、贪婪和虚伪的故事。这些攻击聚集起来不可避免地会削弱公民大会对他的支持。公元前479年2月，在新的将军委员会（任期为前479年6月至前478年6月）选举出来之后，地米斯托克利要么没能当选，要么他当选了，但在整个任期内都没有发挥什么作用。埃弗鲁斯（Diod. 11.27.3）认为他是由于接受了斯巴达人的礼物而遭到唾弃：这种说法可能只是一种推测而已，大部分学者也都是如此认为，但这是我们掌握的唯一确凿证据。

然而，我们不能就据此认为，在任职或落选期间，地米斯托克利在希波战争的最后一场大战中没有发挥任何作用——这肯定不符合他的身份——这场大战最终永久摧毁了波斯帝国对希腊的威胁。其他人最终收获了他种下的胜利种子。正如人们所预料

---

\* E. Meyer, *Geschichte des Altertums* (Stuttgart 1901) vol. 3, p. 402 ff., Hignett, XIG, pp. 275−6 也持同样的看法。这种战争肯定要拖拉很长时间。马尔多纽斯的步兵部队规模不大，行动灵活，专为陆上战争而设，帖撒利可以为他提供非常便利的基地。舰队可能会切断他的交通线，但不可能在一个季度内获得更多的战绩。依此看来，反海战群体的立场拥有非常坚实的基础。

的那样，阿里斯蒂德获得了雅典陆军的指挥权，而地米斯托克利一手创建的舰队则交由伯里克利之父珊提帕斯指挥。私人恩怨可能影响到了这两人的任职。这两人都因政治原因遭到过流放，均出自地米斯托克利的运作（参见上文第78—79页），而珊提帕斯（他的新任命可能是为了安抚"水手群氓"）还曾是地米斯托克利的同僚，因此可能对后者怀有比其他人更深的怨恨。尽管地米斯托克利直到公元前478年还在努力恢复一些已经失去的影响力，但他在战争中已经没有更多的作为；这时，希罗多德——让地米斯托克利的出场时间拖到最后一刻——让地米斯托克利离开了他的历史叙事，我们几乎可以听到他松了一口气。

10月末，薛西斯将希腊移交给马尔多纽斯，率领着他庞大的陆军主力沿着来时的路回到了达达尼尔海峡。希腊文献传统从不介意对不虔诚者的倒台幸灾乐祸，将这次撤退极力描绘成他们想象中的惊慌失措、缺衣少粮的样子。如果那里并没有发生灾难，他们就会编造出来：每一代人都会给这种故事添油加醋。这个过程开始得很早，肇始于埃斯库罗斯，他栩栩如生地详细描绘了薛西斯的部队如何鲁莽地尝试穿过结冰的斯特律蒙河，但是在清晨阳光的照耀之下，薄薄的冰面破裂，波斯士兵纷纷掉入河里，溺水身亡（*Pers.* 495-507）。事实上，正如我们从希罗多德的记载中所了解的那样，波斯军队在尚未进入希腊的时候，就在斯特律蒙河上架设了桥梁（参见上文第74页）；不过，可能会有一些部队没有耐心在拥挤的桥头等待，决定冒险从冰面上快速冲过去。希罗多德本人也刻画出一副饥饿和疾病交织的残酷景象：波斯大王的部队开始被迫吃草根、树皮和树叶，瘟疫和痢疾使他们大量减员。尤斯丁说（2.13.12），大量尸骸被丢弃在路边，秃鹫、鬣狗以及其他的食腐动物一路都跟着撤退中的部队。一则奇闻逸事（希罗多德驳斥了这个说法）说薛西斯在埃伊翁上了船，却遇到风暴，然后强迫数十位波斯贵族跳船，以便有效改变船只上部过重的状态，尽管这种做法很极端。

我们把这些戏剧化的添油加醋剥掉之后，就会看到一个不太浪漫，也不是特别悲惨的故事。大概是在 12 月 15 日前不久，经过轻松的 45 天行军之后，薛西斯从帖撒利抵达塞斯托斯。正如我们所见，桥梁已经坍塌，但是舰队及时赶到，搭起浮桥将所有的步兵都送到了对岸的阿卑多斯——并没有发生什么灾难，除非我们将过度进食（经过长时间饮食匮乏的行军之后，现在的军需供应又充足起来）和水土不服带来的疾病也计算在内。薛西斯从这里出发，抵达了撒尔迪斯，然后在该城度过了冬季。所有这些事实都无法说明波斯军队出现了长期的疾病流行、纪律崩溃和军需断绝。护送波斯大王到达达达尼尔海峡的军队，不仅有叙达尼斯的部下，还有阿尔塔巴佐斯（Artabazus）麾下大约 6000 人的精英部队，这支部队随后就返回了卡尔息狄刻半岛，并没有出现明显的匮乏和混乱迹象。[7] 如果说薛西斯的军队确实遭遇了饥饿或疾病的打击——这也完全有可能——也没有到使他们丧失作战能力的程度。他们也没有遇到任何激烈的军事抵抗。尽管波斯人在萨拉米斯已经遭到惨败，帖撒利、马其顿和色雷斯仍然忠诚于薛西斯，这就意味着他从头至尾都是在友好国家行军。据说，在抵达了色雷斯地区的阿布德拉后，他才解下了腰带（作为表示慰问和感激的象征，他向该城的公民们赠送了一把金剑和一件镀金头饰），但这只是出于对追兵的害怕，而不是怀疑当地人的忠诚。另外，在撤退沿线的战略要地（例如埃伊翁和多利斯库斯），都驻扎着波斯军队。那些患病的兵员被留在最近的希腊城市，有关城市被指示照看他们，为他们提供给养——这是一个很能说明问题的细节。无论雅典人和斯巴达人如何看待薛西斯，但在希腊北部一带，显然他并不是一个不受欢迎的监工。

然而，一旦他和他的远征军主力撤回小亚细亚，镇压希腊城市叛变的可能性就大大降低了。第一次公开叛乱爆发于12月中旬，也就是护送薛西斯渡过了达达尼尔海峡的阿尔塔巴佐斯准备返回帖撒利与马尔多纽斯合兵一处的时候。就像在希腊史上经常发生的那样，一座卡尔息狄刻城市领导了这次叛乱。横跨帕伦尼半岛最窄处的波提狄亚有着得天独厚的优越地位，只需要抵挡来自陆地一侧的进攻；马尔多纽斯没有舰队，波提狄亚人也很清楚这一点。帕伦尼半岛的其他城镇也加入了波提狄亚的叛乱，奥林托斯也做了——相当鲁莽——同样的决定，但他们位于半岛的最北边，从而比其他所有城镇都更多地暴露于进攻之下。马尔多纽斯和他的部队正在帖撒利过冬，叛乱者在谋划叛乱的时候肯定会考虑到这一点。几位学者[8]都提出，这次叛乱的萌发与伯罗奔尼撒集团的鼓动有关（特别是波提狄亚的母邦科林斯），而且，作为切断马尔多纽斯的交通线的一种低成本方式，它受到了鼓励。由于这种说法已经迅速获得了权威地位，不妨提醒读者，现在还没有任何证据支持这种说法。波提狄亚从未得到过希腊同盟的任何帮助或援兵，但它肯定希望自己的叛乱能够变成联合作战计划的一部分。更进一步说，帕伦尼半岛的叛变（只要瞥一眼地图，应该就会很清楚）根本威胁不到马尔多纽斯。这次叛乱是希腊人独立运动复苏的真实预兆，但意义也仅限于此。叛乱本身收效甚微，但是，对波斯人来说，这不是好兆头。

阿尔塔巴佐斯原先有 6000 名帕提亚兵和霍拉斯米亚兵，现在又得到当地征来的马其顿兵的补强，立即开始向叛乱者进攻。他首先封锁了帕伦尼地峡（这样就将波提狄亚封锁了起来），然后腾出手来围攻奥林托斯。似乎没过多久，奥林托斯就陷落了，他将该城的造反领袖们带到附近的湖边，统统割喉，以儆效尤。在与希腊人打交道的时候，阿尔塔巴佐斯熟练应用分而治之的技巧。他非常娴熟地利用当地希腊人彼此之间的嫉妒心，薛西斯牢记这一点，三年后，薛西斯任命他为达斯库里翁总督。他在这场惩戒性战争期间似乎获得了很多卡尔息狄刻城邦的合作，这些城邦都企图从他们憎恨的对手的失败中获益。奥林托斯陷落之后，他将其转交给了来自托罗尼的驻军，后者的公民似乎已经被授予了永久占据该地的权利。同时，他与守卫波提狄亚的一位将领，即名叫提摩克塞诺斯（Timoxenus）的斯基奥尼人私下接触，意图通过收买对手而再度获得速胜。何必浪费时间和金钱去打旷日持久的围城战呢？

这两人使用了一种有点儿新奇的手段进行通信。他们"把信写在一张纸条上，卷在箭的尾部，再用羽毛把信包起来，然后射到约定的地方"（Hdt. 8.128）。然而，没过多久，阿尔塔巴佐斯的弓箭手就变得漫不经心，把装有信件的箭杆射到了一个波提狄亚人的肩膀上。于是，希腊群众马上就很典型地聚集起来（希罗多德说"这是战争中经常发生的事情"，实际上，任何令人不快的公共事件发生之后都会如此）；箭被拔了出来，箭上的信也暴露了。一些爱国公民立即将信送给了（波提狄亚以及协助波提狄亚的帕伦尼半岛诸城）盟军的军官。这些军官很想保护斯基奥尼的良好名声，就掩盖了这个丑闻，没有揭发提摩克塞诺斯——这是不同寻常的荒唐行为，它表明可能还有其他人卷入了这一阴谋。虽然他们保持了克制，但正如他们所言，阿尔塔巴佐斯的线人暴露了，他不得不放弃他的计划。不太妙的是，他开始猛烈围攻波提狄亚。经过3个月徒劳无功、令人厌倦的围攻之后，他决心要利用一切机会——无论多么渺茫——攻破波提狄亚人的防御。有一天，忽然发生了一次非比寻常的退潮（正如伯恩所指出的，这很可能是由轻微地震所引发的，因为正常的爱琴海潮水波动很小，只能以英寸计），在横亘帕伦尼地峡的城墙朝向敌人一端的旁边，出现了一条虽然浸水但可以行走的水道。阿尔塔巴佐斯立即决定派一部分人马走这条水道，在城墙后面确立一个坚固阵地。不幸的是，他们刚刚走了不到一半的时候，巨大的海潮袭来，没有淹死的人大多数都被乘着小船赶来的波提狄亚人杀死。\* 阿尔塔巴佐斯尽全力救出余下的人马，不再围困波提狄亚，直接向西行进，与马尔多纽斯会合了。

马尔多纽斯发现自己的处境有点儿尴尬。虽然波斯在海上刚遭遇了惨败，但是波斯大王仍然直接或通过保持忠诚的附属国控制着品都斯山以东的希腊北部和中部。事实上，马尔多纽斯已是一个新行省的总督，该行省从色雷斯延伸到阿提卡。不能认为他已经快要无法抵御敌军的重压。希腊舰队对他的交通线的威胁比

---

\* Hdt. 8.128. 希罗多德还补充了一句很虔诚的话："依照波提狄亚人的说法，海水高涨以及波斯人遭此大难的原因乃是由于，正是这时死在海里的那些波斯人曾经亵渎过波塞冬的神庙和城郊的波塞冬神像。而我对他们的解释深以为然。"如果这次涨潮现象的确来自轻微地震，那么，作为控制地震的神灵，波塞冬倒是的确应该为此事负责。参见 Burn, PG, p. 499。

人们通常认为的小得多。他的部队规模不大，即使没有海上补给，也能过得很好，只要薛西斯麾下的舰队没有败亡或解散，他就可以确保自己在希腊本土不会被截断后路。即使无法通过达达尼尔海峡，他也可以取道色雷斯和博斯普鲁斯海峡安全回家。可以肯定地说，这是他最不担心的事情，真正的问题在别处。薛西斯将这样一支能征善战的部队留在希腊，并不仅仅是为了显示存在感和治理已经攻占的土地。科林斯地峡防线仍然完好无损，斯巴达及其盟邦仍在挑战着波斯的霸主地位。马尔多纽斯的目标很清楚：消灭这些仍在顽抗的人。若要实现这样的目标，有两种途径，而且只有两种。他必须要么绕过地峡防线，打开一扇通往伯罗奔尼撒半岛的大门（就像帖该亚人基勒欧斯［Chileus］后来所指出的），要么将敌军引出地峡卫墙，到他选定的战场决战，最好是在波斯骑兵有充足活动空间的地方。第一个方案必须有舰队配合，而马尔多纽斯没有，显然不可能实现；第二个方案要求斯巴达人无缘无故放弃他们现在拥有的所有战略优势。

在这时，根据普鲁塔克的描写（*Arist.* 10.2），马尔多纽斯给希腊同盟最高指挥部写了一封很简单的挑战书："你们用舰队设法击败了那些习惯了干燥的陆地和完全不了解划桨的人们。但是，现如今，帖撒利土地广阔，彼奥提亚平原也是优秀的骑兵和步兵交战的极佳场地。"这封后来出于修辞效果而编造出来的信正确地描述了当时的形势，但它大大低估了马尔多纽斯的精明和机智。如果真的有过这样一封信，如此幼稚的挑战将会使科林斯地峡的希腊人感到极为好笑。然而，马尔多纽斯肯定有着自己的算计，斯巴达人最后会发现它一点儿都不好笑。他有一支活跃的第五纵队，并且非常清楚他的对手之间的各种分歧。特别是，他很了解雅典与斯巴达之间日益加深的裂痕。如果他能找到利用它的正确方式，这就是所有机会之中最有希望的一个。在伯罗奔尼撒半岛，他的代理人卖力工作，用贿赂和外交软化着那些传统上与斯巴达敌对的城邦：阿尔戈斯、埃利斯、曼提尼亚。阿尔戈斯私下里同意"阻止斯巴达军队奔赴战场"，大概是要围堵他们通过伯罗奔尼撒北部出击的道路。然而，马尔多纽斯不会对这种不太可靠的承诺抱太大希望，希格内特（XIG, p. 279）将阿尔戈斯人的承诺描述为"一种应对波斯人最后获胜的微弱可能的保险措施，很不真诚，类似于某些辉格党政客在詹姆士二世流放期间对他展示的善意"。在萨拉米斯战役结束之后，阿尔戈斯人正在极端谨慎地考虑往哪儿下注，无意使自己不可挽回地站到明显会失败的一方。埃利斯和曼提尼亚也是同样捉摸不定。马尔多纽斯身上具有阿契美尼德政客的典型特征，精明而又现实、无所顾忌，他将注意力越来越多地转向雅典。

如果——虽然这基本不可能发生——雅典能够断绝与伯罗奔尼撒集团的同盟关系，站到波斯大王这一边，就立即能为马尔多纽斯提供第一流的舰队，他需要这支舰队来绕过科林斯地峡防线。只要绕过去，斯巴达的战败就只是时间问题。即使雅典拒绝了他的提议（考虑到他们以前的做法，这似乎更有可能），那么，仅仅让斯巴达人知道这种提议的存在，就可以吓到斯巴达，让他们在有关雅典的事情上更容易配合。马尔多纽斯完全了解雅典政治气候在萨拉米斯战役之后发生的变化，他肯定会注意到，现在掌权的保守土地贵族集团需要一场面对面的大决战，最好是在基塞龙-帕尼萨山一线以北。[9] 这正中他的下怀，他至少有现成的基地。他要么可以打开进入伯罗奔尼撒半岛的"大门"，若做不到这一点,幸运的话,雅典人就将对斯巴达人施加足够的压力,迫使后者派遣一支大军进入希腊中部作战。这场赌博很值得一试。另一方面,除非波斯人提供的条件慷慨到足以消除雅典人的全部顾虑,否则后者是不太可能做出令人如此震惊的大转向的。马尔多纽斯与薛西斯商量过(也许在薛西斯动身前往撒尔迪斯之前,他们就已经制定出了该计划),他们就如下提议达成一致:(1)赦免雅典过去与波斯为敌的所有行为;(2)保证雅典内部事务的自治权;(3)确立雅典作为希腊真正霸主的地位,同时可以自由扩张目前的领土边界;(4)重建薛西斯入侵期间毁坏的所有神庙和城墙;(5)大规模的经济援助。作为对上述惊人让步的报答,雅典应该正式与波斯结盟,并在所有战争里支援薛西斯——当然,这里主要指的是波斯与斯巴达之间的战争。

到了关键时刻,这些夸夸其谈的承诺会在多大的程度上得到兑现,是一个值得猜测的问题。马尔多纽斯肯定很清楚,向雅典许诺如此优厚的条件,肯定很容易就会引发波斯现有的希腊盟邦的强烈不满,这些城邦中的大多数——尤其是彼奥提亚的——都会带着不加掩饰的嫉妒但主要是憎恨之情看待这座紫云冠之城。或许,这就是为什么我们现在发现他派了一名密使前去咨询希腊中部所有重要的神谕所:事实上,如果我们不考虑佛西斯的阿巴伊神庙,他们问询的神庙全部都在彼奥提亚——勒巴迪亚的特罗弗纽斯洞穴、科拜斯湖上面的阿波罗神庙以及底比斯本地的阿波罗神谕所和安姆菲亚劳斯神庙。他们忽略了德尔斐,这一举动值得注意,也许意义重大。希腊神谕所有一个非正式的功能,就是充当外交信息交换中心;我们完全可以认为马尔多纽斯正在通过不太公开表态的方式,试探盟友们的政治态度。这正是希罗多德的下述评论隐含的意思："大概，[马尔多纽斯]把自己就当前事务要透露的信息和要提供的建议送了过去，并没有其他目的。"无疑，通过这种迂回的办法，他也回应了彼奥提亚人对雅典在未来波斯治下希腊的地位问题的关心（尽管他似乎很难为雅典或底比斯提供保证，使他们相信薛西斯的善意）。就这样，马尔多纽斯尽其所能做好了准备，但还有最后一个棘手问题：找一个可以令双方信任和接受的使节，此人的任务就是尽其所能将这一揽子交易兜售给极为挑剔的雅典民众。他选择了马其顿国王亚历山大，此人与波斯王室的关系并未妨碍他在雅典公民中获得很高的荣誉：就像他的儿子和孙子一样，亚历山大很可能不偏不倚地在向战争双方销售着造船用的木材。而且，他曾经在希腊人占领坦佩峡谷期间执行过类似的任务（参见上文第 119 页）。于是，这个貌似可信却又反复无常、两面三刀的人物作为马尔多纽斯的特使出现在已被兵燹毁坏的雅典。

雅典政府很快就认识到，这是一个制伏斯巴达的好机会，千载难逢，很可能还独一无二，可以使桀骜不驯的斯巴达向他们低头。与现在一样，在这样的形势下，正常的外交程序是举行一系列秘密的初步会谈，双方互相试探，了解重要分歧，所有实际的交易和妥协都发生在这样的会谈里。雅典人故意拖延会谈的进程。"他们相信，"希罗多德说，"斯巴达人将会知晓有人代表波斯前来雅典举行和谈的消息，这会使后者马上派自己的代表过来。"换句话说，这时控制雅典对外政策的精明保守派已经决定要玩弄马尔多纽斯和斯巴达人，使他们走向对抗。至于他们有没有准备遵从这个政策逻辑，在必要时把自己卖给出价最高的人，那就是另一回事了。即使是在公元前 5 世纪希腊政治的残酷角斗场里，人们也很难相信雅典人会彻底鄙弃他们迄今为止都言之凿凿、为之战斗的全部理想。但是，显然，马尔多纽斯和斯巴达人都觉得这样一种大转向不是没有可能发生的。如果雅典人最终拒绝了，在他们这么做的动机上，实际因素至少和道德因素同样重要。他们从这种交易中获得的好处完全只是眼前的，不可能持续到马尔多纽斯及其军队离开之后。作为波斯的合作者，雅典将会激起希腊所有自由城邦的谩骂和憎恨。即使是从一开始就投靠波斯，也要好过在最后一刻为了得到好处而变节。最不妙的是，雅典根本没有任何手段来保证薛西斯会遵守诺言：毕竟，该交易的要害是雅典人首先将他们自己和他们的舰队投到支持波斯的战事中去，事后才得到适当的奖赏。一旦马尔多纽斯成了全希腊的总督，波斯大王的美妙承诺很可能就会被抛之脑后——到那时，谁能逼他遵守诺言呢？

事实就是马尔多纽斯似乎严重低估了他不得不对付的这些人。雅典人的政治经验来自一所残酷的学校：他们是先后出现了梭伦、庇西特拉图和克里斯提尼的那个世纪的继承人，这使他们有足够的精明和冷静来对付这些波斯显贵和马其顿机会主义者。在第一轮谈判还远没有结束的时候，他们似乎就已经明白，马尔多纽斯提出的建议无论从哪个角度来讲都没有可取之处。另一方面，作为敲诈斯巴达人（他们对雅典人的正直的评估没有高到足以让他们忽视被全盘出卖的危险的地步）的一种武器，它又绝对是天赐良机。会谈日复一日地进行着，亚历山大出使雅典的消息适时地传到了斯巴达，并在那里引起了极大的恐慌。"多里安人有一天将会被波斯人和雅典人联合逐出伯罗奔尼撒半岛"的神谕，成倍增加了斯巴达人的恐惧感——神谕的内容如此具体是很不寻常的现象，人们不禁好奇是谁传播的这条预言——他们立即派代表去了雅典。眼看拖延战术达到了目的，雅典议事会现在安排斯巴达和波斯双方代表在同一次会议中向公民大会做正式的发言，"为了让斯巴达人在发表他们的观点时在场"。

亚历山大第一个发言。他先是概括了波斯大王的5点建议（肯定引发了听众的骚动），然后又补充了一封来自马尔多纽斯的私人信件。这封信的主旨就是说明，雅典人继续与波斯大王对抗下去最终必将自取灭亡。"你们别再妄想与薛西斯作对了，这样下去，你们最终的结局就是身死国灭。"马尔多纽斯指出，薛西斯现在情绪不错，但谁知道他的情绪会发生什么样的变化？然后就是最后的规劝："忠诚老实地和我们结为盟友，从而享受自由吧。"说完这些之后，亚历山大——承担起了他作为雅典的外国代理人和名义上的恩庇者必须要承担的角色——又补充了几句，提供了一些个人建议。"我很清楚的是，"他告诉他的听众——难道现在他们还不明白吗？——"你们无法永远与薛西斯斗争下去。如果我觉得你们可以坚持下去，我绝不会背负这样的使命来雅典。"在郑重地为自己的良心澄清之后，他继续强调了薛西斯有无限的战争资源，以及忽略"这些极为优厚的条件"是愚蠢的，因为这样的条件可能永远不会再有了。他提醒雅典人（他们可能也不需要太多的提醒）要注意他们暴露和突出的地理位置："你们的国土是两军之间的一片无人地带，注定会遭遇连绵不断的战祸，你们会一而再再而三地独自承受这一切。"就这样，亚历山大以雅典人自身的利益为演讲主题，在结束演讲时又诉诸雅典人的自负：面对这么多希腊城邦，波斯大王唯独对他们施以恩惠，不仅谅解了他们过去的敌对行为，还朝着他们伸出了友谊之手，这难道不是一种极大的恭维吗？

斯巴达人也是精通外交的高手，他们非常清楚雅典人想干什么。他们的简短发言听起来轻蔑要多于说服，而且令人吃惊的是，并没有对雅典的利益做出多少让步。他们完全能够为自己找出应当坚守的立场，因为他们认为雅典人最后肯定会拒绝马尔多纽斯的建议；事实上，一旦到了现场，他们似乎就异常迅速和准确地估量出了各方的立场。在这之后，他们就不动声色地坐看事态按照他们的预测发展。斯巴达人先用一句轻蔑的话贬低了亚历山大（"一位暴君必然会帮助另一位暴君"），然后意味深长地告诫雅典，如果他们愚蠢到相信马尔多纽斯的承诺，他们可以期待怎样的结局（"你们肯定也知道，这些异邦人是既不讲诚信也不讲荣誉的"）。雅典人为自由奋斗的历史长达数百年之久，如果他们也变成异邦人奴役希腊的工具，那该是多么耻辱和多么丢人的一件事啊！所有这些都听起来很耳熟，更令人不安的是，斯巴达人企图让雅典独自为目前的危机负责："战争的始作俑者就是你们，你们并没有考虑我们的意愿。这场战争只是为了保卫你们的土地，但现在把全希腊都卷了进来。"在一定程度上，斯巴达人倒也没有说一点儿假话。当雅典人帮助爱奥尼亚人焚毁撒尔迪斯的时候（参见上文第29页），防着阿尔戈斯的斯巴达人谨慎地保持了中立；而且，众所周知，波斯大王入侵希腊的公开口号就是报复雅典。然而，人们一眼就能看出，这种说法只不过是为斯巴达提供了一个方便的借口而已，他们可以因此避免在科林斯地峡以北投入兵力作战。斯巴达使节深表同情地在演讲结束时提出："只要战争还在继续，就会为你们每一个家庭的妇女和其他非战斗人员提供支持。"这非常没意思，无疑，他们就是在逃避科林斯地峡以北的军事义务。

当然，这个建议就其本身来讲，也是一个足够慷慨的方案（它不仅涵盖了给养，也包括临时住所）。现在，绝大部分撤离的雅典家庭都已经从萨拉米斯回来了，"由于城市和土地都被蹂躏了"，他们正在过着极为艰难的日子（Plut. *Arist.* 10.3）。但是，这样的条件与雅典的领袖们曾经充满自信的期待相距甚远——他们希望斯巴达提供大规模无条件的军事支援，来帮助他们抵抗马尔多纽斯。现在，他们陷入了极为尴尬的境地。无论事态如何，他们都不敢接受波斯大王的提议，哪怕这拒绝将不可避免地引发波斯对阿提卡的第二次入侵。（斯巴达人对这一点洞若观火，从他们许诺会为雅典难民提供帮助就能看出来，因为这种侮辱性的建议就是在揭露雅典人的虚张声势。）他们现在能做的就是忍气吞声：表面上，继续公开宣扬他们的高贵和无私的立场，同时在私下里向温和而难以捉摸的斯巴达大使施加一切压力。他们在公民大会发表了拒绝波斯的演说（传统上认为这篇演说辞是阿里斯蒂德起草的，文中的伪善语调无疑符合他的性格），这肯定使亚历山大不时泛起一丝苦笑——他不是傻子，尽管这意味着他这次雅典之行的任务失败了：

你知道，我们也知道，波斯人的军队比我们多了很多倍。因此，没有必要用这一点来使我们觉得难堪。尽管如此，我们仍然渴望自由，我们会尽我们所能来保卫自己。但是，至于和异邦人缔结协定的事情，不要试图说服我们这样做，而且我们也不会答应的。你们可以告诉马尔多纽斯：只要太阳还在按着现在的轨迹运行，我们就不会与薛西斯缔结协定。恰恰相反，我们还要继续战斗下去，我们相信诸神和天上的英雄会帮助我们，因为他曾经蔑视过这些神灵和英雄，还烧毁了他们的神庙和神像。我们对你要说的话是，不要再来雅典做出这样的请求了，也不要自以为你是在为我们做好事，你是在说服我们做一件悖逆于所有信仰和信义的事情……（Hdt. 8.143）

正如麦坎所说的，通过发表这样一种毫不妥协的公告，雅典人实际上已经放弃了外交武器，但是，这是否全然"出于一种保卫全希腊利益的豪情"，似乎还是一个值得商榷的问题。

有人认为，雅典人后来仍然试图逼迫斯巴达做一些让步，但是，经过这个事件后，他们又能给他们的盟友施加什么样的压力呢？他们后来声称，斯巴达事实上承诺过要派一支军队进入彼奥提亚，但这也许纯粹是一厢情愿——尽管某位斯巴达使者很可能就像亨利·沃顿爵士（Henry Wotton）一样，"为祖国利益而撒谎"*。普鲁塔克（*Arist.* 10.4–5）和希罗多德（8.144）提供的证据表明——我们自己也能推测出来——他们相当自负地夸赞自身的正直和信义，大大拔高了雅典的形象，这大约是他们现在唯一可以利用的理由。"即使把全世界的黄金送给我们，"据说他们这样说，"再加上世间最惬意、最富饶的土地，我们也不会与我们共同的敌人一起来奴役希腊。"雅典的祭司们被郑重要求诅咒任何与薛西斯谈判的人。不出所料，斯巴达提出照顾雅典平民逃难者的

---

\* 亨利·沃顿是17世纪英国的著名外交官，他的名言是"大使是一个被派到国外为祖国利益而撒谎的诚实人"。——译者注

建议激怒了雅典人,他们拒绝这样的援助,宣称(用普鲁塔克的话说)"他们因斯巴达人的话而感到气愤……斯巴达人已经不记得雅典人的英勇,竟然企图通过提供口粮来引诱雅典人为希腊战斗"。希罗多德用更为外交化的语言记载了雅典人拒绝斯巴达人好意一事,但更清楚地表达了问题的核心。雅典人说,他们将会凭借自己的力量作战,不会给他们的盟友增加额外负担。接着,他们讲出了一段很巧妙的话:

> 那就是我们的决定,不要耽搁时间,尽快把你们的军队派来参战吧;除非我们判断严重失误,只要他一听到他的要求已经被我们完全拒绝的消息,很快就会入侵阿提卡。因此,在他们来到阿提卡之前,你们应该抓住时机,派军队去彼奥提亚准备迎战。

无疑,斯巴达使节承诺去做他们能力范围内的事情,他们很清楚,自己没有处理这一问题的全权;这点儿安慰聊胜于无,雅典人也不得不接受。

雅典人很可能(但至少可以说这种理论[10]的证据是站不住脚的)握有一个筹码,在这时用来对付斯巴达人有一定的效力。如果斯巴达坚持不派军队去彼奥提亚,雅典也可以同样的态度不派舰队去爱琴海。公元前479年早春时候(与阿尔塔巴佐斯围攻波提狄亚失败大约同时),薛西斯的已经蛰伏了一冬的舰队据报道再次做好了行动的准备。在库麦过冬的舰队开始沿着海岸南下前往萨摩斯的大型海军基地。在那里,一支主要由伊朗海军陆战兵组成的部队与他们合兵一处,整支舰队——加上新加入的一些爱奥尼亚战船，总规模达 300 艘——都归阿契美尼德王朝的 3 位新的高阶海军将领联合指挥：马尔东忒斯（Mardontes）、阿塔翁忒斯（Artaÿntes）以及后者的外甥伊塔米特莱斯（Ithamitres）*。根据希罗多德的记载，他们士气低落，甚至都不敢向西航行到比萨摩斯更远的地方——考虑到他们备战的积极态度，希罗多德的冷嘲热讽并不可靠，埃弗鲁斯令人信服地反驳了他。埃弗鲁斯说，他们当前的任务是密切监视爱奥尼亚诸邦，"波斯人怀疑他们有敌对情绪"（无论真假，到了这时，出现这样的疑虑是不可避免的事情）。到目前为止，最接近真正麻烦的是开俄斯的一起未遂阴谋。一个七人小团伙谋划刺杀执政的僭主，但是，其中一人背叛了他们；余下的六人就逃往斯巴达，后来又逃到了埃吉纳，盟军舰队正在那里集结。

在这里，他们求见当前的盟军总司令，也就是斯巴达国王莱奥提基达斯，敦促他立即起航前往爱奥尼亚。毫无疑问，他们讲的关于即将到来的叛乱的故事，和 1942—1943 年的盟军开罗总司令部经常从让人抱有希望的希腊各派系领导人那里获得的五花八门的承诺非常相似。莱奥提基达斯眼光毒辣，一眼看穿了这群人的底细，他们至多不过是代表了一小撮起不了什么作用的人而已，就做出一些模棱两可的保证，把他们打发走了。而且，即使他想施以援手，似乎现在也没有能力。目前，他仅有 110 艘船集结在埃吉纳的锚地；如果芒罗的分析正确，他正在等待雅典人的

---

\* 阿塔翁忒斯是阿塔凯伊斯（Artachaeës）之子，后者是个大个子，大嗓门，在修建穿越阿托斯半岛的行船运河期间为薛西斯做过总监工（参见上文第 122 页）。埃弗鲁斯（Diod. 11.27.1）估算新舰队的总规模是 400 艘；人们倾向于更低的数字，不仅因为希罗多德提供了证明（8.130.2），而且因为它提到了三人联合指挥，很可能每个将领各负责指挥两支各为 50 艘船的分遣舰队。

加入，但是雅典人无意前来科林斯地峡，除非斯巴达人接受他们的条件。最后，他无法再拖延下去，只能硬着头皮出海，但是，到了海上，他就发现他的舰队在数量上处于严重劣势，不敢越过提洛岛向东进军。两支舰队一度没有采取多少有效行动。当波斯舰队正在心神不定地监视着爱奥尼亚的时候，莱奥提基达斯则按兵不动，希望得到增援（可能"增援"并不是一个恰当的说法，因为雅典人如果同意的话，可以将舰队目前的规模扩大一倍以上）。在公元前479年最初的几个月里，没有发生海上战事。

到晚春时候第一场雨过后，亚历山大返回了帖撒利，向马尔多纽斯汇报了雅典人断然拒绝了他的建议之事。马尔多纽斯（正如雅典人此前预测的那样）立即拔营向南进军，沿路又征集了一些新部队。他得到了帖撒利统治者的全力支持（他们到现在为止一直投入地支持薛西斯的入侵，重新评估局势对他们来说是不可能的），尤其是拉里萨的阿雷乌阿斯家族，其政权的延续在很大程度上取决于这种准永久性军事占领状态。然而，当他抵达彼奥提亚之后，他发现帖撒利人根本不打算支持他的直接入侵政策。反之，他们建议他把司令部设在底比斯，然后通过培养第五纵队来挑拨希腊城邦内斗，以此瓦解伯罗奔尼撒集团的抵抗。"给各邦的领袖们送钱吧，"他们对他说，"这样一来，你就能摧毁他们之间的联盟，然后，在站到你这边的那些人的帮助下，你就能轻而易举地消灭那些继续顽抗的人。"这是一个很精明的建议——后来，马其顿的腓力二世，也就是亚历山大大帝的父亲，主要利用这种手段来对付各希腊城邦——但马尔多纽斯是一个虚荣的人，他希望获取再次攻占雅典的荣耀，然后用过去准备好的横穿爱琴海的烽火台将这个好消息送回撒尔迪斯。他还有一个如意算盘，就是希望雅典在遭到第二次入侵之后，可能会更容易接受他的提议。正如在这场战争中经常发生的那样，从强权政治的逻辑来说，他应该是正确的；事实将会又一次证明，正是雅典人不惜一切代价保卫自由的冥顽不化和非理性激情使他吞下了失败。

刚开始，雅典人似乎已经确信，一支伯罗奔尼撒军队真的正在前来救援他们的路上。我们仍然不清楚斯巴达人是否给过他们这样的保证。无论如何，时间一天天过去，没有任何一支来自科林斯地峡的军队出现，事态已经再明显不过，雅典人必须再一次自救了。当马尔多纽斯抵达彼奥提亚北部的时候，雅典人"不再等待，而是带着他们所有可以带走的财产渡海前往萨拉米斯"，这是他们在不到一年的时间里的第二次全民撤离。与此同时，由客蒙率领的一个紧急外交使团启程前往斯巴达，其中还包括来自麦加拉和普拉提亚的使节。这些使节的任务是：

> 谴责斯巴达人，因为他们竟然容许敌人进攻阿提卡，而不是与雅典人一起到彼奥提亚迎战敌军；同时，雅典人提醒斯巴达人记住，如果雅典倒戈的话，波斯给他们提供了什么样的条件——更别提这样一个显而易见的事实：如果他们无法获得斯巴达人的援助，将不得不寻找一些自救的良策。（Hdt. 9.6）

看来雅典人之前冠冕堂皇的声明——只要还有一个雅典人活着，他们就绝对不会与薛西斯缔结和约！——不过如此。同时，（为了抵消这种相当绝望的威胁）他们可能也带来了好消息，即雅典人在最后时刻已经命令他们的舰队前去加入爱琴海上的同盟舰队。当马尔多纽斯抵达阿提卡的时候,希罗多德说,"他们再次没有看到一个雅典人;但是,他听说,雅典人几乎已经全部或者随着舰队出海或者去了萨拉米斯"(9.3),这很清楚地表明,雅典舰队已经出海了。现在,大约有140艘三列桨战船驶向东方,与停泊在提洛岛的莱奥提基达斯舰队会合,这样就把希腊同盟舰队的规模扩大到了250艘。*

与此同时,通过补充色雷斯、马其顿和投靠波斯的希腊城邦贡献的部队,马尔多纽斯军团已经多达5万人,他在阿提卡行军时没有遇到任何抵抗。公元前479年6月末,他占领了雅典,一座空无一人、半数房屋被焚毁的鬼城。在雅典,他派了一位名叫穆律基德斯(Murychides)的赫勒斯滂希腊人做使者前往萨拉米斯,主要任务是给雅典人送和约,与之前亚历山大提出的条款完全相同。即便考虑到波斯人再次攻占雅典带来的心理冲击,雅典人在最后时刻接受和约的概率也很低。现在,马尔多纽斯开始体会到了缺乏舰队的无奈。但是,无论如何,他必须要打破这个僵局。如果他无法争取到雅典,以便使用后者的舰队攻击伯罗奔尼撒集团的软肋,他就必须要引诱希腊同盟军队进入希腊中部。要对雅典施加足够的压力来迫使它重新考虑对希腊同盟的忠诚,这

---

\* Hdt. 9.3; Diod. 11.34.2; Munro, *loc.cit.* 反对芒罗观点的主要是希格内特(XIG, p. 250),他提出公元前479年的雅典缺乏足够人力去动员海军和陆军(cf. Burn, p. 500, n. 34)。这完全不符合事实。雅典为普拉提亚战役贡献了8000名重甲步兵,同时,它也贡献了只比萨拉米斯战役时少40艘的舰队(180 − 40 = 140)。在我看来,似乎并不是巧合的是,从舰队中节省出来的人力正好等于投入普拉提亚战役的人力(200×40 = 8000)。从上述分析可以推论出,在舰队起航之前,雅典人将重甲陆战兵都抽了出来,然后用第四等级公民、外邦人和奴隶来填充他们的位置。

样才会有机会——即使雅典人自身立场坚定——让斯巴达人打破僵局，否则后者就会冒险把希望无限期地寄托在雅典人的利他主义上。

马尔多纽斯以他自己的方式，是一个精明老练的外交家。这一次，他以非凡的洞察力判断了形势。雅典人已经没有多少回旋的余地，这从他们对穆律基德斯带去的协议的反应就能看出来。当他向议事会发言的时候，一位名叫吕基达斯（Lycidas）的人建议接受波斯大王的提议，并带他们到公民大会寻求批准。另外一些议员愤怒至极，就对吕基达斯动了手。在外面的人明白了事情原委之后，就将这个可怜的人从议事厅里拖了出来，私自将他处死了，而一大群妇女则尖叫着冲进了他的房屋，用石头砸死了他的妻子和孩子。穆律基德斯得到允许，安全离开，回去马上就向马尔多纽斯汇报了在雅典发生的这令人不悦的一幕。波斯司令官很失望，雅典人竟然如此顽固地拒绝了他的建议，但同时他也很欣慰，因为这些文明人以如此野蛮的手段放弃了他们的政治原则，说明他们已经到了崩溃边缘。然而，迄今为止，他仍然克制着，没有马上采取行动。现在，他最关心的是伯罗奔尼撒集团的动向。

据说，同一日，同盟使团去了斯巴达。数日之后，带着满腔的怨恨和沮丧之情，他们返回了萨拉米斯。\* 人们只能认为，使

---

\* 在这里，我正在论证一个由希格内特（XIG, p. 284）提出的试探性观点，即在公元前479年6月有两个前往斯巴达的使团：第一个由客蒙、珊提帕斯和米罗尼德斯（Myronides，公元前479—前478年的执政官，他并不是随着舰队一起行动的阿里弗隆的儿子）率领，在雅典人第二次撤离的时候出发（Hdt. 9.7; Plut. Arit. 10.8; Diod. 11.28.5）；第二个使团以阿里斯蒂德为首（Plut. Arit. 10.7），可能出发于10天或2周之后。斯巴达出兵的关键决定可能发生于这两次出使之间的某一天。关于文献问题的一般性讨论，参见 Hignett, *ibid.*, pp. 281-5, and reff. there cited。

团去的时机极为不佳,因为这时的斯巴达人正在举办雅辛托斯节（Hyacinthia）,这是一个类似阿多尼斯节的节日,斯巴达人对该节日与他们的现代后裔们对复活节或圣母升天节的重视程度相当。正如希罗多德所说,而且不带讽刺意味地说,斯巴达人"正在假日之中,只考虑如何取悦神的事情"。使团还注意到,科林斯地峡防卫墙的工程已经接近完工,只剩下上面的城垛尚未建好。总之,显而易见,根本没有即将拔营出发的迹象,更不用说前往希腊中部作战。与斯巴达监察官的会见也没有获得可以令他们感到满意的结果（至少希罗多德在作品中透露出了这样的印象,他的记载似乎全部来自雅典方面的材料）。鉴于斯巴达人的推诿和搪塞,雅典人指责他们企图利用雅典人的忠诚为自己谋利,要求他们遵守早先签订（何时?）的协议,即"在彼奥提亚抵抗侵略者"。使者坦率地告诉斯巴达人,"你们的当务之急是同意我们现在的请求:派你们的军队出战,我们共同到阿提卡去迎战马尔多纽斯"。他们补充说,现在,既然彼奥提亚已经陷落,最好的决战地是色利亚平原。

忧心如焚的雅典人立即派出了第二个使团,这一次的领袖是阿里斯蒂德,人们认为他在斯巴达有一定的影响力。事实证明,他们是可以省去这些麻烦的。客蒙及其同僚刚一离开斯巴达,不知出于何种原因,监察官委员会就对局势做了一番严肃的再分析。在斯巴达,肯定有（尽管当前盛行孤立主义政策）一个实力强大的"主战派"——领袖可能是波桑尼阿斯,他现在担任莱奥尼达斯之子、他的堂弟普莱斯塔库斯的摄政——他们的目标很单纯,就是主张出兵,去消灭马尔多纽斯。这一派得到了帖该亚外交官基勒欧斯的有力支持——"他在斯巴达拥有超过任何一个外邦人的影响力"。基勒欧斯指出（当时这个问题已经很明显了），如果雅典人真的站到波斯一边，"伯罗奔尼撒的大门就为波斯人敞开了"。据说，这是最后促使斯巴达人下定决心出兵的决定性论据，尽管很可能是雅典最后时刻派舰队去提洛岛的行动使它具备了更大的说服力。斯巴达一旦出兵国外，国内希洛人发起暴动的风险就会自动增加：通过将希洛人招入部队做轻装步兵，这个问题得到了解决。招募规模史无前例。根据希罗多德的记载，大约有3.5万人。阿里斯蒂德抵达斯巴达时，斯巴达军队已经在路上了，事实上，他们取道奥瑞斯忒翁，已经抵达了阿卡狄亚边界线。除了希洛人，他们还征集了5000名斯巴达全权公民（大约为总兵源规模的三分之二）出战。当斯巴达监察官告诉阿里斯蒂德这个消息后，后者的第一反应是完全不敢相信，继而"说这是一个非常不合适的玩笑，他们不去迷惑敌人，反而欺骗盟友"。

人们可能会与他有同样的感觉。这些事件构成了薛西斯整个入侵过程中最令人不解（就历史记载的情况来说，也是最不能令人满意）的一幕。只有来自一方的、没有明显疑点的材料；动机往往显得不充分，行为令人费解。斯巴达人在军事策略上的突然转变与他们之前在外交上的含糊不清给人带来的困惑一样多。监察官委员会真的曾经向雅典人承诺要派军队去彼奥提亚帮助他们驱赶"异邦人"吗？如果他们确实这样承诺过，为何话已出口之后又收回了他们的诺言——他们难道是故意要使雅典人做出他们最为担心的背叛行为吗？他们是雅典人后来在贬斥他们的宣传中所描述的那种"目光短浅、过度迷信防御的孤立主义者"（来自伯恩的一句简洁的话）吗？可以认为他们之所以出兵打赢了一场大战，只是因为被迫要这样做吗？从动员的规模和效果来看，他们是做了长远打算的。但是，到现在为止，他们的全部行动都是基于避免在科林斯地峡以北投入大规模兵力的顽固信念。他们更担心的是伯罗奔尼撒。阿尔戈斯始终对他们充满敌意，而阿卡狄亚至少也是不可靠的：基勒欧斯可能给斯巴达监察官委员会专门带来了阿卡狄亚在此期间保持中立的保证（Burn, PG, p. 505）。麻烦正在美塞尼亚充满愤怒的农奴中酝酿着——用不了多少年，这种麻烦就会通过一场全民的大叛乱发展到高潮。那么，到底是什么因素促使斯巴达人决定要出兵与马尔多纽斯决战呢？很可能，他们最终认识到了奉行孤立主义是行不通的；即使马尔多纽斯得不到雅典舰队的支持，他迟早也会在别处找到舰队——到那时，波斯大军顺着欧罗塔斯河谷来到没有城墙防护的斯巴达，就只是一个时间问题了。更好的选择就是趁"异邦人"还没有舰队的时候，出击并消灭他们。此外，只要马尔多纽斯的军队还停留在希腊的土地上，希腊人已经为之艰苦战斗了这么久的自由就是没有保障的。

正如我们所见，他们决定出兵之后，就再未浪费时间。波桑尼阿斯被任命为同盟陆军总司令（这似乎暗示，他们还提前与同盟各成员邦进行了磋商），立刻率领着5000名斯巴达人和3.5万名希洛人出发前往科林斯地峡。他只是一个20来岁[11]的青年，可以说是身负重任，但是，他表现出了无所畏惧的勇气。在途中，帖该亚和奥科美诺斯的军队加入了斯巴达人的行列，波桑尼阿斯在大多数盟友——更别说敌人——还不知道他已经从斯巴达出发的情况下就抵达了地峡集结地。他在这里扎营，等待其余的伯罗奔尼撒军队前来与他会合。第一支前来会合的部队来自斯巴达，他们花掉了更长的动员时间，从边区城镇招募来了5000名重装步兵，每人还带着一名希洛人。这些人比波桑尼阿斯迟到了24小时，阿里斯蒂德——他的使命获得了意想不到的成功——也与他们一起来到地峡。他不太可能在地峡逗留。作为雅典的陆军总司令，他必须尽快返回雅典。在离开之前，他与波桑尼阿斯商定了会合地点。他说，雅典人将在厄琉西斯与伯罗奔尼撒部队会合，通往底比斯的道路在那里从海岸转向内陆。

斯巴达人之所以如此迅速和秘密地出兵，部分原因是为了骗过马尔多纽斯的酒肉朋友阿尔戈斯人，实际效果非常好。但可以想象的是，他们在外交上对波桑尼阿斯的战备活动视而不见，直到一切都来不及了。尽管他们承担着阻击任何一支前往科林斯地峡的伯罗奔尼撒军队的任务，但是，人们在公元前479年实际上根本看不到他们主动站出来与严阵以待的斯巴达军队对垒。他们非常谨慎。波桑尼阿斯已经出动的消息一传来，他们立即派了一个速度最快的长跑健将前往阿提卡，给马尔多纽斯带去了一个显得有点儿虚伪的消息：“马尔多纽斯，阿尔戈斯人派我来告诉你，斯巴达的青年已经出发了，阿尔戈斯人无力阻击他们。因此，希望命运能够给你提供更好的建议。”[12] 这个警告不算太晚，因为波桑尼阿斯如果行军速度够快的话，至少能封锁基塞龙山最西边的通道，然后是通往埃琉特莱和底比斯的大路。实际上，斯巴达人已经尝试按照这样的路线去行动：马尔多纽斯听到一支1000人的斯巴达前锋部队已经抵达麦加拉，就派他的骑兵前去阻击。他立刻意识到自己必须撤出阿提卡了。阿提卡不是一块适合骑兵作战的土地，而且，正如希罗多德所说，"如果他在战斗中落败，唯一的撤退道路就是一条用极少兵力就可扼守的狭谷 [ 这可能指的是基塞龙-帕尼萨山的数条通道中的任意一条]"。因此，他决定要去背靠底比斯作战。阿索波斯河以北是优质骑兵场地，而在他身后有一个友好国家做基地。

然而，撤退之前，他执行了彻底和无情的焦土政策。雅典市区被烧毁，从大屠杀中幸存下来的那些为数不多的房屋、城墙或神庙，这一次全部被夷为平地。即便如此，毁灭也不是彻底的。要彻底毁掉所有的建筑物，实在是一项艰难的任务。事实证明，对马尔多纽斯的拆房工人来说，城墙实在是过于坚固了；出于某些原因，古老的狄奥尼索斯神庙和狄奥斯库里神庙似乎没有受破坏。马尔多纽斯还蹂躏了阿提卡远至厄琉西斯的全部乡野，烧毁庄稼，围捕牲畜，放火烧掉每一座可以居住的房屋。我们的史料[13]将此首先视为一种报复行为，意在发泄因雅典的不合作态度而产生的怒气。实际上，只要还有一点儿能与雅典人合作的机会，马尔多纽斯就会努力在阿提卡表现良好：他甚至修复了薛西斯几个月前在战争中造成的一些损害。但是，考虑到希腊部队已经开始在科林斯地峡集结，那么，蹂躏城市与乡野就有了充足的战略意义。为什么要平白无故地给敌人留下食物和住所呢？关于这次劫掠的效果，我们可以从希罗多德（9.39）后来偶然提到的一件事情中看出来：在随后战役进行期间，希腊人的大部分给养物资不得不使用马车从伯罗奔尼撒运过来。

到了这时，马尔多纽斯已经收到了关于波桑尼阿斯的军队的更全面和更准确的情报，这极有可能是他派往麦加拉进行搜索和侦察活动的骑兵和骑射手带回来的消息。越来越明显的是，希腊人的总司令是认真的：攻击部队的规模如此之大，只能说明他们打算发动全面进攻。因此，马尔多纽斯也趁现在还来得及的时候，开始将他的部队撤入彼奥提亚。至于他为何取道戴凯列阿并选择最东端的通道来翻过帕尼萨山,从来没有出现过可以令人满意的解释。在其他 5 条可以使用的通道中,所谓的"基弗托卡斯特罗隘口"——这条路的大部分与今天连接厄琉西斯和底比斯的公路重合——是一条更容易走、更方便的翻山道路。马尔多纽斯可能是因为害怕在撤退时遇到伏击才选择了最东端的道路。任何军队在以纵队通过狭谷时都会变得非常脆弱,波桑尼阿斯深知这一点,他可能派了一支特别行动队伍取道埃戈斯特那和维里亚(参见第 329 页的地图)翻过了基塞龙山。很明显,马尔多纽斯的侦察队伍的一项作用就是通过占领从特里波狄斯库斯到埃戈斯特那的道路,提前预防波桑尼阿斯的伏击。沿着这条路走到一半的时候,到了帕盖,一支波斯的弓箭手队伍遇到麦加拉人的阻击,在波桑尼阿斯(指公元 2 世纪的同名作家)生活的时代,人们仍然能在路边带裂缝的岩石上看到他们在慌乱中射出的箭,此地已经成了一个旅游景点(Paus. 1.40.2, 44.5)。或许,还有一支忠诚的军队已经驻扎在埃琉特莱上面那个居高临下的山间要塞里,以防止马尔多纽斯的部队通过该隘口。或者,马尔多纽斯可能选择让最容易走的路线保持开放和不设防,他的目标是诱使波桑尼阿斯朝着他已经选定为波斯军队的理想战场的"优质骑兵场地"前进。另一方面,从他的路线就能推断出,"阿里斯蒂德扼守着色利亚平原和基塞龙山西部的全部通道"(Parke and Wormell, vol. I, p.175)纯属推测和想象。

在当地向导的带领下,马尔多纽斯从戴凯列阿出发,下山进入了平原。他先是离开了阿提卡的斯芬达勒德莫,然后渡河到了阿索波斯河的北岸,沿着奥罗普斯通往底比斯的大路向西一直到了塔纳格拉,在该地露营了一晚上。次日,他继续行军到斯科鲁斯,"这样,他就进入了底比斯领土"。斯科鲁斯的精确位置仍然无法确定。我们的材料表明它可能位于从莫雷亚桥(参见第329页的地图)向下游走将近5英里的地方,很可能在河流的南岸。*

然而,似乎很明显的是——尽管这件事也引发了很多争论——马尔多纽斯在费尽力气将自己和部队转移到阿索波斯河的北岸之后,就再也没有回到基塞龙山这一边。正如普里切特正确指出的那样,"没有任何一支军队会背靠河流来列阵"。更重要的是,似乎也没有一条东西走向的路穿过阿索波斯河谷的南部,而马尔多纽斯原来位于奥罗普斯附近的渡河点与通向底比斯的大路上面的莫雷亚桥之间也没有大型桥梁。如果波斯人计划在基塞龙山一侧扎营,他们就绝不会先跑到塔纳格拉附近。我们依据的主要古代史料(Hdt. 9.36; Diod. 11.30.1)都说马尔多纽斯后来在河流的北岸;如果不是希罗多德在描述他一开始的位置时说"从埃琉特莱出发,沿着阿索波斯河走,经过叙西阿伊,抵达普拉提亚的领土"(9.15.3),就不会有任何问题。尽管这些地点的精确位置引发了大量讨论,但它们无疑都位于河流的南边。大部分学者明智地认为希罗多德只是用这些地名做"地标",来说明波斯军队阵线的长度和部署情况。希格内特认为这样的解释"非常武断",但他忘记

---

\* Paus. 9.4.4; Strabo 9.2.23, C. 408; cf. Xen. *Hell.* 5.4-49. Leake, *Travels in Northern Greece*, vol. 2, p.330, 还有 Pritchett, AJA 61(1957) 13 和 *Topography*, pp. 107-8, 110, 都将该地描述为"在一块俯视河流、不太高的小岩石上面",位于梅勒提乌斯(Meletius)修道院的农场边上,也就是达里马里(Darimari)村向西0.75英里远的地方。它们看起来很有可能就是同一地点。参见 Hignett, XIG, pp. 426-7 及其引用的参考文献。

了，就我们所知，塔纳格拉与底比斯之间的阿索波斯河北岸，在古代并没有任何一座城市存在。

马尔多纽斯沿着阿索波斯河的北岸布下了一个防御性的阵形，正好占据了通向底比斯的大路。他的战线大约5英里长，右翼向西延伸到普拉提亚。在东边很远的地方——可能是在今天的大桥附近——他建造了一座大型的营寨，"以便保护他的部队，另外万一战事进展不利，也有撤退的地方"。他砍倒了斯科鲁斯地区所有的大树和灌木，就得到了该营寨（它是一个边长10斯塔德的正方形，面积大约为900英亩*）的建筑材料。希罗多德强调说，他之所以这么做，并不是对底比斯有敌意，而是出于军事上的急切需要。这表明，早在公元前479年，砍伐森林就已经成了希腊的一个严重问题。事实上，马尔多纽斯与底比斯人的关系非常融洽，并在战役期间得到了后者的各种帮助。他们之间保持着非常通畅的联系：这是因为底比斯人有预见性，他们提前为波斯人派去了当地向导，引导着他们从戴凯列阿进入阿索波斯河谷。当波斯人安营扎寨之后，底比斯的一位政治领袖，弗律农之子阿塔吉诺斯（参见上文第225页），为马尔多纽斯及其麾下的50名高级军官安

---

\* 通过与罗马军团营寨做的一种有创意的比较研究，Burn（PG, p. 511）从波斯营寨的形状上再次核实了马尔多纽斯的部队的真实规模。该营寨大约是罗马一个军团营寨的12到14倍大。假设波斯军队也能做到极为节约空间的"无与伦比的整齐"，Burn估计他们的总规模是6万~7万人，其中，骑兵不超过1万人。骑兵数量的增加将会极大地减少军队的总人数。这个估算并不比上文用截然不同的方法估算出来的数字高很多，参见第287页和312页。两个数字之间的差距可能还可以通过计算辅助部队和驮畜而进一步缩小：他们虽然并没有被视为主力战斗部队，但无疑也要在营寨里占据一定的空间。

排了一场国宴。每一张长凳上面都分别坐着一位底比斯人和一位波斯人。希罗多德讲述这个故事，意在表明至少有一个波斯军官在喝酒时流露出了悲观绝望的情绪和低落的士气；但是，它也让我们一窥在波斯占领期间作为必要礼仪的高层亲善活动。当亚历山大大帝开启他的希腊-波斯整合计划的时候，他的探索并不是从零开始的。

第七章

**最后的敌人**

马尔多纽斯正在阿索波斯河畔建立指挥部的时候，波桑尼阿斯则以典型的斯巴达式虔诚，正在科林斯地峡献祭求卜。预兆很吉利（人们好奇的是，如果不吉利，他们会如何行动？），这时已经集结起来的伯罗奔尼撒军队立即起程前往约定的厄琉西斯会合点，后到的军队也跟着继续前进。（当希腊人在基塞龙山的北坡上开始列阵的时候，各邦军队仍然在不断地前来助战；就像滑铁卢战役结束之后到达战场的布卢彻［Blücher］一样，等埃利斯和曼提尼亚的军队抵达普拉提亚的时候，战役事实上已经结束。）如果波桑尼阿斯之父克莱奥姆布罗特出于防御需要，在温泉关陷落后真的毁掉了"斯基戎小道"（参见上文第 213 页），那么很明显的是，他——或者他的儿子——又在冬天修复了这条小路，使其可以重新用于军事运输。在厄琉西斯，阿里斯蒂德率领的 8000 名雅典重装步兵与波桑尼阿斯的队伍合兵一处。这支雅典部队是在波斯人撤离雅典之后，从萨拉米斯渡海过来的。过去几个月以来所发生的事情，肯定已经在雅典人与伯罗奔尼撒集团之间造成了相当严重的互不信任，或许还有一些公开的摩擦：雅典人怀疑斯巴达人是否有战斗意图，而其他诸如麦加拉和埃吉纳这样的"暴露在外的"城邦可能也有同样的担忧。正是在这种氛围下，著名的《普拉提亚盟誓》（Oath of Plataea）诞生了，希腊同盟诸邦人马在波桑尼阿斯带领他们越过彼奥提亚边界前去与马尔多纽斯决战之前，集体宣誓。有关文本差异的讨论（最早版本来自公元前 4 世纪，现存所有版本都经过了相当大的润饰和删改）容易掩盖该誓言最有意思的一点，即它应该被认为是必要的。誓言远不像人们一般以为的那样，代表了一种非常浓烈的爱国之情——或者，一部分人认为，它只是在短暂的底比斯霸权时期（公元前371—前362年）酝酿出来的一种晚期爱国主义伪造品——相反，它只是为防止希腊城邦之间出现内战、竞争、猜忌和背叛而做出的一种正式保证。只有考虑到这样的背景，它的一些非常奇怪的条款才有意义。[1]

关于宣誓的地点问题，还存在一些疑问：厄琉西斯似乎是最合乎逻辑的地点，也就是波桑尼阿斯与阿里斯蒂德开始会师的地点。埃弗鲁斯主张科林斯地峡说，吕库尔戈斯支持普拉提亚说，但是，前者在时间上肯定太早了，而后者则太晚了。同盟的伯罗奔尼撒代表在科林斯地峡表决"要与雅典人联合起来，全体向普拉提亚进军，为自由战斗到底"。这只是进一步确认了我们所知道的东西：直到那时，斯巴达与雅典的关系仍然处于（说得委婉一点儿）一种高度紧张的态势之下。在外交上互相暗斗、以背叛相挟之后，两方都非常需要彼此之间的善意保证。这就是《普拉提亚盟誓》的意义。下述版本的盟誓由战神阿瑞斯和女战神雅典娜的一位名叫狄翁（他的父亲也叫狄翁）的祭司保存在阿卡奈：

我会战斗到死，我不会珍视我的生命胜过珍视自由。无论生死，我都不会抛弃我的长官以及军团的司令官。除非我的司令官带着我们返回，否则我绝不撤退，我也将会遵照将军们的命令行事。我将会埋葬与我并肩战斗的任何一位盟友的遗骸，绝不会让他们曝尸荒野。在战斗中击败蛮族人之后，我将会报复底比斯人；我绝不会去消灭雅典或者斯巴达或者普拉提亚或者任何一个与我们作为盟友而战斗的城邦，我也不会同意让他们陷入饥饿，无论我们之间是敌是友，都不会切断他们的水源。

如果我严格遵守誓言，愿我的城邦会保持健康；如果不遵守誓言，它会患病；愿我的城邦永远不会受到践踏；如果不遵守誓言，它会被践踏；愿我的土地会越来越肥沃；如果不遵守，它会寸草不生；愿我的女人们将会生下像他们的父亲一样正常的孩子；如果不遵守，她们会生下怪胎；愿牛儿们也能生下像它们一样的孩子；如果不遵守誓言，它们也会生下怪胎。

吕库尔戈斯和埃弗鲁斯记录了稍有不同（但是很重要）的版本。埃弗鲁斯没有提到要报复投靠波斯的那些城邦，吕库尔戈斯保存了这一条款，但很巧妙地略去了具体城邦的名字。两者均在末尾加了一句奇怪的话，而这句话并未出现在阿卡奈石碑上："我绝不重建那些被烧毁和推倒的神庙，要留下它们的废墟作为纪念，提醒后人铭记蛮族人亵渎神灵的事实。"有点儿奇怪，但也不是完全无法理解；人们在战时压力之下，确实会做出一些夸张的声明或承诺。1939年至1945年之间出版的很多爱国主义宣传品在今天看来也一样夸张。因此，不难解释为何阿卡奈的祭司版本中略去了这一条款。无论在阿卡奈还是在其他地方，这一规定实际都没有执行，不管有多么出于好意，没有任何一位祭司愿意让人们记住他的先辈曾违背誓言。

然而，到目前为止，《普拉提亚盟誓》最令人不安的方面是，它假定军纪、爱国热情和战斗士气的水平较低。誓言和法律一样，只有当人们真切地需要比平时更强烈的约束力的时候才会存在。在没有犯罪诱惑的地方，宣示美德毫无意义。根据我们的文本判断，公元前479年的希腊战士的特点包括：在战场上胆怯怕死、抗命不遵、不虔诚、缺乏基本的卫生条件，还有一个令人担忧的习惯就是获胜之后就会与亲密盟友翻脸。希腊和罗马的历史可以为这些特点提供无数的例子（但是，正如本书到目前为止应该已经讲清楚的，例外情况也很多，而且令人印象深刻）。当威灵顿称他在半岛战争期间的军队为"地球渣滓"时，古代世界也有大量的军队不遑多让。波桑尼阿斯及其下属军官被迫宣誓的事实本身——人们能想象出一位斯巴达战士在讲出这样的誓言时会是什么样的感受——就再雄辩不过地暗示出了希腊同盟关系的脆弱本质。事实上，不到一年之后，雅典人就脱离了斯巴达，组建了自己的海上同盟，由此开启了雅典帝国的历史，并在半个世纪内导致了伯罗奔尼撒战争的悲剧。难怪公元前4世纪怀旧的泛希腊主义者会将这个誓言浪漫化。能让一支同盟军队在普拉提亚战斗，这本身就是一个奇迹。

波桑尼阿斯再次献祭求卜。预兆又一次很吉利。整支希腊军队现在从厄琉西斯向北朝着底比斯进发：首先要在7月末的太阳暴晒之下，又饥又渴地穿过一片空旷平坦的田野，然后一步步地向更高的基塞龙山脊上攀爬，闻着百里香的味道，蜿蜒通过一片山地高台，最后进入位于埃琉特莱上方、基弗托卡斯特罗隘口高耸的峭壁下一条多岩的山间狭径。抵达这条通道的尽头之后，在他们下面像棋盘一样展开的就是彼奥提亚南部，而在阿索波斯河与基塞龙-帕斯特拉山脚之间的则是一排排隆起的丘陵。他们一眼望去，敌军布阵情况尽收眼底，马尔多纽斯的人马都沿着河岸

# 普拉提亚和基塞龙山

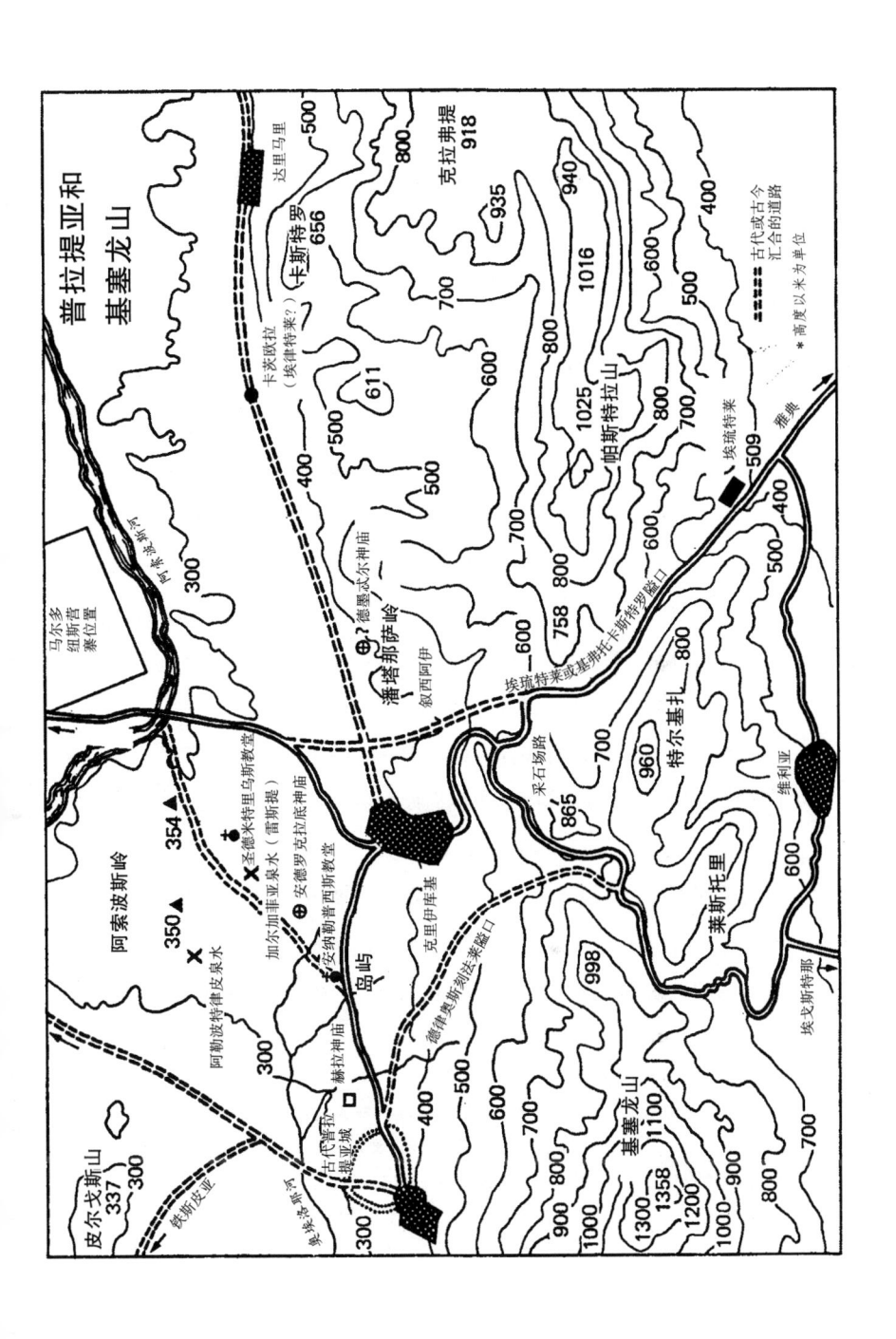

## 地图标注

- 皮尔戈斯山 337
- 马尔多纽斯营寨位置
- 阿索波斯岭
- 354
- 350
- 加尔基斯特律亚泉水
- 阿勒波特律皮泉水
- 阿索波斯河
- 300
- 圣德米特里乌斯教堂(雷斯提)
- 安德勒罗克拉底神庙
- 安纳勒普西斯教堂
- 岛屿
- 赫拉神庙
- 古代普拉提亚城
- 铁斯皮亚
- 勒克特拉
- 300
- 克里伊库基
- 德律西斯刻伦卡斯峪口
- 400
- 500
- 600
- 700
- 800
- 900
- 998
- 基塞龙山 1100
- 1358
- 1300
- 1200
- 1000
- 900
- 800
- 莱斯托里
- 600
- 埃戈斯特那
- 达里马里 500
- 卡斯特罗 656
- 卡吉欧拉(埃律特莱?)
- 611
- 克拉弗提 918
- 935
- 940
- 1016
- 700
- 800
- 帕斯特拉山 1025
- 潘塔那萨岭
- 鹰墨忒尔神庙
- 叙西阿伊
- 埃琉特莱或基弗托卡斯特罗隘口
- 758
- 采石场路
- 865
- 特尔基扎 960
- 维利亚
- 埃琉特莱 509
- 雅典
- 400
- 500
- 600

## 图例

- ━━━━ 古代或古今汇合的道路
- 高度以米为单位

驻扎在占地1平方英里的营寨指挥部两侧；往远处望去，赫利孔山和帕那索斯山在白色的西北地平线上闪耀着超凡脱俗的光芒。希腊人从这里开始下山进入平原地带。有着宽阔的河岸环路的现代公路与更陡峭、更平直的古代道路很快就岔开了，后者尚能步行或者乘坐吉普车通过，从现代的克里伊库基（似乎是为了迷惑业余的地形学者，今天被错误地命名为埃律特莱）稍微往东一点儿的地方出来。波桑尼阿斯现在将他的部队沿着基塞龙山的低矮山坡部署了一个防守阵形，大约正对着马尔多纽斯的阵线。*现代的战略家们认为马尔多纽斯应该在希腊人还没走出隘口的时候就攻击他们，一些学者（实际上忽视了所有证据）坚信他的确这么做了。事实上，他的计划更简单，可能也更有效：诱使波桑尼阿斯渡河，然后后者马上就会成为波斯骑兵的刀下之鬼。

有迹象表明，马尔多纽斯撤到基塞龙-帕尼萨山一线之北的决定令他的对手感到有些惊讶，他们一开始不知该如何应对。雅典使节在斯巴达曾经满怀希望地提议在色利亚平原决战，那里要高出厄琉西斯（那里不适合马尔多纽斯，却非常适合他们）。阿里斯蒂德去德尔斐询问，神谕回复说："如果……在他们自己的领土上——也就是德墨忒尔和科莱两位厄琉西斯女神的平原上——冒险作战，雅典人将会征服他们的敌人。"在这里，我们看到一

---

* 希罗多德（9.19.3, cf. 15.3）认为他们在埃律特莱附近，表明他们或他们的指挥所在大路以东很远的地方。但是，埃律特莱的准确位置却是个谜团：所有学者都同意的唯一结论就是它并非克里伊库基。利可（Leake）认为埃律特莱就是位于潘塔那萨岭（Pantanassa Ridge）以东大约2.5千米的卡茨欧拉（Katsoula），这一观点得到普里切特的支持以及哈格内特的有保留支持（XIG, p. 426），可能是最可信的猜测，但仍然只是一种猜测。在如此脆弱的证据基础上得出太多结论显然是不太明智的做法。

个非常好的例子，说明由于战略局势变化太快，连阿波罗都跟不上它了。[2] 从我们现有的关于这一事件的主要史料（Plut. *Arist.* 11.2-4）中可以清楚看到，当阿里斯蒂德正在德尔斐求取神谕的时候，马尔多纽斯还在阿提卡，但是，直到希腊军队翻过基塞龙山之后，他才得到了神谕的答复。据说，他发现神谕"令人极为困惑"，他的犹豫不决很清楚地反映出希腊同盟军队高层指挥缺乏战略灵活性。各种不同的妥协方案开始出现。一位名叫忒撒美诺斯（Teisamenus）的埃利斯先知"预言只要他们不向前进攻，而是保持守势，就能赢得胜利"。不管怎样，波桑尼阿斯一开始就听从了他的建议。

同时，普拉提亚人（他们现在眼看着胜利回家的希望迅速变得渺茫）认识到必须采取紧急措施来挽回局势。他们的将军阿里姆尼斯特（Arimnestus）做了（或者他声称做了）一个梦，在梦里，"神宣布他们完全没有理解神谕的意思，因为它提到的所有地名都在普拉提亚的邻邦"。经过疯狂搜寻，他们在叙西阿伊附近发现了一座属于厄琉西斯女神德墨忒尔和科莱的古代神庙。[*] 阿里姆尼斯特带着阿里斯蒂德参观了这个地点，指出它是一处极好的天然防线，"因为基塞龙山的余脉在此与古代神庙毗连，然后就越来

---

[*] 叙西阿伊位于埃律特莱以西（Hdt. 9.15, 19, 25），正好在埃琉特莱到普拉提亚的大路的右侧（Paus. 9.2.1, 9.1.6）。Pritchett, AJA 61 (1957) 22 将其放在了潘塔那萨岭；Burn (PG, p. 518) 更令人信服地提出它可能就在今天克里伊库基的下面。德墨忒尔神庙（也见下文第364页）矗立在加尔加菲亚泉水附近，也就是今天的圣德米特里乌斯教堂的位置（Grundy, GPW, p. 496; Ufer, Ant. Schlachtf., vol.4, pp. 136 ff.）。不要与斯巴达人撤退到的那个德墨忒尔神庙（Hdt. 9.57.2；参见下文337页）相混淆，普里切特将其令人信服地确定于克里伊库基与潘塔那萨岭之间的一口水井附近的地方。另一方面，普鲁塔克（*Arist.* 11）很可能混淆了二者的特征。

越低，伸入了平原，骑兵根本无法通过"（Plut. *Arist.* 11）。若要解释清楚雅典人如何"在他们自己的领土上"作战则更为困难。最后，普拉提亚人聚集起来，批准了一个紧急议案："他们应该将他们面向阿提卡一侧的界石移开"，将这片土地特地让与雅典人。想要搞清楚他们是否还能把它拿回来将是一件有趣的事情。

现在，波桑尼阿斯一心想让波斯人先发动进攻。他的后方受到希洛人和其他轻装部队的保护，他们似乎不仅保护着重要的基弗托卡斯特罗隘口，也保护着从埃琉特莱经今天的维利亚横穿到普拉提亚的道路，这条路谈不上险峻，很好走。马车运输队将会发现这两条道路中的第二条——雅典人称之为德律奥斯刻法莱，意为"橡树头"，彼奥提亚人称之为"三头"——要比第一条好走得多。我们可以注意到，贯穿这场战役之始终，马尔多纽斯从未尝试切断希腊人在山里的交通（尽管他在山下的平原上如此做了，而且获得了一定的成功）。显而易见的解释是这些山间通道都有重兵把守。由于我们没有听说有轻装兵在普拉提亚活动，符合逻辑的假设就是绝大多数希洛人都被安排守卫这些山间通道里面和下面的战略要地。[3] 波桑尼阿斯根本没有考虑要渡过阿索波斯河。相反，如果他在原地按兵不动，马尔多纽斯迟早都得选择进攻。阿里姆尼斯特至少在一个方面是非常正确的：位于基塞龙山与朝河流向北 2 英里外的低矮山丘之间的地带绝对是骑兵的梦魇。不像大部分希腊低地地带，那里有大量凸起的岩石棱、小山包和充满了隐蔽坑洞的洼地，某些地方就像科茨沃尔德\*的丘陵一样起伏。让波斯骑兵来展示一下他们的能力吧。

---

\* 科茨沃尔德位于英格兰西部，是一个区域的统称。那里是丘陵地势，微微起伏，数十个小镇散落其间。——译者注

当希腊人没有表现出要进一步挺进平原的迹象时，马尔多纽斯就通知刚刚上任的骑兵将领马西斯提乌斯（Masistius），尝试就地发动一次大规模的正面突击。他选择的这个人很适合这样的任务。马西斯提乌斯身材高大，风度翩翩，长相俊朗，是个纨绔子弟。与绝大多数伊朗贵族一样，他只有骑在马背上才会感到幸福，之前指挥过的一支乏味的高加索步兵团肯定令他感到无比恼火。对马尔多纽斯来说，这次攻击有试探的味道：他希望看一看，在这样崎岖的地面上，他的骑兵进攻纪律严明的希腊长矛兵方阵会有什么样的效果。只有突袭才可能成功，因此，他命令马西斯提乌斯在天亮之前就发动进攻。如果被希腊哨兵发现并组织起防御的话，就改成袭扰战术，目的是引诱希腊人进入更平坦、更开阔的地段。马尔多纽斯还有一个比较隐秘的想法（可以假设，他并没有透露给马西斯提乌斯），就是让敌军产生盲目的自信心。他很清楚，在目前这样的地形状况下，骑兵冲锋成功的可能性微乎其微。另一方面，如果希腊人可以成功击退敌人最强大的骑兵，难道他们不会因此而将阵线向前移一点点——至少可能会移到面对阿索波斯河的那片低丘上吗？值得一赌。马尔多纽斯急需一场决战，他在这里停留的时间越长，他的军需供应问题就越严重。与薛西斯不同，他无法通过海上运输给养，佛西斯人的游击队严重威胁着他与希腊北部地区的陆路交通。当然，底比斯拥有丰富的储备，但是，如果其他资源都枯竭的话，这点儿资源又能维持一支超过 5 万人的军队（还不包括辅助部队和驮畜）多久呢？[4]

在第一缕晨曦出现之前，马西斯提乌斯率领骑兵部队开始向希腊人发起猛攻。雅典哨兵在很远的地方就发现了他们，立即向希腊大营报警。波斯骑兵看到目标后，发现等待他们的是已经列队完毕的全副武装的重装步兵,后者在崎岖多石的基塞龙山余脉里排成了多梯次的不规则阵形。在古代战争中,骑兵从正面无法击败长矛兵方阵是众所周知的公理,而这里的地形又使这次任务的危险程度翻倍,因为崎岖不平的路面必然会拖慢攻击速度。由于攻击已经丧失了突然性,马西斯提乌斯就改换为袭扰战术。他派遣小分队从侧翼出发轮番攻击;骑兵绕着希腊人转圈,偶尔有麻痹大意的希腊人出来就会被砍倒,当余下的希腊人拒绝出来到平地上战斗时,他们就喊这些希腊人为女人。通过这些战术,他杀死了不少希腊人,但并未造成决定性伤害。不久,他就发现,要突破希腊人的方阵,最好的机会是集中人马攻击3000人的麦加拉军团,他们的位置要比其他希腊军队更突出和更暴露——这很可能表明他们就在基弗托卡斯特罗隘口出口下面的地方,横跨了通往底比斯的大路。麦加拉人两翼都被包围,压力巨大,就派人向波桑尼阿斯求救,威胁说除非立即解救他们,否则他们就要退出战斗。波桑尼阿斯知道盔甲笨重、移动缓慢的斯巴达步兵很难完成这样的任务。作为替代办法,他非常明智地下令派遣一支由300名轻装步兵和弓箭手构成的雅典突击队来执行任务,他们被部署在主力方阵的正前方,或许本来就是担任突击任务的。\*

雅典人立即动身,快速前往救援,于是,发生了一场真正的荷马式战斗。马西斯提乌斯身材高大,穿着全套盔甲,金色鱼鳞胸甲外面套着紫色外衣,相当显眼地冲在了他的队伍的最前列:这是浪漫传奇中的典型骑兵领袖,从1英里外就能看见他,对目

---

\* Hdt. 9.21; Plut. *Arist.* 14.3; Diod. 11.30.4. 记载波桑尼阿斯召唤志愿者而且只有雅典人愿意前往的文献肯定是雅典人的宣传;对波桑尼阿斯重要的是,他们是唯一配备了弓箭手的部队——这在随后的战斗中是至关重要的。

光敏锐的弓箭手来说,这是非常好的射击目标。然而,雅典的弓箭手们并未在穿盔戴甲的人身上浪费多少箭,射击他们骑的马匹显然效果要更好。有一箭射中了马西斯提乌斯的马,疼痛让马暴跳起来,将他甩在了地上。于是,他遇到了中世纪法兰西骑士的困境:一旦跌倒,沉重的盔甲就使他们再也爬不起来。他无助地躺在那里,就像一只背部着地的乌龟,而希腊步兵则用长矛徒劳地刺着他包裹着金属皮的身体。最后,有个步兵把枪尖扎进了他的华丽头盔的眼洞才解决了这个问题,马西斯提乌斯当即毙命。波斯人听说他们的将军战死,发起了冲锋,不再像之前分队进攻,而是改为全体出击,潮水一般涌向希腊人,企图夺回将军的尸体。雅典人抵挡不住这样的进攻,立刻就派人去求援,但等援兵到来的时候,他们已经伤亡惨重。然而,等波桑尼阿斯和他的人马一到,波斯人就不得不退却了。他们未能夺回马西斯提乌斯的尸体,死伤惨重。在2弗隆\*远的地方,他们的长官们经过迅速会商,决定取消全部攻击行动。

在波斯大营里,人们沉痛哀悼了马西斯提乌斯,他在军中的声望仅次于马尔多纽斯。希罗多德说(9.24),送葬者们"剃掉了他们的头发,剪掉了他们的马匹和驮畜的鬃毛,放声大哭,他们的哭声如此悲痛,整个彼奥提亚都能听得到"。另一方面,希腊人则欢欣鼓舞。他们不仅顶住了马尔多纽斯的骑兵,而且将他们击退;最值得骄傲的是,他们击毙了马西斯提乌斯。波斯大将的魁梧躯体被装到马车里,沿着希腊阵线走了一遍;人们争先恐后,不惜离开自己的队伍也要来看一眼。或许,马尔多纽斯也没

---

\* 英制长度单位,1弗隆等于1/8英里或220码,约等于0.2千米。——译者注

有想到他竟为这次试探付出了这么大的代价，但一两天后他可以安慰自己，因为他知道他的主要目标无疑已经实现了。眼看波斯人没有继续攻击，波桑尼阿斯就将他的军队重新部署到一个更为靠前的位置。这次部署的总体方向足够清楚，但关于细节一直存在着激烈争论。[5] 希腊阵线的重心向西移动，从埃律特莱转移到普拉提亚，原因很明显，就是普拉提亚能提供更充足的水源。希腊人尽可能地"沿着基塞龙山的山坡"来改变他们的军阵，也就是说，尽量避免进入开阔平原，因为平原上总是有遇到骑兵突袭的风险。连绵不断的低丘也遮住了希腊军队的调动，这些丘陵现在被人们称作"阿索波斯岭"，与阿索波斯河平行（参见第329页的地图）。同时，希罗多德说得很清楚，这次重新部署也最终使希腊人从高地下来进入了平原，新的军阵前沿距离阿索波斯河已经不远（9.25, 31.1）。他们经过叙西阿伊进入了普拉提亚领土，之后，"数个盟邦的军队就在离泉水和安德罗克拉底神庙不远的地方停了下来，那里是一些不高的山丘之间出现的平坦田野"。后来，人们知道，那眼泉水名叫加尔加菲亚，这里部署着希腊军队的右翼，由波桑尼阿斯和他的斯巴达战士扼守着（9.49.3）。其他城邦的部队向西一字排开，各就其位，离河流也更近一些。

如果希罗多德提到的这些地标没有在历史长河中消失或改变名字的话，这种详细描述将会给我们带来极大的帮助。尽管如此，仍然可以相当自信地说，我们能够重建波桑尼阿斯的前进路线和最终的阵形排列情况。正如我们所见，叙西阿伊要么在现代的克里伊库基，要么在稍微往东一点儿的潘塔那萨岭上面。加尔加菲亚供水点已经被令人信服地确认为现在被当地居民称为"雷斯提"的两眼泉水，大致位于圣德米特里乌斯教堂西南1000码的地方

（参见第 329 页的地图）。根据普里切特的说法，[6]"当地人告诉我们，在他们的记忆中，水位从未下降过，它被认为是克里伊库基地区水量最充沛的泉水"——笔者根据个人亲自观察，倾向于同意这种说法。这与希罗多德（9.49）提到希腊军队全部都从这里取水的说法也能保持一致。根据希罗多德的记载，安德罗克拉底神庙也位于泉水附近。普鲁塔克（*Arist.* 11.7-8）补充说，它位于"一片浓密阴暗的小树林之中"，距离厄琉西斯女神德墨忒尔的神庙不远。如果雷斯提就是古代的加尔加菲亚，圣德米特里乌斯教堂几乎可以肯定就是厄琉西斯女神德墨忒尔的神庙旧址所在，我们也可以将安德罗克拉底神庙定位于同一区域。值得注意的是，正如普里切特所说，"在现代彼奥提亚平原的这一区域，唯一的一簇树木就在我们的加尔加菲亚"。潮湿和低洼的地面在古代一定制造出了非常相似的自然条件。修昔底德（3.24.1）提到一条从普拉提亚到底比斯的大路，安德罗克拉底神庙位于路的右侧，在距离普拉提亚的城界不足 1 英里的地方有一条岔路，可以去往叙西阿伊和埃律特莱。这条岔路很可能大致与从安纳勒普西斯教堂到克里伊库基教堂之间的现代道路重合。普里切特指出，在加尔加菲亚以西 75 码的地方有一条古代的马车道，可以去往底比斯，这肯定就是修昔底德提到的那条路。

  波桑尼阿斯命令部队迅速进入各自的位置，离开了基塞龙山脚，然后就进入了克里伊库基以西一片相对开阔平坦的地区。可以肯定，他没有对希罗多德提到的（9.28.2 ff.）战斗序列进行大的调整，即斯巴达人和帖该亚人在右翼，而雅典人和普拉提亚人在左翼。他可能听从了阿里姆尼斯特的建议（参见上文第 331—332 页），将自己的右翼紧贴着加尔加菲亚泉水，也就是说，在圣德米特里乌斯教堂所在的小山丘上面，这样他的侧翼就有了抵御骑兵攻击的绝好天然屏障。我们一旦了解到这一点，就有可能勾勒出整个希腊军阵的战斗序列。根据希罗多德的记载（9.29），战斗人员的总数是38700人。假设他们按照正常方式列成8排纵深的方阵，每人占据1码的长度，那么，他们的正面最少也有4837码宽，很可能会达到大约3英里长。我们得知（Hdt. 9.49），左翼靠近阿索波斯河，更容易受到马尔多纽斯的骑兵的攻击。如果我们现在沿直线从雷斯提泉水向阿索波斯河走3英里，立即就能看出雅典人的位置：就在今天被人们称为皮尔戈斯山的地方，略高于河面。考虑到中央位置占据了皮尔戈斯山与圣德米特里乌斯教堂之间的洼地，希罗多德提到的所有自然状况就都一一对应上了。可以说，希腊人的阵线偏向西北而不是正北方向（参见第329页的地图），可以获得充足水源。除了阿索波斯河本身、它的小支流（被格伦迪平淡无奇地标注为A1）和加尔加菲亚泉水，波桑尼阿斯的人马也使用第二眼更小的泉水，它位于第一眼泉水的西北方向，今天人们称之为阿勒波特律皮，意为"狐狸洞"。

马尔多纽斯获知希腊人的动向之后，立即也率领他的军队溯河而上，部署了一个大致与波桑尼阿斯平行的类似阵形。双方军阵的大致构成、相对位置以及各军团的规模（Hdt. 9.28-32）可以用如下列表的形式来说明。希罗多德没有提到波斯大军各个军团的具体人数，他提到的总数也完全不可信。这里的估算基础是在上文已经算出的数字（参见上文第287页和第312页），根据这样来估算，马尔多纽斯的部队总规模是3万人，他的希腊同盟者达到2万人以上。如果这个总人数可信，那么，骑兵人数（既有波斯人，也有希腊人）可能占据五分之一，也就是约1万人，波斯人和希腊人各占一半。下面是步兵列表：

| 希腊人 | | | | 波斯人 | |
|---|---|---|---|---|---|
| 军团 | 人数 | 位置 | | 人数 | 军团 |
| 斯巴达人 | 10000 | 右翼 | 左翼 | 12000？ | 波斯人 |
| 帖该亚 | 1500 | 右翼 | | | |
| 科林斯 | 5000 | 中右翼 | | | |
| 波提狄亚 | 300 | 中右翼 | 中左翼 | 7500？ | 米底人 |
| 奥科美诺斯 | 600 | 中右翼 | | | |
| 西库昂 | 3000 | 中右翼 | | | |
| 埃庇道鲁斯 | 800 | 中右翼 | | | |
| 特洛伊曾 | 1000 | 中右翼 | | | |
| 莱普瑞翁 | 200 | 中右翼 | 中左翼 | 3000？ | 巴克特里亚人 |
| 迈锡尼/梯林斯 | 400 | 中右翼 | | | |
| 弗琉斯 | 1000 | 中右翼 | | | |
| 赫尔米欧尼 | 300 | 中左翼 | | | |
| 埃勒特里亚，斯提尔亚 | 600 | 中左翼 | 中右翼 | 1000？ | 印度人 |
| 卡尔基斯 | 400 | 中左翼 | | | |
| 安姆布拉基亚 | 500 | 中左翼 | | | |
| 琉卡斯，安那克托里乌姆 | 800 | 中左翼 | 中右翼 | 1500？ | 萨凯人 |
| 帕勒 | 200 | 中左翼 | | | |
| 埃吉纳 | 500 | 中左翼 | | | |
| 麦加拉 | 3000 | 中左翼 | | | 马其顿人 |
| 普拉提亚 | 600 | 左翼 | 右翼 | 15000？ | 彼奥提亚人 |
| 雅典 | 8000 | 左翼 | | | 洛克里斯人 |
| | | | | | 马里亚人 |
| | | | | | 帖撒利人 |
| | | | | | 佛西斯人 |
| | | | | | （1000） |

关于排兵布阵，有几点需要再做分析。首先，我们根据假定3万人的总数，哪怕我们认为伊朗骑兵人数不超过5000人，并接受希罗多德关于波斯人"远多于"斯巴达人的说法，那么，不可

避免的结论就是希腊中军在人数上超过了米底人、巴克特里亚人、印度人和萨凯人组成的波斯中军。另一方面,总规模为 1.5 万人的亲波斯的希腊城邦军队(再次将其骑兵限制在不超过 5000 人的规模)在人数上对雅典、麦加拉和普拉提亚形成巨大的优势,这使马尔多纽斯可以轻松调用其中数千人来加强他的中央阵线,以及由弗里吉亚人、米西亚人、色雷斯人、派奥尼亚人和重新分配任务的埃及海军陆战兵组成的混合军团,希罗多德没有提供后者的位置。至于希腊人,最有势力的城邦的军队无疑会占据最好也最安全的高地位置。当然,他们也会贡献最有经验的战士,但是人们怀疑这一点能否说服那些不那么幸运的人。(作战位置的分配会引发矛盾,雅典与帖该亚之间爆发的一场可笑争吵[7]就清楚地说明了这一点,两者都认为自己应该获得代表次一等荣誉的左翼位置。考虑到正在河对岸聚集的大量敌人,这种争吵实在是有点儿不合时宜;然而,这并不能保证——像一些人想的那样——它从未发生。)地理上相邻的城邦都会被编入一个军团,除非——像科林斯与西库昂——它们之间的关系特别糟糕(Burn, PG, p. 524)。波提狄亚得到了特殊待遇,波桑尼阿斯允许它的志愿兵站在其母邦科林斯的军队旁边战斗。其他一些小邦军队被随便混编在一起放在了阵线中央,伯罗奔尼撒诸小邦位置偏右,享受斯巴达人的保护,岛邦和其他各邦的部队则偏左,受到雅典人的监视。

希腊和波斯两方重新部署阵线的后果就是彻底陷入僵局。整整 8 天之内,交战双方在阿索波斯河两岸扎营——河流本身不是太大的障碍,尤其在盛夏时节——几乎是按兵不动。波斯的骑射手时不时地袭击被派来从河里取水的希腊人,用雨一般的箭和投枪骚扰他们；最后，这种反反复复的袭扰迫使雅典人转向内陆的加尔加菲亚泉或者"狐狸洞"去取水。在亚历山大大帝时代之前，面对东方的骑兵弓箭手，希腊军队都缺乏足够的防御手段，马尔多纽斯显然正在充分利用这方面的优势。[8] 但是，除了这些小规模的冲突，什么都没有发生：乍一看这令人吃惊，但如果我们考虑到两军司令官有着几乎完全相同的目标、每一方都想利用地形和人员方面的优势的话，这又是无法避免的结果。他们在这一阶段面临的困境很好地反映在对各种预言家和占卜家的搜寻上面——每当需要采取一种很有必要但不受欢迎的战术的时候，预言家和占卜家总是平息公众舆论的有用工具。希格内特（XIG, p. 320）直截了当地说"斯巴达军队指挥官精通利用不祥预兆来约束部队的不耐烦情绪的艺术"，这可能是一种过度理性化的解释：只有从潜意识去适应当时的环境条件，可能才能更合理地描述这个过程。希罗多德用很长的篇幅仔细描述这些宗教性准备活动，这肯定会让现代读者觉得长得不成比例（9.33-8），但这只表明当时的希腊人是多认真地对待这些准备活动。无论如何，在当时的情境下，两军的祭司表达了一致的意见：马尔多纽斯和波桑尼阿斯，无论是谁，"只要保持防御，就能获得胜利，但是，如果发动进攻，就会战败"（Plut. *Arist.* 15.1）。

这就以相当简洁的方式将问题具体化了。位于河流以北的马尔多纽斯拥有优质骑兵场地，还有友好国家做基地，位于河流以南的波桑尼阿斯拥有理想的步兵作战场地，背靠把守严密的群山。如果二者中有一方要渡河作战，他就会失去当前拥有的全部战术优势。马尔多纽斯已经吃过亏了，知道骑兵在基塞龙山余脉的低矮山地作战有多么艰难。另一方面，波桑尼阿斯也是一位精明的将领，他不会冒着被歼灭的危险让自己的步兵暴露着侧翼从宽广的正面渡河。这几乎是一个完美的僵局。但是，这也是一个必须要打破的僵局。必须由两位统帅中的一位迈出这决定性的一步，但迈出这一步后，他很可能就会输掉这场游戏。开局初期迈出的每一步都是诱饵，开始实施，然后被对手识破。当马尔多纽斯的骑兵嘲笑希腊人为女人的时候，\* 他们的主要目的是激怒希腊人，使其放弃目前的阵地，进入平原作战。如果《普拉提亚盟誓》可以做参考的话，波斯骑兵对普通希腊民兵的反应的这种评价也不算太离谱，而波桑尼阿斯强行贯彻的斯巴达式纪律似乎并不被接受。同样，当波桑尼阿斯向河边移动的时候，他希望能够引诱马尔多纽斯过河。无论哪一方，自始至终的主要目标都是让他的对手先进攻。

波桑尼阿斯最终占据了这场心理战的上风，而这只是因为他更不着急而已。正如我们已经提到过的，马尔多纽斯的给养很紧张，他耽搁的时间越长，给养问题就会越严重。更严重的是，他现在肯定知道了，雅典主力舰队已经赶往提洛岛与莱奥提基达斯会合。他甚至可能已经听到传言——不久就得到证实——萨摩斯人正在力劝莱奥提基达斯对爱奥尼亚地区发动全面的海上进攻。没法指望薛西斯余下的舰队前来支援，他们似乎连爱琴海东部的落脚点都快保不住了。最关键的是，这些最新的战局进展信息反过来又给马尔多纽斯增加了额外的心理负担。除非立即采取有力措施，否则从拜占庭到卡里亚的又一场爱奥尼亚大叛乱似乎几乎

---

\* Burn 顺便问道："这是有史以来穿裤男人揶揄穿裙男人的首个案例吗？"（PG, p. 516, n. 16）人们还可以再补充一个问题：波斯人在上战场之前被特意教了"女人"的希腊语叫法了吗？

是不可避免的：提格拉涅斯（Tigranes）率领的一支陆军部队根本不足以稳定局势。如果叛乱真的爆发，马尔多纽斯活着退出欧洲的希望就会非常渺茫。他明白，要平定这样一场叛乱，前提条件就是波斯陆军在希腊获得速胜和完胜。另一方面，波桑尼阿斯并没有这样的困扰。当然，他也无法承受无限期的拖延——如果这场僵局拖延到冬季也没有结果，他的同盟军就会散掉，也许是永远散掉——但是，这种压力并不是那么紧迫。起码现在，他还可以足够放松地保持防御，静待敌人进攻。他还有后备的4000名重装步兵，而且还有每天都在赶来的新部队，他实在没有理由不坚持下去。

在这时，他仅有的担心是（马拉松战役前夕的米太雅德有着同样的担心），在这种强制性的等待期间军队会出现叛变行为。人们都烦透了在炎热的天气里待着不动，缺吃少喝，为了取水，还得冒着前胸或后背被箭射穿的危险。离河较近的雅典人肯定发现这段时间太难熬了，正是在他们中间——"就在希腊战事仍然悬而未决，雅典首先处于致命危险之中时"——出现了一次流产的夺权阴谋。[9] 阴谋者全部都是来自"显赫家族的成员"，以前都很富裕，但现在被战争搞得一贫如洗：人们应该可以想到，在公元前479年，这种现象应该很多。他们的势力已经随着财产一起烟消云散——忒奥格尼斯（Theognis）的贵族式嘲讽"钱，只有钱，才是世上所有权力之源"的很好的注脚——如今只能看着权力和荣誉溜向别处。他们是因发言反对主战派而被以私刑处死的吕基达斯（参见上文第313页）的自然继承者，由于没有一个合法平台来表达合作观点，他们就转而成为合作者。无论从哪种意义上来说，他们的计划都不能说是理想主义的。他们秘密聚集在普拉提亚的一幢房屋里,[10] 决定要"颠覆民主政体,如果不能做到这一点,就要想尽办法来破坏希腊人的战争,将其出卖给蛮族人"。换句话说,他们想要的是权力,至于是通过政变还是通过做波斯政府的傀儡来得到权力,他们并不在乎。

这个阴谋被出卖了,尽管在此之前它已经在整个军营里赢得了相当多的支持者。作为雅典军队的总指挥,阿里斯蒂德有镇压之责,他明白自己得谨慎行事。如果他坚持公事公办,不徇私情,不知会捅到什么样的马蜂窝。作为一名保守派,他充其量只能处于不得不逮捕大量他自己更极端的朋友的尴尬境地。更可怕的是,这种做法可能会激起大规模兵变:部队现在的士气很不稳定,有一定的受挫情绪。最终,他相当谨慎地处理了此事。仅有8人被捕。其中,兰姆普特莱的埃斯基涅斯(Aeschines)和阿卡奈的阿格西阿斯(Agesias)"设法"(即被放走了)从羁押中逃跑了。阿里斯蒂德随后正式释放了余下6人,可以说是缓刑,"以此来使那些认为自己还没有受到指控的人有机会鼓起勇气悔过"。这等于是在明白地暗示,只要他们能像一个爱国者那样英勇作战,就能洗清叛国的罪行。阿里斯蒂德有过遭放逐的经历,深知希腊政治的残酷;作为一名经验丰富的老兵,他也能体会到过去12个月的战争给战士们带来的紧张和压抑。在这种情况下,对政治领袖来说,只要有一点儿政治经验常识,都会采取宽严相济的政策。但是,这个戏码的发展深度要超过他的预想。纵观公元前5世纪的雅典历史的整个过程,我们就能看出,这不仅仅是战时的意外事件,而是一种存在于雅典的深刻而普遍的阶层分化的一个症状,随着时间的推移,这种阶层分化越来越严重,动摇了雅典社会结构的基础,而且,历史证明,它也是导致雅典帝国野心受挫的根本原因。

在度过无所作为的一周时间后,马尔多纽斯准备尝试可以突破僵局的一切办法。直到现在,也没有支持进攻的吉兆,这可能表明占卜者在战略上非常谨慎。然而,到了第8天,一位名叫提马格尼达(Timagenidas)的底比斯人前来找马尔多纽斯,"建议他去基塞龙山的隘口视察一番,每天都有很多军队从那里前来,与希腊军队会合,如果他去那里,能消灭很多敌军"(Hdt. 9.38)。我们被告知,马尔多纽斯欣然接受了他的意见。然而,他随后的行动表明,运粮车队而非战斗部队才是他关心的对象,他仅集中袭扰了一条山路。就在当天晚上,根据波斯和底比斯巡逻队提供的情报,他派遣一支战斗力很强的骑兵部队前往普拉提亚附近的德律奥斯刻法莱隘口,劫掠了来自伯罗奔尼撒的500辆运粮车所组成的车队。这次袭击是一场完胜。马尔多纽斯的骑兵执行了一次无比专业的伏击,杀掉了大部分护卫人员,将所有给养都带回了波斯大营。我们没有听说他们在这次行动中受到波桑尼阿斯的轻装步兵的威胁。抢劫希腊运粮车队并不是一起孤立的事件,而是一个经过精心设计的计谋的一部分,从接下来的事件可以清楚地看出这一点。在接下来的4天里,从南方过来的全部希腊运粮车都被迫停在了基塞龙山里,不敢离开山丘的掩护。"如果他们试图穿过隘口与希腊大营之间的开阔地,波斯骑兵就随时可能冲出来消灭他们。"[11] 但是,在此期间,波桑尼阿斯的部队仍然每日都有援兵加入,这让马尔多纽斯非常恼火。他可能已经切断了敌人的给养,但是,显然,他没有办法破坏希腊军队的调动和部署。这清楚地表明,他的骑兵现在控制了通往普拉提亚的小路,那里正是从德律奥斯刻法莱隘口下山进入平原的路口,但是,他们无法接近从埃琉特莱到底比斯的大路,大概是因为波桑尼阿斯早已派重兵把守那里了。

这次袭击过后,整整3天,双方都没有进一步的行动,但马尔多纽斯的骑兵"通过持续袭扰,使希腊人不得安宁",而且沿着阿索波斯河岸边来回活动,似乎直到现在,他们还是希望能够将希腊人引出来,进行大决战。年轻的斯巴达统帅头脑冷静,拒绝出战,他既没有前进,但也不会后退。希罗多德说,双方都没有过河。大概,他说的是重装步兵,因为波斯骑兵在那时正在封锁德律奥斯刻法莱隘口。这种双方都不愿率先进攻的情况令人印象深刻,但也不比这一段和上一段描述的其他事情更古怪。人们会有很多疑问,但找不到满意的答案。先说波桑尼阿斯,无论我们如何看待他晚年矛盾的政治活动,他(据说)都是一个在指挥能力上无懈可击的将领。对他来说,翻越基塞龙山的补给线生死攸关;在被切断之后,希腊军队靠吃储备粮食已经过了4天。但是,他过于疏忽,没有派兵守卫他的指挥所与基塞龙山之间这条2英里长的重要通道,在波斯骑兵没有付出什么代价——实际上,似乎没有遇到任何抵抗——就切断了他的交通之后,波斯人又继续日复一日地拦截希腊人的运粮车队,而他也没有采取任何报复性措施。在我们所见范围之内,他甚至没有采取最基本的预防措施,即改用更陡峭但仍勉强可通行的基弗托卡斯特罗隘口运送补给。当他最后被迫采取行动、开始朝着基塞龙山撤退部队的时候,他计划(希罗多德说)使用全部军队的一半,也就是接近2万人,通过夜间行动前去解救被困在普拉提亚上方山里的运粮车队。这看起来似乎过于夸张了,因为拦截车队的敌军毕竟只是几支骑兵分队。如果马尔多纽斯已经切断了他与南方的全部交通线，并在他与这些隘口之间部署一支强有力的军队，这才可能说得通。但是，在我们目前的史料里，找不到这样的记载。

马尔多纽斯的动机并不是十分费解，但仍然值得深思。如果波桑尼阿斯在占据阿索波斯岭之后就没有再派人保卫他的交通线，那么，为何波斯人在过了一个星期之后才在当地示好者的建议下决定利用如此明显的一个漏洞？当马尔多纽斯下令袭击希腊人的运粮车队时，他希望在战略上达到什么样的效果？他怎么知道波桑尼阿斯的回应会如此矛盾并自掘坟墓呢？正如几位学者已经指出的那样，[12] 马尔多纽斯此举相当冒险。当波桑尼阿斯发现补给线受到敌军骑兵威胁之后，人们预测他最有可能的反应就是命令希腊所有军队都趁着夜幕掩护退回到基塞龙山的山脚下，回到原来的防御位置。一旦回到那里——马尔多纽斯无法在夜间阻止这种行动——他就能立即恢复对隘口的控制，并使自己免受进一步的骑兵攻击。这样一来，马尔多纽斯还有希望迫使希腊人决战吗？因此，他如此迅速地批准波斯骑兵袭击运粮队，充分说明了波斯司令官面临的困境：他可能缺粮食，但他更缺时间。但是，到底是什么样的直觉告诉他，敌人不仅不会转身退回基塞龙山，而且顽固地在阿索波斯岭待了4天之久，越来越多地受到波斯骑兵的袭扰，而粮食也即将告罄呢？

更重要的问题是，获得这样的优势之后，马尔多纽斯为何却没能利用好它？在这时，他显而易见的选择应该是在夜间全军渡河，然后以压倒性的优势袭击波桑尼阿斯后方的交通线，迫使希腊人后队变前队、在所有给养被切断且有敌对的底比斯人在后方的情况下投入战斗。这个方案的唯一不利条件是波桑尼阿斯的部队仍然把守着翻越基塞龙山的大路。然而，这并不是无法克服的劣势。他们已经毫无困难地摧毁了希腊人对德律奥斯刻法莱隘口的控制，难道不能再好好组织一次小分队突袭以同样的方式将希腊人赶出基弗托卡斯特罗隘口吗？我们即将看到，这正是马尔多纽斯最初的意图——如果是这样，他就配得上所有的赞誉。然而，这种合理的分析却不适用于波桑尼阿斯，因为他的行为从始到终都令人费解。我们可以确定的是，发生了一场战斗，而波桑尼阿斯不管由于运气好还是因为判断准确，都如愿以偿地胜利了。没错，他的确最终迫使马尔多纽斯先进攻了，但是，他的行动都是有意为之的吗？人们可能会相信，他迟迟不撤出阿索波斯岭是事先设计好的计谋里的决定性一步，目的是显得自己更愚笨，以此来诱使马尔多纽斯进攻。乍看起来，这种理论是可信的；之后的 10 年里，波桑尼阿斯表现得完全是一个玩阴谋诡计的行家里手。但是，这个问题——就像关于普拉提亚战役的很多问题一样——仍然悬而未决：不可能有终极性的定论。人们只能记录事实。

默默斗智了 11 天后，就像希特勒一样，马尔多纽斯的耐心耗尽了。在希罗多德和普鲁塔克（Hdt. 9.41; Plut. *Arist*. 15.1）的描述中，他焦躁、愤怒，因为不断到来的希腊援兵以及极为匮乏的粮食而忧心忡忡，尽管来自伯罗奔尼撒的 500 车牛肉和大麦面包足够（人们可能会这样认为）波斯军队吃一阵子了。无论出于何种理由，最终，他下定决心发动进攻。正如希罗多德所暗示的那样，他可能已经"厌倦了无休无止的等待"；毕竟，他也只是一个凡人。另外，可能从爱琴海也传来了令他担心的消息。大约就在这时（参见下文第 376 页），刚刚得到补强的希腊舰队起航前往萨摩斯。但是，可以肯定，他的主要想法还是认为他已经使希腊人陷入前所未有的困境之中。波桑尼阿斯和所谓天下无敌的斯巴达战士懦弱地丢掉了德律奥斯刻法莱隘口，然后等到补给线被切断之后又同样令人困惑地不愿撤离前沿阵地，这两次蠢行都在诱使波斯人采取更迅速和更有效的行动。因此，马尔多纽斯召开了一次军事会议。出席者包括阿尔塔巴佐斯和一些不知名的底比斯人，我们上一次提到前者还是在他围攻波提狄亚的时候（参见上文第296—298页），而后者肯定包括提马格尼达。形势的紧急似乎没有影响到阿尔塔巴佐斯，他建议撤回底比斯，用培养第五纵队的方法来瓦解敌人。为何不全面贿赂各重要城邦的显赫公民直到该希腊同盟分崩离析呢？底比斯人热情支持阿尔塔巴佐斯的建议，因为他们预见到波斯的长期驻军既能为他们提供军事保护，也会给他们带来丰厚的收入。

如果马尔多纽斯有6个月的时间可用，这种各个击破的战术就能起到很好的效果。希腊同盟的持续时间大多超不过一个交战季节，而这个希腊同盟已经暴露出了很多矛盾。但是，如果从爱奥尼亚传来的坏消息是真的，那就意味着马尔多纽斯必须要战斗，而且要马上开战：波斯人必须努力获取一场辉煌的胜利。马尔多纽斯也顶着很大的压力，他的脾气开始变得暴躁起来。因此，他没有在外交细节和战略解释上浪费时间，对阿尔塔巴佐斯的建议和卜兆给予同样的轻蔑对待，径直无视二者。他说，他们必须要在当天夜里，也就是赶在希腊人巩固阵地之前，立即发动进攻。马尔多纽斯从来不是一个乐意忍受傻瓜的人，这一次，他已经做好充分的准备，如果需要的话，他会以薛西斯的代表的身份向部下强迫下命令。毫不意外，军事会议通过了他的建议，没有异议。

他立即召集他的军团长集合，命令他们在次日拂晓时分发动进攻。人们会很想知道他有什么样的作战方案，特别是，在经过几乎按兵不动的十几天后，他为何选择在这个时间发起进攻。用不了太久，再过上一两天，波桑尼阿斯在阿索波斯岭的阵地就注定会守不住，希腊人将会被迫退回基塞龙山脚下。显然，马尔多纽斯必须要阻止他们撤退。但是，如果他仅仅想袭击暴露在前沿阵地的希腊人，他可以在过去一周里随时这样做。为何故意延迟呢？我在这里提出两点。首先，阿索波斯岭很难通过直接的正面攻击攻克，而且至少可以说，马尔多纽斯不可能考虑这样做。希腊军队的两翼也都占据着高于河面的阵地，没有波斯步兵会喜欢仰攻斯巴达或雅典重装步兵的战斗。其次，从战术上讲，阿索波斯岭最脆弱的是背部。这样，马尔多纽斯面对的问题就很直接了：将敌人赶出他们现在的前沿阵地，同时要阻止他们迅速逃回山脚之下来继续与他对峙。最明显的办法就是大力破坏波桑尼阿斯的交通线，事实上，他也采用了这样的战术。如果他成功地完全切断了希腊军队的补给，当然好之又好；如果他只能破坏他们的给养，他们最终也会被迫从阿索波斯岭上下来，寻求决战。

然而，即使是在第二种情况下，马尔多纽斯也必须要确保他的敌人不会或者不能通过迅速撤退来阻止他的行动。自从波桑尼阿斯前进到前沿阵地之后，这肯定就一直是波斯人最担心的事情。如果马尔多纽斯计划在黎明时分发起总攻，很难相信他只是打算用他最优秀的部队攻打阿索波斯岭（他们在那里会遭受大规模杀伤），而与此同时却放任波桑尼阿斯在战事不利的时候撤回基塞龙山脚下，重新部署阵线。波斯人的战术肯定是依赖步兵和骑兵在夜间渡河进行大规模渗透，占领波桑尼阿斯后方的基塞龙山的全部隘口，如此一来，希腊人将会在钳形攻势之下束手就擒，再无机会南撤。但是，我们知道，尽管马尔多纽斯做了精心准备，最后却并未按照计划来行动；接下来的48个小时里，他的行动都带有草率和极度随意的印记。在决定进攻与战斗真正打响之间，一定是有某件事和某个环节出了大问题。简而言之，马尔多纽斯的作战计划已经被透露给了波桑尼阿斯，而负责这次听起来异常曲折复杂的夜间交易的中间人仍然是谜一般的、身段柔软的机会主义者：马其顿国王亚历山大。

可以确定的事实如下。\* 大约在午夜时分，一个骑马的人渡过阿索波斯河，静静地来到了雅典哨兵面前。他没有报上姓名，但要求单独参见阿里斯蒂德或者其他高级军官。一位哨兵就去把将军们叫醒，告诉他们，从马尔多纽斯的大营里来了一个人，要求面见负责的军官们。在同僚的陪伴下，阿里斯蒂德马上走了出来，陌生人透露了他的身份：他是马其顿的亚历山大。他大讲特讲自己对希腊自由事业的同情，然后又紧张地坚持他的来访应该保密——这绝对是真实的亚历山大式腔调。阿里斯蒂德干净利索地对付了亚历山大的浮夸表演。他说，虽然波桑尼阿斯必须要知道

---

\* 史料：Hdt. 9.44–5 passim; Plut. *Arist.* 15.2–3。这两个版本在细节上展现出一些有趣的差别——例如，在希罗多德笔下，亚历山大要求只把他的信交给波桑尼阿斯一个人，而在普鲁塔克笔下，他希望阿里斯蒂德对波桑尼阿斯也要保密。这一事件经常受到忽视，人们认为它仅仅是一种事后的宣传，目的是在战后为亚历山大洗清显而易见、无法狡辩的通敌罪行（参见 Legrand on Hdt. 9.42, and HW Comm., vol. 2, p. 307, on 9.44.1）。这种看法似乎过于激进了。最好的宣传家只要有机会利用历史事实，就永远不会发明历史事实；他们更倾向于利用真实的历史事实，然后给它们加上有利于自己的偏见。

这个秘密，但是可以对剩下的指挥官保密，"另一方面，如果希腊人获得了胜利，每一个人都应该知晓亚历山大的勇气和热心"。亚历山大没有在意这样辛辣的讽刺，马上就开始谈正事。关于他对阿里斯蒂德的说辞，我们的史料记载非常一致。他透露，马尔多纽斯计划在拂晓时分发动进攻，并强调说波斯人的给养已经维持不了几天——就是这句话，合理地引起了学者们的怀疑。根据希罗多德的记载，亚历山大还给他的听众提出一个非常奇怪的建议。他告诉他们，如果马尔多纽斯碰巧推迟进攻，他们就应该待在原地不要动。又一次，波斯人的粮食匮乏被当作理由。把话说完之后，亚历山大最后恳求希腊人在获胜之后要善待他，然后消失在了茫茫夜色之中。

如果我们接受亚历山大夜访希腊大营一事为真，那么，我们能确定他的真实动机，而不是他宣称的动机吗？他是在两面讨好吗？这也非常符合他的性格。看起来很像这样。到了这时，谁会在长期对垒之中最终获胜，他肯定已经有了很清楚的看法，但是他又不敢过于相信自己的判断，也没有过于公开地表明立场。因此，更可取的做法仍然是两头下注，并编造一个无论哪一方获胜都能经得住检验的故事。在这种情况下，最能说明问题的一点莫过于他荒谬地建议雅典人应该固守阿索波斯岭。如果这个主意是马尔多纽斯本人提出来的，这就是给希腊人制造灾难的最好策略：这开启了一个有趣的思路。再加上关于波斯给养持续紧张的那些可疑说法，一切都有力地表明，亚历山大首先是作为波斯间谍行事的。

马尔多纽斯肯定担心一件事，那就是波桑尼阿斯可能会在他采取必要措施切断希腊人的退路之前，就从阿索波斯岭撤退。为什么不派亚历山大（毕竟，他已经不是第一次去执行这种身份暧昧的任务）去一边扮演一个秘密支持者一边阻止波桑尼阿斯撤出阿索波斯岭呢？马尔多纽斯似乎从未怀疑的是，这位马其顿国王一如既往地狡猾，可能打算耍两面派，同时向双方押注。除了代表马尔多纽斯给出一个错误建议，他似乎还向阿里斯蒂德透露了整个波斯进攻计划的细节。这件事的直接后果肯定就是使波桑尼阿斯命令部队整夜保持警戒，并特别注意河边浅滩地带和基塞龙山的隘口。只要马尔多纽斯的突击部队准备行动，用不了多久，希腊人的巡逻队就会通报给枕戈待旦的全部希腊部队。这场赌博失败了，丧失了出其不意的效果。一旦发起进攻，马尔多纽斯就不会（大概也不可能）完全放弃，但是，他们不得不放弃最初的全部作战计划，只能代之以临时对策。如果这是那个命运攸关的夜晚的真实情况，或者是类似这样的情况，那么，亚历山大就无愧于"爱希腊者"的称号：无论他的动机多么含糊，正是他使希腊人的胜利成为可能。

到了拂晓时分，河两岸出现了一系列重新部署军阵的行动，两个司令官都想在排兵布阵上获得优势。很明显，就像一个世纪之后的琉克特拉战役中的埃帕米农达（Epaminondas）一样，马尔多纽斯也非常明智，知道最好用他最优秀的部队与斯巴达人对垒。* 但是，这些战前预备活动似乎以陷入僵局告终，于是，马尔

---

\* 希罗多德（9.46-8）和普鲁塔克（*Arist.* 16.1-6）将这一过程描绘成了一种复杂的军事兼修辞方形舞，因为波桑尼阿斯不断地使左翼和右翼交换位置，而马尔多纽斯也会做出相应的调整。但是，由于所有的游戏参加者在结束时都停留在了开始时的原始位置，那么，这一幕是事实还是编造就完全成了一个学术问题。

多纽斯（深知他的优势在于何处）就命令骑兵准备战斗。整整一天的时间里，他的波斯骑射手——包括来自东方草原地带的萨凯人——都在围绕着波桑尼阿斯的阵地绕圈子，飞驰着经过一个又一个的方阵，每当经过的时候，如雨一般的飞箭和投枪便飞向斯巴达人，然后他们再折返回来，像牛虻一样令人恼火。他们能给训练有素的重装步兵方阵造成多少真正的杀伤——尤其是方阵两翼都有高地的保护的时候——是有争议的。希腊阵线中央的混合部队（参见上文第339页）驻扎在皮尔戈斯山与圣德米特里乌斯教堂之间的低洼地带，在这些袭击中首当其冲，我们被告知"损失巨大"。无论如何，这种没完没了的"打了就跑"式袭击肯定给希腊人的心理和士气都造成很大压力。面对这种战术，希腊人缺乏足够的应对措施。如要获胜，他们就必须让敌人停下来战斗，但马尔多纽斯根本无意这么做。他希望波桑尼阿斯离开阿索波斯岭，但他知道有比正面攻击代价更低的办法。希腊人的粮食只够维持一天了，马尔多纽斯又给狼狈的他们压上了最后一块石头。当斯巴达人忙于抵挡来自河上的正面进攻时，一支勇猛的波斯部队切入皮尔戈斯山与阿索波斯岭，"堵塞并毁坏了希腊全军的水源地，即加尔加菲亚泉水"。*

水源被破坏之后，希腊各邦军队的将领马上来到位于小山上的波桑尼阿斯的指挥所，要求举行紧急军事会议。他们已经受到

---

* Hdt. 9.49.3. 波斯人的这次行动的真实细节并没有在现代历史学家里引发太多的评论，我觉得这是不正常的。这是一次很紧急的行动，必须尽快完成，大概利用的都是手头能拿到的材料（石头、土、垃圾废料）。我仍然没有想出波斯人用什么办法如此有效地堵塞和污染了泉水（用排泄物吗？），以致希腊前锋部队花了10分钟都无法让水再次流动起来。

马尔多纽斯的骑兵战术的严重威胁，食物和饮水都失去了保障。从表面上判断，他们已经无法在原地继续固守下去了。经过激烈的讨论之后，他们决定继续坚持到当天结束——他们其实也没有多少选择，因为现在撤退无异于自杀。然而，他们一致同意，夜晚来临后如果马尔多纽斯没有发动全面进攻，他们就撤退到普拉提亚。各军团将在被称为"岛屿"的一座山岭上会合，此地位于普拉提亚以东不远的地方，在奥埃洛耶河的两条支流之间。它的位置大概在安纳勒普西斯教堂附近的某处（参见第329页的地图）。[13]在这里，他们有了充足的水源，基塞龙山的余脉和山麓也保护着他们免受骑兵袭击。正如学者们喜欢指出的那样，"岛屿"的面积（最宽的地方都不足半英里）无法容纳整支希腊大军。然而，波桑尼阿斯从未这样指望过；实际上，希罗多德关于他的作战计划的叙述需要进行大幅修正（参见下文第356—358页）。正如随后发生的事件所显示的那样，波桑尼阿斯设想的是一条从普拉提亚延伸到现代克里伊库基稍微往西一点儿的新防线，而它的中心点正是"岛屿"。此外，从阿索波斯岭撤下来的同一天晚上，半数军队（我们将看到，希罗多德实际上指的是中央的部队）将会出发前往德律奥斯刻法莱隘口，护送仍然滞留在那里的运粮车队下山。总之，"岛屿"不会过于拥挤。

　　波桑尼阿斯的新战术没有希罗多德描述的那么不合理。有计划的撤退不仅会使希腊军队摆脱危险的暴露位置，而且幸运的话，还能诱使马尔多纽斯在一小片根本不适合[14]骑兵运动的区域冒险发动全面进攻。撤退的初始阶段，希腊军队出现了不可救药的脱节，但这并不是波桑尼阿斯的错。在决定撤退之后，直到日落之前，他们仍然不得不继续躲避和忍受波斯骑射手的不间断攻击。整个白天，饥渴难耐、深陷困境的希腊战士一直难得片刻喘息。直至夜幕降临，马尔多纽斯才收兵回营。希腊人抓住一切可能的机会休息和调整，（人们可以想象）这种机会少得可怜。然后，晚上10点刚过，组成中央方阵的各邦部队（参见上文第339页）就开始向南移动，准备撤往他们的新阵地。他们由来自20多个城邦的部队构成，仅仅这个原因就很容易造成混乱，而且，他们已经疲惫至极，还要在夜间行军，穿过一片陌生的土地。在这种情况下，他们迷路也就一点儿也不奇怪了；我们可以很有把握地否定希罗多德说（9.52）[15]他们是由于怯懦而选择了抗命不遵的恶毒说法。最后，他们发现自己来到了普拉提亚的城墙外面，紧挨着赫拉神庙的地方。在这里，他们不愿再在夜里跌跌撞撞地走了，为了尽量减少损失，干脆就地休息，静待天明。普鲁塔克说（*Arist.* 17.1）"他们乱糟糟地分散扎营"，这种说法完全可信。

在分析那天晚上的行动，尤其是所涉及的主要人物的心理动机时，希罗多德似乎主要依据的是非常有倾向性的军营流言。因此，我们必须明确区分他记载的那些众所周知的事情与他对这些事情发生经过和原因的解释，这些解释绝大部分都只是一些不太合理的幻想。首先，他宣称波桑尼阿斯——当然，后者不知道希腊中军偏离了方向，现在正在朝着更适合左翼的位置奔去——命令斯巴达军团马上自行撤退，大约是在午夜之前的某个时候。但是，等到次日拂晓后，斯巴达人和雅典人都还待在原地没有动。至少有理由认为，这可能是一种有意为之的策略，但是，根据希罗多德的说法，由于波桑尼阿斯想在更早的时候就撤退，耽搁如此之久肯定有其他原因。因此，我们就听到了一个颇为详细但高度可疑的故事，[16]该故事涉及一位名叫阿摩姆法雷特

（Amompharetus）的斯巴达营长，他为了自己的荣誉，直接拒绝了撤退命令：无论是说服，还是威逼，都无法使他收回自己的决定。波桑尼阿斯花了几个小时来提醒这个愚蠢、固执、暴躁的家伙，说他正在破坏整场战争的胜利前景，就在这个过程中，原来的撤退命令被取消，反正这个故事是这么说的。根据希罗多德的说法，雅典人急于知道耽搁的原因，就派遣一名信使来到波桑尼阿斯的指挥所，结果使者发现"斯巴达人仍然待在原地，他们的军官们正在争吵"——很明显，这种状态持续到了天亮。

还有比这更幼稚和更不可信的故事吗？波桑尼阿斯这样的斯巴达国王不大会忍受不服从命令的军官，而且也不大可能会慢条斯理地去说服。无论任何人，更不用说希罗多德，在这时捏造如此愚蠢的一个故事，只有一个可能的动机，那就是解释斯巴达人和雅典人在撤出各自阵地的时候为何耽搁如此之久（很明显，这样的耽搁需要给出解释）。但是，当我们捋清天亮之后的事件发生的顺序之后，真相就会清楚地浮现出来。波桑尼阿斯命令驻扎在皮尔戈斯山上的雅典人向着斯巴达人的阵地方向靠近，只要他一撤退，他们就跟着撤退。希罗多德说这些命令发布于午夜时分，但是，肯定是在获悉（只有在天亮以后才能看到）希腊中央方阵已经偏离了方向从而给新阵线造成一个危险的缺口之后，波桑尼阿斯才下达了这样的命令。无论如何，波桑尼阿斯现在开始带着他的斯巴达人和帖该亚人向南撤退。在奥埃洛耶河与阿索波斯河的另一条支流莫罗埃斯河之间，绵延着支离破碎、地势高耸的分水岭，他们就沿着这条分水岭移动。雅典人听从了波桑尼阿斯的命令，走下皮尔戈斯山，沿着东南方向穿过平原，向克里伊库基进发，这样就合上了两翼之间的缺口。当波桑尼阿斯已经抵达德墨忒尔神庙的时候，阿摩姆法雷特仍然待在阿索波斯岭，他们之间的距离有10斯塔德，也就是1.25英里（参见上文第331页）；波桑尼阿斯让右翼部队进入了克里伊库基东侧的阵地，基塞龙山保护着他们的后方。最后，阿摩姆法雷特的部队迈着标准的行军步伐，队形整齐，井然有序地跟了上来。关于他的真正作用，再没有什么疑问：他的任务就是指挥后卫部队，掩护波桑尼阿斯的撤退，而关于争执的传闻很可能就来自他非要坚持承担这项危险而又光荣的任务。更令人赞叹的是，他在自己的撤退时机的选择上表现出了惊人的判断力：他刚刚与主力部队会合，波斯骑兵就向他们发起了猛烈的进攻。

天刚一亮，波斯侦察兵就发现皮尔戈斯山和阿索波斯岭已是空无一人。根据希罗多德的说法，波斯骑兵"意图继续执行他们的袭扰战术"，立即上马去追击正在撤退的敌军部队。马尔多纽斯本人待在莫雷亚桥附近的左翼总指挥所里，只能看见斯巴达人和帖该亚人。雅典人隐藏在他目力所不能及的低矮山丘后面（但是，构成马尔多纽斯右翼的同盟希腊人肯定可以清楚地看到雅典人）。我们从文献中可以看到如下的情节：他兴高采烈地将帖撒利卖国贼，也就是拉里萨的托拉克斯（Thorax）及其两位兄弟都召了过来，对他们发表了一通夸夸其谈的讲话，开始是这样说的："先生们，来看看吧，你们看到被抛弃的阵地了吗？你们还能说什么？你们是斯巴达人的邻居，常常告诉我他们是伟大的战士，从不会逃跑！"这可能是虚构的，但仍然隐藏着一项重要事实。马尔多纽斯真的相信希腊人正在全部逃跑，因此，没有片刻犹豫，他立即下达了进攻命令。他自己率领的波斯军团迅速渡过了阿索波斯河，其他军团指挥官见状，也马上像他们一样渡河前进："他们在前进的时候,完全没有整顿秩序,喊叫着就蜂拥向前奔跑,似乎从未怀疑他们可以很快将希腊人一网打尽。"(Hdt. 9.59-60)马尔多纽斯率领的主力部队尚且还能保持战斗队形,但也是"大喊大叫着,发出武器碰撞声,向斯巴达人冲来……好像这并不是一场战斗,只是将逃跑的希腊人打倒而已"(Plut. *Arist.* 17.4)。

那么,现在,我们可以准确理解波桑尼阿斯如何打出制胜的最后一张牌了。一切都取决于使马尔多纽斯先发动进攻:到了这时,由于希腊人的粮食和饮水都已经耗尽,他们和波斯人一样迫切需要一场最后决战。完全没有希腊全军在夜幕掩护下撤离前沿阵地这回事。只有人员混杂、非常缺乏经验的中央方阵部队(尽管得到了强硬的科林斯人和西库昂人的支援)是在战斗爆发之前的夜里收到撤退的命令,一是在"岛屿"扎营,二是护送运粮车队走下基塞龙山——顺带说一句,这两项任务,他们似乎一项也没完成。雅典和斯巴达的重装步兵面临着一项更危险和更艰巨的任务:充当吸引马尔多纽斯的诱饵。他们之所以在天刚刚亮之后才开始撤退,并不是因为阿摩姆法雷特难以置信的愚蠢,而是因为只有到那时,波斯人才能看得见他们。换句话说,他们不仅必须撤退,而且必须让敌人借着第一缕晨光看到他们撤退:这是一次彻底违背军事手册规定的行动,几乎不可避免地会被视为真正的掉头逃跑。作为故意引诱的诱饵,只有训练有素和最有经验的部队才能在这种状况下既暴露自己的行踪,又能全身而退。这是斯巴达人的拿手好戏:莱奥尼达斯已经在温泉关特别成功地运用过一次。[17]

虽然如此,在这场战役刚开始的时候,波桑尼阿斯也远非得心应手。当第一批波斯骑兵猛攻他的长矛方阵时,他还是马上向雅典人发出了紧急求援信号,后者此时正在穿越平原。就这封求援信而言,如果去掉希罗多德的修辞,按照拉科尼亚风格简化一下,大概内容如下:"被敌军逼得喘不过气。请向我们的左翼靠近。如果不行,就派弓箭手过来。"这时,阿里斯蒂德和他的8000名重装步兵正在"岛屿"附近,收到求援信之后,立即改变方向,尽可能快地向斯巴达人阵地靠拢过来。但是,他们没有走多远,就被波斯军右翼的希腊骑兵截住了(参见上文第339页),后者的进军路线远比波斯中军的好走得多。这支强大的部队包括帖撒利和马其顿的骑兵,还混杂着来自彼奥提亚的一支规模不小的精锐部队,他们在自己的土地上为收回过去属于他们的领土而战斗。阿里斯蒂德被迫停下来(可能在安纳勒普西斯教堂附近),命令部队展开,形成战斗队形。他刚刚稳住阵脚不久,彼奥提亚人及其同盟步兵就强势袭来,他立即感受到了极大的压力。波桑尼阿斯和他的斯巴达军团,连同一些帖该亚人,不得不独自抵御波斯左翼骑兵的全力猛攻。

希罗多德声称斯巴达人的战斗部队总规模是5.3万人;为了算出这个数字(他可能完全是根据他的部队列表推算出的这个数字),他不得不算上所有的轻装部队,包括斯巴达军团里的希洛人和自由人。但是,这些轻装部队在战斗中是否起到了有效作用,似乎很值得怀疑。[18] 如果不算这些人的话,波桑尼阿斯麾下的部队规模是11500人,而这——假设是8排纵深的常规阵形——将使他能够拥有一个长达0.75英里的正面,从克里伊库基的东部边缘延伸到潘塔那萨岭。只要稍微观察一下形势,他就很难乐观起来。阿里斯蒂德的雅典部队已经无法再向他靠拢,这意味着他们必须与马尔多纽斯的右翼接战,也意味着波桑尼阿斯没有弓箭手来掩护自己的左侧。没有人知道战斗开始之前的夜里就被打发走的中央方阵此时正在做什么，波桑尼阿斯无法指望他们来解燃眉之急。波斯中军，也就是阿尔塔巴佐斯指挥下的米底人和东方军团还尚未投入战斗。波桑尼阿斯只能坚持下去，并且祈祷；奇怪的是，在战役很关键的第一阶段，毫不夸张地说，这就是他所做的事情。当他的占卜官献祭求卜的时候，他本人也向诸神祈祷，而他训练有素的重装步兵则神情坚毅地站在他们的盾牌后面，等待着驱动他们向敌人进攻的命令。

由于双方在身体防护装备上的差距，如果没有预先的软化措施，就马尔多纽斯而言，他并不愿意让波斯步兵与全副武装的重装步兵展开一对一的拼杀。就像在马拉松一样（参见上文第50页），这是一场长矛对弯刀、金属胸甲对纳缝胸甲、青铜盔对皮帽子的战斗。因此，波斯骑射手再次上马，一队又一队地用密集的弓箭和投枪来猛攻希腊人的方阵。他们攻击完毕之后，步兵射手列阵，躲在他们高高的柳条盾后面，继续用致命的齐射进行攻击。就在这时，也就是真正的战斗尚未开始之时，一支箭射穿了"希腊军队中最高最英俊的男人"卡利克拉底的肺部，他被人们从队列里抬出来等死。但是，到战役快结束的时候，他仍然没有断气，还用非常愤怒和懊悔的语气告诉普拉提亚的阿里姆尼斯特："为国战死，我一点儿都不难过；真正痛苦的是我不能亲自操矛，去做一些配得上我的名声的事情，这也是我渴望很久的事情。"很多斯巴达人和帖该亚人在那天肯定与他有同样的感受，波桑尼阿斯要试探他们的忍耐力的极限。但是，占卜结果仍然不利；或许，这是波桑尼阿斯有意为之的结果，必须要等到马尔多纽斯的后卫部队从后面压上来，这样一来，对方的前线部队被击溃后就无路可逃。最后，与斯巴达精锐相比，纪律不够严明的帖该亚人冲了出去，开始向敌军进攻。这是最后的机会。这时，波桑尼阿斯仍然一直在恳求基塞龙的赫拉女神；大概，女神答复了他的恳求，因为正在此关键时刻，占卜结果突然变得吉祥起来。他立即向全军传话，准备作战，"希腊人的方阵突然大变，就像一头猛兽那样鬃毛竖立，准备保卫自己，蛮族人不再怀疑，他们面对的是一群准备拼死一战的人"（Plut. Arist. 18.2）。

在交战双方的将领中，此时只有阿尔塔巴佐斯对战局有全面的观察。当马尔多纽斯的左翼和右翼从山间易走的通道向前突进的时候，阿尔塔巴佐斯被迫率领着米底人、巴克特里亚人、印度人和萨凯人组成的波斯中军\*走上长达1英里或更多的山路，向阿索波斯岭的顶端跋涉。人们怀疑，这样的耽搁正中他的下怀，他似乎一直是一个勇气不足而谨慎有余的人。他从一开始就不赞成马尔多纽斯滞留在希腊的想法；不到48个小时之前，他刚刚提出过一个很引人注目的非军事化建议，主张通过收买手段来对付伯罗奔尼撒参加抵抗的那些城邦。现在，战场全景尽收他的眼底，他更没有理由改变自己的看法。就在他前面偏左的地方，波桑尼阿斯的部队正在与波斯人展开一场苦战。斯巴达重装步兵盾牌连着盾牌，正在冷酷地朝着马尔多纽斯的步兵和弓箭手逼近。马尔多纽斯本人端坐在一匹白色战马之上，被1000人的精锐卫士团拱卫着，亲临最前线指挥作战。在更靠西边、地势更低的地方，雅

---

\* 希罗多德（9.66, cf. 70）估算阿尔塔巴佐斯指挥着40000人的部队。这个数字肯定是过于夸张了，它很可能并非来源于部队列表，而是一些道听途说，这些传言出现于阿尔塔巴佐斯随后撤退期间；波斯中军最多只能容纳13000人。参见上文第339页以及下文第368页。

典人被帖撒利人和彼奥提亚人死死缠住，由于缺乏骑兵掩护，损失惨重。阿尔塔巴佐斯可以看见一些波桑尼阿斯这时候应该知道的事情：希腊中央方阵的部队终于开始从普拉提亚方向赶来。后来，他们在解释为何姗姗来迟的时候，断定波桑尼阿斯忘了给他们发信号："正是由于这个原因，他们没有立即或排好队形赶来支援他，而是在战斗已经开始之后，才有一些零零散散的士卒前来参战。"（Plut. Arist. 17.5）

尽管如此，他们的参战产生了重要后果。现在，麦加拉人、弗琉斯人与组成中左翼的其他小邦部队——总共约 7000 人——冲过"岛屿"北部的平原开阔地，支援正在苦战的雅典人。这种做法足够勇敢，但有点儿鲁莽。事实证明，他们的行军训练还有待改进；希罗多德用惯常的雅典式偏见，轻蔑地提到他们"队形彻底散乱，没有一点儿纪律"。他们配得上更多的赞美。他们这样做对自己极为危险，会将底比斯骑兵吸引过来，而后者此前一直猛攻阿里斯蒂德麾下疲劳的重装步兵方阵，雅典人损失不小。底比斯的指挥官是阿索波多洛斯（Asopodorus），他看到这样一群公民志愿兵组成的乌合之众正朝着他冲来，虽然很有气势，但没有一点儿组织性可言，就命令全军转头全力向他们猛扑过去。最后，他们在开阔地上留下了 600 具尸体，余下的人都逃入了山中：希罗多德说他们"不光彩地死掉了"，他的偏见有时很烦人。事实真相是雅典军队由此得到了急需的喘息机会，等到阿索波多洛斯及其骑兵队伍将去往普拉提亚沿路的落难者都消灭干净的时候，战局已经不利于他们了。大约同一时间，科林斯人率领更大的一支队伍从赫拉神庙出发，沿着基塞龙山的低矮山坡向东快速行进，意图明确地向波桑尼阿斯的侧翼靠拢。他们是否真正与敌人交战过存在很大争议，但是西莫尼德斯（在一首被普鲁塔克误认为是希罗多德所作而引用的诗里）特别指出了他们拥有"扼守中央阵线"的荣誉，所以，他们极有可能与敌人战斗过。[19] 不管怎样，他们在侧翼的活动肯定在很大程度上阻止了阿尔塔巴佐斯在这一关键时刻将自己的部队投入战斗。雅典人（他们的感激之情很少能持续到新近的政治争端之后）后来声称，直到战役结束，科林斯人和麦加拉人都未派出他们的部队。

这时的局面肯定是势均力敌。波桑尼阿斯与他的斯巴达军团在经过一番殊死搏斗之后，已经开始逐渐占据上风，波斯人不缺勇气，但是这不足以补偿他们在护体盔甲和整体纪律方面的匮乏。他们喜欢单个人或者以10人甚至更少的小团队向斯巴达人冲击，但是很容易就被各个击破。当波斯弓箭手被迫后退的时候，他们扔掉了弓箭，与步兵一起溃散了，后者已经与无论是装备还是战斗素养都高于他们的对手苦战多时。就在德墨忒尔神庙附近，双方展开了最残酷的拉锯战：

[斯巴达人用可怕的长矛]刺向波斯人的脸庞和胸膛，杀死了很多人。尽管如此，波斯人在倒下之前还是表现得英勇无畏。他们赤手抓住希腊人的长矛，用力夺出来很多支，然后扑上来，用他们的匕首和弯刀与希腊人展开了近身搏斗，希腊人的很多盾牌被他们扯掉，然后双方撕咬扭打在一起。就这样，他们相持了很长时间（Plut. *Arist.* 18.3; cf. Hdt. 9.62）。

只要马尔多纽斯及其卫队还在那里看着，战斗就一定会继续下去，但是不久，马尔多纽斯倒下了，正如安姆菲亚劳斯神庙里的一位祭司所预言的那样，一位名叫阿伊姆尼斯特（Aeimnestus）的斯巴达人扔出的石头砸烂了他的脑袋。他一死，卫队就作鸟兽散，而对波桑尼阿斯的有效抵抗也随之结束。

希腊军队右翼获胜的消息传到彼奥提亚人那里之后，他们知道，战役已经失利，就马上退出了战斗；这时，底比斯骑兵已经返回，准备掩护他们撤退。他们的战绩很不错，只有少许伤亡。根据希罗多德的说法，只损失了阵线前沿的不到300人。作为马尔多纽斯最有战斗力的同盟军，他们阵容整齐地撤回了底比斯，开始为随后必定会到来的围城战做准备。他们的帖撒利和马其顿同伙似乎并未全力投入战斗，那个聪明的机会主义者阿尔塔巴佐斯甚至根本没有战斗，就像威廉·S. 吉尔伯特（William S. Gilbert）笔下的普拉萨-托罗公爵（Duke of Plaza-Toro）。他刚一看到战局不利，就在尚未接敌的情况下撤走了他的部队，直接向西，进入了佛西斯地区。他从这里到了帖撒利，又从帖撒利到了色雷斯。他在沿途经过的地方完全不提马尔多纽斯已经战败的事情，而是到处说他正在执行一项特殊任务，马尔多纽斯与主力部队随后就会到来。"他到来之后，"阿尔塔巴佐斯告诉深信不疑地招待他的主人，"你要用与招待我同样热情的方式招待他——你永远不会为此感到后悔。"他声称自己要急着赶路，当然，这倒也是实话。通过这种手段，他安全抵达了拜占庭，从这里征用了所有可用的小船，将他的部队（因饥饿、疾病以及色雷斯人的袭击而人数有所减少）渡过了博斯普鲁斯海峡，回到了亚洲。薛西斯是一个严苛但也讲求实际的工头，他非但没有像一些英国学者那样去责备阿尔塔巴佐斯面对敌人临阵脱逃的行为，反而非常感谢后者将这样一支有作战能力的大部队几乎是完好无损地撤了回来。如果我们能相信希罗多德（8.126.1）的说法，普拉提亚战役实际上提升了阿尔塔巴佐斯的名望。

战斗见了分晓之后，剩下的就是追击。科林斯人、西库昂人以及从普拉提亚驰援波桑尼阿斯的各邦军队开始追击阿尔塔巴佐斯，但似乎并未给他造成太大的损失。雅典人与普拉提亚人和铁斯皮亚人一道拼命追击彼奥提亚人，后者仍然有能力——得到了底比斯城里派出来的生力军的支援——通过后卫部队的殿后作战来逃脱。然而，一些激烈的战斗过后，虽然双方都出现了严重伤亡，但底比斯人吃了败仗，急忙逃回了底比斯城内。阿里斯蒂德本来还可以继续追击他们，但是，就在此时，波桑尼阿斯再次派人跑来求援。斯巴达人和帖该亚人已经将马尔多纽斯疲惫不堪的右翼赶回了阿索波斯河对岸，但是很快就发现他们自己遇到了出乎意料的障碍。大部分波斯人都逃进了对岸的大营寨里，关上大门挡住了追兵，并迅速开始从塔楼上反击。在这里，他们开始做最后的激烈抵抗，挫败了波桑尼阿斯的所有尝试。斯巴达人缺少围攻城市的经验，因此，他们向雅典人求助，雅典人精通各种类型的围城战术。

阿里斯蒂德立即带着已经筋疲力尽的战士返回了河边战场，不动声色地开始工作。这绝不是一件容易的事情。波斯人正在做困兽斗。数不清的弓箭和投石从各个有利位置呼啸而来；埃弗鲁斯说，那些正在奋力破坏各种障碍物的雅典人"在密如雨下的飞箭和石块中纷纷倒地，但仍然勇敢地迎接着死亡"。但是，最终，他们实现了目标。波斯人的木栅栏被打开了一个缺口，以帖该亚人为首，数千名欢欣鼓舞的希腊士兵冲了进去。波桑尼阿斯此前已经发布了不要俘虏的命令。在他们的堡垒被攻破之后,波斯人立即瓦解。他们失去了斗志,半数人在惊骇中死去,他们就像几千头绵羊一样挤在里面,营寨变成了一座屠宰场。那里大约有1万人,等到波桑尼阿斯开始召回他杀红了眼的战士,开始恢复表面的秩序时,只剩下不到3000名波斯人了。7年之后,埃斯库罗斯写道:

> 希腊人的长矛之下,有如此之多的受难者,
> 他们的鲜血凝结在普拉提亚的大地上,
> 一堆堆尸体就是无声的告诫,出现在人们眼前,
> 出现在第三代人眼前
> 过度的骄傲就会受到惩罚,对于骄傲之花,
> 眼泪和悲伤就是它结出的果实。
>
> (*Pers.* 816–22)

波斯阴影终于被逐出了希腊,这一次是永久性的胜利。从萨拉米斯战役开始,普拉提亚战役带来了最后的胜利。无论在海上,还是在陆上,薛西斯都彻底失败。

奇怪的是,考虑到普拉提亚战役如此重要,我们却无法确定战役发生的具体日期,更不用说两军的伤亡人数了。最有可能的时间段是8月中旬,也就是马尔多纽斯占领雅典大约6周之后,在时间上非常接近莱奥提基达斯在米卡莱获胜(参见下文第381—382页),随后还发生了对塞斯托斯的围攻,因此米卡莱战役最晚不过9月初。[20] 伤亡人数更难以确定。希罗多德声称,马尔多纽斯的那些未随阿尔塔巴佐斯逃走的非欧洲人部队,只有不

到 3000 人幸免于营寨大屠杀。这个数字本身是可信的。另一方面，他很坚定地认为阿尔塔巴佐斯带走了 4 万人（埃弗鲁斯说是 40 万人），但这个数字听起来就不可信，因为它超过了波斯左翼和中军人数的总和。似乎可以有两种解释。一是这个数字代表的是幸存者的总人数，包括逃回底比斯的那些投靠波斯的希腊人；二是它的确是指阿尔塔巴佐斯的队伍，但其中也包括了全部轻装部队、随军平民以及可能还有从营寨里逃出来的人。就这两种解释而言，人们更倾向于前一种。为波斯作战的希腊人没有多少伤亡，中军甚至没有伤亡（因为它根本未投入战斗）。现代学者们估计，马尔多纽斯的非欧洲人部队在战斗中以及营寨屠杀中损失了大约 1 万人。如果为波斯作战的希腊人伤亡在 1000 人左右（彼奥提亚人损失了 300 人），那么，这就契合了总共幸存 4 万人的说法，因为波斯军队原来的总规模就是 5 万人（参见上文第 312 页）。用千夫长混同为万人将的理论来分析的话，它也能与埃弗鲁斯（他说波斯人损失超过 10000［0］人）和克泰西阿斯（他说波斯人在萨拉米斯战役之后损失了 12000［0］人）的说法吻合。对于这样无论以何种标准衡量都是一场硬仗的战役，希罗多德将希腊人的损失缩小到了荒唐的地步：91 名斯巴达人、16 名帖该亚人、52 名雅典人。在别处，他顺带提到在中左翼有 600 名麦加拉人、弗琉斯人以及其他邦的人战死。普鲁塔克则说希腊人损失了 1360 人。如果我们假设这个数字仅指公民重装步兵，它就是一个虽然有点儿低但可以接受的数字，而且再次吻合了埃弗鲁斯的估算（超过 1000［0］人）。除此之外，我们无法再做更多的分析。无法避免的结论就是，马尔多纽斯最优秀的波斯部队已经与他们的总司令一同被消灭，剩下的人都逃向了四面八方。作为一支战斗部队,他的军队已经不复存在了。[21]

普通的随军平民很快在历史记录中出现了,他们急于让自己在新旧权力交替之间平稳过渡。一位来自科斯的女人是波斯高级军官的情妇,她当机立断,比任何人都要迅速地甩掉了身上的波斯标识。马尔多纽斯战败的消息一到,她就用自己所有的珠宝和漂亮衣服盛装打扮了自己和侍女,找来四轮马车,启程前往战场。她抵达营寨的时候,波桑尼阿斯的战士还在屠戮着波斯人。她迅速地扫视了一下四周,找到了发号施令的人,就跑过去跪在了斯巴达国王的脚下,像一个乞援者那样抓住了他的膝盖。她感谢他"杀死了这些亵渎诸神的人们",还乞求他不要让她遭受"战俘必然会遭遇的奴隶命运",因为她本来出身于一个富足良善的希腊家庭,一位邪恶的波斯贵族强行将她绑架到了这里。波桑尼阿斯尽管喜欢漂亮女子,但也不是轻易会受愚弄的人,他说他与她声称的那位父亲非常熟,马上就戳穿了她。尽管如此,他还是临时将她置于监察官委员会的保护之下。后来,她要求自行前往埃吉纳,因为科斯尚未得到解放。波桑尼阿斯欣然应允,放走了她。马尔多纽斯刚刚被击败后的那几天里,他肯定收到了很多这样的请求。

这位优雅的妓女带着她的马车和侍女走后没多久,垂头丧气的埃利斯和曼提尼亚军团就到了。"当他们发现一切都已经结束的时候,愤怒而又悲伤,表示他们应该为此受到惩罚"——对伯罗奔尼撒同盟并不怎么认同的那些人会有过度表态的行为,这就是一个典型案例。此外,希腊军队来到彼奥提亚地区已经至少有两个星期,在此期间,他们一直待在何处呢?他们先是表示要进入帖撒利追击阿尔塔巴佐斯,在斯巴达人否决了他们的提议之后,他们就直接回家了。作为一种自我开脱的姿态,而且也只是付出了相对较小的代价，他们放逐了牵涉其中的所有高级军官。当波桑尼阿斯尚未离开战场的时候，一个总是阿谀奉承的埃吉纳人跑过来向他提议，鉴于薛西斯和马尔多纽斯在温泉关战役之后将莱奥尼达斯的人头割下来插在一根杆子上，他也应该以牙还牙，用同样的方式处理马尔多纽斯的尸体。如果说这位埃吉纳人希望以此讨波桑尼阿斯的欢心，显然，他的判断严重失误。波桑尼阿斯严厉地拒绝了他，并说他应该感到幸运，并没有因为提出了一个如此野蛮和猥琐的建议而受到惩罚。次日，马尔多纽斯的遗体神秘地消失了，无人知晓谁移走了它。但是，很多人都声称（并得到了丰厚的奖励）自己已经为薛西斯的妹夫举行了体面的葬礼。由此看来，斯巴达摄政很有可能是在获得大胜之后表现出了骑士风度，私下安排一些死者生前的朋友或亲人处理了他的遗体。

然而，到分配战利品的时候，波桑尼阿斯就没有任何顾忌了；像大多数上层斯巴达人一样，他发了一笔横财，令人垂涎。在波斯营寨里，希腊人抢到了大量财宝。帖该亚人带走了一个非常特殊的马槽，这是马尔多纽斯的战马专用的东西，他们后来将其献祭给了雅典娜女神。但是，战斗一结束，希腊人的总司令就开始用最严密和全面的手段网罗马尔多纽斯的战利品。私人抢劫被禁止，违者处死，而且，一队队的希洛人开始搜罗散落在阿索波斯河两岸的财物。结果，他们收获颇丰：装饰着金银的帐篷，镶金嵌银的床榻，黄金的混酒钵、杯盏以及锅釜，还有纯金的腕甲、颈甲、短剑和弯刀，"更不用说那些五颜六色的衣服，在这么多更值钱的宝物中，它们似乎显得没什么用处"。除此之外，还有妇女、马匹、骆驼以及数不清的铸币：数月之后，普拉提亚人还能找到一些藏起来的大箱子和钱柜。后来的修辞学家说，这是希腊人迷恋财富的开端,这种想法可能有某些真实的成分。有一则流传很广的雅典谣言说是希洛人想办法从他们搬运的财物中偷了很多黄金,后来都以黄铜的价格卖给了埃吉纳人(懵懂无知),就此为埃吉纳未来的繁荣奠定了基础。

聚集起来的战利品的十分之一被划拨出来,准备献给德尔斐的阿波罗神。人们用这些祭品制造了一只黄金三足鼎,支撑它的是3根18英尺高的青铜柱,这3根柱子设计成了3条互相缠绕的巨蟒的样子。三足鼎很久以前就消失了(在公元前355年的神圣战争期间,被佛西斯人熔化掉了),但是,巨蟒柱仍然保存在君士坦丁堡的竞技场里,尽管已经残破不堪,但还是可以辨认出来。在缠绕的柱体上面,刻着在萨拉米斯和普拉提亚参加抵抗薛西斯战争的31个城邦的名字。[22] 铭文的起始文字非常简洁,令人难忘:"这些城邦参加了战争。"然后就是简单的名字列表,前三个是斯巴达、雅典和科林斯。原先,波桑尼阿斯——这是他后来的僭妄的一个不祥的预兆——还在这些语句的前面写上了一联挽歌对句:

　　击败了波斯大军之后,希腊人的统帅
　　波桑尼阿斯,为阿波罗竖起了这座纪念物。

在不喜欢个人崇拜的斯巴达,这样夸大自己是对公众的一种极大冒犯。波桑尼阿斯的对句被划去,然后可能被代之以如下的对句:

　　希腊大地的救星,竖起了这座纪念物

>他从令人憎恶的奴隶命运之中，拯救了他们的城市——

这一对句起码在表面上保持了一种"匿名集体"的形象。还有一部分战利品被分配给了奥林匹亚和科林斯地峡的神庙。这些战利品又分别被制成了一座15英尺高的宙斯青铜像和一座10英尺高的波塞冬青铜像。

余下的战利品则在士兵中分配。虽然希罗多德确定希腊人特别奖励了勇敢者，但他找不到任何相关的记载——由于公元前5世纪40年代紧张的政治氛围，他可能机智地避免提起这些人的名字。根据普鲁塔克（*Arist.* 20.1-3）的说法，斯巴达人与雅典人爆发了很不体面的争吵，科林斯人克莱奥克里特（Cleocritus）很有外交智慧地解决了这个问题：他提议这个奖应该授予普拉提亚人，这样各方都能接受，普拉提亚人则坐收渔翁之利。他们在获得胜利之后的一两天内似乎就故态复萌，又回到了惯有的那种互相争吵和分裂的离心状态。价值80塔兰特的奖金被预留给了幸运的普拉提亚人，他们用这些奖金重建了他们在德尔斐的雅典娜圣所，为之增添了一座神庙，并用壁画装饰了神庙——"这些建筑，"本身就是彼奥提亚祭司的普鲁塔克说，"一直到现在还保存得非常好。"作为军队总司令，波桑尼阿斯获准挑选任意10件东西，包括女人、马匹和骆驼。或许是为了证明他还保持着朴素之心，他在马尔多纽斯的大帐篷里吃了一顿斯巴达式晚餐，而旁边摆着波斯式的盛宴，然后，他要求来做客的军官们感受一下它们之间的区别。阵亡者就地埋葬，每个城邦都要选一个位置，来做本邦战死者的集体坟茔。在举行祭谢诸神或其他正式的宗教仪式之前，必须为那些遭到蛮族人踩踏的神庙和圣地举行净化仪式。

所有祭坛的火焰都被熄灭掉，然后一位名叫欧基达斯（Euchidas）的飞毛腿受命跑到德尔斐"将公共祭坛里刚刚点着的纯净的圣火"带回来重新点燃它们。欧基达斯拂晓时分从普拉提亚出发，日落之前返回，一天之内跑了125英里。德尔斐又一次被公开承认为希腊宗教中心；这时，人们淡忘了它私通波斯的丑事——如果真有这回事的话。[23]

公众满是放松、感激和狂喜之情。执行完净化仪式之后，波桑尼阿斯就在普拉提亚市场的废墟里向"解放者"宙斯做了献祭。在希腊同盟全体成员的见证下，总司令正式向普拉提亚人保证了领土权和独立权，他们庄严宣誓，未来会保护这座小城不受任何人的侵犯。希腊人成立了一个新的泛希腊节日，埃琉特莱节，每4年在普拉提亚举行一次，以纪念希腊最终获得自由。他们受到这一时刻的庄严气氛和爱国热情的感染，宣誓"只要江河还在流入大海，他们就会把对波斯人的仇恨作为一项遗产而传给子子孙孙"，这就像他们之前关于不再修复被战争损坏的神庙的决定，在这种氛围下是可以理解的。如果进一步将之复杂化，尤其是所谓的阿里斯蒂德建议成立一个永久性的、有完整的常备陆海军的反波斯军事同盟之事，肯定就属于编造了。[24] 作为回报，普拉提亚人负责照顾埋葬在战场上的希腊勇士们的坟茔，每年举行祭礼，以表彰他们的荣耀。普鲁塔克亲自见证过这种祭礼，因为它在500年之后仍然保持着原先的详细程序。在其他仪式举行完毕之后，普拉提亚的首席行政官员用圣泉取来的水亲手洗净墓碑，并把药脂涂抹在墓碑上，然后杀掉一头黑色公牛，召唤这些为希腊献身的勇士前来痛饮它的血汁。接着，将酒和水掺和起来，举起酒杯，说这么一句话："我为那些为希腊自由而战死的人们干杯。"

差不多有10天，死者得到了体面的安葬，神庙得到了净化，令人眼花缭乱的战利品得到了分配，诸神也得到了感激性的祭品，波桑尼阿斯和他的希腊盟友们在他们获得历史性胜利的地方扎下了营。尽管与波斯的战争尚未结束——缔结和约要到30年后，期间又发生了无数的危机和至少一场大规模海战——但波斯阴影已经退出了希腊大地。自由希腊的保护者们填补了波斯人留下的空间，但是，这种局面（正如盟军在1945年发现的那样）不久就暴露出其自身的问题。首先，该怎么处理那些为波斯作战的希腊人呢？他们在普拉提亚没有多少伤亡，领土也仍然保持着完整。在前几天又是宣誓又是献祭的气氛中，没人会忘记一年前波斯人入侵危机正在高潮的时候，同盟宣誓要惩罚那些为波斯作战的希腊人，即在赢得胜利之后要"向他们征收什一税"，然后献给德尔斐的阿波罗神（参见上文第99页）。现在，不管这意味着要彻底摧毁他们的城市，还是将他们的财产仅仅没收十分之一充当军费，\* 这是一个根本不切实际的项目，给胜利者带来了难题。若要遵守他们的誓言，无异于向整个北希腊和中希腊宣战，而波桑尼阿斯的部队已经疲劳不堪，很难再对这样一场战争产生热情。（再者，那些为波斯作战的城邦面对如此残酷的命运，肯定会拼死战斗到底。）秋天来了；出乎人们的意料，蛮族人已经被逐出了希腊。他们现在最关心的事情是赶回去修整被踩躏过的农田和继续播种，而不是再度出发去参加另一场战役。事实上，接下来的一两年里，只零星地出现了几次报复行为，但也是出于某种更为迫切的政治

---

\* H. W. Parke, *Hermathena* 72 (1948) 92-7 很有说服力地提出了前一种看法，Burn, PG, p. 345 也持同样的看法："'献上什一税'给神是希腊人在劫掠城市的时候或者城邦在没收被控有罪的罪犯的财产时才会说的话。"

动机才这么做的。

就这个问题来说,接下来发生的一件事就很能说明问题。雅典人不太希望看到彼奥提亚联合在一个强大的底比斯中央政府之下,铁斯皮亚和普拉提亚更不希望如此,他们新近获得的独立完全仰仗于同盟的支持。在战役结束之后的第10天,希腊人举行了一次全体军事会议,正式做出进攻底比斯的决议,"要求底比斯交出所有投靠波斯的人,尤其是领导了亲波斯运动的两个人,提马格尼达和阿塔吉诺斯"。无论怎么想象,这都很难与向底比斯征收什一税献给神挂起钩来;但是,那时有着7座城门的底比斯是一座非常强大的城市,要征服该城,波桑尼阿斯的战士目前的战斗意志显然不够。就像任何时代和任何国度的战士一样,他们在战役结束后只想着一件事:回家。不过,从政治角度看,彼奥提亚真正的危险之处主要是其严密的寡头政制。只有除掉了其寡头制,人们才会感到安心。因而,波桑尼阿斯要求底比斯交出寡头派最显赫的两位投敌分子。他可能盘算着(有充足的理由)底比斯公民对遭受围攻的厌恶会压倒对这些人的支持。最后,9天过去了,提马格尼达知道,如果他不主动出来投降,形势会变得完全失去挽回余地。阿塔吉诺斯更聪明一些,他同意出来投降,然后在夜间逃掉了,其余人等都被如期交给了波桑尼阿斯。斯巴达摄政拒绝抓捕阿塔吉诺斯的儿子,说他不信卖国贼的亲人也是罪犯。另一方面,他非常简洁快速地审判了提马格尼达和其余人等,这些人(正如他意识到的那样)原本都满怀信心地希望通过行贿获得无罪释放。他粉碎了底比斯在彼奥提亚的霸权,并在包括底比斯在内的各邦都成立了温和政府,然后就解散了同盟军队,让各邦军队回家了。做完这些之后,他就将这些政治犯押送到科林斯地峡，全部处决，以此为榜样来威慑和警告希腊各地的极端分子们。

这个故事的最后一幕如下。当波桑尼阿斯与波斯人在阿索波斯河两岸互相监视着对方动向的时候，一个萨摩斯使团（瞒着受波斯人支持的该岛的统治者）抵达了莱奥提基达斯位于提洛岛的海军司令部。就像在舰队离开埃吉纳岛之前来向希腊同盟提出同样请求的开俄斯小集团一样（参见上文第309页），这些准备叛乱的人要求希腊同盟"拯救与他们相同血脉的爱奥尼亚人，帮助他们驱逐异邦人，摆脱做奴隶的命运"。他们说，就萨摩斯而言，发动叛乱的时机已经成熟。只要强大的希腊舰队出现在爱琴海东部，就足以鼓动所有的爱奥尼亚城市站出来反抗波斯人。波斯人仅凭自己已经不太可能做出有效抵抗。他们的战船因为长期服役已经破败不堪，无法再打硬仗；总的来说，只要希腊人坚决进攻，波斯舰队已经不是他们的对手。这种说法很清楚地表明，波斯海军司令已经将很有战斗力的腓尼基舰队打发走了（Hdt. 9.96.1）；无疑，这个消息令莱奥提基达斯受到相当大的鼓舞。人们为波斯人这一令人吃惊的举动提出了种种解释。腓尼基人可能刚刚受命前去守卫色雷斯沿岸和达达尼尔海峡（波斯人也担心正在酝酿中的爱奥尼亚大叛乱），但是，似乎更有可能的是，在萨拉米斯战役之后（参见上文第273页），腓尼基人的忠诚度已经变得非常可疑，以至于波斯人将他们视为不安全因素，显然，最好将他们赶走。无论如何，波斯人没有勇气再参加海战，就此而言，萨摩斯来访者倒也没有夸大事实。斯巴达海军统帅认真听了他们的汇报，决定冒险一试。萨摩斯使团领袖承诺，他的人民将会全力支持希腊人的行动，然后，他们当场就宣誓，缔结了萨摩斯与希腊同盟的盟约。有利的占卜结果加速了这一进程，24小时后，希腊舰队离开提洛岛港口，向东方驶去。

波斯在萨摩斯的将领是阿塔翁忒斯和伊塔米特莱斯，他们听闻此讯，立即率领舰队离开萨摩斯，驶向对岸大陆：这次撤退并非像它表面看来那样是因为怯懦，因为位于提加尼港口与米卡莱半岛之间的海峡在最窄处只有1到2英里宽。不管怎么说，他们没有多少选择。考虑到舰队中潜在的叛变势力以及萨摩斯人根深蒂固的敌意，如果他们继续待在那里，可能会轻易被包围并歼灭。另外，在庞大的腓尼基舰队离开之后（无论出于何种原因），他们只有100多艘船只可供调用。因此，他们经过讨论做出决定，"他们目前的实力无法与希腊舰队对垒，避免决战是更好的选择"。到了米卡莱海岸，他们就能与撒尔迪斯和内陆地区建立陆上联系（更不用说，一旦战局恶化，这里还便于撤退）。在这里，他们也能得到提格拉涅斯——"波斯陆军最高、最帅的男人"——的支援，按照薛西斯的命令，他已经率领6000人的部队*专门赶来监视爱奥尼亚地区。实际上，他们现在就是计划要与提格拉涅斯建立联系，然后将他们没有多大用处的舰队转换成一个应急性的军

---

\* 希罗多德（9.96.2）说这支部队有60000人，显然不可能（Hignett, XIG, pp. 254-5, Burn, PG, p. 549）。很久之前，塔恩就提出（JHS 28［1908］228, n. 99）提格拉涅斯的军阶是万人将，他麾下原先理论上应该有10000人，但希腊半岛的战役及其随后的撤退已经使其人数不足。这样的话，希格内特的"万人将-千夫长"理论可以提供一个比较可信的解释。由于埃弗鲁斯将包括"来自撒尔迪斯和邻近城市"的那些部队（即提格拉涅斯军团）以及来自萨摩斯的海军部队在内的波斯军队总人数估算为10000(0)人——见Diod. 11.34.3——我们可以大胆猜想舰队中服役的海军陆战兵有4000人。如果每艘船上面有30~40名海军陆战兵（参见上文第259页），那么，在腓尼基舰队离开之后，波斯舰队可使用的战船总共只有100艘左右。

事基地。他们将战船都拖上了岸，大概是在米卡莱半岛南岸的某处，一条名为盖松的小河的东岸，靠近德墨忒尔和科莱神庙。完成这一步之后，他们又给自己四周用石料和树木建了一圈围墙，墙头都是削尖了的木棍，形成一座很坚固的营寨。他们的背后是林木茂密的丘陵和山谷，有一条便道可以通向北面的米卡莱山：这个位置很有可能就在多马提亚或阿克博加兹。算上剩下的战船上面的海军陆战兵，他们与提格拉涅斯总共可以集结起一支大约1万人的部队。他们在狭窄的海滩上掘壕固守，按照希罗多德的说法，准备迎战希腊人或者应对围攻。

同时，莱奥提基达斯让舰队停泊在了萨摩斯岛东侧一个很大的海湾里，这里靠近已经被薛西斯放火烧毁的赫拉神庙，这座神庙在古代神庙中独一无二，但此刻已变成了一堆黑色的瓦砾。他来的时候清空了甲板，做好了随时战斗的准备，但波斯人已经走了。尽管莱奥提基达斯会笑纳这样一个免费的优良海军基地，可供未来在爱琴海东部行动时使用，但敌军的这个新动向还是令他感到有些不安。他渴望在海上战斗，也有这个条件，但是，如果战场突然转移到陆地上，他的部队还够用吗？他只有不多于2500名的海军陆战兵，可能还有1000名弓箭手（如果这些人没有被派去普拉提亚作战的话）。有人提出，[25] 由于极度缺少人手，至少一些伯罗奔尼撒城邦出现过征发重装步兵去划桨的现象。如果这些人随身带着盔甲，或者向萨摩斯人借来一些盔甲，他们也可以成为可用的重装部队，但即使如此，莱奥提基达斯拥有的全部陆战力量也不会超过5000人。另一方面，直到现在为止，一个众所周知的事实就是，要论正面一对一的战斗，只有最优秀的波斯步兵才能抵御训练有素的希腊重装步兵。莱奥提基达斯举行了一次

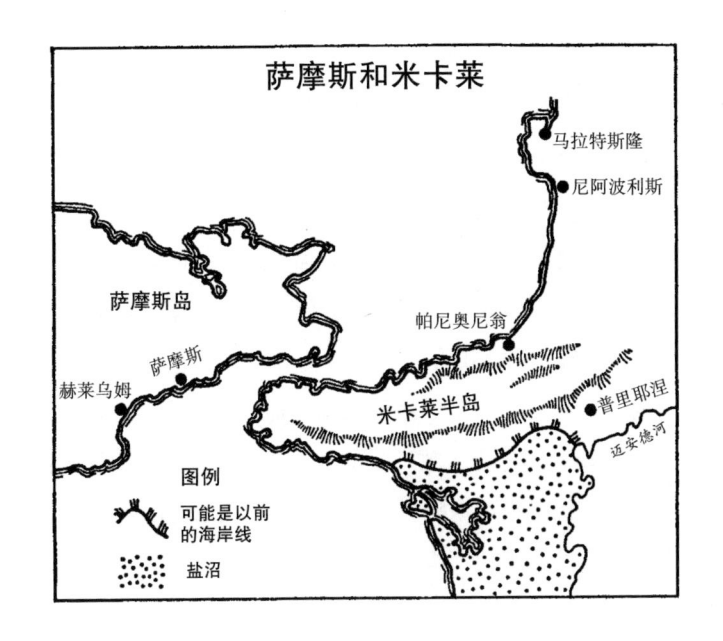

## 萨摩斯和米卡莱

- 马拉特斯隆
- 尼阿波利斯
- 萨摩斯岛
- 帕尼奥尼翁
- 赫莱乌姆
- 萨摩斯
- 米卡莱半岛
- 普里耶涅
- 迈安德河

图例
- 可能是以前的海岸线
- 盐沼

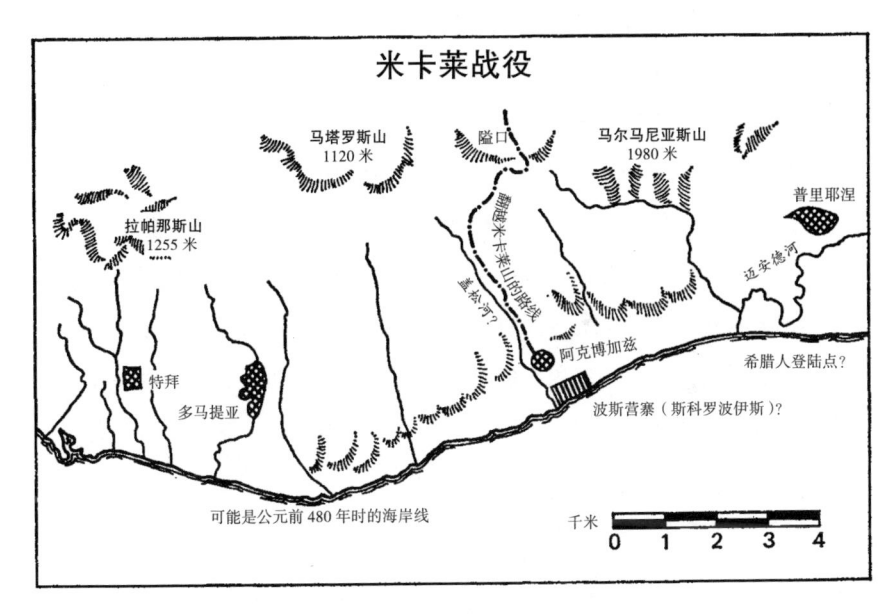

## 米卡莱战役

- 马塔罗斯山 1120米
- 隘口
- 马尔马尼亚斯山 1980米
- 普里耶涅
- 拉帕那斯山 1255米
- 翻越米卡莱山的路线
- 盖松河?
- 迈安德河
- 特拜
- 阿克博加兹
- 希腊人登陆点?
- 多马提亚
- 波斯营寨（斯科罗波伊斯）?

可能是公元前480年时的海岸线

千米 0 1 2 3 4

军事会议，讨论下一步的行动。一些军官主张返回基地，而另一些更有冒险精神的军官则希望将米卡莱半岛上面的波斯人全部消灭，然后直扑达达尼尔海峡。奇怪的是，似乎没有人考虑在萨摩斯的阵地固守。他们最后做出的决定——进攻敌军的营寨，如果可能，就彻底将之摧毁——很大胆，但可以说是正确的。除非波斯人已经被消灭，否则任何冒进都会使希腊舰队身陷险境，因为波斯人有可能决定再次出海。

这时，已到正午时分。舰队立即出海，朝着大陆方向驶去。莱奥提基达斯看到一支人数不少的敌军步兵已经沿着海滩列阵，而他们的战船则都很好地隐蔽在营寨里，于是他就接近岸边，并让一位传令官站到了他的旗舰上面，此人"拥有全军最洪亮的嗓门"。这位传令官大声喊道，希腊人前来"解放亚细亚的希腊城市"，并号召所有真正的爱奥尼亚人都站到希腊人这边来，而且告诉了他们当天的口令，"赫拉"——这个口令可以让他们想起波斯人焚毁他们最著名的神庙的野蛮暴行。当然，莱奥提基达斯只是借用了地米斯托克利在阿尔特米西乌姆战役后采用过的方法：这一次，它似乎产生了相当好的效果。提格拉涅斯立即解除了在部队中服役的所有萨摩斯人的武装，*并派米利都人执行通信任务，把守通往米卡莱山的各隘口。后一项调动并不意味着米利都人此前有过公然反叛的迹象，但是，无疑，提格拉涅斯宁愿让他们远离实际的战场。这种态度非常容易理解：为何要让他们面临不必

---

\* 由于莱奥提基达斯现在控制着萨摩斯岛，这无论如何都是一项很明智的预防措施，但是，很明显，萨摩斯人早就表现出了他们对波斯人的不满：释放了薛西斯部队在行军穿过阿提卡时俘虏的 500 名雅典人（参见上文第 217 页），让他们带着给养和旅费回雅典老家去了（Hdt. 9.99）。

要的诱惑呢？

莱奥提基达斯让他的整支舰队沿着海岸驶向更靠东的地方，这样他的部队才能不受敌军干扰地上岸，并排成战斗队形。就在登陆的时候，部队中开始出现了传布已久的流言，即波桑尼阿斯率领的大军刚刚在彼奥提亚大胜马尔多纽斯。由于希罗多德和埃弗鲁斯都很明确地提到普拉提亚战役和米卡莱战役发生于同一天，普拉提亚是上午，米卡莱是下午，关于这样一种传言是如何传播起来，更不用说如何证明是正确的了这个问题，从那时到现在，很多人给出了巧妙的合理化解释。当然，希罗多德将这件事视作"神灵之手干涉人类事务"的明证，这种理论显然没有过去那么受欢迎了。根据埃弗鲁斯的说法，莱奥提基达斯编造希腊人在彼奥提亚赢得胜利的"谎言"是为了给他的部队带来更多的信心，但是后来，他很高兴地看到他的善意谎言得到了历史事实的证明。（与此相似，为了鼓励部队的士气，波斯人也宣称薛西斯率领着一支大军刚从撒尔迪斯出发，正在前来支援他们的路上。但对他们来说不幸的是，这个预测被证明不那么可靠。）

现代学者对这件事有不同的看法。一些学者认为普拉提亚战役要比米卡莱战役早几天，这样，更早发生的战役的消息就有足够的时间传到米卡莱。那些接受了传统说法的人——这样奇怪的历史巧合尽管罕见，但绝不是没有——倾向于下列两种解释中的一种。一些人声称，莱奥提基达斯听说并通告给他的部队的消息并不是最终决战的大胜，而是更早的一些小胜（可能是击败马西斯提乌斯的骑兵部队的战斗）；另一些人，例如希格内特，坚持认为这纯粹是"一个为了证明神意效果的虔诚虚构"，毫无价值可言。但是，可能还有一种替代性的解释。当埃斯库罗斯在《阿伽门农》一剧中介绍著名的烽火系统的时候，他很明显是在描述他与他的同时代人都非常熟悉的通信方法——实际上，可能是在这次战争中发明的一种通信方法。正如人们经常指出的那样，这样的一种烽火系统很难从特洛伊出发穿越爱琴海北部建立起来，但是，如果穿越优卑亚岛和基克拉泽斯群岛中部，不会有多少困难。如果波桑尼阿斯在上午10点左右点燃基塞龙山上的烽火，他的消息就可以——通过帕尼萨山、斯提拉山、俄卡山、安德罗斯岛、特诺斯岛、米科诺斯岛、伊卡里亚岛和萨摩斯岛上的山峰——在正午时分抵达米卡莱。当莱奥提基达斯的人看见黑色烟柱直冲夏天蔚蓝天空的时候，他们肯定马上就会明白发生了什么。同时，也不可能有完全确定的消息。这恰恰就是容易出现谣言（而不是翔实的报告）的时候。[26]

莱奥提基达斯只可能带着一小部分桨手登陆。除了其他的考虑，他希望战船有人值守，并在战败时能够随时离开。除了重装步兵，他可能只带了两三千名轻装水手，总人数略少于提格拉涅斯的。而且，如果波斯人躲在营寨里固守的话，他的劣势将会更大。希腊人既没有通过猛攻打垮这种临时性堡垒的特殊装备，也没有围困和消耗它的足够闲暇和力量。莱奥提基达斯明白，他必须使提格拉涅斯相信自己不得不对付的是一支规模比实际上更小的进攻部队：虽然他不得不只带一小支部队上岸，但是这里他也充分利用了这一点。但愿，轻松赢得一场速胜的前景能将波斯人引诱出来作战。因此，莱奥提基达斯就让部队分头行动。雅典人率领包括科林斯人、西库昂人和特洛伊曾人在内的大部队直接沿着海滩和山下窄窄的带状平原前进，准备迎击敌人。同时，他本人及其斯巴达军团将绕道内陆，一直要走出人们的视线，然后下到峡谷里,再翻过几道山梁,最后出现在提格拉涅斯的左侧。

这是一项大胆的战术,并完美实现了。当希腊人出现在波斯营寨的视野内时,波斯人"看到敌军没多少人,就非常轻敌,大喊着向希腊人冲去"。像在普拉提亚战役那样,波斯弓箭手将又大又尖的柳条盾竖起来摆成一排,躲在后面射箭。片刻的犹豫之后——在这种情况下是非常自然的反应——雅典人和他们的盟邦战友尽管人数处于绝对劣势,但还是排成密集队形,投入战斗。战斗一度僵持,双方不分伯仲。西库昂人遭受了特别严重的伤亡,他们的指挥官伯里劳斯(Perilaus)阵亡。但是,随后,被解除武装的萨摩斯人就抓起他们可以找到的武器,站到了进攻者一边作战,而其余为提格拉涅斯战斗的众多爱奥尼亚人也很快纷纷效仿了他们。希腊重装步兵一想到可以在没有斯巴达人的任何帮助的情况下靠自己取得胜利而欣喜若狂,于是继续加强攻势。最后,他们突破了波斯人的盾牌防线,提格拉涅斯的部队崩溃,纷纷逃向战船,希腊人则在后面紧追不舍。现在,波斯军的有组织抵抗结束,大部分守军都迅速跑向山丘。与过去的战斗一样,只剩下了波斯人自己在英勇战斗。提格拉涅斯的皇家卫队分散成若干小队,在营寨里面做了最后的殊死抵抗。斯巴达人在战斗全部结束之前及时赶到,消灭了这些顽抗者,接管了——委婉地说——所谓的"收尾行动"。

到了这时,有越来越多的亚洲希腊人像雄兔一样表现出机会主义式的勇气,开始公开攻击他们以前的主人。作为向导驻守在山上隘口的米利都人充分利用了这个机会,"因为当波斯人企图逃跑的时候,他们将其带到了错误的小道上面,最终又回到了追军面前,他们随后也参与了大屠杀,证明他们才是波斯人的死敌"。

在战斗中，提格拉涅斯及其副司令马尔东忒斯均被杀死，舰队司令官阿塔翁忒斯和伊塔米特莱斯逃走。他们两人，再加上其他数千名逃兵，逃过了莱奥提基达斯的追击以及在米卡莱山里游荡着的野兽[27]的攻击，沿着比较低缓的山坡向北面的撒尔迪斯逃去，据说薛西斯在那里"万分惊愕地"收容了他们。（他的兄弟马西斯忒斯丝毫不留情面，将阿塔翁忒斯的指挥形容为"还不如个女人"。）在这场战役以及随后的溃败中，大约4000名波斯人及其同盟者丢掉了性命；希腊方面的伤亡没有记载，但肯定也很严重。当天色暗下来之后，追击也逐渐停止，莱奥提基达斯将波斯大营里的所有战利品和财宝都搬出来，集中到海滩上面。然后，他放火将波斯营寨以及放置在里面的空船烧掉，便返回了萨摩斯。自由的基石终于牢固地建立了。

然而，就像普拉提亚战役的胜利一样，米卡莱战役的胜利也带来了更多的问题和责任。当然，最紧迫的问题是如何保护新近解放的爱奥尼亚诸邦。莱奥提基达斯马上就这个棘手问题举行了一次讨论，但这次讨论只是暴露出了各方态度的根本性分歧——未来50年历史的萌芽——令人感到沮丧。作为自给自足、天然奉行孤立主义的斯巴达人，他们的原则就是避免在海外承担义务。接受新成员进入同盟就意味着要在军事上保护他们免受波斯的侵略。自从第一次爱奥尼亚叛乱以来，斯巴达的爱奥尼亚政策就很清楚了：它将从外交上给予保护，但坚决拒绝给予军事援助。[28]这一点很好理解。作为一个陆军很强而且缺乏骑兵的国家，斯巴达怎么会为保护这样一片容易受到攻击的海岸而与整个波斯帝国对抗呢？莱奥提基达斯的理由足够直截了当。他们过去组建同盟是为了将波斯侵略者赶出希腊。现在，这项任务已经完成。在小亚细亚承担任何进一步的义务都暗示着政策的根本转变，即从防御转向进攻。斯巴达绝不会支持这样的转变。在米卡莱战役之前，他们已经同意接纳萨摩斯为同盟的成员。他们准备也将开俄斯、莱斯沃斯以及其他所有"曾经为了希腊与异邦人作战"的岛屿接纳入盟，但是，这就是他们的底线。作为一个经济上自给自足、军事资源极其有限的国家，他们缺乏对爱奥尼亚海岸和达达尼尔地区建立任何形式控制的动力。由于薛西斯就在不远处的撒尔迪斯（而且要记住他们天生厌恶穷追战败的敌人），很容易理解为什么这样的政策转变会让他们深恶痛绝。他们自己有限的目标已经达成，除此之外，他们不想再要任何东西。

与此同时，即使只考虑身为同族的事实和基本的道义，他们似乎也得为爱奥尼亚人做点儿什么。在这里，我们遇到了希腊民族意识的一次有趣而又重要的转变。当雅典在压力之下有可能要脱离同盟而加入马尔多纽斯（参见上文第302—307页）的时候，雅典发言人对斯巴达人提到了"全体希腊人在血缘和语言方面是有亲属关系的，我们诸神的神殿和奉献牺牲的仪式是共通的，我们的生活习惯也是相同的"，并坦诚地承认"如果雅典人背叛了这一切，将是很不妥当的"（Hdt. 8.144）。很难想象哪个希腊人会在马拉松战役之前说这样的话。面对一个完全异质的外国侵略者，共同的抵抗和牺牲已经开始——无论多么缓慢和不完美——锻造出一种后来被称作泛希腊思想的感情，这是一种异常光彩、独一无二的希腊精神，为其他民族所阙如。或许，这就是希波战争留下的最宝贵和最持久的遗产。斯巴达代表在萨摩斯至少理解和接受了他们对爱奥尼亚同胞负有无形的责任，即使他们提出的解决方案（极为不切实际）是为了解决自己的特殊需要和担心，而基本未考虑它对别处产生的潜在影响。他们想到的方案是大规模移民。由于同盟无法保证爱奥尼亚人的独立，就让他们离开家园，移民到希腊本土，定居在那些亲波斯的商业或海上城市之中——这是"为神征收什一税"的一种好方法，对所有人都有好处。没有人说明如何驱逐这些城市现有的人口或者他们将去往何处：大概，作为热情的亲波斯派，他们可以搬入空出来的爱奥尼亚城市。奇怪的是，这种想法很有生命力。普里耶涅的比阿斯（Bias of Priene）很久以前就提出了这个设想，而最近在 1922 年，这个设想就进行了一次基本成功的大规模尝试。*

可以预料的是，该方案最激烈和最坚定的反对者是雅典人，但他们公开给出的理由并不能完全说明他们为何持如此顽固的立场。他们厌恶由伯罗奔尼撒人决定雅典殖民地的命运的想法，他们担心"如果爱奥尼亚人由共同行动的希腊人给予了新的家园，他们就不会再将雅典视作母邦"。他们坚持认为爱奥尼亚人应该待在原地不动，根据埃弗鲁斯的说法，他们甚至保证支持爱奥尼亚人的独立，不管其他希腊城邦是否支持。公开提到确凿的经济上的事实似乎不够老练，但是，它们肯定是雅典发言人头脑中最重要的事情。首先，可能移民的爱奥尼亚人肯定超出了愿意接纳他们的城市的容纳能力，由于当时已经几乎没有足够的空间了，结果城市就会越来越拥挤。更重要的是，爱奥尼亚人都是经验丰富、非常成功的海上商人。雅典人很不希望——他们刚刚非常艰难地击败了主要的竞争对手科林斯——新的竞争者进入他们的

---

\* 这里指发生在 1922 年的希腊与土耳其的人口大交换，生活在土耳其西海岸的 150 多万信仰东正教的希腊人被遣返回了希腊，而生活在希腊的 40 多万穆斯林也被遣返回了土耳其。——译者注

市场。对奉行孤立主义的斯巴达人来说，美塞尼亚农奴耕种的大麦田完全可以让他们自给自足，他们很乐于主张对希腊的力量进行如此彻底的重整，毕竟这对他们来说不会有什么坏处。另一方面，对雅典来说，海外贸易是它的生命线，因此它更愿意与它这些过于聪明的表亲保持距离。与希腊的每一个公民兵城邦一样，雅典之所以抵抗薛西斯的入侵，最重要的就是他们奉行独立自决的原则。但是，雅典也有其他动机，而且同样重要，那就是夺回生死攸关的黑海运粮通道。雅典的领袖们虽然得意扬扬，但已经厌倦了战争，很不希望看到他们艰难赢得的独立被咄咄逼人、贪得无厌的殖民地居民夺走。面对如此强硬的反对意见，莱奥提基达斯谨慎地收回了他的提议，结果就是爱奥尼亚人暂时没有获得任何保护性的协议。[29]

长期以来，共同的事业和危险掩盖了雅典与伯罗奔尼撒集团之间在目标上的根本分歧，下面的事实使其变得更为明显。在这次没有结果的辩论结束之后，同盟司令官同意海军开往达达尼尔海峡，主要目标是拆除薛西斯的两座桥梁。（这两座桥梁大概在前一年秋天修复过；令人难以置信的是，希腊人这么长时间都不知道它们在更早之前已经损毁了。）斯巴达人从纯粹的军事角度看待这次远征。对他们来说，尤其是随着秋季的来临，这次远征的唯一正当理由就是保证欧洲不再遭受侵略，这是长期萦绕在他们脑海中的反复出现的忧虑（参见 Thuc. 1.89）。因而，对他们来说，目前整件事以损毁海峡桥梁始，以损毁海峡桥梁终；一旦完成这项工作，就可以逐一消灭掉波斯人在色雷斯和其他各地的驻军。另一方面，对雅典人来说，这意味着一项以经济为主的使命迈出了重要的第一步：收复塞斯托斯和拜占庭，占领关键的商业通道和利润可观的市场，他们已经从这里被波斯大王挤出来很久了（参见上文第34—35页）。战事可能已经结束——有人甚至会否认这一点——但是，无疑，还得努力去赢得和平，雅典人从一开始就完全愿意追求和平。

令他们吃惊的是，在阿卑多斯，他们发现桥梁早已不见了：一位来自卡地亚的波斯军官早就预料到希腊人会来毁桥，他已经提前拆除了桥梁，为安全起见，还将缆绳都带到了海峡对面的塞斯托斯。莱奥提基达斯听说以后，就断定他们的任务已经结束，雅典人在这件事上有不同的想法。伯罗奔尼撒人起航回家之后，珊提帕斯率领他的阿提卡舰队在各种不知名字的"爱奥尼亚盟友"——非常重要的征兆——的帮助下，开始对塞斯托斯展开全面围攻。形势几乎在一夜之间发生了转变。一方面，希腊人现在对波斯人发动了攻势，这种进攻从米卡莱战役就开始了；另一方面，希腊人本身在基本战略问题上出现了分裂：雅典迅速崛起为一个独立大国，产生了巨大的和无法预料的影响。珊提帕斯的围攻持续了整个冬天，直到饥饿的守军开始被迫煮吃皮带，而雅典军队也快要发生兵变了。但是，塞斯托斯最后还是陷落了，珊提帕斯（在捕获并钉死了波斯驻军司令后）胜利回到雅典，身后拖着薛西斯的桥梁缆绳——充满感激之情的人们在德尔斐祭献的所有战利品之中，这是最后一种，也是最奢侈和最有象征意义的一种。与修昔底德的看法一样，在希罗多德看来，这是希波战争结束的标志；历史学家可能会反驳他们的看法，但是从戏剧性和心理上看，他们都是非常正确的。此后史事芜杂的半个世纪最好留着单独讲述。在《历史》全书的最后一句话中，距离战争最近的希罗多德在评价波斯人的时候做出一个判断："他们宁可住在崎岖的山区做统治者，而不愿住在平坦的耕地上做奴隶。"这是一句敏锐到令人不安的评论，人们想知道它如何影响到了雅典帝国的伟大领袖伯里克利。

这样，雅典人就又一次带着他们的妻子、孩子和家当返回了被战火蹂躏过的城市，开始了痛苦的重建工作。保卫西方的战争来到了辉煌胜利的结尾，现在，是时候开始做那些更为单调乏味却必不可少的工作了。一个新世界露出了曙光，在这个新的世界，同盟的理想和忠诚都很快被忘掉或者失去了它们的意义。就人性来说，这是可以理解的；人们不可能会一直活在牺牲、英勇、无私理想等这些高尚、亢奋的精神之中，它注定会很快结束。这些精神闪耀一时，但无法持续下去。不过，在战争的熔炉里，仍然锻造出了一些纯粹和不朽的东西，就像碳原子在无法想象的压力之下将会结晶成钻石。穿过所有叛国和失败的迷雾，仍然有一种东西在闪耀着遮盖不住的光辉。这样一场胜利的最终成果很难用可感知的东西去衡量。我们几乎理解不了影响如此重大和如此持久的一项恩惠。威廉·戈尔丁（William Golding）的概括可能是最精准的。在一篇非常动人和难忘的文章里，[30] 他曾经这样写道（虽然写的是莱奥尼达斯，但是他的话普遍适用）：

如果你是一个波斯人……无论是你，还是莱奥尼达斯，还是其他任何人，都无法预见到他们赢得了在雅典、全希腊乃至全人类历史上都大放异彩的30年……莱奥尼达斯的遗产之一就在这个事实之中：我能去我想去的地方，我能写我想写的东西。他的贡献使我们自由。

说到底，自由意味着滥用自由的特权和权利，每一个希腊城邦在其全部的历史上都在随意使用着这项特权。在这里，我不想继续讲述随后那个虽然忧郁但有启发性的故事。正如色诺芬在他的《希腊史》结尾所说："对我来说，写到这里就够了；以后的事情自有其他人来操心。"让我们将希腊人定格在击败蛮族人这一短暂而又光辉的时刻：这是一个永恒的瞬间，就像革命胜利后的高潮一样，所有的价值都是简单和清晰的，所有的人类理想都是可以达到的。这一启示时刻如此易逝而又如此完美；然而这一天，在永恒的相下（*sub specie aeternitatis*），从现在到未来，将会继续照耀和滋养着我们的整个西方文明遗产。

雅典-墨提姆那
1968—1969 年

# 注　释

## 1996 年重印版序

1. 此刻特别萦绕于脑际的是伯里克利·乔治的《蛮族人的亚洲与希腊人的经历》(Pericles Georges' *Barbarian Asia and the Greek Experience*)、伊迪丝·霍尔的《发明蛮族人》(Edith Hall's *Inventing the Barbarian*)、弗朗索瓦·哈托格的《希罗多德的镜子》(François Hartog's *The Mirror of Herodotus*)（参见本书的《补充参考书目》：序言里提到的所有作品都可以在这里找到）。奥斯文·穆雷（Oswyn Murray）在《剑桥古代史》(CAH iv2, p. 461) 中写爱奥尼亚起义的第一句话显然是不言自明的真理："就像犹太人，希腊人在与波斯人接触的过程中学会了定义他们自身。"

2. 到现在为止，相关文献已经很多。除了上面提到的书，还尤其应该看一看 Briant 1982 and 1989、Cook 1983 and 1985、Cuyler Young 1988、Dandamaev 1989、Elayi 1988、Frye 1983、Gershevitch、Herzfeld。Lewis *ap*. Burn 1984, 588-602 提供了一个非常方便的 1962—1983 年的文献总清单。尤其有用的是（正如伯恩在他的第二版"前言"的第 xv 页指出的那样）关于"波斯贵族和军队高级将领人物志"的研究。

3. 我在《补充参考书目》列出来的只是那些在最严格意义上与希波战争相关的文献（例如，第 5 卷、第 8 卷、第 9 卷）。因为同样的原因，我没有列出关于前面几卷的研究文献，例如 R. A. McNeal 对第 1 卷的研究、Alan B. Lloyd 研究第 2 卷的三大卷作品（1975—1988），尽管我发现它们很有用。我对研究希罗多德的一般性著作的排除和纳纳也遵循同样的原则。

4. 正是戈姆的话最初促使我计划办一个很多人觉得不太可能实现的本科生讨论班，即在一个学期之内阅读和讨论希罗多德（希腊文版）全部九卷的内容。事实上，这个实验获得了极大成功，并在后来（这证明前面的成功不是侥幸）又以同等的热情重复举办了四五次。更何况，讨论班还使参加者逐渐熟练掌握了希腊文（不仅仅是爱奥尼亚希腊文），这又进一步使我们体会到希罗多德是在多么庞大和多么有条理的一个袋子里安排他的材料，多么熟练地组织材料来实现他的全部目标。

5  尽管希罗多德记载（8.142.3, cf. Hammond 1988, 560-1）雅典失去了两次收获（大概是公元前 480 年和前 479 年），我不相信这需要我们将法令的年代回溯到公元前 481 年 9 月，Hammond (1982) 用很大的篇幅提出了这样的看法，也被 Burn (1984, xvi) 暂时接受。公元前 480 年的收获可能到了年底；现代学者们根据希腊和波斯军队动向计算出来的时间可能稍微有点儿早；无论收获全部完成或部分完成，都必须尽快地撤离，不然他们就有可能什么也得不到。而且，迄今为止，雅典比大部分地方都更难以保证能在危机到来之前实现撤空。即使农民们和公民们已经同意撤走，他们也会很快再回来。我希望能在其他地方再讨论这个年代问题。

6  有时候，我认为应该禁止学者们为证明他们比史料高明而利用"伪造"的理由来支持自己，除非他们先学习了关于基本规范的课程，该课程从《伪造者与批评家：西方学术中的创造与欺骗》(Forgers and Critics: Creativity and Duplicity in Western Scholarship, Princeton, 1990) 开始，然后再接着读斯佩尔（W. Speyer）的经典作品《古代基督教和异教中的伪造文献》(Die Literarische Fälschung im heidnischen und christlichen Altertum, Munich, 1971) 和布罗克斯（N. Brox）主编的《古代异教和犹太–基督教中的伪典》(Pseudepigraphie in der heidnischen und jüdische-christlichen Antike, Darmstadt, 1977) 中辑录的论文。有用的英语文献包括吉尔伯特·巴格纳尼（Gilbert Bagnani）的 'On Fakes and Forgeries'，Phoenix 14 (1960) 228-44，已故的罗纳德·塞姆爵士（Sir Ronald Syme）的 Emperors and Biography: Studies in the Historia Augusta, Oxford, 1971：尤其是第 17 章（Fiction and Credulity, 263-80），但是，纵观全书，到处都是令人着迷的梗概（apercu）；关于古代文艺作品造假的广泛调查，参见 Fake? The Art of Deception, ed. Mark Jones (Berkeley & London 1990)。

7  尤其参见这段话："从 Arist. Ath. Pol. 4 中记载的'德拉古宪法'，我们可以看出伪造者没有能力理解更早时代的状况，也没有能力想象出过去的精神。而且，我们应该期待发现一位生活在公元前 4 世纪后半期的作者伪造文献时的兴趣点，例如获取财政收入或者强迫不满的三列桨战船捐助者们（公元前 4 世纪的 trierarchs）承担财务压力的方法，而不是指挥一艘战船及其

人员的一次性方法。"(p. 91)

8  我参考过的评论如下（随机排列）: *Phoenix* 25 (1971) 86-7 (Eliot); *Riv. Stud. Class.* 19 (1971) 95-7 (d'Agostino); CPh 66 (1971) 264-5 (Frost); AHR 76 (1971) 750-51 (Kagan); RBPh 50 (1972) 621 (Salmon); *Rev. Hist.* 96 (1972) 254-55 (Will); *Historische Zeitschrift* 213 (1971) 135-36 (Meyer); CR 22 (1972) 423-25 (Briscoe); *Mnemosyne* 28 (1975) 315-16 (Van der Veer); *Anzeiger f. Altertumswiss.* 28 (1975) 39-41 (Weiler)。还有另外一些评论。

9  在希罗多德著名的开篇（1.1）里，他先是承诺要使希腊人和蛮族人的那些壮举不至于因为年深日久而湮灭无闻，然后又补充了一句"其他目标，包括他们之间互相交战的原因"（τά τε ἄλλα καὶ δι' ἣν αἰτίην ἐπολέμησαν ἀλλήλοισι）。

10  有大量著作研究了薛西斯的生平、行政管理、财政政策和修建宫殿的热情：参见 Granger, Kuhrt & Sherwin-White (*Ach. Hist.* II 69-78), Matsudaira, O'Neil, Rocchi, and Tripodi。这些著作大部分都确认或者细化了我早先对他的评价。

11  Plato, *Laws*, 707B-C 得到了 R. W. Macan, *Herodotus: The Seventh, Eighth, and Ninth Books* (London 1908), vol. ii, 47-48 的透彻分析。雅典的陌生人（明显代表柏拉图本人）与斯巴达人麦基洛斯（Megillus）一起驳斥了克莱尼阿斯（Cleinias）关于萨拉米斯战役拯救了希腊的说法：没错……希腊人的得救始于陆上，即马拉松，终于另一处，即普拉提亚。还有，如果有这样一些可以被允许用于那个时期的拯救行动的话，那么我要说，这些战役的胜利使希腊人变得更加优秀，而其他战役则没有这样的效果。出身优越的柏拉图在这里的话并不是凭空编造，也不是在扮演一个喜怒无常的非典型怪人，而只是在重申一种在马拉松战役之前已经存在很久的、不言自明的贵族式老生常谈。

12  参见 Meiggs & Lewis 40-47, esp. 40-41；另见 Ostwald 336-67, 342。我在这里不考虑凯拉米克斯陶片：见下文。

13  从20世纪60年代后期开始写这个主题以来，我从这一领域里出版的大量有价值的著作中学到了很多：尤其参见 Balcer 1979、Ghinatti、Holladay、Karavites、Knight、Ostwald 以及 William 1973、1978、1980、1982。

14  Thuc. 1.22.4：因为在人类历史的进程中，未来虽然不一定是过去的重演，但同过去总是很相似的。

15 在本书中提到不止一次的相似例子是薛西斯在公元前 480 年的进军与第三帝国在 1940 年的进军，还有有趣的个人比较（例如地米斯托克利与丘吉尔以及帖撒利/底比斯与维希法国）。这样一种说明性的对比，或许可以理解，但可能会使我的德国和奥地利评论者感到不舒服。维勒（Weiler）重点谈过这个问题，而迈耶（Meyer）（在指斥我为"细节狂"之后——大部分英语评论者却给出了相反的抱怨）则严厉地批评我的现代"自由"（*eleutheria*）概念意味着我没有能力正确分析古代文献。

16 A. E. Housman, *D. Iunii Iuvenalis Saturae* (corr. Ed. Cambridge 1931) xi.

17 O. K. Armayor, 'Did Herodotus ever go to the Blank Sea?', HSCPh 82 (1978) 45-62; 'Did Herodotus ever go to Egypt?', *Journ. Am. Res. Cent. In Egypt* 15 (1980) 59-73; 'Sesostris and Herodotus' autopsy of Thrace, Colchis, Inland Aisa Minor, and the Levant', HSCPh 84 (1980) 51-74; *Herodotus' Autopsy of the Fayoum: Lake Moeris and the Labyrinth of Egypt*, Amsterdam 1985. Detailed criticism of Armayor's thesis in Pritchett 1982, 234-85.

18 这种反证法（*reductio ad absurdum*）将会认为奥维德（Ovid）事实上从未被流放到托米斯（Tomis），而是在罗马编造出了整件事（在这个过程中，出现了大量的地理错误和其他错误），以此作为文学上的俏皮话。参见 A. D. Fitton Brown, 'The unreality of Ovid's Tomitan exile', *Liverpool Classical Monthly* 10 (1985) 18-22, 对此文的驳斥见 D. Little, 'Ovid's last poems: cry of pain from exile or literary frolic in Rome?', *Prudentia* 22 (1990) 23-29。

19 Pritchett 1993 10-143 对费林逐条做了最为详细的反驳；也见 John Marincola, 'The Sources of Herodotus', *Arethusa* 20 (1987) 26-32（更中庸，不尖锐）和 Gould 136-37。

20 O. Murray, *Achaemenid History II* (Leiden 1987) 101 n.12.

21 我说的是由一个作者全面研究希波战争的作品。现在应该没有疑问的是，我从《剑桥古代史》（CAH iv$^2$）的相关章节中获益匪浅，特别是刘易斯、奥斯瓦尔德和巴伦（Lewis, Ostwald, and Barron）执笔的一部分；但是，它只是就已出版的著作做的概述，这与研究性专著还是有所不同。

22 *Hannibal's War: A Military History of the Second Punic War* (Warminster 1978); *The Spartan Army* (Warminster 1985).

23 关于这个问题，他特别向我讲述了第一次世界大战时的普鲁士将军冯·毛奇（Von Moltke）的故事，他在应经济部长（Economic General Staff）的要求而提供的备忘录中这样说："不要用经济问题来干扰我——我正在指挥战争。"参见 Barbara Tuchman, *The Guns of August* (New York 1963) 374。

24 特别见于第 33—39 页；还包括第 50 页、69 页、80 页、184 页、196 页、238 页以及其他各处。这就是我被告诫（p. 39）要使用更多中立描述性词语的原因，例如"情报官""侦察部队""突击队""先遣部队"等。拉曾比的这种看法并不仅仅限于军事事务。一般认为，地米斯托克利策划了执政官职位的改革，一方面推动"将军"（strategeia）职位政治化，另一方面相应削弱执政官本身和只能由卸任执政官进入的战神山议事会（pp. 46-47），但是拉曾比将这种看法批评为"过于马基雅维利化"，他非常严肃地警告我们"过于拔高地米斯托克利的政治远见是一种错误做法"（Lazenby 82-84, Badian 也持同类观点，他根据别的材料认为，在这件事情上，地米斯托克利并没有长远打算）。对地米斯托克利的看法过于马基雅维利化？我想，拉曾比教授应该不需要提醒就知道，一直到 19 世纪，还有很多高级军官是根据社会声望而得到任命的，他们在战场上也的确表现得很优秀。

25 我又一次想到了 1940 年，法国知识界产生了令人无法理解的愤怒之情，就因为英国人完全非理性地拒绝追随他们并以他们能获得的最好条件来投降。

26 Lazenby 50 ff. and 69 声称（与所有的词典用法都不同）συναγαγόντες 一词仅仅意味着"集结"而不是战术性地"靠拢"（希腊舰队的两翼掉头回去支援位于索罗斯的中央阵线：参见我的研究，第 51—52 页），Lazenby 184 则引述伯恩和我的观点为"希腊人划桨向北行进，经过埃加莱奥斯（Aigaleos），进入厄琉西斯湾，并在这里集结，然后掉头回去包围波斯舰队的突出部分"。这完全是一种误解：参见我在第 256 页真正说过的话（科林斯人向北驶去，佯装逃跑，以此诱使薛西斯相信他已经打败了希腊舰队，从而进入狭窄海域）。

27 拉曾比（p. 36）又一次轻描淡写地略过了这种材料。关于军事问题，参见 Anderson、Garlan 的著作，最优秀的是 Pritchett 1971-91；关于海军的发展问题，见 Haas、Jordan、Kelly、Morrison 1974, 1984、Morrison & Coates、Starr、Wallinga 1982, 1987, 1990、Whitehead；关于骑兵，见 Bugh、Evans 1986/7、Worley。

28 当然，在这里，我们进入了之前讨论过的忠诚窥镜的灰色区域：现在人们普遍相信双重（甚至三重）代理人的观念使得地米斯托克利首鼠两端的事实似乎完全可信。约翰·哈林顿爵士（Sir John Harrington）的著名对句可以用来说明这种情况："叛国从未泛滥：原因是什么？/ 因为如果它泛滥，就没有人敢称之为叛国。"

29  参见 pp. 172-74 with 293 n. 6, and cf. Lazenby 163 and 198。

30  Lazenby 161: 这与阿尔特米西娅的明智建议很不同，后者建议（Hdt. 8.68）薛西斯应该兵分两路，一半用来在科林斯地峡牵制希腊人，另一半同时去伯罗奔尼撒半岛南部登陆（大概在 Gytheion），从南侧攻击斯巴达。

31  就个人关系来说，我应该说我与拉曾比教授从未见过面；但是如果我们见了，我想我们可能会相处愉快。我们肯定会发现数量惊人的共同点，包括（根据内部消息）徒步探索希腊未知角落的热情，也包括对莱德尔·哈加尔德（Rider Haggard）的作品的熟悉程度；最近一直在攻读博士学位的妻子；更稀奇的是，还都有一只古灵精怪的猫，聪明地住在一个作家的凌乱书桌上面。拉曾比教授也曾经很有礼貌地表扬过我的文风（我怀疑我配不上这些表扬），在他的"前言"中将《萨拉米斯之年》描述为"完全配得上它的名声，既有学术的深度，也有想象力，具备了讲述一个激动人心的故事的才能"。或许是觉得赞誉过了一点点，在《保卫希腊》一书的余下部分，他几乎每次提到我的书，都是在进行严厉的批评，最后，以一种完全无视的态度在他那范围极广的参考书目中将我排除。

32  还有一位言之有理的评论者抱怨（Briscoe 423-25）说我通过使用现有的各种翻译而（不可避免地）实际上接受了译者在各处的细微差别，应该使用的是原文文本。事实上，由于担心这样的风险，我一度在尽量自己翻译引文；修订本书时，凡是翻译过来的文本，都是我自己直接从希腊文（偶尔为拉丁文）翻译过来的。

## 前言和致谢

1  由 N. G. L. Hammond, JHS 76 (1956) 42, n. 37 和 Burn, PG, p. 456, n. 12 首先指出。

## 第一章

1  1939 年，考古工作者在位于台伯河的一个罗马港口奥斯提亚进行发掘的时候发现了这尊胸像——令人意外的是，并非发现于富人的豪宅，而是从一栋很小很平常的公寓楼的碎砖里找到的（Russell Meiggs, *Roman Ostia*, p. 433）——这个胸像应该会吸引那些将地米斯托克利视作雅典下层平民保护者的人们。像《特洛伊曾法令》（参见第 135 页以下）一样，"奥斯提亚胸像"的出土马上就制造出了数量庞大、有争议的研究性文献。所有评论者都同意这是一件罗马时代的复制品，极有可能属于安东尼王朝时期——参见 R. Bianchi Bandinelli, *Critica d'Arte* 5 (1940) 17-25, G. Becatti, *ibid.* 7 (1942) 76-88. 但是，它复制的对象是谁？专家们在这个问题上产生了分歧。一些人将原作追溯到公元前 4 世纪或前 3 世纪，因此很确定地将其归到了希腊化时期：Bandinelli, *op. cit.*（有保留），B. Schweitzer, 'Das Bildnis des Themistocles', *Antike* (1941) 77-81; H. Weber, *Gnomon* 27 (1955) 444-50 都持这样的看法，但是遭到了 K. Wessel, *Jahresb. d. deutsch. Arch. Inst.* 74 (1959) 124-36 以及其他人的反驳。然而，学者们和艺术史家们的主流看法倾向于认为奥斯提亚胸像复制于公元前 5 世纪的肖像原作，它所描绘的是地米斯托克利晚年的形象，很可能是在担任马格尼西亚总督的时候。参见 L. Curtius, *Mitteilungen des deutschen Archäologischen Instituts* (Röm. Abt.) 57 (1942) 78-93; F. Miltner, 'Zur Themistoklesherm', etc. (Bibliography); Calza (Bibliography, and also *Scavi di Ostia V: I Ritratti*, Pt. 1, Rome 1964, pp.11-14); G. M. A. Richter, *Greek Portraits*, pp.16-21; *Portraits of the Greeks*, vol.1, pp. 97-9 and pls. 404-12 (Bibliography). 里希特女士说这尊胸像是"第一尊真实的希腊人肖像"，笔者同意这一论断，但我也同时承认卡尔萨（Calza）的 *cri de Coeur (Ritratti, loc. Cit.)* 的合理性："很难从这个科学迷宫走出去。"

2 这些数字与希罗多德和西莫尼德斯记载的总数大体一致：现代学者们倾向于更小的数字，但是近来 N. G. L. Hammond 在他的论文 'The Campaign and the Battle of Marathon', JHS 88 (1968) 13-57, esp. 32-3. 中已经令人信服地论证了这些数字的合理性。

3 我遵从的是 Burn, *Persia and the Greeks*（下文将缩写为 PG）第 257 页提出的时间表。哈蒙德（Hammond, JHS 88 [1968] 40）近来试图将满月之日定为 9 月 9 日。我认为他的说法并不可信，波斯几乎没有遇到什么抵抗，到 7 月底已经轻松抵达优卑亚岛：参见 Burn, PG, p. 241。

4 赫拉克莱翁（Herakleion）的位置存在很大争议：我遵从尤金·范德普尔教授的看法（AJA 70 [1966] 322-3），他不仅将其置于最高的战略位置，而且也是为支持其论点提供了令人信服的考古材料的唯一一位学者。其他意见包括阿芙罗纳河谷（Avlona Valley）和位于圣德米特里乌斯教堂下面的阿格里利基山（Mt Agrieliki）；参见 Hammond JHS 88 (1968) 24-5。

## 第二章

1. Burn, PG, p.320 认为希罗多德提到的白亚麻绳（*leukolinon*）的强度不够。由于单是 1 码绳子的重量就接近 1 英担，这种看法是有道理的。

2. 更多有用的讨论见《参考书目》里的 Maurice and Tarn 以及 How and Wells（后面将会缩写为 HWComm.），p.366 ff., Burn, PG, p.326 ff., Hignett, *Xerxes' Invasion of Greece*（后面将会缩写为 XIG），p.40 ff. Cf. Hdt. 7.61 ff。

3. 关于有启发性的人物分析，参见 Burn's excursus, PG, pp.333-6, 'Members and Connections of the Achaemenid Family in Xerxes' Army'。

4. H. W. Parke and D. E. W. Wormell, *A History of the Delphic Oracle* (1956) pp.169-70. 他们说得很正确："毫无疑问，我们在这里看到的是德尔斐在事件发生之前的真实说法。"

5. 坚持传统观点的是 Brunt, 'The Hellenic League against Persia', *Historia* 2 (1953-4) 135-63, esp. 143；但遭到 Hignett, XIG, p.100 的挑战。

6. 关于下面的内容，我很大程度上受益于 Brunt, *Historia* 2 (1953-4) 135 ff 的深刻分析。

## 第三章

1. 参见 J. S. Morrison and R. T. Williams, *Greek Oared Ships 900-322* BC (1968), pp.134-5。

2. 作者可直接锁定为埃弗鲁斯（fr. 111 M=school. Pind. *Pyth*. 1.146），他很可能也是这里引用的 Diod. 11.1.4 的来源；将薛西斯与迦太基勾连的做法受到很多现代历史学家的质疑，最近的质疑是 Gauthier, REA 68 (1966) 5-32，但是也有人令人信服地为之辩护，见 Bengtson, *Griech. Gesch.* 2nd ed. (1960), p. 163, Burn, PG, p.306, n.30 and Ehrenberg, *From Solon to Socrates* (1968), p. 161。

3. 在希波战争期间，对雅典发布的两个重要神谕的年代和相对顺序仍是一个存在争议的问题；关于近来的讨论，参见 Hignett, XIG, pp. 441-4, Burn, PG, pp. 355-8, Parke and Wormell, *Hist. Delph. Orac.*, vol. I, pp. 169-71, Hands, JHS

85 (1965) 59-61, Labarbe, *Loi Navale*, p. 120, Grundy, *Great Persian War* (GPW), p. 238。

4　与更早的作家们的主流怀疑论调相反，参见 C. W. Fornara, AHR 73 (1967) 425-33。

5　M. H. Jameson, *Historia* 12 (1963) 386；参见同一个作者的初版，发表于 *Hesperia* 29 (1960) 198-223，我从中了解到大量信息。关于《特洛伊曾法令》的批评性文献很多，并不是所有书都有同等价值，但是在本书的《参考书目》中已经列出了更重要的一些文献。

6　经过对石碑本身的近距离观察（现在是雅典碑铭博物馆里的第 13330 号），我相信，被 Jameson 先推测为 *ka(i ta pleromata ton) n(eon)* 后来又用 *ka(i tous allous kata) naun* 替换的第 28 行，我们实际上可以读作 *ka(i tou)s nau(t)as (kata) naun*。

　　范德普尔教授现在使我知道（我之前未能注意到），*nautas* 实际上已经由 A. G. Woodhead and R. S. Stroud, *Hesperia* 31 (1962) 313 提出过，尽管很明显只是推测，而不是读出来的，但是，Jameson, *Historia* 12 (1963) 391, n. 12 否定了——又是推测——这种解读。我没有注意到这两篇文章反而使我能够完全独立地解读铭文，我的解读至少可以给 Woodhead 和 Stroud 的推测提供一些验证。

7　Jameson, *op. cit.*, p. 203.

8　P. A. Brunt, 'The Hellenic League against Persia', *Historia* 2 (1953-4) 135-63.

9　参见 M. R. Cataudella, 'Erodoto, Temistocle e il decreto di Trezene', *Athenaeum* 43 (1965) 385-418，这是最敏锐和最有价值的一篇文章。

10　尤其参见 Aristotle, *Ath. Pol.* 22.8; Plut. *Them.* 11.1., cf. 21.2-4, *Arist.* 8.1。最合理的分析见 Burn, PG, pp. 351-2; cf. Caspari, CR 10 (1896) 418。

## 第四章

1　参见 Hignett, XIG, p.119-25，这是关于这些观点的概括，也是很高明的反驳。

2　参见 W. K. Pritchett, 'New Light on Thermopylae', AJA 62 (1958) 202-13, with pls. 54-5; A. R. Burn, *Studies Presented to D. M. Robinson*, vol. I (1951) 480-9, cf. PG, pp. 408-11。还有 Pierre McKay, 'Procopius' *De Aedificiis* and the Topography of Thermopylae', AJA 67 (1963) 241-55, with pls. 49-50 and map,

地图对探索历史发生原地有不可估量的价值。第一个在地图上标出这条路线的旅行者是戈登少将（Major-General Gordon）；参见他的 Account of two visits to the Anopaea (Athens 1838)。

3  W. K. Pritchett, AJA 65 (1961) 369-75.

4  参见 T. J. Dunababin, *The Western Greeks* (1948), p. 425 ff. 的极为高明的推测；也见 Burn, PG, pp. 481-3。

5  这一段代表着一种调和希罗多德（8.9）和埃弗鲁斯（Diod. 11.12.5）明显矛盾的记载的一种尝试，但是，事件发生的顺序以及随后发生的战役的很多细节仍然弄不清楚。若要看有说服力的总评——尽管我不能接受他对"穿刺战术"的看法——参见 Hignett, XIG, pp.183-6。

6  见 Diod. 11.10.1-4; Justin 2.11.12-16; Plut. MH. 32 (866A-B)。

7  Hignett, XIG, p. 371. 在我看来，他关于这个令人着迷难解的问题的讨论（*ibid.*, pp. 371-8）是迄今最有说服力的一个。Devotio 是一个人或者一个指挥官为了拯救本邦全体人民的准巫术式的自我献祭行为："一个男人为他的人民而死是件好事。"

8  参见 W. W. Tarn, JHS 28 (1908) 219 和 Hignett, XIG, p. 189. 另一个很明显的候选是爱奥尼亚起义尾声时发生的拉德战役（公元前 494 年）。

9  这正是梅迪纳·西多尼亚公爵（Duke of Medina Sidonia）在 1588 年率领另外一支大舰队进入英吉利海峡时的阵形；参见 Morrison and Williams, p. 139。

10  Holm, *Gesch. Sicil.*, vol. I, p. 207; Freeman, *Hist. Sic.*, vol. II, p. 199.

## 第五章

1  Hignett (XIG, p. 100) 值得在这里引用："这种深刻分析——遭到普鲁塔克的愤怒反驳——令人想起了麦考莱（Macaulay）的论断：苏格兰的高地部落之所以支持查理一世，只是因为他们厌恶的阿盖尔的坎贝尔（Campell of Argyll）加入了另外一边。"

2  地米斯托克利这时面临的窘境很像 1940 年的戴高乐上校，他不顾自己在军队的上级和维希政府而单独行动，带来了我们所知道的震撼结果。

3  参见 Morrison and Williams, p. 124。由于地米斯托克利的计划总是要撤空雅典，即使我们将其归回到 6 月（他们的解释），它也一样无情。

4  希罗多德（总是急于否认他在独创性和洞察力方面的糟糕声誉）将这种眼

光归功于地米斯托克利的老师姆涅西菲洛斯，事实上，它几乎可以肯定是地米斯托克利本人的创举。

5  在这个问题上，我们可以参见 Arthur Ferrill, 'Herodotus and the Strategy and Tactics of the Invasion of Xerxes', AHR 72 (1966-7) 102-15, esp.107-8。

6  Hdt. (8.97) 和 Plut. *Them.* 16.1 将这次行动放在了萨拉米斯战役之后，主要把它视作一次诱敌行动，目的是掩护一两天之后的撤退。正如伯恩所说（PG, p. 437），这个掩护方案看起来"太累赘了"，我同意他的看法，因为还有两份似乎更可信的文献 Strabo (9.1.13, C. 395) 和 Ctesias（§ 26, Henry, pp. 31-2），但并不是没有保留，希格内特的评论（XIG, pp. 415-17）也相当有说服力。

7  斯特拉波（Strabo, *loc. cit.*）说这个海峡只有 2 斯塔德宽（即 400 码），从而为普里切特的观点提供了有趣的佐证；今天，即使在最窄之处，也两倍于那个距离了。

8  Hdt. 8.65, 见 Myres, *Herodotus: Father of History* (Oxford 1953), pp. 265-6 的阐释，还有芒罗在 *Cambridge Ancient History*, vol. IV, p. 306 中的暗示；参见 Burn, PG, p. 448 and 225。

9  Hdt. 8.70：这个重要段落与 8.76.1 明显不同，认为波斯人的"第二"计划是被西西诺斯的信件刺激出来的。希格内特（XIG, pp. 271, 406）的推测肯定是正确的："希多罗德认为波斯人在执行第一个方案没几个小时之后就采用了第二方案，他可能缩短了事件进程。"希格内特认为它们应该是发生在"数日之内"。

10  Beloch, Obst 以及最近的 Hignett, XIG, pp. 403-8, Appendix IX, 'Salamis: four historical fictions (a) The first message of Themistocles'。还有一个有趣的驳论，参见 J. R. Grant 在 *Phoenix* 17 (1963) 301-6 的评论。

11  我们的主要古代史料是 Aesch. *Pers.* 355-60; Hdt. 8.75; Plut. *Them.* 12.3-4; Diod. 11.17.1-2; Nepos *Them.* 4.3-4; Justin 2.12.19-20。我并不接受希格内特的看法，他说"晚期作家（即狄奥多洛斯和普鲁塔克）的记载并不能用来支持两个版本中的任何一个，因为他们对事件的描述来自两种主要史料中的一种，没有独立的价值"（p. 403）。希格内特如何得知的这一点，我完全想不出来。在狄奥多洛斯和普鲁塔克的作品中，有一些细节——假如那样的话，在涅波斯和尤斯丁的作品中也有——不可能来自希罗多德和埃斯库罗斯；关于这些例子，希格内特的回答似乎是它们出自他们自己的编造。这纯粹是诡辩。古代的大部分文献都已经不可挽回地湮灭了，我们无法分辨埃弗鲁斯（以他为例）参考的是何种更早的史料，更不用说他们的可靠性。

12  主要史料：Aesch. *Pers.* 361-85; Hdt. 8.76; Plut. *Them.* 12.5; Diod. 11.17.2。关于这些争议颇多的预备行动，最合理的处理见 Morrison and Williams, pp. 140-3, 150-5。

13  主要史料：Hdt. 8.78-8; Plut. *Them.* 12.6-7, *Arist.* 8.2-6; Nepos *Arist.* 2.1; cf. Diod. 11.17.3-4。最有洞察力的讨论见 Hignett, XIG, pp. 408-11 和 Fornara, JHS 86 (1966) 51-5。

14  关于希腊军阵序列的主要史料：Hdt. 8.85.1, 87, 91, 94; Diod. 11.17.3, 18.1-2, 19.1-2。古德文很久以前就根据 Hdt. 8.85.1 记载的具体序列为依据提出，雅典人实际上在右翼，斯巴达人在左翼，现在 Morrison and Williams, p. 143 重新采纳了这种看法。他们的主张未能使我信服。我觉得有一种类似的解释，见 Burn, PG, p. 458 ff., 给我带来很多启发（尽管我在某些细节问题上与它并不一致）。

15  关于这种现象，见 Plut. *Them.* 14 以及哈蒙德（Hammond, JHS [1956], pp. 46-9) 从希腊皇家游艇俱乐部的海员中收集来的一些非常有趣的当地信息。参见 Morrison and Williams, pp. 161-3, 他们相当中肯地评论了希腊战船和波斯战船在相反天气状况下的表现。

16  这一段的翻译和解释都来自 Burn, PG, p. 465。

17  主要史料：Aesch. *Pers.* 447-71; Hdt. 8.95; Plut. *Arist.* 9.1-2; Paus. 1.36.1-2。现代学者最好的分析见 Fornara, JHS 86 (1966) 51-5。

## 第六章

1  见 Hignett, XIG, p. 264, 它遵从了 H. Delbrück, *Geschichte der Kriegskunst*, vol. I (3rd ed.), Berlin 1920, p. 26 中的暗示。

2  Hdt. 8.108-9; Thuc. 1.137.4; Plut. *Them.* 16.1-5, *Arist.* 9.3-10.1; Diod. 11.19.5-6; Justin 2.13.5-8; Polyaenus 1.30; Nepos *Them.* 5.1-2.

3  关于这个被忽视了很久的纪念建筑，见 Plato, *Menexenus* 240D, 245A; Plut. *Arist.* 16.4; Nepos *Them.* 5.3。还有 J. Stuart and N. Revett, *The Antiquities of Athens* (London 1762), vol. I, p. ix; Chandler, *Travels in Asia Minor and Greece* (London 1765), vol. II, ch. 46; Sir William Gell, *The Itinerary of Greece* (London

1819, 2nd ed. 1827), p. 303，均来自 E. Vanderpool, *Hesperia* 35 (1966) 102-3, n. 20, and AJA 70 (1966) 323, n. 15。

近来由韦斯特（W. C. West）发表的一篇论文（见《参考书目》）认为马拉松和萨拉米斯的纪念碑到了公元前 5 世纪的第二个 15 年的时候才成了永久性的胜利纪念碑，雅典在那时"复原"了它们，我觉得这个结论很可疑。同时，韦斯特先生说它们是"希腊最早的永久性胜利纪念碑"很可能是正确的。他写道（pp. 18-19）："通过把非永久性的胜利标识物变成永久性的纪念碑，雅典在'五十年'（Pentakontaetia）中给马拉松战役和萨拉米斯战役赋予了永久性的意义……"但是（正如我希望说清楚的）这两场战役的胜利肯定从一开始就震撼了雅典人的心灵，我觉得原先的纪念建筑没有理由不是永久性的。参见 Paul W. Wallace, 'Psyttaleia and the trophies of the Battle of Salamis', AJA 73 (1969) 293-303, with pls. 65-6。

4 参见 Burn, PG, p. 488：这是我所知道的对这一段史料（Hdt. 8.114）最令人信服的解释。

5 关于这些科林斯铭文参见 Plutarch, *MH* 39 (870 E. ff)，里面全文引用了不少于 5 个铭文。科林斯人对薛西斯战败的解释见 Thucydides (1.69.5)，一位科林斯使者在公元前 432 年出使斯巴达时所讲。

6 关于这一点，见 A. J. Podlecki, *Historia* 17 (1968) 274。

7 Lattimore, p.89 说得很清楚的一点（见《参考文献》）。

8 例如 Macan（见《参考文献》）, vol. 2, p. 343; Munro, JHS 24 (1904) 145-7; Burn, PG, pp. 496-7。与这种观点相反的看法，见 H. B. Wright, *The Campaign of Plataea* (New Haven, 1904), p. 47, and Hignett, XIG, p. 271, n. 4。

9 参见 Hdt. 8.144.5，也见 Hignett, XIG, pp. 278-9。

10 最早由 Munro, JHS 24 (1904) 145-7 提出；受到 Burn, PG, pp. 500-1, n. 34 的逐一批评。参见 Hignett, XIG, pp. 249-51 以及那里引用的参考文献。

11 关于阿吉斯家族谱系的情况，参见 Mary E. White, JHS 84 (1964) 140-52。

12 Hdt. 9.12：均出自我的翻译，除了从 A. D. Godley 那里借来的译得非常贴切的一段外。

13 Hdt. 9.13.65。另见 8.53.2; Diod. 11.28.6; Thuc. 1.89; Paus. 1.18.1, 20.2; Justin 2.14.3。另见 HWComm., vol. 2, p. 291。

## 第七章

1. 主要史料：1932 年发现于阿卡奈的一块石碑，由路易·罗贝尔（Louis Robert）发表于 *Etudes épigraphiques et philologiques* (Paris 1938), pp. 296-316, with p. ii; re-edited by M. N. Tod, *Greek Historical Inscriptions*, vol. 2 (Oxford 1948), no. 204, and by G. Daux, *Studies Presented to D. M. Robinson* (St Louis 1951), vol. 2, p. 777; Lycurgus *In Leocr.* §81; Diod. 11.29.3-4。现代学者们的讨论，主要参见 Burn, PG, pp. 512-15（我在这里使用了该作者翻译的阿卡奈文本），关于反对其真实性的观点，参见 Hignett, XIG, pp. 460-1。伯恩承认它的时代倒错和歧异，认为它仍然代表着"一种虽然不可靠但很真实的爱国主义传统"。在我看来，这是一个非常公正的评估。另见我对《特洛伊曾法令》的评论。

2. 关于这一点，参见 Parke and Wormell, *op. cit.*, p. 175-6 的精彩评论："当马尔多纽斯撒退并在基塞龙山后面转圈时，阿里斯蒂德不得不再找理由，以使神谕可以与新形势保持一致……雅典人出于履行神谕的字面含义来保护他们，普拉提亚人乐见其成。"

3. 参见 Burn, PG, pp. 520-1，这一段很大程度要归功于伯恩的精彩分析。

4. 关于佛西斯游击队（经常受到忽略）参见 Hdt. 9.31.5。关于马尔多纽斯的粮食短缺问题的其他暗示：Hdt. 9.41, 45.2; Plut. *Arist.* 15.1.3。阿塔巴祖斯后来声称在底比斯有足够的粮食储备可能是真的，但仅限于一段时间之内。

5. 关于该问题文献的全面总体调查，参见 Hignett, XIG, pp. 301-11 及其引用的文献。另见 W. K. Pritchett, 'New Light on Plataea', AJA 61 (1957) 9-28 及其讨论地形问题的 pls. vii-x；其他细节见 Burn, PG, p. 519 ff。

6. Pritchett, *op. cit.*, p. 21, n. 78.

7. 希罗多德用冗长乏味的一段话向我们报道了这一事件（9.26-7 各处；另见 Plut. *Arist.* 12.1-2），他对我们称之为希腊军队等级顺序的事情非常感兴趣，而且知道他的读者也会感兴趣。

8. Hdt. 9.49.3，另见 A. E. Wardman, *Historia* 8 (1959) 57。

9. 只有 Plut. *Arist.* 13.1-3 的证据；这个故事经常被当作小说而略过，目的是吹嘘阿里斯蒂德的功劳，但是 Burn, PG, pp. 525-7 令人信服地为其真实性做了辩护，他将其与更为成功的公元前 411 年的 400 人暴乱进行比较，猜测普鲁塔克的材料可能来自克莱德穆斯（Cleidemus），Pausanias（10.15.4）说他是"最古老的一位阿提卡地方志作家"。

10. Macan, vol. 2, p. 88 认为这恰恰证明了该故事为虚构，因为普拉提亚在那个时候已成一片废墟。

11. HWComm., vol. 2, p. 309；另见 Hdt. 9.50, 51.4。援兵：Hdt. 9.41.1; Plut. *Arist*. 15.1。

12. Hignett, XIG, p. 322 很好地概括了这些论点。

13. 就"岛屿"的具体位置，学者们出现了很大的学术和地形争议。我相信唯一的解决方案是 Grundy, GPW, p. 482 ff. 提供的办法，这里采用之：另见 Pritchett *op. cit.*, p. 25 ff.、Hignett, XIG, pp. 325-6, 428-9。另一方面，我不能接受 Grundy 在阿索波斯河及其主要支流的问题上玩的花招（p. 483），以此来解释希罗多德的奇怪说法："岛屿"距离河流和加尔加菲亚泉水都是 10 个斯塔德。作为解决历史难题的一种办法，文本校勘一般都会受到极大的怀疑，但是 Woodhouse 在相关段落的 kai 前面（JHS 18［1898］）插入一个 k(=20)，从而使阿索波斯河到"岛屿"的距离大约为 20 斯塔德，这几乎肯定是正确的。普里切特和希格内特都毫无保留地接受了这种观点（两位批评家并不以轻信著称）。

14. 因此，埃弗鲁斯（Diod. 11.30.5-6）关于普拉提亚战役的大部分叙述都是无价值的，但的确包含着一些没有疑问的正确信息。另见 Burn, PG, p. 536 根据不同的前提、在独立于埃弗鲁斯的基础上（他在这里没有引述埃弗鲁斯）得出了同样的结论。

15. 正如伯恩提醒我们的那样（PG, p. 530 ff.），希罗多德是在雅典的反科林斯、麦加拉和彼奥提亚情绪非常强烈的时候搜集的信息。但是，我不能接受他说整个撤退是根据事先安排好的计划来执行的观点：参见 Hignett, XIG, p. 327 ff. 列举的对这种观点的重要反驳。

16. 修昔底德对此持怀疑态度，他发现了其中的一个事实错误（1.20.3）：没有"皮塔涅兵团"这样的单位。另一个明显的错误是假设（Hdt. 9.55.2，在假定有目击者的情况下）斯巴达人是用卵石投票而不是用鼓掌投票。参阅 Munro, CAH, vol. 4, p. 335, n. I。

17. Hdt. 7.211："在他们的许多战术当中有一种是他们转过身去装作逃跑的样子，而敌军则以为胜利了，就呼啸着并敲击着武器追击他们。"

18 Hdt. 9.61.2。另见 Hignett, XIG, p. 330; Burn, PG, p. 521。

19 Simonides *ap.* Plut. MH. 42 (872B-E); Hdt. 9.69。另见 W. J. Woodhouse, JHS 18 (1898) 51 ff.; Burn, PG, p.536 and n. 69。

20 Hdt. 9.101.2; Hignett, XIG, pp. 456-7; Burn, PG, p. 530, n. 49. 普鲁塔克给出的三种不同日期（*Arist.* 19.7, 4th Boëdromion or 27th Panemus; *Camill.* 19, *Moral.* 349F, 3rd Boëdromion）乍看都太晚了，可能是指雅典和普拉提亚后来各自纪念胜利的日子。帕尼穆斯月（Panemus）27 日后来被算出等于 9 月 19 日（Burn *loc. cit.* 也持同样的观点，并不是（as in the Loeb ed. of Plutarch, vol. 2, p. 275, repeated in Ian Scott-Kilvert's *Rise and Fall of Athens*, p. 131）8 月 1 日。另见 HWComm., vol. 2, p. 331。

21 Hdt. 9.69.2, 70.5; Plut. *Arist.* 19.5; Diod. 11.32.5, 33.1; Ctesias § 26 (Henry, p. 32); Wright *op. cit.*, p. 69; Hignett, XIG, p. 340; Burn, PG, p. 541.

22 比较起来，与波桑尼阿斯从奥林匹亚的宙斯神像上面看到的列表和希罗多德记载的战斗序列（8.43-8, 82; 9.28-30,77）略有不同。更为全面的讨论，见 HWComm., vol. 2, pp. 321-4；考虑到遗漏的问题，我同意"那些部队较少的城邦被略过了，除非他们像特诺斯人一样，承担了信号发送的任务"。Burn, PG, p. 544 暗示斯巴达的征兵官可能只是在列清单时忘掉了一些小邦。

23 Plut. *Arist.* 20.4-5; 另见 Parke and Wormell, *op. cit.*, pp. 176-7。

24 Plut. *Arist.* 21.1-5, 另见 10.6; Diod. 9. 10.5, 11.29.1; Burn, PG, pp. 554-5, with n. 91; Hignett, XIG, p. 342。希罗多德或修昔底德均未提到所谓的"普拉提亚盟约"；它也并非为后来的演说家或小册子作家（例如伊索克拉底）所提出，他们只是觉得它是一个很有说服力的论据而已。支持盟约真实性的有：Raubitschek, TAPhA 91 (1960) 178-83, and BICS 8 (1961) 59-61; J. A. O. Larsen, *Representative Government in Greek and Roman History* (1955), pp. 48-50, 208-10; Hammond, *Hist. Greece*, p. 250。他们未能考虑到的一个事实是如此影响深远的政治决策只能在同盟议事会召开全体会议的时候才能做出，聚集在普拉提亚的将军们并没有这样的权力。关于在宣誓时刻在献给救世主宙斯的新祭坛上面的铭文，见 Plut. *Moral.* 873B。

25 希格内特非常敏锐地分析了希腊人在这一时期的处境，见 Hignett, XIG, pp. 254-5。

26 Hdt. 9.100; Diod. 11.35.1-3. 关于上文引述的不同观点，见 HWComm, vol. 2,

p. 331; Grundy, GPW, p. 256; Hignett, XIG, p. 259。马尔多纽斯也使用了跨越爱琴海的火光信号链。

27 包括了老虎，如果我们能信任我们的 18 世纪旅行作家的话：尤其参见 J. P. Tournefort's *Voyage du Levant* (Paris, 1717), pp. 404-36，这是一篇介绍萨摩斯岛的附录。Chandler, *Travels in Asia Minor and Greece* (London 1775), p. 144 也以类似的方式将米卡莱地区描述为野兽出没的地方，即使到了他生活的时代。

28 这是一个由 Hammond, *Hist. Greece*, p. 252 很好地讨论过的问题。

29 Hdt. 9.106; Diod. 11.37.1-3; Hignett, XIG, pp. 259-61.

30 *The Hot Gates* (London 1965), p. 20：这本书从头至尾都值得每一个希波战争的研究者和真正的爱希腊者一而再再而三地阅读。

# 参考书目

| | |
|---|---|
| Adcock, F. E. | *The Greek and Macedonian Art of War*. Berkeley 1957. |
| Alexanderson, B. N. | 'Darius in the Persians', *Eranos* 65 (1967) 1–11. |
| Amandry, P. | 'Thémistocle, un décret et un portrait', *Bulletin de la Faculté des Lettres de Strasbourg* 39 (1960–1) 413–35. |
| Amit, M. | *Athens and the Sea. A Study in Athenian Sea-power*. [Coll. Latomus 74] Brussels 1965. See the reviews in *Phoenix* 19 (1965) 251–2, and *Athenaeum* 43 (1965) 465–6. |
| Baelen, J. | *L'An 480, Salamine*. Paris 1961. |
| Bauer, A., and Frost, F. J. | *Themistokles. Literary, epigraphical and archaeological testimonia*. Chicago 1966. |
| Bengtson, H. | *The Greeks and the Persians, from the Sixth to the Fourth Centuries*. Trs. John Conway. London 1968. *Griechische Geschichte* (2nd ed.) = Müller's Handbuch der Altertumswissenschaft III 4. Munich 1960. 'Thasos und Themistokles', *Historia* 2 (1954) 485–6. 'Themistokles und die delphische Amphiktyonie', *Eranos* 49 (1951) 85–92. |
| Béquignon, Y. | 'Un décret de Thémistocle', *Revue Archéologique* (1961) 57–8. *La Vallée du Spercheios des Origines au IVe Siècle*. Paris 1937. |
| Berve, H. | 'Zur Themistokles-Inschrift von Troizen', *Sitzungsberichte der Bayerischen Akademie der Wissenschaften, Philos.-Hist. Klasse*, no. 3 (Munich 1961) 1–50. |
| Boegehold, A. | 'The Salamis Epigram', *GRByS* 6 (1965) 179–86. |
| Boer, W. Den | 'Themistocles in fifth century historiography', *Mnemosyne* 15 (1962) 225–37. |
| Boucher, A. | 'La bataille de Platées d'après Hérodote', *Revue Archéologique* 2 (1915) 257–320. |

| | |
|---|---|
| Braccesi, L. | *Il Problema del Decreto di Temistocle.* Bologna 1968. See the review in *Phoenix* 22 (1968) 367. |
| Broadhead, H. D. | *The Persae.* Cambridge 1960. |
| Brunt, P. A. | 'The Hellenic League against Persia', *Historia* 2 (1953) 135-63. |
| Burn, A. R. | *Persia and the Greeks. The Defence of the West, c. 546-478* BC. London 1962.<br>'Thermopylae and Callidromus', *Studies Presented to David Moore Robinson* (St Louis 1951), vol. I, pp. 480-9. |
| Bury, J. B. | 'The Campaign of Artemisium and Thermopylae', *Annual of the British School at Athens* 2 (1895-6) 83-104.<br>'Aristides at Salamis', CR 10 (1896) 414-18. |
| Calabi Limentani, I. | 'Aristide il Giusto. Fortuna di un nome', *Rendiconti dell'Istituto Lombardo* 94 (1960) 43-67. |
| Calza, G. | 'Il ritratto di Temistocle scoperto a Ostia', *Le Arti* 2 (1939-40) 152-62. |
| *Cambridge Ancient History*, vol. IV, The Persian Empire and the West. Cambridge (2nd revised ed.) 1930. | |
| Caspari, M. O. B. | 'Stray notes on the Persian Wars', JHS 31 (1911) 100-109. |
| Cataudella, M. R. | 'Erodoto, Temistocle e il decreto di Trezene', *Athenaeum* 43 (1965) 385-418. |
| Chambers, M. | 'The authenticity of the Themistocles decree', AHR 67 (1961-2) 306-16.<br>'The significance of the Themistocles Decree', *Philologus* 111 (1967) 159-66, with bibliography 166-90. |
| Chambry, E., and Thely-Chambry, L. | Justin: *Abrégé des Histoires Philippiques de Trogue Pompée*, vol. 1. Paris 1936. |
| Conomis, N. C. | 'A decree of Themistocles from Troezen. A note', *Klio* 40 (1962) 44-50. |
| Culican, W. | *The Medes and Persians.* London 1965. |
| Custance, R. | *War at Sea: Modern Theory and Ancient Practice.* Edinburgh and London 1919. |
| Daskalakis, A. V. | *Problèmes historiques autour de la bataille des Thermopyles.* Paris 1962. See review in CR 13 (1963) 316-17. |

| | |
|---|---|
| | 'Les raisons réelles du sacrifice de Léonidas et l'importance historique de la bataille des Thermopyles', *Studii Clasice* 6 (1964) 57–82. |
| Davison, J. A. | 'The first Greek triremes', CQ 41 (1947) 18–24. |
| Dow, S. | 'Bibliography of the purported Themistocles inscription from Troezen', CW 55 (1962) 105–8. 'The purported decree of Themistocles', AJA 66 (1962) 353–68. |
| Dunbabin, T. J. | *The Western Greeks*. Oxford 1948. |
| Ehrenberg, V. | *From Solon to Socrates: Greek History and Civilisation during the sixth and fifth centuries* BC. London 1968. |
| Ehtécham, M. | *L'Iran sous les Achéménides*. Fribourg 1946. |
| Evans, J. A. S. | 'The final problem at Thermopylae', GRByS 5 (1964) 231–7. 'Notes on Thermopylae and Artemisium', *Historia* 18 (1969) 389–406. |
| Ferrara, G. | 'Temistocle e Solone', *Maia* 16 (1964) 55–70. |
| Ferrill, A. | 'Herodotus and the Strategy and Tactics of the Invasion of Xerxes', AHR 72 (1966–7) 102–15. |
| Finley, M. I. | *A History of Sicily*, vol. 1: Ancient Sicily to the Arab Conquest. London 1968. |
| Flacelière, R. | 'Sur quelques points obscurs de la vie de Thémistocle', REA 55 (1953) 5–28. 'Thémistocle, les Erétriens et le Calmar', REA 50 (1948) 211–17. |
| Fornara, C. W. | 'The Value of the Themistocles Decree', AHR 73 (1967) 425–33. 'The Hoplite Achievement at Psyttaleia', JHS 86 (1966) 51–5. |
| Forrest, W. G. | *The Emergence of Greek Democracy*. London 1966. *A History of Sparta 950–192* BC. London 1968. |
| Freeman, E. A. | *The History of Sicily*, vol. 2. Oxford 1891. |
| French, A. | *The Growth of the Athenian Economy*. London 1964. |
| Frost, F. J. | 'Scyllias: Diving in Antiquity', *Greece and Rome* 15 (1968) 180–5. |
| Gauthier, P. | 'Le parallèle Himère-Salamine au Ve et au IVe siècle avant J.-C.', REA 68 (1966) 5–32. |

| | |
|---|---|
| Ghirshman, R. | *Perse: Proto-iraniens, Mèdes, Achéménides*. Paris 1963. Translated as: *Persia: from the Origins to Alexander the Great*. London 1964. |
| Gianelli, G. | *La spedizione di Serse da Terme a Salamina*. Milan 1924. |
| Gillis, D. | 'Marathon and the Alcmaeonids', GRbyS 10 (1969) 133–45. |
| Godley, A. D. | *Herodotus*, vols. 3 and 4. London 1922, 1925. |
| Gomme, A. W. | *More Essays in Greek and Roman Literature*. Oxford 1962. |
| Goodwin, W. | 'The Battle of Salamis', *Papers of the American School of Classical Studies at Athens* 1 (1882–3) 237–62. 'The Battle of Salamis', *Harvard Studies in Classical Philology* 17 (1906) 73–101. |
| Grant, J. R. | 'Leonidas's last Stand', *Phoenix* 15 (1961) 14–27. |
| Grundy, G. B. | *The Topography of the Battle of Plataea*. London 1894. *The Great Persian War and Its Preliminaries*. London 1901. *Thucydides and the History of his Age*. London 1911 (vol. 1 reissued 1948). |
| Guarducci, M. | 'Nuove osservazioni sul decreto di Temistocle', RFIC 39 (1961) 48–78. |
| Guratzsch, C. | 'Der Sieger von Salamis', *Klio* 39 (1961) 48–65. |
| Habicht, C. | 'Falsche Urkunden zur Geschichte Athens im Zeitalter der Perserkriege', *Hermes* 89 (1961) 1–35. |
| Hahn, I. | 'Zur Echtheitsfrage der Themistokles-Inschrift', *Acta Antiqua Academiae Scientiarum Hungaricae* 13 (1965) 27–39. |
| Hammond, N. G. L. | 'The Campaign and the Battle of Marathon', JHS 88 (1968) 13–57. *A History of Greece*. Oxford 1959. 'The Battle of Salamis', JHS 76 (1956) 32–54. 'On Salamis', AJA 64 (1960) 367–8. 'The Origins and the Nature of the Athenian Alliance of 478–7 BC', JHS 87 (1967) 41–61. |
| Hands, A. R. | 'On Strategy and Oracles, 480–479', JHS 85 (1965) 56–61. |
| Hardy, D. A. and Pritchett, W. K. | 'Suggested Changes in the Troizen Inscription', *Annual of the British School at Athens* 59 (1964) 30–1. |

| | |
|---|---|
| Hauvette, A. | *Hérodote, historien des guerres médiques*. Paris 1894. |
| Henry, R. | *Ctésias: La Perse, L'Inde, Les Sommaires de Photius*. Brussels 1947. |
| Herzfeld, E. | *The Persian Empire: Studies in the Geography and Ethnography of the Ancient Near East*. Ed. G. Walser. Wiesbaden 1968. |
| Hignett, C. | *Xerxes' Invasion of Greece*. Oxford 1963. See reviews in CP 59 (1964) 291–3, CR 14 (1964) 83–5, and *Phoenix* 17 (1963) 301–6. |
| Holden, H. A. | *Plutarch's Life of Themistocles*. London 1892. |
| Holm, A. | *Geschichte Siciliens*, 3 vols. Leipzig 1870–98. |
| Hooker, G. T. W. | 'Their Finest Hour', *Greece and Rome* (2nd ser.) 7 (1960) 97–9. |
| How, W. W. | 'Cornelius Nepos on Marathon and Paros', JHS 39 (1919) 48–61. |
| — and Wells, J. | *A Commentary on Herodotus*, 2nd ed. 2 vols. Oxford 1928. |
| Huxley, G. | 'Kleidemos and the "Themistokles Decree" ', GRByS 9 (1968) 313–18.<br>'The Medism of Caryae', GRByS 8 (1967) 29–32. |
| Jacoby, F. | 'Some Athenian Epigrams from the Persian Wars', Hesperia 14 (1945) 161–211. |
| Jameson, M. H. | 'A Decree of Themistokles from Troizen', *Hesperia* 29 (1960) 198–223.<br>'Waiting for the Barbarian: New Light on the Persian Wars', *Greece and Rome* (2nd ser.) 8 (1961) 5–18.<br>'The Themistokles Decree: Notes on the Text', AJA 66 (1962) 368.<br>'A Revised Text of the Decree of Themistokles from Troizen', *Hesperia* 31 (1962) 310–15.<br>'The Provisions for Mobilisation in the Decree of Themistokles', *Historia* 12 (1963) 385–404. |
| Jones, H. L. | *The Geography of Strabo*, 8 vols. London 1917–32. |
| Jones, W. H. S. and Wycherley, R. E. | *Pausanias: Description of Greece*, 5 vols. London 1918–35. |
| Keil, J. | 'Themistokles als Politiker', *Anzeiger der Oesterreichischen Akademie der Wissenschaften in Wien, Philos.-Hist. Klasse* 81 (1944) 65–76.<br>'Die Schlacht bei Salamis', *Hermes* 73 (1938) 329–40. |

| | |
|---|---|
| Kiepert, H. | *Atlas Antiquus: Zwölf Karten zur alten Geschichte.* Berlin n.d. |
| Kierdorf, W. | *Erlebnis und Darstellung der Perserkriege.* Göttingen 1966. |
| Knight, W. F. J. | 'The Defence of the Acropolis and the Panic before Salamis', JHS 51 (1931) 174–8. |
| Kraft, K. | 'Bemerkungen zu den Perserkriegen', *Hermes* 92 (1964) 144–71. |
| Kromayer, J. (ed.) — and Veith, G. | *Antike Schlachtfelder,* vol. 4. Berlin 1924–31. *Schlachten-Atlas zur Antiken Kriegsgeschichte,* vol. 4, part i. Leipzig 1926. |
| Labarbe, J. | 'Chiffres et modes de répartition de la flotte grecque à l'Artemision et à Salamine', *Bulletin de Correspondance Hellénique* 76 (1952) 384–441. 'Léonidas et l'astre des tempêtes', *Revue belge de philologie* 37 (1959) 69–91. 'Un Témoignage capital de Polyen sur la Bataille de Thermopyles', *Bulletin de Correspondance Hellénique* 78 (1954) 1–21. 'Timodémos d'Aphidna', *Revue belge de Philologie* 36 (1958) 31–50. *La Loi Navale de Thémistocle* [Bibliothèque de la Faculté de Philosophie et Lettres de l'Université de Liège 143]. Paris 1957. See review in JHS 79 (1959) 184–5. |
| Lang, M. | 'Herodotus and the Ionian Revolt', *Historia* 17 (1968) 24–36. |
| Last, H. | 'Thermopylae', CR 57 (1943) 63–6. |
| Lattimore, R. | 'Aeschylus on the Defeat of Xerxes', *Classical Studies in Honour of W. A. Oldfather* (Urbana, Illinois 1943) pp. 82–93. |
| Lazenby, J. F. | 'The Strategy of the Greeks in the opening Campaign of the Persian War', *Hermes* 92 (1964) 264–84. |
| Leake, W. M. | *Travels in Northern Greece,* 4 vols. London 1835. |
| Legrand, P. E. | *Hérodote: Introduction.* Paris 1952. *Hérodote: Histoires vii, viii, ix* (Budé ed.). Paris 1951. |
| Lehmann, G. A. | 'Bemerkungen zur Themistokles-Inschrift von Troizen', *Historia* 17 (1968) 276–88. |

| Lenardon, R. J. | 'The archonship of Themistocles, 493–2', *Historia* 5 (1956) 401–19. |
|---|---|
| Lewis, D. M. | 'Notes on the Decree of Themistocles', CQ 11 (1961) 61–6. |
| Macan, R. W. | *Herodotus: The Seventh, Eighth and Ninth Books*. 2 in 3 vols. London 1908. |
| McGregor, M. F. | 'The pro-Persian Party at Athens from 510 to 480 BC', *Athenian Studies presented to W. S. Ferguson* (Cambridge Mass. 1940), pp. 71–95. |
| MacKay, P. A. | 'Procopius' *De Aedificiis* and the topography of Thermopylae', AJA 67 (1963) 241–55. |
| MacKendrick, P. | 'Herodotus: The Making of a World Historian', CW 47 (1954) 145–52. |
| Maddoli, G. | 'Il valore storiografico del decreto temistocleo di Trezene', *Parola del Passato* 18 (1963) 419–34. |
| Marg, W. | 'Zur Strategie der Schlacht von Salamis', *Hermes* 90 (1962) 116–19. |
| Marinatos, S. | *Thermopylae: guide, historical and archaeological*. Athens 1951. |
| Martin, J. Jr. | 'The Character of Plutarch's Themistocles', TAPhA 92 (1961) 326–39. |
| Maurice, F. | 'The Size of the Army of Xerxes in the Invasion of Greece, 480 BC', JHS 50 (1930) 210–35. |
| Méautis, G. | 'Thucydide et Thémistocle', *L'Antiquité classique* 20 (1951) 297–304. |
| Meiggs, R. and Lewis, D. | A selection of Greek historical inscriptions to the end of the fifth century BC, Oxford 1969. |
| Meritt, B. D. | *Greek Historical Studies*. Cincinnati 1962. 'Notes on the text of the Decree of Themistocles', *Hesperia* 31 (1962) 413. |
| Meyer, E. | 'Thermopylen', *Mitteilungen des Deutschen Archäologischen Institutus* (Athen. Abt.) 71 (1956) 101–6. |
| Meyer, H. D. | 'Vorgeschichte und Gründung des delisch-attischen Seebundes', *Historia* 12 (1963) 405–46. |
| Miltner, F. | 'Des Themistokles Strategie', *Klio* 31 (1938) 219–43. 'Pro Leonida', *Klio* 28 (1935) 228–41. |

| | |
|---|---|
| | 'Zur Themistoklesherm aus Ostia', *Jahreshefte des Oesterreichischen Archäologischen Instituts*, Wien 39 (1952) 70–5. |
| Momigliano, A. D. | 'The Place of Herodotus in the History of Historiography', *History* 43 (1958) 1–13. |
| Moretti, L. | 'Studi sul decreto di Temistocle, RFIC 92 (1964) 117–24. |
| Morrison, J. S. and Williams, R. T. | *Greek Oared Ships 900–322 BC*. Cambridge 1968. |
| Munro, J. A. R. | 'Some Observations on the Persian Wars', JHS 19 (1899) 185–97 (Marathon); JHS 22 (1902) 294–332 (Xerxes); JHS 24 (1904) 144–65 (Plataea). Chs. 9–10 = pp. 268–346 of *Cambridge Ancient History*, vol. 4. Cambridge 1926. |
| Musiolek, P. | 'Themistokles und Athen', *Acta Antiqua Academiae Scientiarum Hungaricae* 6 (1958) 301–19. |
| Myres, J. L. | *Herodotus: Father of History*. Oxford 1953. |
| Nilsson, M. P | *Cults, Myths, Oracles and Politics*. Lund 1951. |
| Oldfather, C. H. | *Diodorus of Sicily: The Library of History*, vol. 4, Books IX–XII 40. London 1946. |
| Olmstead, A. T. | *The History of the Persian Empire*. Chicago 1948. |
| Papastavrou, J. | 'Die politische Situation in Athen am Vorabend der Perserkriege und die auswärtige Politik Athens', *Gymnasium* 70 (1963) 11–18. |
| Pareti, L. | 'La battaglia di Imera', *Studi Siciliani e Italioti* (Firenze 1914), pp. 113–69. |
| Parke, H. W. and Wormell, D. E. W. | *A History of the Delphic Oracle*. 2 vols. Oxford 1956. |
| Perrin, B. | *Plutarch's Lives*, vol. 2. London 1914. |
| Podlecki, A. | *The Political Background of Aeschylean Tragedy*. Ann Arbor 1966. 'Simonides: 480', *Historia* 17 (1968) 257–75. |
| Postan, M. M. | 'The rise of a money economy', *Economic History Review* 14 (1944) 123–34. |
| Powell, J. E. | *A Lexicon to Herodotus*. Cambridge 1938. *The History of Herodotus*. Cambridge 1939. *Herodotus*, Book VIII. Cambridge 1939. |

| | |
|---|---|
| Prentice, W. K. | 'Thermopylae and Artemisium', TAPhA 51 (1920) 5–18. |
| Pritchett, W. K. | 'Herodotus and the Themistocles Decree', AJA 66 (1962) 43–7.<br>'Marathon', *University of California Publications in Classical Archaeology*, vol. 4 (1960), pp. 137–75. See reviews in JHS 83 (1963) 192 and *Phoenix* 16 (1962) 121–2.<br>'New Light on Plataea', AJA 61 (1957) 9–28.<br>'New Light on Thermopylae', AJA 62 (1958) 202–13.<br>*Studies in Ancient Greek Topography: I.* University of California Press. 1965.<br>'Towards a Restudy of the Battle of Salamis', AJA 63 (1959) 251–62.<br>'Xerxes' Fleet at the "Ovens"', AJA 67 (1963) 1–6.<br>'Xerxes' Route over Mount Olympus', AJA 65 (1961) 369–75. |
| Rados, C. N. | *Les Guerres Médiques: La Bataille de Salamine.* Paris 1915. |
| Raubitschek, A. E. | 'The treaties between Persia and Athens', GRByS 5 (1964) 151–9.<br>'The Covenant of Plataea'. TAPhA 91 (1960) 178–83.<br>'Herodotus and the Inscriptions', BICS 8 (1961) 59–61.<br>'Die Rückkehr des Aristeides', *Historia* 8 (1959) 127–8. |
| Rediades, P. D. | Ἡ ἐν Σαλαμῖνι ναυμαχία, 2nd ed. Athens 1911. |
| Richter, G. M. A. | 'The Greeks in Persia', AJA 50 (1946) 15–30.<br>*Greek Portraits: A Study of their Development.* [Coll. Latomus, vol. 20] Brussels 1955.<br>*The Portraits of the Greeks*, vol. I. London 1965. |
| Robinson, C. A. Jr. | 'Athenian Politics, 510–486 BC', AJPh 66 (1945) 243–54.<br>'Medizing Athenian Aristocrats', CW 35 (1941) 39–40.<br>'The Struggle for Power at Athens in the early Fifth Century', AJPh 60 (1939) 232–7. |
| Rolfe, J. C. | *Cornelius Nepos.* London 1929. |
| Schachermeyr, F. | 'Die Themistokles-Stele und ihre Bedeutung für die Vorgeschichte der Schlacht von Salamis', *Jahreshefte* |

| | |
|---|---|
| | *des Oesterreichischen Archäologischen Instituts*, Wien 46 (1961–3) 158–75.<br>'Marathon und die persische Politik', *Historische Zeitschrift* 172 (1951) 1–35. |
| Schriener, J. H. | 'Thucydides 1.93 and Themistokles during the 490's', *Symbolae Osloenses* 44 (1969) 23–41. |
| Scott-Kilvert, I. | *The Rise and Fall of Athens: Nine Greek Lives by Plutarch*. Harmondsworth 1960. |
| Sealey, R. | 'The Origins of the Delian League', *Studies presented to Victor Ehrenberg* (Oxford 1966), pp. 233–55.<br>'A Note on the supposed Themistocles-Decree', *Hermes* 91 (1963) 376–7. |
| Sichtermann, H. | 'Der Themistokles von Ostia', *Gymnasium* 71 (1964) 348–81. |
| Smyth, H. W. | *Aeschylus*, vol. 1. London 1922. |
| Solmsen, L. | 'Speeches in Herodotus's Account of the Ionian Revolt', AJPh 64 (1943) 194–207. |
| Starr, C. G. | 'Why did the Greeks defeat the Persians?', *Parola del Passato* 17 (1962) 321–9. |
| Strasburger, H. | 'Herodot und das Perikleische Athen', *Historia* 4 4 (1955) 1–25. |
| Tarn, W. W. | 'The Fleet of Xerxes', JHS 28 (1908) 202–33. |
| Thiel, J. H. | 'Themistokles, een polemiek', *Tijdschrift voor Geschiedenis* 64 (1951) 1–30. |
| Treu, M. | 'Zur neuen Themistokles-Inschrift', *Historia* 12 (1963) 47–69. |
| Van der Heyden, A. A. M., and Scullard, H. H. | *Atlas of the Classical World*. London 1959. |
| Vanderpool, E. | 'A Monument to the Battle of Marathon', *Hesperia* 35 (1966) 93–106.<br>'The Deme of Marathon and the Herakleion', AJA 70 (1966) 319–23. Cf. *Hesperia* 11 (1942) 329–37 |
| Wade-Gery, H. T. | 'Themistocles' archonship', *Annual of the British School at Athens* 37 (1936–7) 263–70. |
| Wallace, P. W. | 'Psyttaleia and the Trophies of the Battle of Salamis', AJA 73 (1969) 293–303, pls. 65–6. |

| | |
|---|---|
| Wardman, A. E. | 'Herodotus on the cause of the Greco-Persian Wars', AJPh 82 (1961) 133–50.<br>'Tactics and the Tradition of the Persian Wars', *Historia* 8 (1959) 49–60. |
| Wells, J. | 'Herodotus and Athens', CPh 23 (1928) 317–31.<br>*Studies in Herodotus.* Oxford 1923. |
| West, W. C. | 'The Trophies of the Persian Wars', CPh 64 (1969) 7–19. |
| Westlake, H. D. | 'The Medism of Thessaly', JHS 56 (1936) 12–24. |
| White, M. E. | 'Some Agiad Dates', JHS 84 (1964) 140–52. |
| Wilhelm, A. | 'Zur Topographie der Schlacht bei Salamis', *Sitzungsberichte der Akademie der Wissenschaft in Wien, Philos.-Hist. Klasse* 211 (1929) 3–39. |
| Will, E. | 'Deux livres sur les Guerres médiques et leur temps', *Revue de Philologie* 38 (1964) 70–88 [a review-article on the studies by Hignett and Burn]. |
| Williams, G. W. | 'The Curse of the Alkmaionidai' II–III, *Hermathena* 79–80 (1952) 3–21, 58–71. |
| Wolski, J. | 'Les changements intérieurs à Sparta à la veille des guerres médiques', REA 69 (1967) 31–49. |
| Woodhead, A. G. | *The Greeks in the West.* London 1962. |
| Woodhouse, W. J. | 'The Greeks at Plataiai', JHS 18 (1898) 33–59. |
| Wright, H. B. | *The Campaign of Plataea (September 479 BC).* New Haven 1904. |
| Wuest, F. R. | 'A Decree of Themistokles from Troizen', *Gymnasium* 68 (1961) 233–9. |
| Zinserling, G. | 'Themistokles, sein Porträt in Ostia und die beiden Tyrannenmördergruppen', *Klio* 38 (1960) 87–109. |

# 补充参考书目

注：此列表包含了《1996年重印版序》中提到的所有书目，以及读者可能感兴趣的其他书目。我并不宣称它很全面。在重印版序中，作品是按作者的姓氏引用的，如果这里的同一作者名下列出的书目多于一个的话，就是按姓名和日期引用的。

| | |
|---|---|
| Anderson, J. K. | 'Hoplite weapons and offensive arms', in: HANSON 15–37. |
| Arnush, M.F. | 'The career of Peisistratus son of Hippias', *Hesperia* 64 (1995) 135–162. |
| Austin, M. M. | 'Greek tyrants and the Persians, 546–479 B.C.', CQ 40 (1990) 289–306. |
| Avery, H.C. | 'The number of Persian dead at Marathon', *Historia* 22 (1973) 757. |
| | 'Herodotus 6.112.2', TAPhA 103 (1972) 15–22. |
| Badian, E. | 'Archons and Strategoi', *Antichthon* 5 (1971) 1–34. |
| Balcer, J. M. | 'Ionia and Sparta under the Achaemenid Empire: the sixth and fifth centuries B.C.: tribute, taxation and assessment', in: BRIANT & HERRENSCHMIDT 1–27. |
| | 'Athenian politics: the ten years after Marathon', in: *Panathenaia: Studies in Athenian Life and Thought in the Classical Age*, ed. T. E. Gregory and A. J. Podlecki (Lawrence 1979) 27 ff. |
| | 'The Persian Wars against Greece: a reassessment', *Historia* 38 (1989) 127–143. |
| | 'The Persian occupation of Thrace 519–419 B.C.: the economic effects', in: *Actes du II<sup>e</sup> Congrès International des Études du Sud-Est européen* (Athens 1972) 242–254. |
| | 'The Greeks and the Persians: the process of acculturation', *Historia* 32 (1983) 257–267. |

| | |
|---|---|
| Barron, J. P. | 'The Liberation of Greece', CAH iv² (Pt. II, 11), 592–622. |
| Bengtson, H. | 'Zur Vorgeschichte der Schlacht bei Salamis', *Chiron* 1 (1971) 89–94. |
| Berthold, R. M. | 'Which way to Marathon?' *REA* 78/9 (1976–77) 84–95. |
| Berve, H. | 'Fürstliche Herren zur Zeit der Perserkriege', in: *Gestaltende Kräfte der Antike* (2nd ed. Munich 1966) 232–267. |
| Bicknell, P. J. | 'The command structure and generals of the Marathon campaign', *L'Antiquité Classique* 39 (1970) 427–442.<br>'Themistocles' mother and father', *Historia* 31 (1982) 161–173.<br>*Studies in Athenian Politics and Genealogy* [Hist. Einzelschr. 19]. Wiesbaden 1972. |
| Bigwood, J. M. | 'Ctesias as historian of the Persian Wars', *Phoenix* 32 (1978) 19–41. |
| Boardman, J., et al., (ed.) | *The Cambridge Ancient History*, 2nd ed., vol. iv [CAH iv²]: *Persia, Greece and the Western Mediterranean c. 525 to 479 B.C.* Cambridge 1988. |
| Boedeker, D. (ed.) | *Herodotus and the Invention of History* [ = *Arethusa* 20.1–2]. Buffalo 1987.<br>'The two faces of Demaratus', ibid. 185–201. |
| Bourriot, F. | 'L'empire achéménide et les rapports entre Grecs et Perses dans la littérature grecque du Vᵉ siècle', *L'Information Historique* 43 (1981) 21–30. |
| Bowen, A. J. | *Plutarch: The Malice of Herodotus*, with introduction, translation, and commentary. Warminster 1992. |
| Braccesi, L. (ed.) | *Tre Studi su Themistocle*. Padua 1987. |
| Braccesi, L., and De Miro, E. | *Agrigento e la Sicilia greca: atti della settimana di studio, Agrigento, 2–9 maggio 1988.* Rome 1992. |
| Bradford, A. S. | 'Plataea and the Soothsayer', *Ancient World* 23 (1992) 27–33. |
| Briant, P. | 'Histoire et Idéologie: les Grecs et la "decadence Perse"', in: *Mélanges Pierre Lévêque*, vol. ii: *Anthropologie et Société* [ALUB no. 377, CRHA no. 91] (1989) 33–47.<br>'Table du Roi, tribut et redistribution chez les achéménides', in: BRIANT & HERRENSCHMIDT 35–44. |

|  |  |
|---|---|
|  | 'Institutions perses et histoire comparatiste dans l'historiographie grecque', in: SANCISI-WEERDENBURG & KUHRT 1987 (II) 1 – 10.<br>'Pouvoir central et polycentrisme culturel dans l'empire achéménide', in: SANCISI-WEERDENBURG & KUHRT 1987 (II) 1 – 31.<br>*Rois, Tributs et Paysans.* Paris 1962. |
| Briant, P., and Herrenschmidt, C. (ed.) | *Le tribut dans l'empire perse*: actes de la table ronde de Paris, 12 – 13 décembre 1986 [Travaux de l'hist. d'études iraniennes et de l'Université de la Sorbonne Nouvelle no. 13]. Paris & Louvain 1989. |
| Brown, I. C. | 'Herodotus and the strength of freedom', *History Today* 31 (1981) 5 – 10. |
| Brown, S. C. | 'The mêdikos logos of Herodotus and the evolution of the Median State', in: SANCISI-WEERDENBURG & KUHRT 1988, 71 – 86. |
| Brown, T. S. | 'Megabyzus son of Zopyrus', *Ancient World* 15 (1987) 65 – 74. |
| Bubel, F. | *Herodot-Bibliographie 1980 – 1988* [Altertumswiss. Texte und Stud. 20]. Hildesheim 1991. |
| Bugh, G. R. | *The Horsemen of Athens.* Princeton 1988. |
| Burn, A. R. | *Persia and the Greeks.* London 1962; 2nd ed. (with postscript by D. M. Lewis 587 – 609) 1984.<br>'Thermopylae revisited and some topographical notes on Marathon and Plataiai', in: *Greece and the Eastern Mediterranean in Ancient History and Prehistory,* ed. K. H. Kinzl (Berlin 1977) 89 – 105. |
| Burstein, S. M. | 'The recall of the ostracized and the Themistocles Decree', CSCA 4 (1971) 93 – 110. |
| Carrière, J. C. | 'Oracles et prodiges de Salamine: Hérodote et Athènes', DHA 14 (1988) 219 – 275. |
| Cartledge, P. | 'Herodotus and "the other": a meditation on empire', *Etudes du Monde Classique/Classical Views* 34 (1990) 27 – 40. |
| Castritius, H. | 'Die Okkupation Thrakiens durch die Perser und der Sturz des athenischen Tyrannen Hippias', *Chiron* 2 (1972) 1 – 15. |
| Ceauçescu, G. | 'Un topos de la littérature antique: l'éternelle guerre entre l'Europe et l'Asie', *Latomus* 50 (1991) 327 – 341. |

| | |
|---|---|
| Chapman, G. A. H. | 'Herodotus and Histiaeus' role in the Ionian Revolt', *Historia* 21 (1972) 546–568. |
| Cole, J. W. | 'Alexander Philhellene and Themistocles', *Classical Antiquity* 47 (1978) 37–49. |
| Cook, J. M. | *The Persian Empire*. London 1983.<br>'The rise of the Achaemenids', in: GERSHEWITZ 200–291. |
| Cornelius, F. | 'Pausanias', *Historia* 22 (1973) 502–504. |
| Cuyler Young, T., Jr. | 'The consolidation of the empire and its limits of growth under Darius and Xerxes', CAH iv² 53–111 (Part I, 2–3).<br>'480/79 B.C.—a Persian perspective', *Iranica Antiqua* 15 (1980) 213–39. |
| Dandamaev, M. | *A Political History of the Achaemenid Empire*. Trans. W. J. Vogelsang. Leiden 1989.<br>'Herodotus' information on Persia and the latest discoveries of cuneiform texts', *Storia della Storiografia* 7 (1985) 92–100. |
| Darbo-Peschanski, C. | 'Les Barbares à l'épreuve du temps (Hérodote, Thucydide, Xénophon)', *Métis* 4 (1989) 233–250. |
| Delorme, J. | 'Deux notes sur la bataille de Salamine', *Bull. Corr. Hell.* 102 (1978) 87–96. |
| Deman, A. | 'Présence des Égyptiens dans la seconde guerre médique (480–479 BC)', *Chronique d'Égypte* 60 (1985) 56–74. |
| Descat, R. | 'Notes sur la politique tributaire de Darius I$^{er}$', in: BRIANT & HERRENSCHMIDT 77–93. |
| Develin, R. | 'Herodotus and the Alcmaeonids', in: EADIE & OBER 125–139.<br>'Miltiades and the Parian Expedition', *L'Antique Classique* 46 (1977) 571–577. |
| Donlan, W., and Thompson, J. | 'The charge at Marathon again', CW 72 (1979) 419–420. |
| Eadie, J. W., and Ober, J. (eds.) | *The Craft of the Ancient Historian: Essays in Honor of Chester G. Starr*. Lanham 1985. |
| Elayi, J. | *Pénétration grecque en Phénicie sous l'empire perse*. Nancy 1988.<br>'La présence grecque dans les cités phéniciennes sous l'empire perse achéménide', REG 105 (1992) 305–327. |

| | |
|---|---|
| | 'Le rôle de l'oracle de Delphes dans le conflit gréco-perse d'après les Histoires d'Hérodote', I & II, *Iran. Ant.* 13 (1978) 93–118, 14 (1979) 67–151.<br>'Deux oracles de Delphes: Les réponses de la Pythie à Clisthène de Sicyone et aux Athéniens avant Salamine', REG 92 (1979) 224–230. |
| Evans, J. A. S. | 'Herodotus and the Ionian Revolt', *Historia* 25 (1976) 31–37.<br>'The settlement of Artaphrenes', CPh 71 (1976) 344–348.<br>'Herodotus and Marathon', *Florilegium* 6 (1984) 1–27.<br>'Cavalry about the time of the Persian Wars: A speculative essay', CJ 92 (1986/7) 97–106.<br>'The oracle of the "wooden wall"', CJ 78 (1982) 24–29. |
| Ferrill, A. | 'Herodotus on tyranny', *Historia* 27 (1978) 385–398. |
| Fol, A., and Hammond, N. G. L. | 'Persia in Europe, apart from Greece', CAH iv² 234–253 (Part I, 3 f.). |
| Fornara, C. W. | *Herodotus: An Interpretative Essay.* Oxford 1971. |
| Frost, F. | *Plutarch's Themistocles: A Historical Commentary.* Princeton 1980. |
| Frye, R. N. | *The History of Ancient Iran* [Handbuch der Altert. III.7]. Munich 1983. |
| Gaertner, H. A. | 'Les rêves de Xerxès et d'Artaban chez Hérodote', *Ktéma* 8 (1983) 11–18. |
| Gardiner-Garden, J. R. | 'Dareios' Scythian expedition and its aftermath', *Klio* 69 (1987) 326–350. |
| Garlan, Y. | *Guerre et économie en Grèce ancienne.* Paris 1989. |
| Georges, P. | 'Saving Herodotus' phenomena: the oracles and the events of 480 B.C.', *Classical Antiquity* 5 (1986) 14–59.<br>*Barbarian Asia and the Greek Experience, from the Archaic period to the age of Xenophon.* Baltimore & London 1994. |
| Gershevitch, I. (ed.) | *The Cambridge History of Iran* [*CHI*], vol. ii: *The Median and Achaemenid periods.* Cambridge 1985. |
| Ghinatti, F. | *I gruppi politici Ateniesi fino alle Guerre persiane.* Rome 1970. |
| Gillis, D. | *Collaboration with the Persians.* Wiesbaden 1979. |
| Gould, J. | *Herodotus.* London 1989. |

| | |
|---|---|
| Graf, D. | 'Medism: Greek collaboration with Achaemenid Persia'. Ph.D. diss. Univ. of Michigan, 1979 [Diss. Abs. 40 (1980) 5541A-42A].<br>'Medism: the origin and significance of the term', JHS 104 (1984) 15-30.<br>'Greek tyrants and Achaemenid politics', in: EADIE & OBER 79-123. |
| Granger, R. | 'The life of Xerxes', *Ancient History (Resources for Teachers)* 22 (1992) 125-144. |
| Haas, C. J. | 'Athenian naval power before Themistocles', *Historia* 34 (1985) 29-46. |
| Hall, E. | *Inventing the Barbarian: Greek Self-Definition through Tragedy*. Oxford 1989. |
| Hallock, R. T. | *Persepolis Fortification Tablets*. Chicago 1969.<br>*The Evidence of the Persepolis Tablets*. Cambridge 1971 = *CHI* ii (Cambridge 1985) 588-609.<br>'The Persepolis fortification archive', *Orientalia* n.s. 42 (1973) 320-323. |
| Hammond, N. G. L. | 'The expedition of Datis and Artaphernes', CAH iv² 491-517 (Part II, 9).<br>'The narrative of Hdt. vii and the decree of Themistocles at Troezen', JHS 102 (1982) 75-93.<br>'The expedition of Xerxes', CAH iv² 518-591 (Part II, 10).<br>*Studies in Greek History*. Oxford 1973.<br>'The manning of the fleet in the decree of Themistokles', *Phoenix* 40 (1986) 143-148. |
| Hanson, V. D. (ed.) | *Hoplites: The Classical Greek Battle Experience*. London 1991. |
| Hart, J. | *Herodotus and Greek History*. London 1982. |
| Hartog, F. | *The Mirror of Herodotus: The Representation of the Other in the Writing of History*. Trans. J. Lloyd. Berkeley & London 1988. |
| Hegyi, D. | 'Der Begriff βάρβαρος bei Herodotos', AUB 5/6 (1977/8) 53-59.<br>'Historical authenticity of Herodotus in the Persian logoi', AASH 21 (1973) 73-87.<br>'Athens and Aigina on the eve of the battle of Marathon', AASH 17 (1969) 171-181.<br>'Boiotien in der Epoche der griechisch-persischen Kriege', AUB (1972) 21-29. |

Heinrichs, J. *Ionien nach Salamis: die kleinasiatischen Griechen in der Politik und politischen Reflexion des Mutterlands.* Bonn 1989.

Hennig, D. 'Herodot 6, 108: Athen und Plataiai', *Chiron* 22 (1992) 13-24.

Herrenschmidt, C. 'Notes sur la parenté chez les Perses au début de l'Empire achéménide', in: SANCISI-WEERDENBURG & KUHRT 1987 II, 53-57.

Hodge, A. T., and Losada, L. A. 'The time of the shield signal at Marathon', *AJA* 74 (1970) 31-36.

Hoerhager, H. 'Zu den Flottenoperationen am Kap Artemision', *Chiron* 3 (1973) 43-59.

Hohti, P. 'Freedom of speech in speech sections in the Histories of Herodotus', *Arctos* 8 (1974) 19-27.

Holladay, J. 'Medism in Athens 508-480 BC', *Greece and Rome* 25 (1978) 174-191.

Hurst, A. 'La prise d'Érétrie chez Hérodote, VI. 100-101', *Museum Helveticum* 35 (1978) 202-211.

Jeffery, L. H. 'Greece before the Persian Invasion', in: CAH iv[2] 350-367 (Part II, 6).

Jordan, B. *The Athenian Navy in the Classical Period.* Berkeley 1975. 'The honors for Themistocles after Salamis', AJPh 109 (1988) 547-571.

Jouanna, J. 'Collaboration ou résistance au barbare: Artémise d'Halicarnasse et Cadmos de Cos chez Hérodote et Hippocrate', *Ktéma* 9 (1984) 15-26.

Karavites, P. 'Realities and appearances, 490-480 B.C.', *Historia* 26 (1977) 129-147.

Kase, E. W., Szemler, G. J. 'Xerxes' march through Phokis (Her. 8.31-35)', *Klio* 64 (1982) 353-366.

Keaveney, A. 'The attack on Naxos: a forgotten cause of the Ionian Revolt', *CQ* 38 (1988) 76-81.

Kelly, T. 'The Assyrians, the Persians, and the sea', *Mediterranean Historical Review* 7 (1992) 5-28.

Kertész, I. 'Schlacht und "Lauf" bei Marathon: Legende und Wirklichkeit', *Nikephoros* 4 (1991) 155-60.

| | |
|---|---|
| Kinzl, K. | *Miltiades-Forschungen* [Diss. Univ. Wien xxiv]. Vienna 1968. |
| Klees, H. | 'Zur Entstehung der Perserkriege', in: *Festschrift für Robert Werner zu seinem 65. Geburtstag dargebracht von Freunden, Kollegen und Schülern*. Ed. W. Dahlheim et al. (Konstanz 1989) 21–39. |
| Knight, D. W. | *Some studies in Athenian Politics in the Fifth Century B.C.* Wiesbaden 1970. |
| Konstan, D. | 'Persians, Greeks and empire', *Arethusa* 20 (1987) 59–73. |
| Kuhrt, A. | 'Earth and water', in: SANCISI-WEERDENBURG & KUHRT 1990 (IV), 87–99.<br>'Survey of written sources available for the history of Babylonia under the later Achaemenids', ibid. 1987 (I), 147–157.<br>'Achaemenid Babylonia: sources and problems', ibid. 1990 (IV) 177–194.<br>'The Achaemenid Empire: a Babylonian perspective', PCPhS 34 (1988) 60–76. |
| Kuhrt, A., and Sherwin-White, S. | 'Xerxes' destruction of Babylonian temples', in: SANCISI-WEERDENBURG & KUHRT 1987 (II) 69–78. |
| Kukofka, D.-A. | 'Karthago, Gelon und die Schlacht bei Himera', *Würzburger Jahrbücher für die Altertumswissenschaft* 18 n.f. (1992) 49–75. |
| Lateiner, D. | *The historical method of Herodotus* [*Phoenix* Suppl. vol. 23]. Toronto 1989.<br>'The failure of the Ionian Revolt', *Historia* 31 (1982) 129–160. |
| Lazenby, J. F. | *The Defence of Greece 490–479 B.C.* Warminster 1993.<br>'Aischylos and Salamis', *Hermes* 116 (1988) 168–185.<br>'Pausanias son of Kleombrotos', *Hermes* 103 (1975) 231–251. |
| Lenardon, R. J. | *The Saga of Themistocles*. London 1978. |
| Lewis, D. M. | *Sparta and Persia*. Leiden 1977.<br>'Persians in Herodotus', in: *The Greek Historians: Literature and History*. Papers presented to A. E. Raubitschek (Saratoga, CA 1985) 101–117.<br>'The Kerameikos ostraka', *ZPE* 14 (1974) 1–4.<br>'Datis the Mede', *JHS* 100 (1980) 194–195. |
| McCulloch, H. Y. | 'Herodotus, Marathon and Athens', *Symbolae Osloenses* 57 (1982) 35–55. |

McDougall, I.    'The Persian ships at Mycale', in: *Owls to Athens: Essays on Classical subjects presented to Sir Kenneth Dover*, ed. E. M. Craik (Oxford 1990) 143–149.

McLeod, W.    'The bowshot and Marathon', JHS 90 (1970) 197–198.

Mafodda, G.    'La politica di Gelone dal 485 al 483 a. C.', *Messana* n.s. 1 (1990) 53–69.

Manville, P. B.    'Aristagoras and Histiaeus: the leadership struggle in the Ionian Revolt', CQ 27 (1977) 80–91.

Martorelli, A.    'Storia persiana in Erodoto. Echi di versioni ufficiali', RIL 111 (1977) 115–125.

Masaracchia, A.    'La battaglia di Salamine in Erodoto', *Helikon* 9/10 (1969/70) 68–106.
(ed.) *La battaglia di Salamina: Libro VIII delle Storie*. Milan 1977, 2nd ed. 1990.
(ed.) *La sconfitta dei Persiani: Libro IX delle Storie*. Milan 1978.

Massaro, V.    'Herodotus' account of the battle of Marathon and the picture in the Stoa Poikile', *L'Antiquité Classique* 47 (1978) 458–475.

Matsudaira, C.    'Xerxes, Sohn des Dareios', in: *Gnomosyne: Menschliches Denken und Handeln in der frühgriechischen Literatur. Festschrift für Walter Marg zum 70. Geburtstag*. Ed. G. Kurz, D. Mueller, W. Nicolai (Munich 1981) 289–297.

Maxwell-Stuart, P. G.    'Pain, mutilation and death in Hdt VII', PP 31 (1976) 356–362.

Meiggs, R., and Lewis, D. (eds.)    *A Selection of Greek Historical Inscriptions to the end of the Fifth Century B.C.* Oxford, rev. 2nd ed. 1988.

Merentitis, K. L.    ''Ο μῦθος τῆς προδοσίας τοῦ 'Εφιάλτου', Επιστημονικὴ ΧΕπετηρὶς τῆς Σχολῆς τοῦ Πανεπιστημίου 'Αθηνῶν 18 (1967/8) 110–217.

Milton, M. P.    'The second message to Xerxes and Themistocles' view of strategy', *Proceedings of the African Classical Association* 17 (1982) 22–52.

Momigliano, A. D.    'Persian Empire and Greek Freedom', in: *The Idea of Freedom: Essays in Honour of Isaiah Berlin*, ed. A. Ryan (Oxford 1979) 139–151.

| | |
|---|---|
| Morrison, J. S. | 'The Greek ships at Salamis and the *diekplous*', JHS 111 (1991) 196-200.<br>'Greek naval tactics in the 5th century B.C.', IJNA 3.1 (1974) 21-26.<br>'Hyperesia in naval contexts in the fifth and fourth centuries B.C.', JHS 104 (1984) 48-59. |
| Morrison, J. S., and Coates, J. F. | *The Athenian Trireme: the History and Reconstruction of an Ancient Warship*. Cambridge 1986. |
| Mueller, D. | 'Von Doriskos nach Therme. Der Weg des Xerxes-Heeres durch Thrakien und Ostmakedonien', *Chiron* 5 (1975) 1-11. |
| Murray, O. | 'The Ionian Revolt', in: CAH iv² 461-490 (Part II, 8). |
| Nakai, Y. | 'The scale of the [*sic*] Xerxes' expeditionary forces and fleet' [in Japanese with English resumé], JCS 37 (1989) 12-22. |
| Nenci, G. H. (ed.) | *La Rivolta della Ionia: Libro V delle Storie*. Milan 1994. |
| Neville, J. | 'Was there an Ionian Revolt?', CQ 29 (1979) 268-275. |
| Nikolaou, N. | 'Hérodote et le dispositif des forces navales à Salamine', in: *Stemmata: Mélanges de philologie, d'histoire et d'archéologie grecques offerts à Jules Labarbe*, ed. J. Servais, T. Hackens, B. Serrvais-Soyez (Liège & Louvain-la-Neuve 1987) 275-289.<br>'La bataille de Salamine d'après Diodore de Sicile', REG 95 (1982) 145-156. |
| Nippel, W. | *Griechen, Barbaren und 'Wilde': Alte Geschichte und Sozialanthropologie*. Frankfurt 1990. |
| Noonan, R. T. | 'The grain trade of the northern Black Sea in antiquity', AJPh 94 (1973) 231-243. |
| Nyland, R. | 'Herodotos' sources for the Plataiai campaign', *L'Antiqué Classique* 61 (1992) 80-97. |
| O'Neil, J. L. | 'The life of Xerxes', *Ancient History (Resources for Teachers)* 18 (1988) 6-15. |
| Ostwald, M. | 'The reform of the Athenian state by Cleisthenes', in: CAH iv² 303-346 (Part II 5: see esp. § iv, 'In the wake of the reforms: Athens 507/6 to 480 B.C.', 325-346). |
| Papastavrou, I. S. | Θεμιστοκλῆς Φρεάρριος· Ἱστορία τοῦ τιτάνος καὶ τῆς ἐποχῆς τοῦ. Athens 1970. |

| Piccirilli, L. | 'Temistocle εὐεργέτης dei Corciresi', ASNP 3 (1973) 317-355. |
|---|---|
| Podlecki, A. J. | *The Life of Themistocles.* Montreal & London 1975. |
| Prestianni, A. M. | 'La stele di Trezene e la tradizione storiografica sul decreto di Temistocle', in: *Umanità e Storia*: Scritti in onore di A. Attisani (2 vols., Naples 1971), vol. ii, 469-496. |
| Pritchett, W. K. | 'Plataiai', AJPh 100 (1979) 145-152.<br>*The Greek State at War.* 5 vols. Berkeley & London 1971-1991.<br>*Studies in Ancient Greek Topography*: Part II (Battlefields) [Classical Studies iv]. Berkeley 1969.<br>(i) 'Deme of Marathon: Von Eschenburg's evidence', 1-11.<br>(ii) 'The battle of Artemision in 480 B.C.', 12-18.<br>(iii) 'The Hollows of Euboea', 19-23.<br>*Id.* Part III (Roads) [Classical Studies xxii]. Berkeley 1980.<br>(vii) 'The site of Skolos near Plataiai', 289-294.<br>*Id.* Part IV (Passes) [Classical Studies xxviii]. Berkeley 1982.<br>(vi) 'The roads of Plataiai', 88-102.<br>(ix) 'Herodotus and his critics on Thermopylae', 176-210.<br>(x) 'Route of the Persians after Thermopylae', 211-233.<br>'Appendix on some recent critiques of the veracity of Herodotus', 234-285.<br>*Id.* Part V (untitled) [Classical Studies xxxi]. Berkeley 1985.<br>(v) 'The strategy of the Plataiai campaign', 92-137.<br>(vii) 'In defense of the Thermopylai pass', 190-216.<br>*The Liar School of Herodotos.* Amsterdam 1993. |
| Raaflaub, K. A. | 'Herodotus, political thought, and the meaning of history', *Arethusa* 20 (1987) 221-248. |
| Raviola, F. | 'Temistocle e la Magna Grecia', in: BRACCESI 13-112. |
| Rhodes, P. J. | *A Commentary on the Aristotelian Athenaion Politeia.* Oxford 1981. |
| Robertson, N. | 'The decree of Themistocles in its contemporary setting', *Phoenix* 36 (1982) 1-44. |

|  | 'The Thessalian expedition of 480 B.C.', JHS 96 (1976) 100–120.
'False documents at Athens: Fifth century history and fourth century publicists', *Historical Reflections* [Univ. of Waterloo, Ontario] 3 (1976) 3–25. |
|---|---|
| Rocchi, M. | 'Serse e l'acqua amara dell' Ellesponto (Hdt. 7.35)', in: *Perennitas. Studi in onore di Angelo Brelich*, Rome 1980, 417–429. |
| Roux, G. | 'Éschyle, Hérodote, Diodore, Plutarque racontent la bataille de Salamine', *Bulletin de Correspondance Hellénique* 98 (1974) 51–94. |
| Sacks, K. S. | 'Herodotus and the dating of the Battle of Thermopylae', CQ 26 (1976) 232–248. |
| Sancisi-Weerdenburg, H. | 'Gifts in the Persian Empire', in: BRIANT & HERRENSCHMIDT 129–146. |
| Sancisi-Weerdenburg, H., and Kuhrt, A. (ed.) | *Achaemenid History I: Sources, structures and synthesis.* Proceedings of the 1983 Achaemenid history workshop. Leiden 1987.
*Id. II: The Greek Sources.* Proceedings of the Groningen 1984 Achaemenid history workshop. Leiden 1987.
*Id. III: Method and Theory.* Proceedings of the London 1985 Achaemenid history workshop. Leiden 1988.
*Id. IV: Centre and Periphery.* Proceedings of the Groningen 1986 Achaemenid history workshop. Leiden 1990.
*Id. V: The roots of European tradition.* Proceedings of the 1987 Groningen Achaemenid history workshop. Leiden 1990.
*Id. VI: Asia Minor and Egypt: old cultures in a new empire.* Proceedings of the Groningen 1988 Achaemenid history workshop. Leiden 1991. |
| Sartori, F. | 'Agrigento, Gela e Siracusa: tre tirannidi contro il barbaro', in: BRACCESI & DE MIRO 77–93. |
| Scaife, R. | 'Alexander I in the Histories of Herodotus', *Hermes* 117 (1989) 129–137. |
| Schachermeyr, F. | *Die Sieger der Perserkriege. Große Persönlichkeiten zwischen Beifall und Mißgunst. Zur Problematik des geschichtlichen Erfolges.* Göttingen 1974. |
| Schmitt, R. | 'The Medo-Persian names of Herodotus in the light of the new evidence from Persepolis', in: *Studies on the* |

|   |   |
|---|---|
| | *sources on the history of pre-Islamic Central Asia*, ed. J. Harmatta (Budapest 1979) 29–39. |
| Schreiner, J. H. | 'The battles of 490 B.C.', PCPhS 16 (1970) 97–112. |
| Sealey, R. | 'The pit and the well: the Persian heralds of 491 B.C.', CJ 72 (1976) 13–20.<br>'Again the siege of the Acropolis, 480 B.C.', CSCA 5 (1972) 183–194. |
| Sekunda, N. V. | 'Persian settlement in Hellespontine Phrygia', in: SANCISI-WEERDENBURG & KUHRT 1988, 175–196. |
| Shapiro, A. H. | 'Oracle-mongers in Peisistratid Athens', *Kernos* 3 (1990) 335–345. |
| Shear, T. L., Jr. | 'The Persian destruction of Athens', *Hesperia* 62 (1993) 383–482. |
| Shrimpton, G. | 'The Persian cavalry at Marathon', *Phoenix* 34 (1980) 20–37. |
| Sidebotham, S. | 'Herodotus on Artemisium', CW 75 (1982) 177–186. |
| Siewert, P. | *Der Eid von Plataiai* [Vestigia xvi]. Munich 1972. |
| Simpson, R. H. | 'Leonidas' decision', *Phoenix* 26 (1972) 1–11. |
| Spyridakis, S. | 'Salamis and the Cretans', PP 31 (1976) 345–355. |
| Starr, C. G. | *The Influence of Sea-power on Ancient History*. Oxford 1989. |
| Tozzi, P. | *La Rivolta Ionica*. Pisa 1978.<br>'Erodoto e le responsabilità dell' inizio della rivolta ionica', *Athenaeum* 65 (1977) 127–135. |
| Tripodi, B. | 'L'ambasceria di Alessandro di Macedonia ad Atene nella tradizione erodotea (Hdt. 8.136–144)', ANSP 16 (1986) 621–635.<br>'La Macedonia, la Peonia, il carro sacro di Serse (Hdt. 8.115–6), *Giornale Italiano di Filologia* 38 (1986) 243–251. |
| Tronson, A. | 'The Hellenic League of 480 B.C.: fact or ideological fiction?' *Acta Classica* 34 (1991) 93–110. |
| Vanderpool, E. | *Ostracism at Athens*. Cincinnati 1970. |
| Van Der Veer, J. A. G. | 'The Battle of Marathon. A topographical survey', *Mnemosyne* 34 (1982) 290–321. |
| Vannier, F. | *Finances publiques et richesses privées dans le discours athénien* |

| | |
|---|---|
| | *aux V<sup>e</sup> et IV<sup>e</sup> siècles* [ALUB no. 362, CRHA no. 75]. Paris 1988. |
| Vickers, M. | 'Interactions between Greeks and Persians', in: SANCISI-WEERDENBURG & KUHRT 1986, 253 – 262.<br>'Attic symposia after the Persian Wars', in: *Sympotica: a symposium on the symposion*, ed. O. Murray (Oxford 1990) 105–121. |
| Wallace, M. B. | 'Herodotus and Euboia', *Phoenix* 28 (1974) 22 – 44. |
| Wallace, P. W. | 'Aphetai and the Battle of Artemision', in: *Studies presented to Sterling Dow on his 80th Birthday* [GRByS Suppl. x], ed. K. J. Riggsby (Durham N.C. 1984) 305 – 310.<br>'The final battle at Plataia', in: *Studies in Attic epigraphy, history and topography*, presented to Eugene Vanderpool by members of the American School of Classical Studies [*Hesperia* Suppl. 19] (Princeton 1982) 183 – 192. |
| Wallinga, H. T. | 'Persian tribute and Delian tribute', in: BRIANT & HERRENSCHMIDT 173 – 181.<br>'The ancient Persian navy and its predecessors', in: SANCISI-WEERDENBURG & KUHRT 1987 (I) 47 – 77.<br>'The trireme and its crew', in: *Actus: Studies in honour of H. L. W. Nelson*, ed. J. den Boeft & A. H. M. Kessels (Utrecht 1982) 463 ff.<br>'The trireme and history', *Mnemosyne* 43 (1990) 132 – 149.<br>'The Ionian Revolt', *Mnemosyne* 37 (1984) 401 – 437. |
| Walser, G. | 'Zum griechisch-persischen Verhältnis vor dem Hellenismus', *Historische Zeitschrift* 220 (1975) 529 – 542. |
| Waters, K. H. | *Herodotus the Historian: His Problems, Methods, and Originality.* London 1985. |
| Welwei, K. W. | 'Das sogenannte Grab der Plataier im Vranatal bei Marathon', *Historia* 28 (1979) 101 – 106. |
| Whitehead, I. | 'The περίπλους', *Greece and Rome* 34 (1987) 178 – 185. |
| Williams, G. M. E. | 'Athenian politics 508/7 – 480 B.C.: a reappraisal', *Athenaeum* 60 (1982) 521 – 544.<br>'The Kerameikos ostraka', *ZPE* 31 (1982) 103 – 113.<br>'The image of the Alkmeonidai between 490 B.C. and 487/6 B.C.', *Historia* 29 (1980) 106 – 110.<br>'Aristocratic politics in Athens c. 630 to 470 B.C.' Ph.D. diss., Pennsylvania State Univ. 1973. |

| | |
|---|---|
| Wolski, J. | 'L'influence des guerres médiques sur la lutte politique en Grèce', in: *Acta Conventus XI Eirene*, 21 -25 Oct. 1968 (Warsaw 1971) 641 -647.<br>'Progressivität und Konservatismus in Sparta und Athen im Zeitalter der Perserkriege', *Jahrbuch für Wirtschaftgeschichte* 2 (1971) 77 -82.<br>'ΜΗΔΙΣΜΟΣ et son importance en Grèce à l'époque des guerres médiques', *Historia* 22 (1973) 3-15.<br>'Hérodote et la construction de la flotte athénienne par Thémistocle', *Storia della Storiografia* 7 (1985) 113-122.<br>'Thémistocle, la construction de la flotte athénienne et la situation internationale en Méditerranée', *Rivista storica dell'Antichità* 13/14 (1983/4) 179-192. |
| Worley, L. J. | 'The cavalry of ancient Greece.' Ph.D. diss., Univ. of Washington [Seattle], 1992. Diss. Abs. 53 (1992/3) 2059A. |
| Xydas, C. (ed.) | Ηρόδοτος, βιβλίο πέμπτο (V): Τερψιχόρη. Εισαγωγή, κείμενο, σχόλια. Athens 1991. |

## 出版后记

希波战争在西方历史乃至世界历史上是非常重要的一场大战。可惜的是，由于这场战争的发生年代过于久远，无论是历史记述还是实物证据，都有严重的缺陷，很难完全复原当年的全貌。因此很长时间以来，有关这场大战都没有令人较为满意的著作。

本书的出版一定程度上打破了这个局面。作者彼得·格林熟谙古典文献，参过军，并且在希腊教书多年，对希腊地理极为熟悉，这些优势都为他的这本著作提供了他人难以企及之处，使得这本著作在出版后的半个世纪里，仍是该题材无可替代的作品。

我们已经出版了作者的经典著作《马其顿的亚历山大》，接下来还会推出作者的希腊化时代经典通史《从亚历山大到亚克兴》，希望读者可以借助这几本著作走进精彩的希腊世界。

服务热线：133-6631-2326　188-11142-1266
服务信箱：reader@hinabook.com

后浪出版公司
2021 年 11 月

图书在版编目（CIP）数据

希波战争 /（英）彼得·格林著；王志超译 . — 广州：广东旅游出版社，2022.6
书名原文：THE GRECO-PERSIAN WARS
ISBN 978-7-5570-2747-6

Ⅰ.①希… Ⅱ.①彼…②王… Ⅲ.①希波战争—战争史 Ⅳ.① K125

中国版本图书馆 CIP 数据核字 (2022) 第 079548 号

THE GRECO-PERSIAN WARS © Peter Green，1970
This edition arranged by Peter Green c/o David Higham Associates Limited through Bardon-Chinese Media Agency
Simplified Chinese edition copyright © 2022 Ginkgo (Shanghai) Book Co., Ltd.

本书简体中文版权归属于银杏树下（上海）图书有限责任公司。
图字：19-2022-066
审图号：GS（2022）2649

| | |
|---|---|
| 出 版 人：刘志松 | 选题策划：后浪出版公司 |
| 著　 者：［英］彼得·格林 | 译　 者：王志超 |
| 出版统筹：吴兴元 | 责任编辑：方银萍 |
| 编辑统筹：张 鹏 | 特约编辑：张 鹏　史文轩 |
| 责任校对：李瑞苑 | 责任技编：冼志良 |
| 装帧设计：墨白空间·陈威伸 | 营销推广：ONEBOOK |

## 希波战争
## XIBO ZHANZHENG

### 广东旅游出版社出版

（广州市荔湾区沙面北街 71 号）
邮编：510000
印刷：鸿博昊天科技有限公司　　　　　　　开本：889 毫米 × 1194 毫米　1/32
字数：325 千字　　　　　　　　　　　　印张：14.5
版次：2022 年 6 月第 1 版第 1 次印刷　　　定价：84.00 元

后浪出版咨询(北京)有限责任公司　版权所有，侵权必究
投诉信箱：copyright@hinabook.com　　fawu@hinabook.com
未经许可，不得以任何方式复制或者抄袭本书部分或全部内容
本书若有印、装质量问题，请与本公司联系调换，电话 010-64072833